"나의 피는 사모아를 위해 흘려졌습니다.
나의 피를 사모아를 위해 쏟을 수 있어 자랑스럽습니다.
복수는 생각조차 하지 말아야 합니다.
나의 피는 평화 속에서 흘려졌기 때문입니다.
만일 내가 죽는다 해도
어떠한 대가를 치러서라도
평화는 반드시 지켜내야 합니다."

"My blood has been spilt for Samoa.
I am proud to give it.
Do not dream of avenging it,
as it was spilt in peace.
If I die, peace must be maintained at any price."

"Samoa Filemu Pea,
Ma Si O'u
Toto Ne'i Ta'uvalea,
A Ia Aoga Lo'u Ola Mo Lenei Mea."

사모아의 최고수뇌족장(Paramount Chief) 투푸아 타파세세 레알로피 3세(Tupua Tamasese Lealofi III, 1901년 5월 4일~1929년 12월 29일)가 검은토요일(Black Saturday)로 널리 알려진 1929년 12월 29일에 뉴질랜드로부터의 독립을 이끌던 중 시위대를 향해 발사한 뉴질랜드 헌병 총에 머리를 다쳐 죽어가며 남긴 마지막 유언

태평양
도서국
총서 07

Independent State of Samoa
사모아

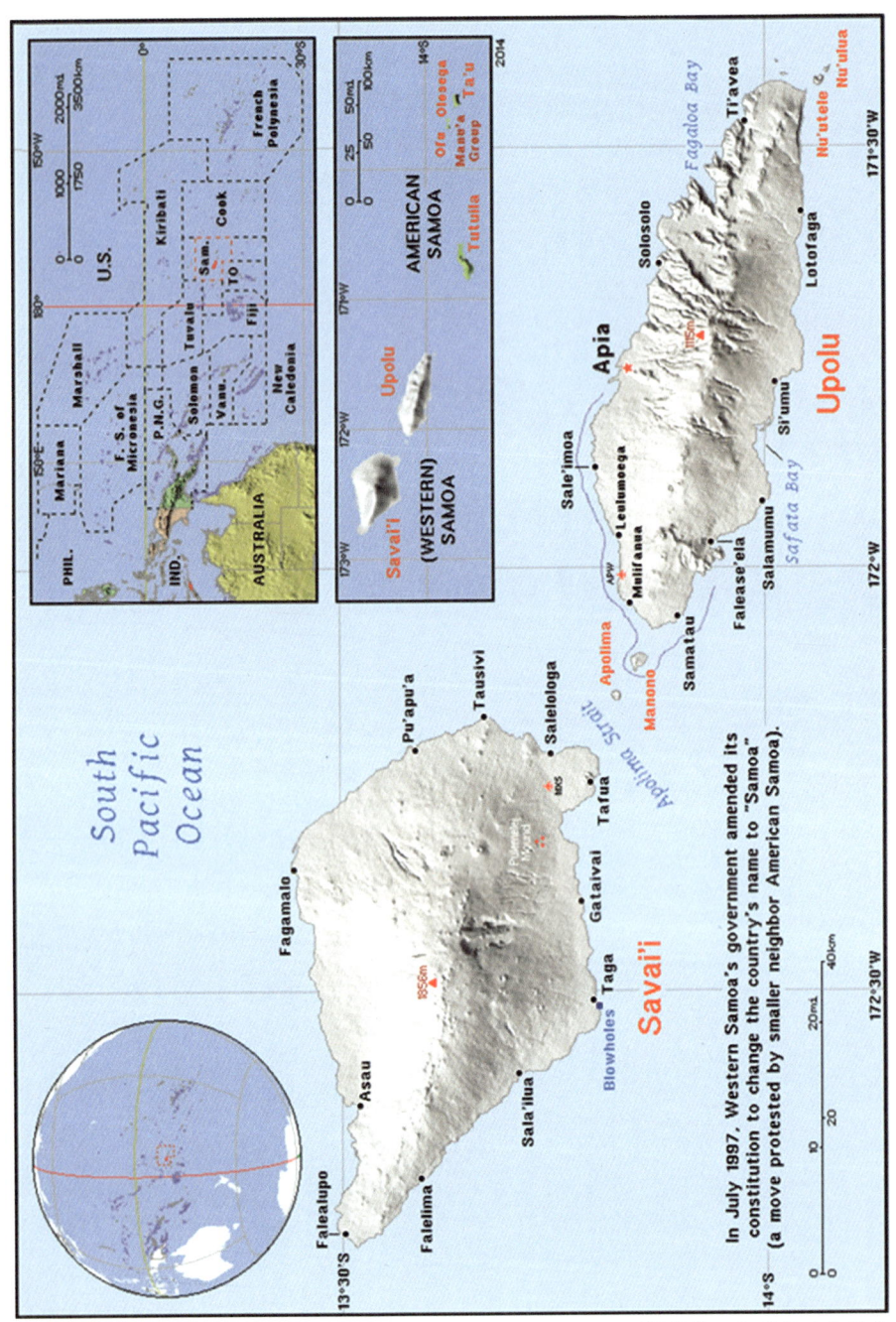

사모아

태평양 도서국 총서 발간취지

15세기 중세까지를 그리스·로마 중심의 지중해시대, 16세기부터 20세기까지를 유럽과 미국 중심의 대서양시대로 본다면, 21세기인 오늘날은 태평양 연안 국가가 중심인 태평양시대가 도래한 시대라고 할 수 있습니다. 즉, 지금의 태평양은 이제 대양 이상의 공간으로서 세계 각국이 안보경쟁 및 패권 다툼을 벌이는 국제정치의 장이자 막대한 자연자원을 보유한 경제활동의 장소가 되었습니다. 동시에 기후 변화 및 환경 등에 큰 영향을 주는 환경안보의 공간, 자연재해 등의 전 지구적 문제로 인한 위기의 바다, 불법어업으로 인한 생물자원 강탈 등의 지구에서 가장 큰 범법활동의 장소이기도 합니다. 이러한 태평양의 중심에 있는 도서국들은 기후 변화로 인한 해수면 상승, 저산소 바다환경 및 해양산성화 등의 해양문제와 자연재해에 극명하게 노출되어 있습니다. 이에 더해 느린 산업화 및 과학기술력의 낙후로 인해 개발국들과 비교해서 위생보건 및 의료수준 등을 포함하여 생활수준의 격차 또한 커지고 있습니다. 하지만 이들은 육지에 비해 광대한 해역의 공간자원을 보유하고 있어 향후 그 공간의 생태적 자원가치와 해양자원의 잠재력이 무한할 것으로 추정되고 있습니다. 이미 선진국 위주의 기회 선점 경쟁이 본격화되었고, 후발 주자인 중국은 엄청난 물적 · 인적 네트워킹을 진행하고 있습니다.

우리나라의 경우에는 국제사회의 책임 있는 선진국의 지위에 도달한 나라로서 경제 및 사회발전의 경험을 태평양 도서국들과 공유하고, 도서 국민들의 삶의 질을 향상시키며 그들 국가와 사회가 직면하고 있는 해양 현안문제들을 우리의 해양과학 기술력으로 해결할 수 있는 방안을 모색하여야 할 것입니다. 이러한 인식하에 우리는 태평양 14개 도서국에 대한 기초적인 소개 자료를 제공하고, 태평양 지역의 독특한 사회적 특성과 문화에 대한 대중의 인식을 제고하며, 태평양으로의 지역진출뿐 아니라 이 지역에서의 제반사업 추진을 위한 기본 협력인프라 구축을 통한 같은 바다를 끼고 있는 이웃 국가로서 상호협력과 공존에 기여하고자 본 총서를 발간하게 되었습니다. 부족한 점은 향후 지속적인 동향 보고와 자료로 보완할 것입니다. 아울러 본 총서가 태평양 도서국에 대한 이해를 증진하고, 궁극적으로는 우리나라의 태평양 진출과 현지 도서민들이 추구하는 가치를 공유하는 데 다소나마 이바지할 수 있기를 기대합니다.

2016년 9월 저자

Contents

chapter 01
폴리네시아 문화권의 형성과 발전

01_폴리네시아 지역 소개 ························· 14
   명칭 ······································· 14
   지리적 범위 ······························· 16
   서구인들의 눈에 비친 폴리네시아 ············ 19
   문화진화 연구와 폴리네시아 ················· 25

02_폴리네시아 문화권의 특징 ···················· 29
   언어의 동질성 ····························· 29
   엄격한 사회계층 분화 ······················ 31
   친족과 사회계급제도 ······················· 33

chapter 02
사모아의 이해

01_사모아 개요 ································· 46
   일반사항 ·································· 46
   위치 ······································ 49
   사람 ······································ 52
   경제 ······································ 53
   정부 ······································ 56
   사모아의 약사 ····························· 58

02_사모아의 자연환경 ··························· 64
   지리 ······································ 64
   기후 ······································ 90
   생물다양성 ································ 93

03_사모아의 정치체계 · 99
정치 · 행정구조 · 99
사모아의 정부기관 · 123
외교관계 · 141

04_사모아의 경제 · 152
경제 현황 · 152
국제무역 · 153
주요 산업 현황 · 158

05_사모아의 역사와 문화 · 163
역사 · 163
사회문화 · 200

별첨 1. 사모아 경제 현황 · 274
별첨 2. 사모아 방문정보 및 주의사항 · · · · · · · · · · · · · · 279
별첨 3. 사모아 정부 관련 주요 인터넷 사이트 · · · · · · · 280
별첨 4. 일본과의 관계 · 282
별첨 5. 중국과의 관계 · 289
별첨 6. 사모아 현지 숙박시설(요금은 2016.09.07. 기준) · · · 291
별첨 7. 사모아의 주요 음식점 · · · · · · · · · · · · · · · · · · · 297
참고문헌 · 303
색인 · 330

chapter
03
참고자료

일러두기

- 책에 수록된 사진과 지도, 그림 등은 주로 저작권이 없거나 소멸된 공유저작물(Public domain)을 활용하였으며, 저작권이 있는 경우는 저작자를 또는 출처를 별도 표기하였다.
- 본 총서는 한국해양과학기술원 연구과제 "해양경제영역확장을 위한 국제네트워크 구축연구(PE99441)"의 일환으로 발간되었다. 그리고 이 책 초본에 대한 검토 및 감수를 해 주신 최영호 교수님을 포함해 여러 전문가님들과, 초안 작업을 진행한 강대훈님, 윤성환님께도 감사드린다.

chapter
01

폴리네시아
문화권의
형성과 발전

01 폴리네시아 지역 소개

명칭[1]

보통 태평양은 폴리네시아, 멜라네시아, 마이크로네시아라는 세 지역으로 구분된다. 지역 구분의 근거는 지리적 위치였으나, 그 후 지역별로 언어, 풍습, 인종 등의 공통점이 생기면서 좀 더 확고해졌다는 해석이 지배적이다. 현재는 태평양의 지리적·문화적 경계를 나누는 개략적인 틀로 자리 잡았지만, 이런 구분은 아직 완전히 받아들여지는 것은 아니고, 이러한 구분에 반대하는 학자들도 있다. 해당 지역의 명칭은 그리스어에서 기원했으며, 멜라네시아(검은 섬들), 폴리네시아(많은 섬들), 그리고 마이크로네시아(작은 섬들)에 대한 의미를 풀이하면 다음과 같다.

멜라네시아["μέλας: melos"(검은) + "νῆσος: nesos"(섬들)]
폴리네시아["πολύς: poly"(많은) + "νῆσος: nesos"(섬들)]
마이크로네시아["μικρός: micros"(작은) + "νῆσος: nesos"(섬들)]

---

1) Lal, Brij V. and Fortune, Kate. 2000. The Pacific Islands: An encyclopedia, University of Hawai'i Press

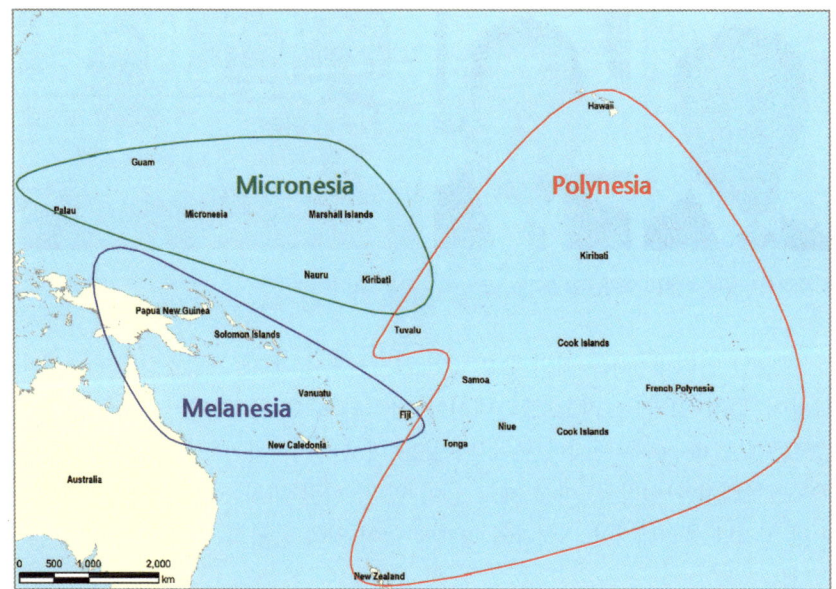
태평양의 세 문화권(출처: Wikipedia)

그리스어로 '많은 섬들'[$'πολύς$: poly'(많은) + '$νῆσος$: nesos'(섬들)]을 의미하는 폴리네시아라는 명칭은 1756년 프랑스 탐험가인 샤를 드 브로스(Charles de Brosses)가 태평양 도서국 전체를 지칭하는 용어로 처음 사용했다. 그러다 1831년 프랑스 해군장교이자 탐험가였던 쥘 뒤몽 뒤르빌(Jules Dumont d'Urville)[2]이 멜라네시아, 마이크로네시아라는 명칭을 만들었다. 그 결과 폴리네시아는 오늘날과 같은 지역 지칭 용어가 되었다. 뒤르빌의 구분에 따르면 멜라네시아라는 용어는 이 지역 주민들의 피부색이 검다는 데서, 마이크로네시아는 작은 섬들이 넓은 바다에 흩어져 있는 데서, 폴리네시아는 섬들이 많다는 데서 각각 유래했다.

---

2) 쥘 뒤몽 뒤르빌(Jules Dumont d'Urville, 1970~1842). 태평양, 호주, 남극대륙 등을 탐험한 프랑스 해군 장교. 1826~1829년까지 피지, 뉴칼레도니아, 파푸아뉴기니, 솔로몬 제도 등을 방문하고, 폴리네시아 지역과 구별되는 섬 그룹들을 지칭하기 위해, 말레이시아(Malaysia), 마이크로네시아(Micronesia), 멜라네시아(Melanesia)라는 용어를 고안했다(Wikipedia)

폴리네시아인의 용모
쿡 제도 헨리 푸나 수상(좌), 통가 국왕 투포우 4세(중앙), 사모아 일반남성들(우)

오늘날 폴리네시아 지역의 주요 국가로는 사모아, 통가, 프랑스령 폴리네시아, 하와이 등이 있다. 그리고 멜라네시아 지역의 주요 국가로는 파푸아뉴기니, 솔로몬제도, 바누아투 등이 있으며, 마이크로네시아 지역의 주요 국가로는 팔라우, 마이크로네시아 연방국, 마샬 제도 등이 있다. 한편 피지는 멜라네시아 지역에 속해 있지만 폴리네시아 지역과의 경계에 있어 양쪽 문화의 특징을 모두 지니고 있다.

지리적 범위[3]

사모아가 위치한 폴리네시아는 1,000개 이상의 섬이 태평양 중앙 및 남동쪽 영역으로 광대하게 펼쳐져 있다. 일반적으로 서쪽으로는 통가, 동쪽으로는 이스터 섬, 북쪽으로는 하와이, 남쪽으로는 뉴질랜드를 아우르는 거대한 삼각형 지역을 폴리네시아라고 부른다. 이때 보통 피지는 폴리네시아에 포함될 때도 있고 포함되지 않을 때도 있다. 또 오늘날의 멜라네시아와 마이크로네시아 지역에도 폴리네시아 문화권에 속한 섬이 여러 개 있다.

1950년대에 인류학자였던 킴벌 롬니(A. Kimball Romney)와 에번 보그트(Evon Z. Vogt)는 폴리네시아 지역을 '단일한 역사분석 단위', 다시 말해 동질적 문화권으로 정의했다. 그들의 주장에 따르면, 폴리네시아는 '폴리네시아 삼각대(Polynesian Triangle)'와 '외곽 폴리네시아(Polynesian outliers)'로 나뉜다. 그 중 '폴리네시아 삼각대'는 북쪽의 하와이, 남쪽의 뉴질랜드, 동쪽의 이스터 섬을

---

3) Kirch, Patrick V. and Green, Roger C. 1987. History, Phylogeny, and Evolution in Polynesia. *Current Anthropology* 28(4), Aug/Oct

세 꼭짓점으로 하여 가상의 삼각형 안에 포함되는 섬들을 가리키고, '폴리네시아 외곽 섬'들은 지리적으로는 멜라네시아와 마이크로네시아 해역에는 속해 있으나 폴리네시아 문화권의 특징을 갖는 섬들을 말한다. 이런 특성을 띤 섬들로는 멜라네시아의 경우 파푸아뉴기니 부갱빌 주에 속한 타쿠(Takuu) 섬, 솔로몬 제도의 시카이아나(Sikaiana) 섬과 렌넬(Rennell) 섬, 바누아투의 마에(Mae) 섬과 멜레(Mele) 섬 등이 있다. 마이크로네시아의 경우는 폰페이 주의 누쿠오로 (Nukuoro) 섬과 카핑가마랑기(Kapingamarangi) 섬 등이 여기에 속한다. 작은 섬들이 멀리 떨어져 있음에도 불구하고 각각의 섬들에서는 모두 폴리네시아 언어를 사용하며 그룹별로는 같은 문화적 전통을 지녀 왔다.

학자들이 폴리네시아를 '폴리네시아 삼각대'와 '외곽 폴리네시아'로 나누면서도 두 지역 모두 폴리네시아에 속한다고 본 주된 이유는 두 지역의 언어, 문화, 주민들의 신체적 특징 등이 유사하기 때문이다. 특히 폴리네시아 문화권을 정의하는 가장 설득력 있는 기준은 언어로서, 폴리네시아에 속한 섬들은 모두 단일한 유사 언어(폴리네시아어)를 사용한다. 멀리 떨어진 섬에 거주하는 사람들도 유사한 폴리네시아어를 사용한다. 그 한 예로 제임스 쿡(James Cook) 선장이 첫 항해 시 타히티에서 투파이아(Tupaia)[4]라는 타히티 사람과 같이 약 3,200km 떨어진 뉴질랜드에 도착했을 때 투파이아가 처음 보는 뉴질랜드 사람과 대화할 수 있었다고 한다.[5]

이 외에도 폴리네시아는 경도상의 위치에 따라 서폴리네시아, 중앙폴리네시아, 동폴리네시아로 구분하기도 한다. 이런 구분에 의하면 서폴리네시아에는 통가, 사모아 등이, 중앙폴리네시아에는 쿡제도(Cook Islands), 소시에테제도(Society Islands), 오스트랄제도(Austral Islands) 등이, 동폴리네시아에는 태평양 동부의 투아모투제도(Tuamotu Islands), 마르키즈제도(Marquesas Islands), 이스터 섬 (Easter Island), 하와이 등이 포함된다.

---

4) Tupaia(투파이아, Tupaea 또는 Tupia), (1725~1770). 폴리네시아 타히티 출신 항해사이며 타히티의 arioi (타히티의 성직자 집단)로서 놀라운 항해기술과 태평양의 지리학 지식과 지도 작성에 필요한 지식을 갖추고 있었다. 제임스 쿡 선장과 엔데버호에 승선하고 있던 영국의 박물학자 조셉 뱅크스(Joseph Banks)가 이를 알아보고 1769년 엔데버호에 승선시켜 함께 일했으며, 호주 및 뉴질랜드에서는 현지인들과의 통역자 역할도 했다. 1770년에 바타비아(Batavia)에서 질병(설사병 또는 말라리아)으로 숨졌다. (Wikipedia. Tupaia(Navigator). https://en.wikipedia.org/wiki/Tupaia_(navigator))

5) Druett, Joan, Tales true and otherwise about life under sail: Tupaia, Captain Cook's Polynesian Navigator. http://www.joan.druett.gen.nz/tupaia__captain_cook_s_polynesian_navigator_103427.htm

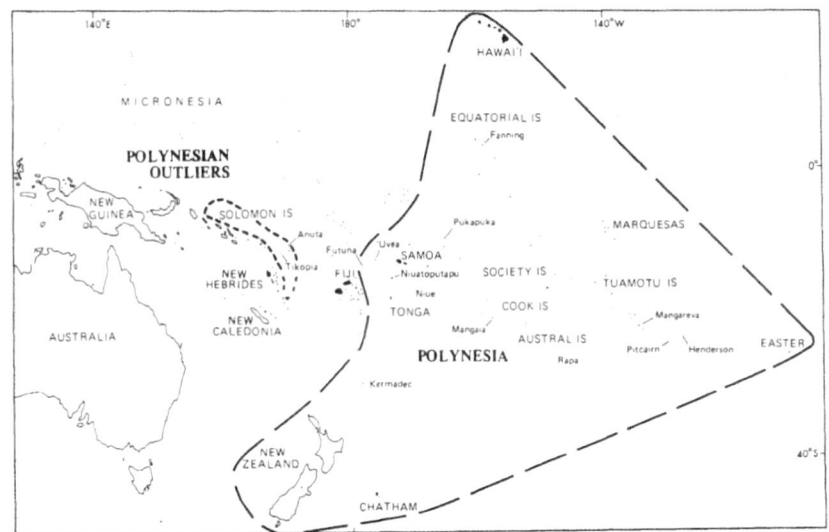

폴리네시아 삼각대와 외곽 폴리네시아[6]
폴리네시아 삼각대는 북쪽의 하와이, 남쪽의 뉴질랜드, 동쪽의 이스터 섬을 꼭짓점으로 하는 가상의 삼각형으로 우리가 흔히 폴리네시아라 부르는 지역을 나타낸다. 폴리네시아 외곽 섬들은 지리적으로는 멜라네시아, 마이크로네시아 지역에 위치하지만 폴리네시아 문화권의 특징을 보여 주는 섬들을 말한다

  폴리네시아는 태평양에서 사람이 가장 늦게 거주하기 시작한 지역이다. 서폴리네시아 섬들이라고 할 수 있는 피지 일부분과 통가는 약 3,000년 전에 사람들이 거주하기 시작하였다. 그에 비해 뉴질랜드는 약 1,200년대부터 사람이 거주하기 시작한 것으로 알려져 있다. 또한 폴리네시아의 지도는 유럽인들에 의해 가장 늦게 만들어졌고 식민지화된 지역이기도 하다.

---

6) Kirch, Patrick V. and Green, Roger C. 1987. History, Phylogeny, and Evolution in Polynesia. *Current Anthropology*, 28(4). Aug/Oct

폴리네시아 지역에 있는 피지, 통가, 뉴질랜드 위치(출처: http://www.diveyasawalagoon.com/location.html)

서구인들의 눈에 비친 폴리네시아[7]

15세기 이후 유럽인들은 교역과 식민지 쟁탈, 자원개발 등을 위해 세계 각지로 진출하기 시작했다. 유럽인들은 자신들이 맞닥뜨린 이방세계에 대한 다양한 기록을 남겼는데, 초기의 기록은 대부분 일회적 인상이나 에피소드 같은 피상적인 것이었다. 예를 들어 역사상 최초의 지구일주 항해에 성공한 마젤란이 1521년 괌에 도착했을 때, 당시 괌에 살던 차모로족이 마젤란의 선단으로 올라와 모든 쇠붙이를 훔쳐간 사건이 있었다. 이 사건을 겪은 마젤란은 괌을 포함해 지금의 마리아나 제도를 일컬어 '도둑들의 섬'이라는 명칭을 붙이기도 했다.

그 후 17세기에 포르투갈과 스페인 탐험가들은 향료와 부를 찾기 위해 세계 각지의 대양을 탐험했다. 그들의 목적은 이익추구였기 때문에 많은 항해가 비밀리에 진행되었고 남긴 기록도 그리 많지 않다. 그러다 18세기 들어 프랑스 탐험가 루이 앙투안 드 부갱빌(Louis Antoine de Bougainville)과 영국의 제임스 쿡 선장이 태평양을 방문한 이후부터 유럽과 미국에서 태평양에 대한 관심이 크게 증가했다. 여기서 중요한 인물은 쿡 선장이다. 그가 태평양을 탐사하기

---

7) Kiste, R.C. 1985. The Pacific Islands: Images and Impacts. In, *The Pacific Islands in the Year 2000*, edited by Robert C. Kiste and Richard A. Herr, p. 1–21. Working Paper Series. Honolulu, Hawaii: Pacific Islands Studies Program, Center for Asian and Pacific Studies, University of Hawaii at Manoa

전까지는 태평양 섬나라들이 유럽에 거의 알려지지 않았기 때문이다.

1767년 폴리네시아 타히티를 방문한 프랑스 탐험가 부갱빌은 자신이 지상 낙원을 발견했다고 믿었다. 부갱빌의 기록에 따르면 타히티의 기후는 더할 나위 없이 좋았고 자원도 풍부했다. 그래서 사람들은 애써 일을 할 필요가 없었다. 또 부갱빌은 타히티인들이 육체적으로 아름답고 잘생겼다고 생각했다. 그래서 부갱빌은 타히티를 '뉴키테라(New Cythera)' 섬이라고 명명했다. 키테라는 그리스 신화에 등장하는 지명으로, 미의 여신 아프로디테가 태어난 곳이다.

제임스 쿡 선장의 탐험대 역시 타히티에서 좋은 인상을 받았다. 쿡 선장의 탐험대에 승선했던 영국의 박물학자 조셉 뱅크스(Joseph Banks)도 부갱빌처럼 타히티에 대한 찬사를 보냈다. 뱅크스는 타히티에서의 삶이 '황금시대'를 연상시킨다고 묘사했다. 특히 타히티인들의 자유분방함을 높이 평가했다. 이를 계기로 폴리네시아는 유럽인들의 눈에 '목가적 낙원'으로 비쳐지기 시작했다.

19세기 말 대중적인 글쓰기로 유명했던 영국 작가 존 우드(John G. Wood)는 『전 세계의 미개인들(The uncivilized races of men in all countries of the world)』 (1868)이라는 책에서 폴리네시아를 특히 사모아에 대해서 다음과 같이 평가했다.

> 사모아인은 미개인들의 삶에 어쩔 수 없이 동반되는 갖가지 불완전함을 지니고 있다. 그러나 이들은 세계의 어떤 인종보다 "고귀한 야만인"[8]에 근접해 있다. 사모아인들은 친절하고 정직하며 예의바르다. 그래서 사모아는 점잖은 사람들의 나라로 묘사되어 왔다. 이방인들에 대해서는 사모아인은 자유주의적 면모를 지녔다
>
> (Being savages, the Samoans have many of the imperfections which necessarily accompany savage life, but at the same time they approach nearer to the "noble savage" of the poet than most races of men. They are hospitable, affectionate, honest, and courteous, and have well been described as a nation of gentlemen. Toward strangers, they display a liberality...)[9]

---

[8] 18세기 유럽에서는 장 자크 루소가 주장한 '고귀한 야만인(noble savage)'의 개념이 크게 유행했다. 그 요지는 과거에 인간은 더 순진무구하고 행복한 상태에 있었지만 문명에 의해 부자유스럽고 타락한 상태에 빠졌다는 것이다. 태평양을 비롯한 원시사회를 방문했던 초기 유럽 탐험가들은 루소가 말한 '고귀한 야만인'에 대한 기대와 환상을 가지고 있었다

[9] Wood, John, George. 1871. The uncivilized races of men in all countries of the world; being a comprehensive account of their manners and customs, and of their physical social, mental, moral and religious characteristics, Vol. 2, J.B. Burr and company publisher/Brigham Young University. p. 790. https://archive.org/details/uncivilizedraces02wood

1920년 하와이에서 작가 프레더릭 오브라이언(Frederick O'Brien)이 펴낸
『멘토르(The Mentor)』에는 다음과 같은 기록이 있다.

> 나는 사할린부터 통가에 이르기까지 세계 곳곳을 누볐다. 그러나 무엇보다 폴리네시아가 가장 마음에 들었고, 그곳을 가장 오래 기억할 것 같다. 거기에는 세상에서 가장 사랑스럽고 잘생긴 남녀들이 살고 있다
> (I have roamed from Sakhalin to Tonga. Above all, I have loved Polynesia and shall remember it longest. In it are the most lovable and handsomest untutored men and women that grace the earth.)[10]

폴리네시아에 대한 낭만적 이미지는 곧 '남방해(South Sea)' 또는 '남태평양(South Pacific)'과 같은 문구와 결합되었다. 또 일군의 작가와 예술가들이 태평양과 폴리네시아를 낭만적으로 묘사하기 시작했다. 소설 『모비딕』의 작가로 유명한 미국 작가 허먼 멜빌(Herman Melville)은 한때 폴리네시아 마르키즈 제도에 살았는데, 『타이피(Typee)』, 『오무(Omoo)』와 같은 초기 소설에서 원시의 야생적 삶을 낭만적으로 그렸다는 평가를 받는다.[11] 또 『지킬박사와 하이드』, 『보물섬』 등으로 유명한 영국 작가 루이스 스티븐슨(Robert Louis Stevenson) 역시 사모아에서 여러 해 살았고, 하와이, 투아모투 군도 등을 방문한 뒤 『남방해에서(In the South Seas)』라는 에세이를 남겼다.[12] 제2차 세계대전 시 태평양 전쟁에 참가한 미국 작가 제임스 미처너(James Michener)는 『남태평양 이야기(Tales of the South Pacific)』라는 소설에서 태평양을 배경으로 한 백인 남성과 원주민 여성의 사랑 이야기를 썼다.[13] 이 이야기는 훗날 뮤지컬과 영화로도 제작되었다. 그 외에도 프랑스 화가 폴 고갱(Paul Gauguin)의 타히티 섬에서의 작품활동이 유명하며,[14] 당시 있었던 고갱의 실화를 바탕으로 영국 작가 윌리엄 서머셋 몸(William Somerset Maugham)이 소설

---

10) O'Brien, Frederick. 1922. *The Mentor* – Full text of Mentor(1922-02, Crowell). https://archive.org/stream/Mentor_v10n01_1922-02.CrowellDarwin-DREGS/Mentor%20v10n01%20(1922-02.Crowell)(Darwin-DREGS)_djvu.txt
11) Wikipedia. Herman Melville. https://en.wikipedia.org/wiki/Herman_Melville
12) Wikipedia. Robert Louis Stevenson. https://en.wikipedia.org/wiki/Robert_Louis_Stevenson
13) Wikipedia. James A. Michener. https://en.wikipedia.org/wiki/James_A._Michener
14) Wikipedia. Paul Gauguin. https://en.wikipedia.org/wiki/Paul_Gauguin

사모아에 있는 루이스 스티븐슨 집(출처: http://edition.cnn.com/2016/01/31/travel/insider-guide-samoa/)

『달과 6펜스』를 발표했다.[15]

한편 20세기에 태평양은 동남아시아, 아프리카와 더불어 인류학 연구의 산실이기도 했다. 인류학 저작 중에서도 폴리네시아를 낭만화한 것들이 있는데 마거릿 미드(Margaret Mead)의 『사모아의 청소년(Coming of Age in Samoa)』(1928)이 대표적이다. 미드는 1926년 사모아에서 현지조사를 한 뒤, 사모아에는 미국에 존재하는 '사춘기 문제가 없는데, 그 이유는 사모아의 자유롭고 자연스러운 문화 때문이라며 사모아 문화를 높이 평가하기도 했다. 그러나 이러한 낭만화적 분석은 레이먼드 퍼스(Raymond Firth)가 조심스럽게 분석한 We, the Tikopia (1936)나 아서 모리스 호카트(Arthur Maurice Hocart)의 The Northern States of Fiji(1952)에 의해서 실질적 환경을 반영하는 재조명의 시간을 거치기도 했다.[16][17][18][19][20][21]

---

15) Library of Congress, Margaret Mead, Human Nature and the Power of Culture. https://www.loc.gov/exhibits/mead/field-samoa.html
16) Wikipedia, Coming of Age in Samoa, https://en.wikipedia.org/wiki/Coming_of_Age_in_Samoa
17) Spoehr, Alexander, 1954. Book Review - The Northern States of Fiji. A.M. HOCART(Occasional Publication,11.) London: Royal Anthropological Institute, 1952. xvi, 304 pp., maps, 15s. American Anthropologist 56: 1126. http://onlinelibrary.wiley.com/doi/10.1525/aa.1954.56.6.02a00360/pdf
18) Bloch, Maurice, 2002. Sir Raymond Firth. The Guardian. https://www.theguardian.com/news/2002/feb/26/guardianobituaries.obituaries
19) MacDonald, Judith. Chapter 6. The Tilopia and "What Raymond Said". p. 107-123. http://researchcommons.waikato.ac.nz/bitstream/handle/10289/3340/the%20tikopia.pdf?sequence=1
20) Wikipedia, Raymond Firth, https://en.wikipedia.org/wiki/Raymond_Firth
21) Wikipedia, Arthur Maurice Hocart, https://en.wikipedia.org/wiki/Arthur_Maurice_Hocart

〈타히티의 여인들〉(1899)(출처:Wikipedia)
프랑스 화가 폴 고갱의 작품

끝으로 서구인들이 폴리네시아인의 외모에 가졌던 호감에 대해 언급할 필요가 있다. 폴리네시아인들은 태평양 주민들 중 피부색이 가장 밝고 체격도 건장한 편이다. 그래서인지 피부색이 밝은 서구인들은 키가 작고 피부가 검은 멜라네시아인보다 서구인들과 피부색이 가장 가까운 폴리네시아인들이 아름답다고 주관적으로 생각했다. 또한 유럽인들은 멜라네시아에 만연한 마술, 주술 풍습 등에 거부감을 느꼈고, '빅맨'이라는 한시적 지도자를 중심으로 소규모 종족생활을 하는 멜라네시아의 사회체제가 폴리네시아의 사회체제보다 열등하다고 믿었다. 또 멜라네시아의 험준한 지형, 19세기 유럽 선교사들이 멜라네시아에서 겪었던 납치, 살인 등과 같은 경험 때문에 멜라네시아에 대한 부정적 이미지는 더욱 강화되었다.

그 후 서양에서는 '고등 폴리네시아'와 그렇지 않은 멜라네시아라는 이분법이 오랫동안 유행했다. 20세기 마셜 살린스(Marshall Sahlins)와 같은 경제인류학자도 이러한 개념틀을 학문적 근거로 채택하기도 했다. 마셜 살린스는 1958년에 발간한 『폴리네시아의 사회적 성층(Social Stratification in Polynesia)』에서 폴리네시아 사회를 4개 그룹(I, IIa, IIb, III)으로 분류했다. 그룹 I은 가장 고도의 사회적 성층을 가진 지역으로서 지금의 하와이, 통가, 사모아 그리고 타히티가 포함되고, 그룹 IIa는 그 다음으로 고도의 성층을 가진 사회로서 망가이아(Mangaia),[22] 망가레바(Mangareva),[23)24)] 이스터 섬(Easter Island),[25] 그리고 우베아(Uvea)[26] 섬이 포함되었다. 그룹 IIb에는 마르키즈(Marquesas),[27] 티코피아(Tikopia),[28] 푸투나(Futuna)[29]가 포함되었으며 마지막으로 가장 낮은 사회적 성층(III)을 이루고

---

22) 망가이아 섬은 전통적으로는 아우아우 에누아(A'ua'u Enua)라고 알려져 있으며 테라스식의 땅(terraced)이라는 뜻을 가지고 있다. 쿡 제도의 가장 남쪽에 있는 섬이며 쿡 제도에서는 라로통가(Rarotonga) 섬 다음으로 두 번째로 큰 섬이다. 지질학자들은 이 섬이 약 1,800만년이 되었다고 추정하고 있으며 태평양에서 지질학적으로 가장 오래된 땅이라고 한다. (Wikipedia. Mangaia. https://en.wikipedia.org/wiki/Mangaia)
23) 망가레바 섬은 마가레바 섬이라고도 불린다. 이 섬은 남태평양 중앙에 있는 프랑스령 폴리네시아의 투아모투 군도 가운데 남동쪽 말단의 섬들로 갬비어 제도(Gambier Islands)라고도 하며 화산섬이다. 보초로 둘러싸여 있으며 듀프 봉과 모코토 봉 등은 최고 440m에 이르며, 그 동쪽 기슭에 미카엘 성당이 있는 중심 마을인 리키테아가 있다. 지금은 프랑스령 폴리네시아의 투아모투갬비어 행정구에 속하며, 자원이 빈약하고, 주민들은 자급농업, 코코넛 재배, 소규모의 어업으로 생계를 유지한다. (출처: 다음백과. 갬비어 제도. http://100.daum.net/encyclopedia/view/b01g1960a)
24) Wikipedia. Mangareva. https://en.wikipedia.org/wiki/Mangareva
25) 이스터 섬은 수중 화산폭발로 형성되었으며, 칠레에서 서쪽으로 3,600km 떨어져 있다. 행정상으로 칠레의 발파라이소 지역에 속한다. 최초 정착민은 400년경 마르키즈 제도에서 건너온 폴리네시아인이며, 롱고롱고 상형문자와 인간의 형상을 한 커다란 석상들로 유명하다. 1888년 칠레가 이 섬을 합병했다. (출처: 다음백과. 이스터 섬. http://100.daum.net/encyclopedia/view/b17a3769a)
26) 우베아 섬은 지금은 월리스 푸투나 제도(Wallis and Futuna)의 월리스 섬 중 하나이다. (출처: Wikipedia. Uvea(Wallis and Futuna). https://en.wikipedia.org/wiki/Uvea_(Wallis_and_Futuna))
27) 마르키즈 섬(프랑스령 폴리네시아) Wikipedia. Marquesas Islands. https://en.wikipedia.org/wiki/Marquesas_Islands
28) Wikipedia. Tikopia. https://en.wikipedia.org/wiki/Tikopia

있는 지역으로는 푸카푸카(Pukapuka),[30] 온통자바(Ontong Java),[31] 그리고 토켈라우(Tokelau)[32]를 포함시켰다.[33] 지금은 이러한 서양인들 기준의 주관적 생각보다는 객관적 분석 기반의 접근방식을 활용하고 있다.

문화진화 연구와 폴리네시아[34][35][36][37][38][39][40][41][42]

폴리네시아는 문화진화 및 문화생태학 연구를 위한 '천연 실험실'로 인식되기도 했다. 생물이 환경에 따라 다양한 변이(variation)를 보여 주듯이, 인간문화도 환경 조건에 따라 다양한 변이와 적응을 보여 준다. 대양 가운데 고립된 섬들로 이루어진 폴리네시아의 지리적 여건은 인간문화의 변이를 관찰하는 데 이상적이다.

'문화진화(cultural evolution)'란 개념은 인류학의 태동기인 19세기 중후반에 에드워드 타일러(Edward Tylor), 루이스 모건(Lewis Morgan) 등의 1세대 인류학자가 제안한 것이다. 그 핵심은 인간의 문화 역시 생물처럼 하등한 것에서 고등한 것으로 진화한다는 것이다. 그들은 오늘날 세계의 원시부족들 사이에서 발견되는 사회·문화적 요소들이 인류의 초기 문화단계를 대표하며, 유럽이나 미국의 문화는 이런 야만의 단계를 오래전에 떨쳐내고 문명의 단계에 도달했다고 주장했다.

---

29) Wikipedia. Futuna(Wallis and Futuna). https://en.wikipedia.org/wiki/Futuna_(Wallis_and_Futuna)
30) Pukapuka라는 이름으로 폴리네시아 지역에 있는 섬은 2개가 있다. 프랑스령 폴리네시아에 있는 섬과 쿡 제도에 있는 섬이다. 프랑스 폴리네시아 지역의 섬과 관련 자료.(Wikipedia. Puka-puka. https://en.wikipedia.org/wiki/Puka-Puka). 그리고 쿡 제도의 섬과 관련 자료.(Wikipedia. Pukapuka. https://en.wikipedia.org/wiki/Pukapuka)
31) Wikipedia. Ontong Java Atoll. https://en.wikipedia.org/wiki/Ontong_Java_Atoll
32) Wikipedia. Tokelau. https://en.wikipedia.org/wiki/Tokelau
33) Wikipedia. Marshall Sahlins. https://en.wikipedia.org/wiki/Marshall_Sahlins
34) Layton, Robert. 1997. An Introduction to theory in anthropology. Cambridge University Press
35) Long, Heather and Chakov, Kelly. 2009. Social Evolutionism. Department of Anthropology. The University of Alabama. http://anthropology.ua.edu/cultures/cultures.php?culture=Social%20Evolutionism
36) Wikipedia. Anthropology Theory Project - Edward Burnett Tylor. http://anthrotheory.wikia.com/wiki/Edward_Burnett_Tylor
37) Wikipedia. Unilineal Evolution. https://en.wikipedia.org/wiki/Unilineal_evolution#Tylor_,26_Morgan
38) Wikipedia. Neoevolutionism. https://en.wikipedia.org/wiki/Neoevolutionism
39) Julian Steward(1902~1972). http://anth198.pbworks.com/f/Steward+(1955)+-+Theory+and+Method+of+Cultural+Ecology.pdf
40) Kirch, Patrick, Vinton. 1986. Island Societies: Archaeological Approaches to Evolution and Transformation. Cambridge University Press. Cambridge. p. 98
41) Rick, Torben C., Kirch, Patrick V., Erlandson, Jon M. and Fitzpatrick, Scott M. 2013. Archeology, deep history, and the human transformation of island ecosystems. Anthropocene 9(4): http://dx.doi.org/10.1016/j.ancene.2013.08.002. http://anthropology.si.edu/archaeobio/cm/Rick%20et%20al%202013%20Anthropocene.pdf
42) Kirch, Patrick V. and Green, Roger C., 1992. History, phylogeny and evolution in Polynesia. Current Anthropology 33:161-186

문화진화론은 제국주의를 등에 업고 번영과 팽창을 구가하던 19세기 말 유럽의 역사적 상황이 반영된 이론이다. 그 후 20세기로 들어오면서 문화진화론은 그 방법론이 빈약할 뿐만 아니라 식민통치, 인종주의, 서구 우월주의 등에 침윤되어 있다는 거센 비판을 받았다. 지금은 문화에 우열이 존재한다는 진화주의적 사고는 인류학에서 거의 금기시되다시피 한다.

　독특하게도 1950년대에 미국에서는 신진화주의(neo-evolutionism) 이론이 반짝 등장했다가 사라졌다. 그 대표적 학자인 레슬리 화이트(Leslie White)는 자연에서 에너지를 효율적으로 포획하는 능력(기술 수준)에 따라 인간사회를 여러 등급으로 나눌 수 있다고 보았다. 한편, 신진화주의가 등장한 시기와 비슷한 시기에 줄리언 스튜어드(Julian Steward) 등의 학자를 중심으로 문화생태학(cultural ecology)도 등장했다. 이것은 각각의 문화는 처해 있는 생태적 환경에 대한 '적응'이라는 입장을 강조하는 이론이다.

　그런데 인류학자들이 거의 폐기해 버린 '문화진화'의 개념을 20세기 중후반 폴리네시아를 연구하는 고고학자들이 다시 색다른 개념으로 논의의 장으로 끌어들였다. 그들은 언어학, 고고학적 증거를 바탕으로 태평양 도서민들의 이주와 정착을 생물의 이주와 정착을 연구하듯 계통학적으로 분석했다. 그들의 논지에 따르면, 오늘날 폴리네시아 주민들은 아시아·동남아 등지에서 유래했고, 훗날 폴리네시아의 여러 섬으로 흩어지기 전에 특정한 집결지(homeland) ― 예를 들면 프랑스령 폴리네시아의 마르키즈제도 등 ― 에서 한동안 머물다가 '적응방산(adaptive radiation)'[43]하듯 태평양으로 퍼져 나간 것으로 간주하였다. 이것은 폴리네시아 주민들의 이주 및 정착을 진화론적 관점에서 바라본 것이다. 이러한 견해를 더 밀고 나가면, 고립된 섬 환경, 인구 증가, 농업기술의 발전, 항해술의 발달 등이 폴리네시아 주민들의 이주를 촉발시켰고 오늘날 폴리네시아에서 발견되는 엄격한 사회계층을 탄생시켰다는 결론이 나온다.

---

43) 동일한 생물군이 각기 다른 환경에 적응하여 생리적·형태적으로 다양하게 분화하는 현상. 적응방산은 진화의 기본적인 패턴이기도 하다

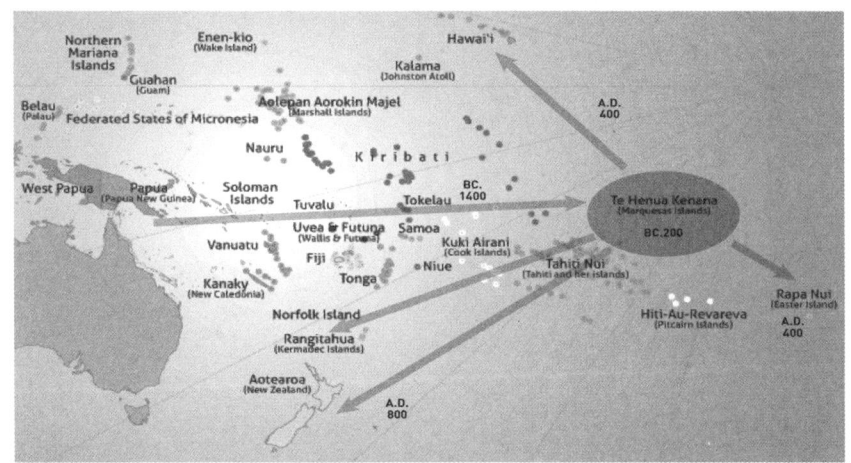

고고학자 패트릭 키르히와 로저 그린이 주장한 '홈랜드' 가설[44]
오늘날의 소시에테 제도 근처에 폴리네시아 문화의 공동조상 격인 '초기 폴리네시아 사회'가 존재했다고 보는 입장이다. 초기 주민들이 이 집결지(homeland)에 한동안 모여 있다가 여러 섬으로 퍼져 나갔다는 것이다

    패트릭 키르히(Patrick V. Kirch)나 로저 그린(Roger C. Green)과 같은 고고학자들은 현 폴리네시아 사회들의 공동조상 격인 '초기 폴리네시아 사회(Ancestral Polynesian Society)'가 존재했고, 바로 이 집단이 폴리네시아 각지로 퍼져 나가 개별 섬의 독특한 생태적 환경에 적응하면서 오늘날과 같은 문화 지형이 만들어졌다고 보았다. 처음에는 서로 비슷한 문화를 지니고 있던 주민들이 따로따로 흩어져 각각의 섬 환경에 적응하는 가운데 어떤 문화요소는 존속, 폐기되고 어떤 문화요소는 개량되거나 수정되었다는 것이다.
    그런데 현 폴리네시아 문화들이 같은 뿌리에서 기원했다는 사실은 여러 언어학, 고고학적 연구들로 뒷받침된다. 그 예는 오늘날의 폴리네시아 주민들이 모두 같은 언어를 사용하는 데서 찾을 수 있다. 태평양 언어들은 대부분 오스트로네시아 어족에 속하는데 이 어족은 남중국 및 대만에서 유래한 것으로 보인다. 오스트로네시아 어족은 폴리네시아 지역으로 유입되면서 오세아니아 언어군을 파생시켰고, 현재 폴리네시아 섬들은 모두 '원시 폴리네시아어(Proto Polynesian Language)'에서 유래한 언어를 공유하고 있다.

---

[44] Kirch, Patrick V. and Green, Roger C. 1987. Phylogeny, and Evolution in Polynesia, *Current Anthropology* 28(4), August-October

사모아의 문신하는 날(Tattooing Day in Samoa)[45]

　또 폴리네시아 사회는 몇 가지 공통된 도구문화를 가지고 있다. 약 3,000년 전 태평양으로 유입된 라피타 문화는 촘촘한 빗살무늬가 있는 도기 유물로 유명하다. 이 라피타 도기는 사모아, 피지 등의 서폴리네시아 지역으로 유입되면서 그 양식이 변했다. 빗살무늬 양식이 간소화되고 나중에는 거의 민무늬로 바뀐 것이다.
　다른 공통문화로는 초기 폴리네시아인들은 타로, 얌 등을 주식으로 했으며, 돼지, 개, 닭 등 세 종류의 가축을 길렀다. 그들은 음식을 구덩이에 파묻어 발효시키는 기법을 찾아냈고, 이때 녹말 전분을 사용했다는 흔적이 지금도 남아 있다.

---
[45] Wood, George, John, 1871. *The uncivilized races of men in all countries of the world: being a comprehensive account of their manners and customs, and of their physical social, mental, moral and religious characteristics*. Vol. 2, J. B. Burr and company publisher/Brigham Young University, p. 790. https://archive.org/details/uncivilizedraces02wood

02 폴리네시아 문화권의 특징

언어의 동질성[46)47)48)49)50)]

폴리네시아를 동질적 문화권으로 볼 수 있는 가장 강력한 근거는 바로 언어이다. 폴리네시아 주민은 모두 단일한 폴리네시아 언어를 사용한다. 멜라네시아, 마이크로네시아에 위치한 폴리네시아 '외곽 섬'들을 폴리네시아 문화권으로 여기는 것도 바로 그곳 주민들이 폴리네시아 언어를 공동으로 쓰기 때문이다. 고고학자들이 폴리네시아를 계통학적으로 분석하려는 근거도 언어에 있다.

클라크(Clark), 빅스(Biggs) 등의 언어학자들은 언어연대학, 어휘통계학 연구를 토대로 고대 폴리네시아어가 지금의 여러 언어로 분화되는 과정을 추적했다. 오늘날의 폴리네시아어는 오스트로네시아 어족(Austronesian language family)에 속하며, 지금으로부터 약 5,000년 전에 대만에서 유래한 뒤 동남아, 뉴기니를 거쳐 폴리네시아 지역으로 유입된 것으로 추정하고 있다.

---

46) Pawley, Andrew and Ross, Malcolm. 2006. Chapter 3: The prehistory of Oceanic languages: A current view. In, Peter Bellwood, James J. Fox, Darrell Tryon eds., *The Austronesians: Historical and Comparative Perspectives*, Australian National University. p. 367
47) Otsuka, Yuko. 2005. *History of Polynesian Languages*, University of Hawaiʻi. http://www2.hawaii.edu/~yotsuka/course/PN_history.pdf
48) Accredited Language Services. Polynesian – Polynesian Language. https://www.alsintl.com/resources/languages/Polynesian/
49) Bright, William. 1992. Polynesian Languages. *International Encyclopedia of Linguistics* 3:245-251. http://pacific.socsci.uva.nl/besnier/pub/Polynesian_Languages.pdf
50) Wikipedia. Polynesian languages. https://en.wikipedia.org/wiki/Polynesian_languages

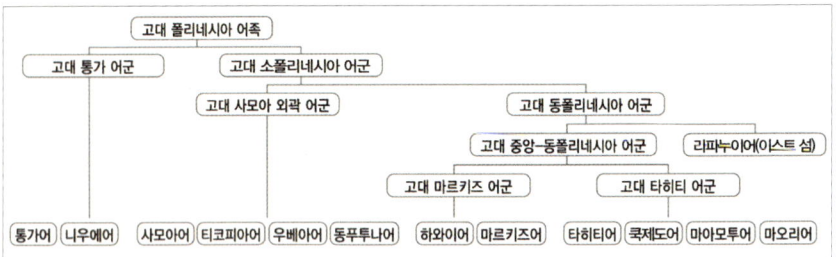

폴리네시아 언어군
폴리네시아 언어는 오스트로네시아 어족에 속하며 동일한 조상언어(Proto - Polynesian)에서 갈라져 나온 것으로 추정된다. 현재 폴리네시아 문화권을 정의하는 가장 설득력 있는 기준은 바로 언어의 동질성이다

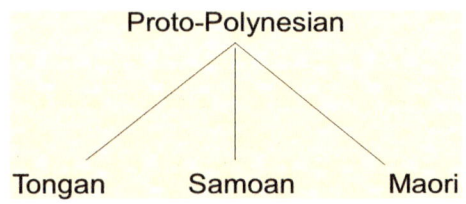

Proto-polynesian으로부터 나누어진 세 그룹의 폴리네시아 언어[51]

오스트로네시아 언어의 계통도와 각 언어 간 유사성을 보여 주는 예는 다음과 같다.

오스트로네시아 언어 간 유사성을 보여 주는 어휘들[52]

	물고기 (Fish)		족장 (Chief)		눈 (Eye)
인도네시아 바하사	ikan	뉴질랜드, 쿡제도	ariki	대만	maca
인도네시아 자바	iwak	투발루, 토켈라우	aliki	필리핀	mata
동티모르	ikan	이스터 섬	'ariki	인도네시아	mata
필리핀	isda	사모아, 하와이	ali'i	뉴기니	mata
뉴질랜드 마오리족	ika	소시에테제도 (프랑스령 폴리네시아)	ari'i	솔로몬제도	maa
피지	ika			바누아투	mata
하와이	i'a			피지	mata
이스터 섬	ika			통가	mata

---

51) SlidePlayer. Classification. http://slideplayer.com/slide/9149970/
52) Pawley, Andrew and Ross, Malcolm. 2006. Chapter 3: The prehistory of Oceanic languages: A current view. In Peter Bellwood, James J. Fox, Darrell Tryon eds., *The Austronesians: Historical and Comparative Perspectives*. Australian National University. p. 367

오스트로네시아(폴리네시아) 언어 간 유사성 사례

	조상 (Ancestor)	새 (Bird)	카누 (Canoe)	여자 (Woman)	사랑 (Love)	늙은 (Old)	숫자 6 (Six)
통가	tupu	manu	vaka	feline	'alo'ofa	tefito	ono
사모아	tupu	manu	va'a	fafine	alofa	tafito	ono
마르키즈 제도	tupuna	manu	vaka	vahine	kaoha	tehito	ono
타히티	tupuna	manu	va'a	vahine	aroha	tahito	ono
뉴질랜드	tupuna	manu	waka	whahine	aroha	tawhito	ono
하와이	kupuna	manu	wa'a	wahine	aloha	kahiko	ono

엄격한 사회계층 분화[53)54)55)56)57)]

폴리네시아를 동질적 문화권으로 볼 수 있는 두 번째 기준은 엄격한 사회계층 분화이다. 일반적으로 폴리네시아 사회는 멜라네시아나 마이크로네시아에 비해 훨씬 계층화된 피라미드형 사회를 이루고 있다고 평가된다. 가장 윗자리를 차지하는 최고 족장을 중심으로 한 엄격한 위계와 서열이 존재하기 때문이다.

마셜 살린스(Marshall Sahlins)에 따르면, 전통 폴리네시아 사회의 정치 시스템은 크게 래미지 체제(ramage system)와 족장제(descent-line system)로 나눌 수 있다. 여기서의 분류 기준은 씨족집단(clan)을 어떤 식으로 구성하느냐 하는 것이다. 일반 족장제에서는 족외혼이 원칙이지만 래미지 체제에서는 족내혼도 행해진다. 또 래미지 체제는 장자상속에 기반해 혈통을 강조하는 시스템인데 반해 족장제는 혈통보다는 능력과 직함에 따라 권력 승계가 이루어지는 시스템이다. 지금도 통가에는 래미지 체제의 영향이 깊이 남아 있는 곳이기도 하다.

---

53) Firth, Raymond. 1961. (Review paper)Review on Sahlins, Marshall D. 1958. Social Stratification in Polynesia(Published in the American Ethnological Society, University of Washington Press, Seattle). *American Anthropologist* 63(3):610–612. http://onlinelibrary.wiley.com/doi/10.1525/aa.1961.63.3.02a00260/pdf
54) Wikipedia, Marshall Sahlins, https://en.wikipedia.org/wiki/Marshall_Sahlins
55) Wikipedia, Systems of social stratification, https://en.wikipedia.org/wiki/Systems_of_social_stratification
56) Kirch, Patrick Vinton. 1989. *The Evolution of the Polynesian Chiefdoms*, Cambridge University Press. p. 328. http://catdir.loc.gov/catdir/samples/cam031/84003249.pdf (http://books.google.co.kr/)
57) Goldsmith, Michael. 2006. Chapter 6: The Evolution of Marshall Sahlins. p. 76–86. In, Doug Murino and Brij V. Lal eds., *Texts and Contexts–Reflections in Pacific Islands Historiography*, University of Hawaii. p. 264. http://researchcommons.waikato.ac.nz/bitstream/handle/10289/4432/the%20evolution.pdf?sequence=1

폴리네시아의 사회계층화 연구

미국의 인류학자 마셜 살린스는 1960년에 발표한 『폴리네시아의 사회계층화(Social Stratification in Polynesia)』라는 책에서 태평양 섬들의 생태적·환경적 조건이 그 사회의 계층화(stratification) 정도를 결정한다고 분석했다. 이 책에 의하면, 섬이 크고 풍요로워 잉여 생산물이 많이 축적되는 사회일수록 직급과 서열이 분화되고 지배체제가 정교화되며, 저지대 산호섬처럼 자연환경이 척박한 곳에서는 잉여 생산이 많지 않아 계층화 정도가 높지 않다.

마셜 살린스는 폴리네시아 사회의 계층화 정도를 평가하는 기준으로 다음 두 가지 요소를 들었다. 하나는 중요 의례나 행사가 있을 때 폴리네시아 족장들이 동원할 수 있는 음식과 인력의 양이고, 다른 하나는 족장들이 생산활동으로부터의 분리 정도이다.

중요 의례가 있을 때 동원할 수 있는 인력과 재화의 양이 많을수록 그 사회는 계층적으로 분화된 사회이다. 또 족장이 생산활동에서 더 분리되어 있고 직접적 생산활동에 종사하지 않는 전문가 계층이 발달할수록 그 사회는 분화된 사회이다. 예를 들어, 척박한 저지대 산호섬에서는 태풍이나 해일 같은 자연재해가 있을 때 족장도 직접 노동을 해야 한다. 그러나 부유한 화산 섬 사회에서는 족장은 거의 생산에 참여하지 않고 대신 재화와 인력의 분배, 통솔 등을 담당한다. 마셜 살린스는 폴리네시아 섬들을 계층화 수준에 따라 4개 그룹으로 나누었다. 여기서는 계층화 정도가 가장 높은 1번 그룹과 계층화 정도가 가장 낮은 4번 그룹은 다음과 같다.

폴리네시아의 사회계층화 정도

구분	그룹 1(계층화 수준 높음)	그룹 4(계층화 수준 낮음)
섬	하와이, 통가, 사모아, 타히티 (주로 지대가 높고 땅이 넓은 화산 섬)	푸카푸카, 온통 자바, 토켈라우 (주로 지대가 낮고 땅이 좁은 환초 섬)
특징	• 구조적으로 복잡한 서열 시스템 • 뚜렷한 3개의 사회적 위계(평민, 족장, 고위 족장) • 족장의 권위 및 지배력이 매우 강함 • 족장은 생산활동에 참여하지 않음 • 잘못을 저지른 주민이나 일탈자를 처벌할 때 족장이 실질적 처벌(구타, 추방, 살해)을 가할 수 있음 • 재화의 징수 및 재분배 시스템이 발달함	• 비교적 단순한 서열 시스템 • 2개의 사회적 위계(평민, 족장) • 족장의 권위가 약하고 평등주의적이며, 지방 원로들의 의견이 강함 • 족장이 생산활동에 참여하기도 함 • 잘못을 저지른 주민을 처벌할 때 족장이 실질적 처벌보다는 초자연적 힘이나 주술 등으로 저주를 내림 • 재화의 징수 및 재분배 시스템이 단순함

살린스에 따르면, 태평양에서 사회계층화 수준이 가장 높은 곳은 하와이, 통가, 사모아, 타히티 등이다. 이 지역에서는 사회적 위계 및 서열이 매우 엄격하고 족장의 권위가 강하며, 생산활동과 직접 관계가 없는 전문가 계층이 발달해 있다. 특히 이런 섬들은 족장이 종교적 권력이 아니라 강력한 세속적 권력을 보유하고 있다. 반면 척박한 산호 섬 족장들의 경우는 실질적 권력이 빈약해 주민들을 처벌하거나 통제할 때 초자연적 힘(주술 등)에 의지하는 경우가 많다.

하와이 신 후나
(출처: http://www.ancienthuna.com/gods_diagram.htm)

사모아

또한 이러한 계층적 사회에 속해 있는 사람들 중 가장 높은 계층은 족보를 살펴보면 '신들(gods)'의 핏줄을 이어받은 자인데, 이들은 전지전능한 신들이다. 또한 이 신들의 형상은 종종 나무, 깃털, 섬유나 돌로 만들어졌으며, 폴리네시아 전역에서도 볼 수 있다. 마치 한국에서의 지하여장군이나 천하대장군과 같은 역할을 한다.

친족과 사회계급제도[58)59)60)61)62)63)64)]

폴리네시아에서 일반적인 '가족(family)'은 3세대 이상을 포함하고 있다. 폴리네시아 언어에서는 친족(kinship)과 관련된 단어가 세대별로 구분되어 있다. 이는 전통과 혈통을 중요히 여기는 사회에서 흔히 볼 수 있는 현상이다. 예를 들어, 조부모 세대를 언급할 때 사용하는 용어는 성별로 구분하고, 부모 세대를 언급할 때는 이모/고모와 친/외삼촌 그룹을 구분하는 용어를 사용한다. 우리나라도 세대를 구분 짓는 단어를 사용하고 있다(예: 할아버지/할머니). 그리고 현 세대에서는 성별 및 나이에 따라 그리고 혼인 여부에 따라 지칭하는 용어가 각기 다르다. 또한 다음 세대 주역인 현 세대의 아이들도 나이와 성별에 따라 용어를 달리 사용한다.

이러한 친족 그룹들은 폴리네시아 사회계층의 기반을 이룬다. 일반적으로 폴리네시아인들끼리는 남성 혈통과 조상을 따지게 되는데(patrilineality), 즉, 아이들은 아버지 혈통에 근거하여 계층과 계급이 정해진다. 결혼 후에는 대부분 남편의 가족과 같이 생활한다. 이러한 친족 및 사회적 계층은 일반적이라고 할 수 있으나 거주하는 환경에 따라 적절하게 적응되면서 약간의 변화가 포함된

---

58) Sahlins, Marshall D. 1958. *Social Stratification in Polynesia*, University of Washington Press
59) Suggs, Robert Carl, Kiste, Robert C. and Kahn, Miriam, Polynesian Culture – Cultural region, Pacific Ocean. In, *Encyclopedia Britannica*. https://www.britannica.com/place/Polynesia
60) Wikipedia. Marshall Sahlins. https://en.wikipedia.org/wiki/Marshall_Sahlins
61) Kuper, Adam. 2013. Review of Marshall Sahlins What Kinship Is—And Is Not. *Times Literary Supplement*, 12 July, p. 12-13
62) Sahlins, Marshall. 2011. What Kinship is, Parts I and II. *Journal of the Royal Anthropological Institute* 17:2-19/227-242
63) Lewis, Herbert S. 2012. The Radical Transformation of Anthropology – Herb Lewis' review of dramatic changes in Anthropology (History Seen through the Annual Meetings of the American Anthropological Association, 1955-2005, Project Muse Website)(28 January 2012). In, Association of Senior Anthropologist-A selection of the American anthropological Association. https://asa.americananthro.org/index.php/the-radical-transformation-of-anthropology-herb-lewis-review-of-dramatic-changes-in-anthropology/
64) Hooper, Antony. 2005. *Culture and Sustainable Development in the Pacific*. Asia Pacific Press at the Australian National University Press. Canberra. p. 227

시스템도 많았다.

　폴리네시아의 하와이나 타히티의 경우에 혈통과 출신이 여성(matrilineality) 혈통을 통해 정해지기도 했다. 즉, 개념상으로는 남성 혈통이 우선이나 실질적으로는 환경에 따라 여성 혈통이 절대적이기도 하다. 이러한 양자적 혈통, 즉 한 부모나 양 부모 모두를 통해 자기의 위치와 사회적 '계급'이 정해지는 것이 일상적이다.

　도서지역에서는 입양제도가 일반적인 사회적 현상이다. 이러한 입양제도는 폴리네시아의 친족 시스템의 유연성을 보여 주기도 한다. 즉, 한 아이에게 '추가적' 부모가 생기면서 새로운 친족과 사회계급이 주어지는데, 나의 친부모를 대신하여 새로운 부모가 생기는 것이 아니라 친부모에 더불어 추가로 다른 부모가 생기는 것이다. 다른 가족이 추가로 생기는 셈이다. 형제자매 간의 자식을 입양하는 경우도 많고, 조부모가 손자 손녀를 입양하는 경우도 있다. 이러한 입양제도를 통해서 '다양한' 부모들이 생기면서 아이들은 자유롭게 가족들 사이를 이동하면서 거주하게 된다.

　이러한 폴리네시아의 친족관계에 존재하는 혈통 그룹을 나누는 시스템 중 두 가지 혈통계급 시스템이 널리 알려져 있다. 래미지 시스템과 족장제(족장) 시스템이다. 그 중 족장제는 사모아 지역에서 더 많이 적용된 사회계급제도라고 할 수 있다.

족장제(Descent Line)

족장제는 마을 또는 영토에 기반한 일반적인 씨족 시스템을 말한다. 이 경우 집안의 권력을 물려받는 존재는 큰아들만이 아니다. 능력과 적성에 따라 작은아들이나 막내아들, 조카, 친족 등 다양한 사람이 될 수 있다. 즉, 족장제는 하급 래미지 그룹 간의 계통적 연결고리를 허무는 결과를 초래한 시스템이다. 폴리네시아 지역에서는 사모아가 이러한 마을 중심의 족장제를 두고 있다.

　사모아의 족장제는 한 사람이 아니라 아버지 혈통(paternal line)으로 이루어진 한 그룹이 공통된 신화적 조상을 계승하는 전통방식이다. 이 그룹을 'Sa'라고 한다. 즉, 혈통이 내려오는 것이 아니라 직함이 내려오는 것이고, 그 직함에 내재된 계급과 명예가 내려오는 것이다. 각각의 그룹 '혈통'이 누구에게 이어지느냐에 따라 남자가 될 수도 있고 여자가 될 수도 있다. 이를 통해야만 마을위원회

(fono)에 참여할 수 있다. 이러한 '혈통'들은 마을에 다양하게 퍼져 있을 수도 있다. 그중 최고 직함은 신화적인 연결고리를 통해 정해지고 그 위치도 주어진다.

폴리네시아의 족장제는 멜라네시아나 다른 국가들의 족장제와는 다르다. 마셜 살린스가 1963년에 발표한 논문에 따르면 멜라네시아와 폴리네시아의 정치·경제 시스템의 가장 뚜렷한 차이는 리더십의 차이이다. 멜라네시아는 빅맨이라는 지도자가 있고, 폴리네시아에는 족장이 있다. 살린스에 따르면 멜라네시아와 폴리네시아는 모두 얌, 타로, 빵열매, 바나나, 코코넛 등의 작물과 어로에 의존하는 사회이다. 그러나 이 두 지역의 정치·경제 시스템은 큰 차이를 보인다. 멜라네시아의 경우 한 정치체제의 규모는 약 300~1,000명의 주민으로 구성되나 폴리네시아의 정치체제는 약 3,000~10,000명으로 이루어진다. 또한 멜라네시아에서는 친족에 기반한 소규모 '부족'들이 가장 기본적인 정치단위이다. 이 집단들은 서로 평등한 지위를 유지하며 통합되지 못한 채 파편적(segmental)으로 존재하고 있다. 반면, 폴리네시아에서는 엄격하게 위계화된 피라미드형 족장사회가 존재한다.

두 지역의 정치적 리더 역시 그 성격이 다르다. 멜라네시아의 빅맨의 권력은 무엇보다 '개인적'인 것이다. 그의 지위는 확고한 직책으로 규정되어 있지 않다. 그의 힘은 재화를 모으고 재분배하는 능력, 즉 사회적 관계를 창조하거나 인맥을 활용하여 사람들에게 호의를 베푸는 능력에서 나온다. 이태주 교수[65]는 멜라네시아와 폴리네시아 사회의 족장에 대해 다음과 같이 설명한 바 있다.

멜라네시아의 작은 사회에서 참으로 고귀한 우리 시대의 참지도자를 만날 수 있다. 인류학자들은 이들 소규모의 평등한 사회 지도자를 가리켜 빅맨(bigman)이라고 부른다. 빅맨은 폴리네시아 사회의 대족장(수뇌족장)의 완전히 대비된다.
하와이나 피지, 사모아, 통가와 같은 폴리네시아 사회에서 족장은 절대적 권력을 지닌 봉건사회의 지도자이다. 대족장의 말이 곧 법이고 칼이다. 모든 권력은 족장이 갖고 있고 족장은 살아 있는 조상신과 같이 추앙되고 그를 두려워한다. 모든 땅, 나무, 집, 카누도 다 족장이 소유한다. 족장은 수십 명의 여자를 거느리기도 하며, 신발끈을 매 주는 사람이 따로 있을 정도로 그의 권력은 신과 다름없다. 족장제 사회는 피라미드처럼 엄격히 계층화되어 있어서 모든 사람은 태어나면서부터 제사장, 전사, 농부, 어부, 목공인 등의 계층이 정해진다. 물론 족장도 세습되고 족장가계에서만 족장이 나올 수

---

65) 이태주, 남태평양의 리더십, 한성대학교, http://hansung.ac.kr/web/mana/509643?p_p_id=EXT_BBS&p_p_lifecycle=0&p_p_state=normal&p_p_mode=view&_EXT_BBS_struts_action=%2Fext%2Fbbs%2Fview_message&_EXT_BBS_messageId=260474

있다. 간혹 전쟁 영웅이 족장이 되는 경우도 있지만 전시와 같은 예외적인 경우이다. 이처럼 족장의 권력이 어마어마하기 때문에 의례도 정교하게 발달했고 족장 즉위식도 성대하게 치러진다. 서양인들은 이들 사회를 식민지로 삼기 위해 대족장(수뇌족장)과 거래하면 되었고, 선교사들도 대족장만 개종시키면 주민들은 하루아침에 모두 족장을 따라 개종하는 신비의 선교 역사를 맛볼 수 있었다. 대족장(수뇌족장)만은 권력이고 땅이고 진리이다.

반면에 뉴기니나 솔로몬 제도와 같은 멜라네시아 사회에는 폴리네시아와 같은 족장이 없다. 대신에 참치도자들이 있다. 주민들은 이들을 빅맨(빅빨라맨)이라 하고 '가운데 사람', '중요한 사람'이라고도 한다. 빅맨은 반얀(banyan)나무와 같은 사람이다. 빅맨은 반얀나무와 같이 숲에서 가장 큰 나무이기 때문에, 먹을 것도 많이 주고 새들이 깃들 곳도 제공하고, 뜨거운 태양과 비로부터 사람들을 보호해 주는 그런 지도자이다. 무엇보다도 빅맨은 명예를 가장 존중하는 사람이다. 때문에 관용을 베풀기를 즐기고 호혜적인 선물 교환을 잘한다. 카사바나 얌, 돼지를 많이 가지고 있을 뿐 아니라 주민들에게 많이 나누어 준다. 빅맨은 부자이지만 베푸는 사람이고 권위가 있으나 민주적인 지도자이다. 빅맨은 자신을 족장과 같은 관직으로 생각하지 않고 대단하게 즉위하지도 않으며 지배하지도 않는 지도자이다. 따라서 빅맨은 승계되지 않는 지도자이다. 덕이 있고 명예를 존중하며 열심히 일하여 재산도 많고, 용기도 있을 뿐만 아니라 지혜롭기 때문에 주민들이 빅맨이라고 부르고, 추종하기 때문에 빅맨이 만들어진다. 주민들 스스로는 '빅맨의 명예를 먹고사는 사람들'이라고 말한다. 이 얼마나 부러운 이상적인 사회이고 우리가 애타게 기다리는 미래의 참지도자상인가? 노블레스 오블리주(noblesse oblige)가 바로 빅맨과 같은 지도자에 있다. 참으로 민주와 평등과 인권과 명예가 존중되는 사회이다. 부정과 부패와 파벌과 인맥과 권모술수가 만연한 우리 사회를 생각하면 참 부러운 사회이다.

멜라네시아의 빅맨은 자신이 속한 집단 내부에서는 최고의 권력자이지만 다른 집단에서는 명성만 가질 뿐 실질적인 지배력을 갖지 않는다. 빅맨은 자신의 탁월함·관대함·재화를 축적하고 재분배하는 능력, 사회적 관계망을 조직하고 활용하는 능력 등을 통해 끊임없이 타인들에게 자신에 대한 부채감을 없애면서 추종자들의 충성과 복종을 이끌어 낸다. 빅맨이 권력을 유지하려면 다른 이들에게 끊임없이 무언가를 주어야 한다. 이러한 부분은 결국 빅맨 체제의 결정적 결함을 만든다. 즉, 빅맨이 빅맨이기 위해서는 무엇보다도 추종자들의 지지가 필요한데, 이것은 재화의 축적과 재분배를 통해 가능하다. 그는 추종자들로부터 재화를 거두어들여 이를 다시 분배해야 한다. 즉, 빅맨은 더 받고 덜 주어야 한다. 빅맨은 다른 빅맨들과 위세 경쟁을 하며 더 큰 영향력을 갖기 위해 스스로 노력하는데, 이 과정에서 더 받고 덜 주거나, 받은 뒤 재분배를 지연시키기도 한다. 이렇게 되면 빅맨의 위세의 근거였던 추종자들의 충성심이 사라지므로 빅맨의 권력은 무너진다. 실제로 무리한 요구를 하거나 폭정을 실시한 빅맨들은 외톨이가 되고 죽음을 당하기도 했다.

마셜 살린스는 빅맨, 족장과 관련해서 정치지도자와 추종자들의 관계와 비교하면서 정치체계의 진화에 대해서 기술했는데 빅맨의 비중앙집권적인 정치체제와 족장의 중앙집권적인 정치체제는 어떻게 다른지, 그 각각의 이점과 취약점은 무엇인지에 대해 분석하기도 했다.

빅맨과 족장의 비교(마셜 살린스[66][67])

	빅맨(멜라네시아)		족장(폴리네시아)
특징	• 빅맨이 갖고 있는 힘과 권력은 제도적인 것이 아니라 지극히 개인적인 것이다. 정치적 직함이 아니며 단지 사람들 간의 상호 관계에서 인정되는 위치에 불과하다 • 경제적 부, 후한 인심, 용기 등을 과시하여 정치적 권위를 획득한다	특징	• 빅맨보다 훨씬 커다란 '권력의 기금'을 활용하여 군사적 원정이나 대대적인 토목 사업 등 보다 대규모 활동을 할 수 있으며, 정치적으로도 더 안정되어 있다 • 정치적 집단의 지도자로서의 지위를 통해 얻는다 • 신의 자손임을 통치의 근거로 하고 있으며 족장직은 일반적으로 장남에 의해 계승된다 • 지도력이 직책과 등급에 내재하고 있다고 간주된다 • 신성한 혈통을 통하여 특별한 힘인 마나(mana)를 물려받았다고 여겨진다 • 태어날 때부터 농작물의 풍요를 통제하는 종교적인 능력을 가지고 있다고 생각되기 때문에 모든 사람은 족장이 수행하는 풍년 의례에 의존한다
정치적 권위와 영향력의 범위	• 중심 인물 - 그 주위에 일단의 추종자들이 모여든다 • 명성 있는 사람 - 외부영역의 사람들이 인정한 파벌의 실력자라는 의미이다	사회적 의미	• 어느 빅맨보다 커다란 권력 기금을 만들어 낼 수 있는 특권을 가지고 있다 • 권력 기금을 정치적 자본으로 하여 족장제가 성립된다
명성을 만들기 위한 증여행위	• 지연된 교환의 형태, 신부대의 성격, 보조금, 협상금의 형태, 잔치의 형태, 포틀라치 같은 의례적 결투 → 빅맨 만들기 = 파벌 만들기 철저히 계산된 인심 쓰기에 의하여 이루어진다	핵심	• 축적된 권력 기금을 재분배하는 방식이 폴리네시아 정치의 핵심을 이룬다 • 족장은 공예품의 생산을 지원하므로 폴리네시아에서는 태평양에서 가장 큰 규모와 전문성이 뛰어난 기술적 노동분업이 발전했다

---

66) Sahlins, Marshall D. 1958. *Social Stratification in Polynesia*, University of Washington Press. http://m.blog.daum.net/mycookie/3745786
67) 다음블로그, 제8장 권력과 사회통제 - 빅맨과 족장(cookie collector, 2007.07.26. 게재). http://m.blog.daum.net/mycookie/3745786

	빅맨(멜라네시아)		족장(폴리네시아)
약점	• 파벌을 구성하고 있는 내집단의 한계와 약점에서 비롯, 중심인물에 대한 복종이 개인적이다	빅맨과의 차이점	• 족장의 부하들은 족장에게 경제적으로 의존한다 • 하위신분에 대한 명령권을 갖는다 • 지위경쟁의 대부분은 족장의 전제에 대항하는 일반 대중의 반란에 상당하는 것이다 • 대규모 족장 사회들은 종종 소규모의 단위로 분열되었으며 그 후 또다시 통일되기도 했다
빅맨체제의 문제점	• 빅맨의 직위는 상당히 불안정하다 • 개인적인 정치적 유대로 이루어져 있다는 한계 때문에 더 이상의 정치적 발전이 불가능하다	정치 발전의 방해 요인	• 파킨슨의 법칙 – 정치체제의 규모가 확대됨에 따라 지배기구는 이보다 훨씬 더 크게 팽창하며, 경제적 부의 흐름은 지배기구에 유리하도록 왜곡된다
정치모순	• 중심인물과 그 추종자들의 각별한 관계가 경제적 호혜성에서 비롯된다 • 빅맨의 명성이 높아짐에 따라 빅맨이 자신의 파벌을 경제적으로 착취하게 된다	권위의 인정	• 과소비적 행위는 지배자와 피지배자를 뚜렷이 구별한다. 그 결과 수동적이지만 재정적 차원에서 매우 효율적인 방법으로 권위가 인정된다
한계	• 빅맨의 정치 권위가 높아지면, 가내 생산을 증대시킬 수 있지만 광범위한 정치적 조직을 유지하기 위해 가내 생산물의 많은 부분을 집단 외부로 전용하여 권력을 확장시키는 데는 일정한 한계가 있게 된다	족장제가 가진 커다란 의미	• 족장이 각 가구의 생산에 대해 발휘할 수 있는 커다란 영향력, 즉 분업을 확대하고 잉여를 창출하며 거대한 토목, 건축사업을 벌이고 대규모의 의례나 군사행동에 다시 잉여를 전용하는 능력을 의미한다. 폴리네시아의 족장제는 정치와 경제를 비롯한 문화의 모든 면에서 사회적 협동을 달성하기 위한 보다 효과적인 수단이었다
결과	• 집단 외부의 사람들을 위하여 빅맨이 자신의 파벌을 과도히 착취한 결과, 한계가 발생한다	결과	• 족장의 부하들을 위해 민중을 착취한 결과, 한계가 발생한다

폴리네시아의 경우는 빅맨체제의 한계를 극복할 수 있다. 폴리네시아 족장사회는 여러 정치적 직책의 연쇄로 이루어지면서 수많은 대소 족장이 피라미드식 조직을 형성하고 있다. 여기서는 수뇌족장뿐만 아니라 그 아래의 족장들도 각자 나름의 직책을 갖고 있다. 이들은 안정된 직위를 가지고 있으므로 빅맨처럼 끊임없이 사람을 낚을 필요가 없다. 이들의 권위는 개인적 매력이나 인맥에 의해서가 아니라 사회적 직책과 서열로 보장된다. 개개인들의 관계나 죽음, 부침과는 무관하게 영속적으로 존속하는 직책과 위계가 등장한 것이다. 폴리네시아 족장들은 자신의 지위를 스스로 만들어 낸 것이 아니라 이미 존재하는 자리를 차지한

것이다. 물론 이 족장들 역시 자리를 놓고 경쟁하고 그 나름의 능력을 가졌을지 모르나, 권력은 기본적으로 개인보다는 직위 자체에 국한되어 있다. 폴리네시아에서는 높은 직책이나 등급에 있는 사람들은 당연히 지도력이 있다고 인정되며, 일반 대중들은 등급이 낮기 때문에 지도자로서의 자질이 없다고 여겨진다. 폴리네시아 족장들은 신성한 혈통을 통하여 특별한 힘인 마나(mana)를 물려받았다고 여겨진다. 폴리네시아 족장은 태어날 때부터 농작물의 풍요를 통제하는 종교적인 능력을 가지고 있다고 여겼으며, 사람들은 족장의 풍년의례에 의존한다. 또한 폴리네시아의 족장은 족장의 말을 전하는 대변인, 즉 '말하는 족장'을 거느린다. 폴리네시아의 족장이 사회적으로 중요한 의미를 갖는 것은 멜라네시아의 그 어느 빅맨보다 커다란 권력 기금을 만들어 낼 수 있는 특권을 가지고 있기 때문이다. 또한 폴리네시아의 족장은 이론적으로는 자신이 다스리는 모든 사람의 주인이며, 또한 집단 내의 모든 자원을 소유하고 있으므로 자신의 영지 내에 살고 있는 모든 가구에게 노동과 농업 생산물을 요구할 권리를 가지고 있다고 생각했다. 즉, 경제에 대한 권리는 족장의 고유한 권리 중 하나라고 간주되었다.

래미지 체제(Ramage system)

래미지란 프랑스어(ramage), 영어 등에서 '나뭇가지 또는 나뭇가지의 갈래'를 의미한다. 래미지는 티코피아(Tikopia) 섬[68] 연구로 유명한 영국의 인류학자 레이먼드 퍼스(Raymond Firth)가 1936년에 발표한 유명한 민족지 『우리, 티코피아인(We, the Tikopia)』에서 처음 제안한 개념이다. 즉, 원뿔꼴(conical) 형태의 개념, 즉 사회 전체가 여러 개의 가지(branch)를 가진 나무와도 같은 시스템을 지닌다는 개념으로서, 모든 사회는 결국 한 사람의 신화적인 조상에 연결되어 있고, 각각의 나뭇가지와 비유될 수 있는 그룹들은 그 조상과의 연계 거리에 따라 그 위치가 정해진다는 것이다. 즉, 가장 높은 위치의 혈통은 장손의 위치이며 그 밑으로 그다음 형제들의 그룹이 차지하고 있다. 이러한 체제는 각 지역의 환경에 맞추어 발전했다.

---

68) 남서태평양에 위치한 면적 5㎢ 규모의 작은 섬. 현재 솔로몬 제도 테모투(Temotu) 주에 속해 있으며, 지리적으로는 멜라네시아에 위치하지만 문화적으로는 폴리네시아에 속하는 '폴리네시아 외곽 섬들' 중의 하나이다.(http://en.wikipedia.org/wiki/Tikopia)

당시에는 원시사회의 공동체를 지칭할 때 씨족(clan), 부족(tribe), 혈연 집단 (descent group), 종족(lineage) 등의 용어가 무분별하게 사용되었다. 퍼스는 티코피아 사회를 연구하다가 그곳 주민들이 일반적으로 '씨족'이라 불리는 집단과는 다소 다른 형태의 공동체를 유지하고 있음을 발견했다. 보통 씨족은 단계제 (unilineal, 부계, 모계의 어느 한쪽만 따름)를 따르는 집단으로 족외혼 관습을 가진다. 그런데 티코피아의 씨족은 단계제를 유지했지만 족외혼을 실시하지 않았다. 즉, 아주 가깝지만 않다면 친족 간에도 결혼이 가능했다. 이것은 일반적인 씨족과는 구별되는 것으로 퍼스는 이러한 씨족 구성 시스템을 '래미지 체제'로 제안했다.

래미지 체제는 부계나 모계 중 한쪽의 가계를 인정하지만 권력의 정통성은 가문의 장자를 통해서만 계승된다. 즉, 집안에서 가장 맏이인 남성이 집안의 서열과 직함을 그대로 물려받는다. 이때 친족 구성원들의 지위와 권력은 기준이 되는 장자 가문과 '얼마나 가까운가'에 따라 결정된다. 따라서 가장 고귀한 가문의 맏아들이 가장 높은 서열을 가지며 둘째, 셋째로 내려갈수록 서열이 낮아진다. 정리하면 래미지 체제에는 강력한 장자 우대, 연장자 우대, 그리고 혈통주의가 포함되어 있다고 할 수 있다.

족장제와 래미지 체제의 차이점

인류학자 마셜 살린스는 폴리네시아에서 이러한 두 가지 씨족 시스템이 나타나는 것은 각 사회의 자연환경적 조건 때문이라고 했다.

족장제와 래미지 체제의 차이점을 보면 래미지 체제는 전적으로 친족(kinship)에 기반한 통치 시스템인 반면, 족장제는 핏줄이나 가계보다 구성원이 함께 살아가는 공동의 영토 (마을, 씨족 영토 등), 즉 공간의 개념을 중시한다. 또 래미지 체제에서는 수뇌족장이 권력을 갖는 반면, 족장제에서는 족장 또는 마을 원로들이 운영하는 마을위원회가 권력을 갖는다. 재화의 생산과 분배 역시 래미지 체제에서는 각 씨족의 우두머리가 맡지만, 족장제에서는 마을위원회가 관할한다.

래미지 체제는 그 자체가 하나의 거대한 친족 집단이라고 할 수 있다. 그래서 래미지 체제에서는 가족단위 사이의 결속과 유대가 계속 유지된다. 동생이 형의 씨족(래미지)에서 떨어져 나와 새로운 씨족을 만들어도 그의 씨족은 계속

폴리네시아의 두 가지 통치 체제

구분	래미지 체제	족장 체제
채택지역	통가, 티코피아, 뉴질랜드, 프랑스령 폴리네시아 등	사모아, 뉴칼레도니아, 푸투나 월리스 등
결혼형태	족외혼 + 족내혼	원칙적으로 족외혼
최고 우두머리	씨족의 최고족장(래미지)	마을 위원회
특징	친조에 기반한 지배 시스템 유지 엄격한 장자상속제 정통 가문과의 거리에 따라 지위와 서열 결정	영토에 기반한 지배 시스템 유지 엄격한 장자상속의 원칙 없음 마을 내 족장계승 원리에 따른 지위와 서열 결정
씨족의 분기	새로운 씨족 분가 시, 원래 씨족과 결속 유지	새로운 씨족 분가 시, 원래 씨족과 결속 약화

형의 가문과 연결되어 있다. 그러나 영토와 공간에 기반한 족장제에서는 소규모 가족단위 사이의 결속이 늘 강하게 유지된다고 볼 수 없다. 만약 동생이 형의 씨족 영토에서 떨어져 나와 새로운 씨족을 세울 경우, 두 씨족은 철저하게 다른 공간을 점유하기 때문에 시간이 갈수록 서로 간의 유대는 약화될 수밖에 없다.

주거형태 역시 차이가 있다. 래미지 체제에서는 주민들이 비교적 여러 곳에 흩어져 살아도 무방하지만, 족장제에서는 주민들이 각각 자신이 속한 마을 또는 씨족 영토 안에 머물러야 한다. 이 경우 주거 규모나 주거형태는 족장제가 조금 더 중앙집권적이고 클 수밖에 없다.

살린스는 자연환경적으로 여러 종류의 자원(비옥한 경작지 등)이 넓은 지역에 걸쳐 소규모로 흩어져 있을 때는 래미지 체제가 발달한다고 보았다. 강력한 친족관계를 이용해 여러 집단이 흩어진 자원들을 동시에 활용할 수 있기 때문이다. 반면 비슷한 종류의 자원이 비교적 좁은 지역에 집중되어 있을 경우에는 족장제가 발달된다. 집중된 자원을 한정된 공간에서 집약적으로 이용해야 하기 때문이다. 그래서 족장제는 핏줄보다 특정한 공간 또는 영토를 점유하고 있는 공동 집단을 더 중시한다. 살린스는 족장제가 래미지 체제에 비해 발전된 정치적 형태라고 보았고, 래미지 체제가 족장제로 발달한다고 생각했다. 이러한 사회적 시스템을 기반으로 해서 폴리네시아는 두 가지 통치 시스템이 함께 발달되었다고 할 수 있다.

래미지 체제의 예(통가)[69]

전통 통가사회에는 모두 세 종류의 수뇌족장 직함이 있다. 이 중 가장 높은 족장(왕)은 투이 통가(Tu'i Tonga)로, 그는 신의 직계 후손으로 여겨졌다. 최초의 투이 통가는 대략 10세기경 통가를 정치적으로 통일한 인물로 추정된다. 이 시기 투이 통가는 정치적·세속적 권력을 모두 지니고 있었으나, 대략 1470년경 세속적 권력을 잃고 대신 종교적·상징적 지도자로 변모했다. 그 후에 세속적 권력은 두 번째 서열의 수뇌족장 가문인 투이 하아 타칼라우아(Tui Ha'a Takalaua)에게로 넘어갔다. 그러다 17세기 무렵 투이 하아 타칼라우아의 씨족에서 분기해 나온 투이 카노쿠폴루(Tui Kanokupolu) 가문이 부상하여 투이 하아 타칼라우아 가문과 경쟁하게 되었다. 다음 그림은 통가의 래미지 체제를 나타낸다. 신의 직계자손으로 여겨지는 투이 통가의 권력은 계속해서 가문의 맏이를 따라 아래로 이어진다. 이 때 투이 통가 혈통에서 멀어질수록 사회적 서열이 낮아지는데, 맏이에서 둘째 순으로 갈수록, 또 그들의 자손 역시 맏이에서 둘째 순으로 갈수록 서열이 낮아진다. 래미지 체제에서 나타나는 족내혼은 지배 가문의 혈통의 순수성을 유지하기 위한 것인데 통가 왕족들 역시 교차사촌혼(cross-cousin marriage) 등의 족내혼을 권장했다. 특히 고위 족장일수록 항렬이 가까운 친족과 결혼하도록 권장되었다.

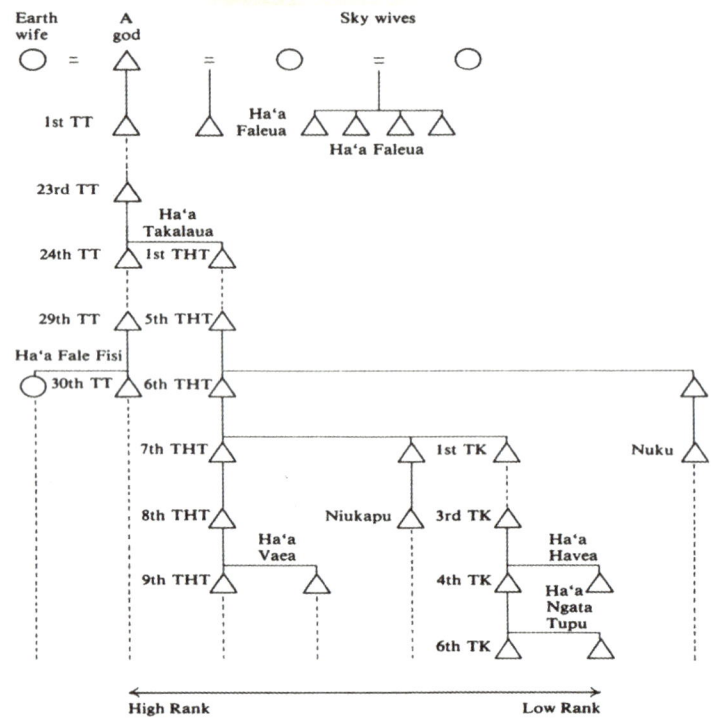

통가의 래미지 체제

> 래미지란 씨족의 특수한 형태로서 장자를 통해서만 권력이 승계되고 정통 가문(투이 통가 가문)과의 거리에 따라 지위와 서열이 규정되는 체제이다. 통가의 최고 권력자는 투이 통가(그림의 TT)로서, 그는 신과 인간 여성 사이에서 태어난 것으로 간주된다.

폴리네시아 문화권의 형성과 발전에 대한 추가적인 내용으로 폴리네시아인의 기원, 이주 및 정착 등에 대한 내용은 태평양도서국 총서 2권인 통가(The Kingdom of Tonga)에 급행열차 모델, 점진적 진출 모델 그리고 태평양을 향한 동진 등의 내용으로 기술되어 있다.

사모아 국화: 테우일래(현지어 Teuila),
일반 영어명: Red Ginger(홍생강)
학명: *Alpinia purpurata*
(출처: https://en.wikipedia.org/wiki/Alpinia_purpurata)

---

69) Biersack, Aletta. 1982. Tongan exchange structures: beyond descent and alliance. *The Journal of the Polynesian Society* 91(2):181-202

01 사모아 개요

일반사항[70)71)]

- 공식명칭: Independent State of Samoa(Malo Sa'oloto Tuto'atasi o Sāmoa) (1997년까지는 서사모아, 즉 Western Samoa 라고 명명되었다)
- 일반명칭: 사모아(Samoa)
- 명칭유래: 국가명 사모아(Samoa)에 대한 어원은 정확하지 않고 다양한 어원에 대한 이야기가 내려오지만, 그중 가장 유력한 어원 중 하나는 사모아어로 Sa와 Moa가 각각 '부족'과 '닭'이라는 의미를 지니고 있다. 초창기에는 '닭의 부족(Chicken Tribe)'으로 불리기도 했다
- 공식언어: 사모아어(Samoan/Polynesian), 영어
- 현지사용언어: 사모아어, 영어(공용, 상용, 교육용)
- 인종: 사모언(Samoan)
- 문화형태 명칭: fa'a Samoa(파 사모아)
- 전통사회 명칭: fa'amatai(파마타이)(족장제)
- 정부형태: 단일의회공화국(Unitary Parliamentary Republic)

---

70) Finney, Joseph C. 1973. The meaning of the name Samoa, *The Journal of the Polynesian Society* 82(3) September: 301-303. https://www.jstor.org/stable/20704935?seq=1#page_scan_tab_contents
71) Wikipedia. Samoa. http://en.wikipedia.org/wiki/Samoa

사모아의 국기(좌) 및 국장(우)(출처: Wikipedia)

- 독립일: 1962년 1월 1일(뉴질랜드의 유엔 신탁통치로부터 독립)
  독립기념공휴일은 6월 1일
- 수도: 아피아[Apia, 마을(Town)을 뜻함]. 아피아 인구: 3만 7천 명(2014년 기준)
- 거주 시작 추측 시기: 라피타 문화권 사람들이 이주하면서 3,500년 전부터 사모아에 사람들이 거주하기 시작한 것으로 추정
- 국가 모토: "Fa'avae i le Atua Sāmoa"(사모아는 하나님이 세운 나라)
- 국가(National Anthem): O le Fua o le Saolotoga o Samoa
  [The Banner of Freedom(자유의 깃발)]

사모아어	한국어
Samoa, tula'i ma sisi ia lau fu'a, lou pale lea! Samoa, tula'i ma sisi ia lau fu'a, lou pale lea! Vaai'i na fetu o lo'ua agiagia ai: Le faailoga lea o Iesu, na maliu ai mo Samoa. Oi, Samoa e, uu mau lau pule ia faavavau. 'Aua e te fefe; o le Atua lo ta fa'avae, o lota sa'olotoga. Samoa, tula'i: 'ua agiagia lau fu'a, lou pale lea!	일어서서 너의 깃발을 흔들어라 사모아여, 일어서서 너의 깃발을 흔들어라 사모아여, 흔들리는 깃발의 별들을 보아라 깃발의 별들은 사모아를 위해 죽은 예수 그리스도의 상징 오 사모아여, 너의 능력을 영원히 간직하여라. 두려워하지 말자. 하나님이 우리나라를 건국하셨다. 우리에게 자유를 주셨음을 잊지 말자. 사모아여, 일어서서 너의 깃발을 흔들어라.

- 사모아의 국기: 사모아의 국기는 유엔(United Nation, UN)의 신탁통치령 시절인 1949년 2월 24일 제정되었고, 1962년 1월 1일 독립과 함께 채택되었다. 빨간색은 충성, 하얀색은 순결, 파란색은 애국심을 의미한다. 5개의 별 모양은 남십자성별 모양을 나타낸다.

제2차 세계대전 후 통치했던 뉴질랜드 국기와 같은 남십자성이며, 1949년 독립과 함께 국기를 법적으로 제정했다
- 사모아의 국장[72]: 사모아의 국장은 유엔에서 영감을 받았다. 사모아는 뉴질랜드가 유엔신탁통치를 이행했기 때문일 것이다. 국장은 1951년에 제정되었으며, 국장의 가운데에 묘사된 방패의 초록색 파도와 야자수는 사모아 섬을 의미하고, 방패 외곽으로는 지구가 그려져 있고, 양쪽에는 2개의 올리브 가지로 장식되었다. 이는 유엔의 앰블럼을 바탕으로 한 디자인으로 1962년까지 유엔의 신탁통치령이었음을 의미한다. 방패 하단에 위치한 Fa'avae i le Atua Samoa(사모아는 하나님이 세운 나라다)라는 문구는 사모아의 국가표어이다.
- 국조(bird): Manumea(Samoan pigeon) – 사모아 비둘기(*Didunculus strigirostris*)
- 국화(flower): 현지어-테우일라(Teuila), 일반영문명-Red ginger, 학명-*Alpinia Prpurata*)
- 시 간 대: UTC+13:00/ 서머타임(DST) UTC+14:00(1 A.M = 12:00 GMT)
- 인터넷 도메인(1997년까지 64km 떨어진 미국령 사모아의 서쪽에 있어 서사모아(West Samoa)라는 일반명칭을 사용한 것에 따른 도메인): .ws
- 기후: 열대해양성기후(건기: 5~10월, 우기: 11~4월), 연평균 기온(13~30℃) (1월 최고 평균: ~30℃, 7월 최저 평균: ~23℃), 연평균 강우량(3,000~6,000㎜)

---

72) 사모아 국장의 변천사. Coins and more. 2014. Currency & coinage of Samoa: Tala(meaning "dollar") and Sene(meaning "cent"). https://exclusivecoins.blogspot.kr/2014/04/137-currency-coinage-of-samoa-tala.html)

1914~1919(독일령 사모아)　　1920~1950(뉴질랜드 유엔신탁통치)　　1951~1962

- 전압: 220/230/240V 콘센트 3구(뉴질랜드식 콘센트)[73]
- 천연자원: 가구재로 사용되는 단단한 나무삼림, 물고기, 수력(hydropower)
- 종교: 조합교회(34.8%), 천주교(19.6%), 감리교(15%), 몰몬교(12.7%), 순복음(하나님의 성회)(6.6%), 제7일안식일예수재림교(3.5%), 기타 기독교(4.5%)

위치[74][75][76]

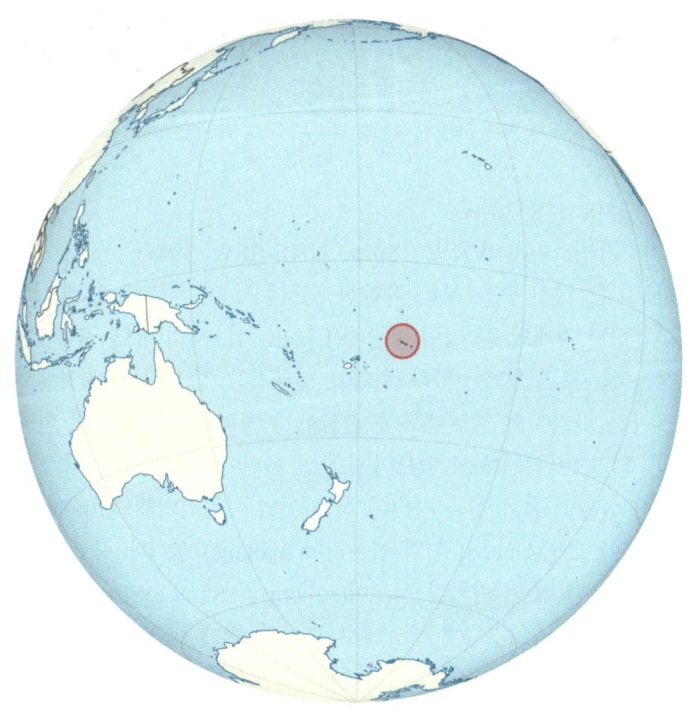

사모아 위치(출처: Wikipedia)

---

73) 뉴질랜드에서 사용되는 콘센트 모양
74) Wikipedia. Geography of Samoa. https://en.wikipedia.org/wiki/Geography_of_Samoa
75) Wikipedia. Samoa. http://en.wikipedia.org/wiki/Samoa
76) Wikipedia. Samoan Islands. https://en.wikipedia.org/wiki/Samoan_Islands

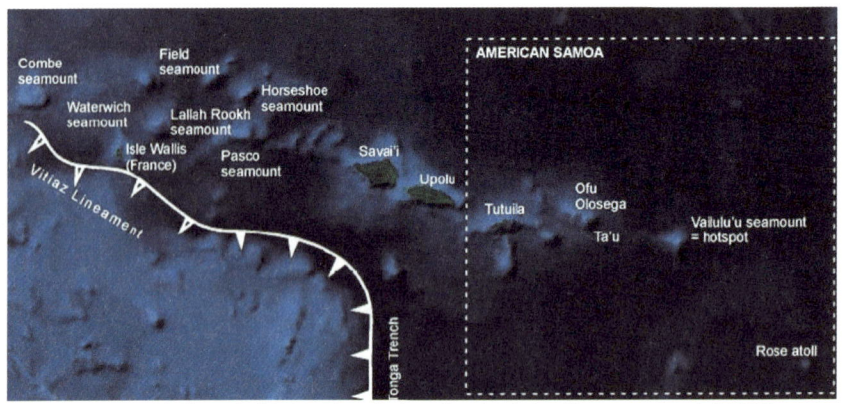

사모아를 구성하는 사바이(Savai'i) 섬과 우폴루(Upolu) 섬, 그리고 미국령 사모아(American Samoa)의 위치[77]

- 위치: 13°35′S 172°20′W
  (총 거리: ESE-WNW 150㎞, NNE-SSW 39㎞)
- 구성: 사모아는 화산폭발로부터 유래한 도서로서 전 지역에 걸쳐 강과 폭포가 산재한다. 2개의 큰 섬인 우폴루(Upolu) 섬, 사바이(Savai'i) 섬과 8개의 작은 섬으로 구성되어 있다. 하와이, 남태평양 폴리네시아 지역에서 3,540㎞ 떨어진 하와이와 뉴질랜드 중간쯤에 위치해 있다. 우폴루 섬은 사모아 인구의 3/4이 거주하고 있으며 수도인 아피아가 위치해 있다. 그 외 주요 거주 섬은 우폴로 섬과 사바이 섬 사이의 아폴리마해협(Apolima Strait)에 있는 마노노(Manono) 섬과 아폴리마(Apolima) 섬이다. 사모아 동쪽으로는 사모아보다 작은 미국령 사모아(American Samoa)가 위치해 있다
- 특성: 사모아는 적도 남쪽에 미국령 사모아와 함께 군도지역 내에 위치하고 있으며, 연안은 평지이지만 내부는 험준한 화산섬이다

---

[77] Birkeland, C., Craig, P., Fenner, D., Smith, L., Kiene, W. and Riegl, B. 2007. Geologic setting and ecological functioning of coral reefs in American Samoa, Chap. 20. In, Riegl B., R. Dodge, (Eds)., Coral reefs of the USA, Springer Publishers. https://www.researchgate.net/publication/228868035_Geologic_Setting_and_Ecological_Functioning_of_Coral_Reefs_in_American_Samoa

- 면적: 2,944㎢ (우폴루 섬, 사바이 섬 및 군소 도서)
    (육지면적: 2,934㎢, 수역면적: 10㎢, 미국 로드아일랜드 주보다 약간 작음)
- EEZ: 120,000㎢
- 해안선: 403㎞
- 최고봉: 1,857m[Mauga Silisili(사바이 섬에 위치한 실리실리 산 봉우리)]
- 토지활용도: 경작지(21.2%), 농경지(24.38%), 기타(54.42%)
- 최근 환경적 이슈: 토양침식, 삼림파괴, 외래종, 남획(수산), 해양생태계 악화 등
- 행정구역(11개): 우폴루 섬에 5개, 사바이 섬에 6개

Upolu	Savai'i
1. Tuamasaga (Afega)	6. Fa'asaleleaga (Safotulafai)
2. A'ana (Leulumoega)	7. Gaga'emauga (Saleaula)
3. Aiga-i-le-Tai (Mulifanua)(Manono, Apolima, Nuulopa 섬 포함)	8. Gaga'ifomauga (Safotu)
4. Atua (Lufilufi)(Aleipata, Nuusafee 섬 포함)	9. Vaisigano (Asau)
5. Va'a-o-Fonoti (Samamea)	10. Satupa'itea (Satupa'itea)
	11. Palauli (Vailoa)

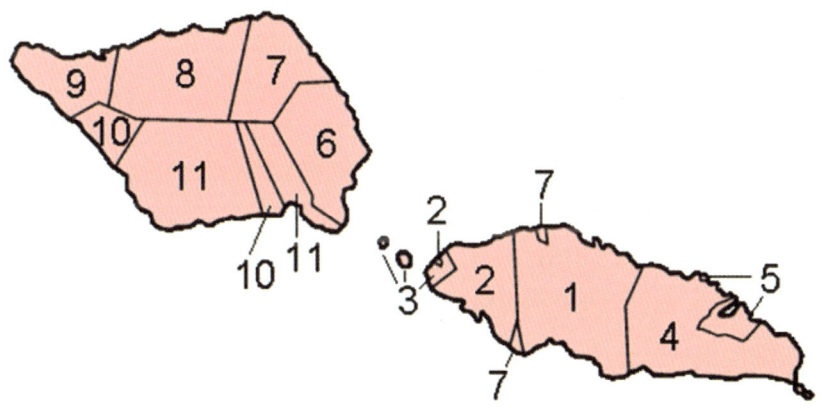

사모아의 행정구역(투표구역은 다르게 나누어짐)(출처: Wikipedia)

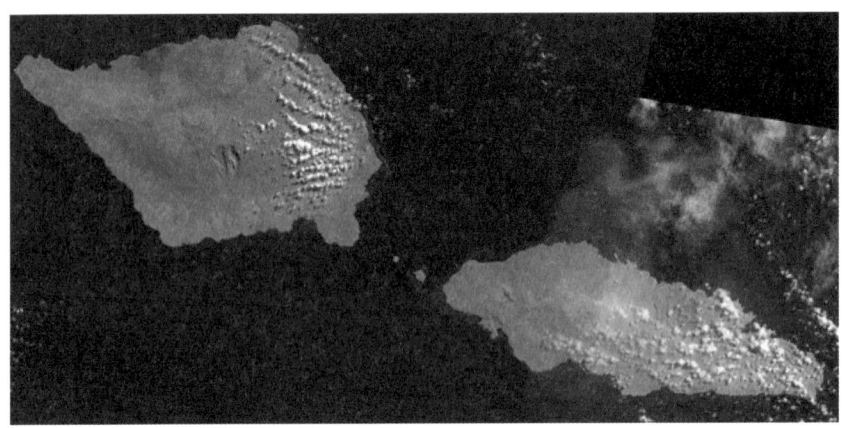

사모아 위성사진(출처: Wikipedia)

사람[78)79)]

- 인구: 19만 8,926명(2016, 세계 164위)
  - 인구 증가율: 0.59%(2016)
  - 도시인구비율: 19.1%(2015)
  - 나이 구조: 14세 이하(32.04%), 15~24세(19.89%), 24~54세(35.98%), 55~64세(6.52%), 65세 이상(5.6%)
  - 평균 수명: 남자 70.8세, 여자 76.8세(2016)
- 민족(2001년 기준): 사모아인(폴리네시아인) 92.6%, 유로네시안(유럽+폴리네시아계 유럽혼혈인) 7%, 기타(유럽인) 0.4%
- 종교: 개신교(57.4%), 천주교(19.6%), 몰몬교(12.7%), 바하이교(1.7%), 기타(6.3%)
- 교육
  - 문맹률: 1%(2015)
  - 교육 지출: GDP의 5.8%(2008)

---

78) CIA. The World Factbook - Samoa. https://www.cia.gov/library/publications/the-world-factbook/geos/ws.html
79) Wikipedia. Samoa. https://en.wikipedia.org/wiki/Samoa

- 대학교: 사모아 국립대학(National University of Samoa), 아벨레 대학(Avele College), 남태평양대학교-알라푸아 캠퍼스(University of the South Pacific-Alafua Campus) 등이 있다
- 도서관: 사모아 국립도서관은 마우운동의 리더였던 올라프 프레데릭 넬슨(Olaf Frederick Nelson)의 이름을 따서 Nelson Memorial Public Library로 불린다. 사모아의 수도 아피아에 위치해 있으며, 1956년에 건립되어 1960년에 공식적으로 개관하였다. 사바이 섬에 유일하게 분점을 가지고 있다. 약 9만 권의 도서를 소장하고 있다
- 박물관: Falemata'aga the Museum of Samoa, Robert Louis Stevenson Museum 등이 있다

• 건강
- 보건 지출: GDP의 7.5%(2013)
- 출산율/유아 사망률: 2.08명(2015) / 1.95%(2015)
- 성인 비만율: 41.6%(2014)

경제[80)81)82)]

- 국내총생산(GDP)(2015): 약 7.61억 달러(한화 약 9,000억원)
  - GDP 구성(2015): 서비스업(60.8%), 산업(28.3%), 농업(10.9%)
  - 1인당 GDP(2015): 약 3,938달러(한화 약 470만원)
  - GDP 성장률(2015): 2.6%
- 재원기반: 농산물수출, 개발원조 및 외부지원, 관광(전체 GDP의 25%), 송금(10만 명의 타국이주 사모아인)
- 예산연도: 6월 1일 ~ 5월 31일
- 무게/측정 단위: 영국식(파운드 등)
- 물가상승률(2015): 1.4%

---

80) CIA, The World Factbook - Samoa. https://www.cia.gov/library/publications/the-world-factbook/geos/ws.html
81) Wikipedia. Economy of Samoa. https://en.wikipedia.org/wiki/Economy_of_Samoa
82) 외교부. 주뉴질랜드대한민국대사관. 사모아 개황 2014

- 수출(2013): 약 2,400만 달러
  - 주요 수출 대상국: 아메리칸 사모아(56.8%), 호주(18.3%)
  - 주요 수출 품목: 생선, 코코넛 오일과 크림, 노누(노니), 코프라, 타로, 자동차 전자부품(호주 조립공장으로 수출, 총 수출의 65%), 의복, 맥주 등

사모아 노누[83]

- 수입(2013): 약 3만 2,500만 달러
  - 주요 수입 대상국: 피지(21.5%), 뉴질랜드(20.5%), 중국(13.6%), 한국(8.1%), 호주(5.9%), 미국(5.6%), 싱가포르(5.6%)
  - 주요 수입 품목: 기계 및 장비, 산업 부품, 식료품
- 외부 부채(2013): 약 4만 4,700만 달러
- 화폐단위[84][85]: Tala(탈라). USD $1 ≒ WST 2.55(2016.3.11)
  - 화폐 단위: 5(Lima Tala), 10(Sefulu Tala), 20(Luasefulu Tala), 50(Lima Sefulu Tala), 100(Selau Tala)
  - 주폐 단위: 10, 20, 50(Sene), 1, 2(Tala)
  - 발행문구: TUPE FA'ATAGAINA-MALO O SAMOA(Legal Tender in Samoa)
  - 발행주체: FALETUPE TUTOTONU O SAMOA(Central Bank of Samoa)

---

83) Nonu Samoa Enterprises Ltd. The juice of life. http://www.truepacific.com/producers/nonu-samoa
84) Banknote News. Samoa Issues new series. http://banknotenews.com/files/ede15f43af18e9d8f916551409dd9f8b-382.php
85) Coins and more. 137 - Currency & coinage of Samoa: Tala (meaning "dollar") and Sene(meaning "cent"). https://exclusive coins.blogspot.kr/2014/04/137-currency-coinage-of-samoa-tala.html

사모아의 화폐 탈라(Tala) 및 세네(Sene)(1탈라=100세네)
(출처: http://banknotenews.com/files/ded15f43af18e9d8f916551409dd9f8b-382.php)

- 주요 경제개발 제한요소: 태풍 등 기후/기상 관련 현상
- 에너지원: 수력(28.6%, 2012년 기준), 화석연료(71.4%, 2012년 기준)
- 최빈개발도상국 지위 종료: 2013년 말 최빈개발도상국(Least Developed Country) 그룹에서 해제

정부[86]

- 독립일: 1962년 1월 1일(뉴질랜드로부터 독립)
- 유엔가입일: 1976년 12월 15일
- 정부형태: 입헌군주제[말로(Malo)라고도 함]
    ⇒ 입헌군주제로 국가원수는 5년 임기로 의회에서 선출되며, 명목상 권한만 보유
    ⇒ 공화국(Republic)으로서 당선된 단일의회(마을위원회)(fono 또는 council)를 통해 국정 운영. 지역정부는 현지 마을(village)에서 관할 진행. 확대가족 그룹마다 족장[또는 씨족의 수장(matai)] 등이 지역사회의 기반을 유지하고, 대부분의 결정은 모든 마을의 족장이 참여하는 마을위원회(fono)가 진행
- 법률시스템: 영국의 관습법과 현지전통관습이 융합된 시스템
- 헌법: 1960 헌법(1960 constitution)이 만들어졌고 1962년 뉴질랜드로부터 독립되면서 적용됨
- 공휴일

1월 1 ~ 2일	New Year's Day
부활절 전 금요일	Good Friday
춘분 후 만월(보름) 다음에 오는 첫 번째 일요일	Easter
5월 첫 번째 월요일	Mother's Day
6월 1일	Independence Day
8월 14일	Father's Day
10월 9일	White Sunday
12월 25일	Christmas Day
12월 26일	Boxing Day

- 의회구성: 단원제 49석(임기 5년)
    — 국가원수[87]: Tui Atua Tupua Tamasese Efi(2007~2012, 2012~2016, 현재)
    — 총리: Tuilaepa Aiono Sailele Malielegaoi(외교장관 겸임)[88]
    — 부총리: Fiame Naomi Mataafa
    — 국회의장: La'auli Leuatuea Schmidt

---
86) CIA. The World Factbook - Samoa. https://www.cia.gov/library/publications/the-world-factbook/geos/ws.html
87) O le Ao o le Malo로 불리며, 이는 사모아어로 '정부의 수장'을 의미한다(여기서 Ao는 족장이란 뜻이고, Malo는 정부라는 뜻을 갖고 있다)
88) 외교부 홈페이지의 〈사모아 약황〉에 따르면 사모아의 총리는 의회에서 선출되며, 국가원수가 형식적으로 임명한다

사모아(출처: Wikipedia commons, Samoa. https://commons.wikimedia.org/wiki/File:Samoa-Profil.jpg)

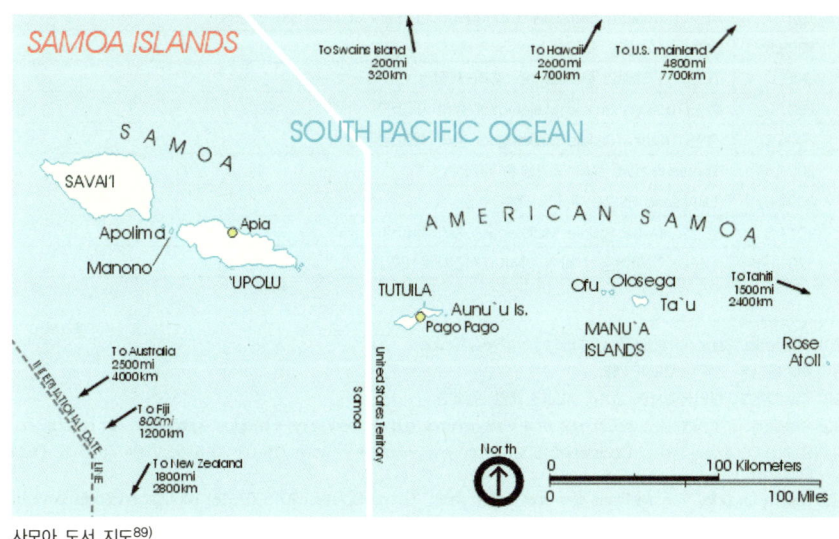

사모아 도서 지도[89]

---

89) US National Park Service, Circa 2002 - US National Park Service Identical image available from: URL: http://www.lib.utexas.edu/maps/australia/samoa_islands_2002.gif, Source: Samoa Islands U.S. National Park Service circa 2002 [gif format (15K)], Perry-Castañeda Library Map Collection, University of Texas Libraries

사모아의 약사[90)91)92)93)94)95)96)97)98]

사모아의 현대 약사(略史)

시기	개요
1722	네덜란드 제독 야코프 로게벤(Jacob Roggeveen)이 발견 *19세기 미국, 영국, 독일 등 열강의 각축 대상
1886~1894	1차 사모아 내전 발발
1889	미국, 영국, 독일이 베를린협정에 근거하여 사모아 분열 통치
1898	2차 사모아 내전 발발
1899	서사모아는 독일의 식민지, 동사모아는 미국으로 편입
1914~1920	제1차 세계대전 중 뉴질랜드군이 점령 전후 국제연맹 결의로 뉴질랜드 통치령화
1946	뉴질랜드 감독하에 유엔신탁통치령화
1960	헌법제도 도입
1962	독립선언(1.1)
1970.8.	영연방(Commonwealth) 가입
1973	총선(Fiame Mataafa Mulinnu 총리 집권)
1976.2.	총선(Taisi Tupuola Efi 총리 재집권)
1976.12.	유엔 가입
1996.4.	총선(Tofilau Eti 총리 재집권)
1997.7.	국명이 Western Samoa에서 Independent State of Samoa로 변경됨
1998.8.	Tofilau Eti 총리 사임
1998.11.	Tuilapea Sailele Malielegaoi 총리 재집권
2001.3.	총선(Tuilapea Sailele Malielegaoi 총리 재집권)
2006.3.	총선(Tuilapea Sailele Malielegaoi 총리 재집권)
2007.5.	Tanumafili 2세 초대 국가원수 서거
2007.6.	Tamasese Efi 제2대 국가원수 취임
2011.3.	총선(Tuilaepa Sailele Malielegaoi 총리 재집권)
2011	사모아, 날짜변경선 바꿔 아시아 시간대로 편입

---

90) Wikipedia. Samoa. https://en.wikipedia.org/wiki/Samoa
91) 외교통상부. 2011. 사모아 개황.
92) 주뉴질랜드대한민국대사관. 2014. 사모아 개황. 외교부
93) 주뉴질랜드대한민국대사관. 사모아. http://nzl-wellington.mofa.go.kr/korean/as/nzl-wellington/legation/plura/samoa/index.jsp
94) Samoa Observer. The 12 Disciples(2016.3.19.) http://www.sobserver.ws/en/19_03_2016/local/3847/THE-12-DISCIPLES.htm
95) Tupufia, Lanuola. "Tuimaleali'ifano gets another five years." Samoa Observer(2015-07-16). http://sciencepole.com/tuimalealiifano/
96) Wikipedia. O le Ao o le Malo. https://en.wikipedia.org/wiki/O_le_Ao_o_le_Malo
97) Markowitz, Barry. 1997. Island Images - Royal Talofa(1997.05.05.). Starbulletin.com. http://starbulletin.com/97/05/05/news/wild.gif
98) Keresoma, Lagi. Candidates for the Council of Deputies discussed by HRPP(2014.01.16.). Talamua online News. http://www.talamua.com/candidates-council-deputies-discussed-hrpp/

사모아의 기원

사모아에서 전해 내려오는 전설에 의하면, 사모아는 타갈로아(Tagaloa)[99] [또는 타갈로아라기(Tagaloalagi)]에 의해 창조된 첫 국가이다. 사모아에서 가장 오래된 마을에서 발굴한 라피타(Lapita) 유물의 방사성 탄소연대를 측정한 결과, 사모아에는 기원전 1,000년부터 사람들이 거주했던 것으로 추정되며, 기원전 200년부터는 폴리네시아 커뮤니티의 중심지로서 통가, 피지와 사모아의 무역을 주도한 것으로 보인다. 하지만 사모아 사람들은 이웃 국가들을 크게 신뢰하지는 않은 것으로 보이는데, 사모아어 토가피티(togafiti)의 뜻은 '속임수(trick)'라는 뜻이며, 이 단어의 어원은 통가어와 피지어이다.

사모아는 폴리네시아의 중앙에 위치해 있기 때문에 사모아인들은 일찍부터 동쪽의 마르키즈 제도나, 남쪽의 니우에, 북쪽의 투발루 등지로 이주하여 살았다. 이들 지역의 언어는 사모아어와 유사하다.

사모아의 현대사

유럽인의 방문과 독일의 통치

1722년 네덜란드 제독 야코프 로게벤(Jacob Roggeveen)이 처음 사모아제도를 발견했으며, 뒤이어 1768년 프랑스인 부갱빌(Louise Antoine de Bougainville)이 사모아에 도착해 내비게이터 제도(Navigator Islands)로 불렀다. 이전부터 사모아는 말리에토아 왕조(수뇌족장/대족장)가 군림하고 있었다. 그러나 1830년대 선교 및 무역을 위해 유럽인들이 정착하기 시작했으며, 19세기 말 유럽 각국의 각축장이 되었다. 1889년 영국, 미국, 독일의 협정으로 사모아가 독일령 서사모아, 미국령 동사모아로 분할되었고, 미국, 영국, 독일 3국의 합의에 1899년 독일의 식민지가 되었다(1899~1914). 미국과 독일 그리고 영국은 1887년부터 1889년까지 사모아의 통치권을 두고 서로 치열하게 다투었다. 이로 인해 1899년 독일은 서사모아,[100] 미국은 동사모아에 대한 지배권을 획득했다. 이후, 노동자로 동아시아인들(특히 중국인)이 대거 이주했다.

---

99) 사모아 전설에 의하면 타갈로아(Tagaloa)는 우주를 창조한 창조주이자, 모든 신들 및 인간의 통치자이다. 전설에 따르면 타갈로아가 처음으로 사모아 섬을 만들었으며, 섬의 지렁이가 사모아인들이 되었다고 한다
100) 현재 '사모아'는 서사모아 지역을 의미한다

독립국 사모아

사모아는 제1차 세계대전 발발 후 독일령에서 뉴질랜드 통치령으로 바뀐 뒤 1914~1962년 동안 국제연맹·유엔 하에서 뉴질랜드의 위임·신탁통치를 받다가 1962년 태평양도서국으로서는 폴리네시아 민족 최초로 독립을 획득했다.

사모아는 1970년 8월 28일 영연방(Commonwealth of Nations)에 가입했으며, 1976년에는 유엔에 가입했다. 1997년 사모아는 서사모아(Western Samoa)라는 국명을 현재의 사모아(Samoa)로 변경하였지만 American Samoa(동부 미국령 사모아)는 자국과 구별하기 위해 사모아를 여전히 과거의 국명인 서사모아로 지칭하고 있다. 세계에서 가장 해가 늦게 지는 나라였던 사모아는 2011년 12월 29일 자정을 기해 표준시간대를 조정하게 되면서 세계에서 가장 빨리 해가 뜨는 나라가 되었다.[101] 사모아는 교역이 많은 뉴질랜드·호주 표준시를 고려하여 시간대를 조정했는데, 동부 미국령 사모아는 시간대를 변경하지 않았다.

주요 인사 (2016.03.18. 기준)

사모아 16대 의회

사진	이름	직책 및 관할부처	비고
1	Tui Atua Tupua Tamasese Efi	• 사모아 O le Ao o le Malo (국가원수)	• 1938년 Apia 출생 • 국가원수는 5년 임기로 의회에서 선출되며, 명목상 권한만 가짐
2	Tuilaepa Lupesoliai Sailele Malielegaoi	• 사모아 총리 • 사모아 외교부 장관 • 사모아 검찰총장 • Samoa Land Corporation 사장 • Public Service Commission 위원장	• 1945년 Lepa 출생 • 사모아 Human Rights Protection Party • 출신 지역구: Lepa

---

101) 머니투데이, 사모아엔 올해 30일이 없다, 2011.12.29, 기사. http://www.mt.co.kr/view/mtview.php?type=1&no=2011122916598288244&outlink=1

사진		이름	직책 및 관할부처	비고
3		Fiame Naomi Mataafa	• 사모아 부총리 • 사모아 천연자원 및 환경부 장관	• 사모아 Human Rights Protection Party • 출신 지역구: Lotofaga
4		Faimalotoa Kika Iemaima Stowers	• 사모아 여성, 지역공동체사회 개발부 장관	• 사모아 Human Rights Protection Party • 출신 지역구: Gagaifomauga No.1
5		Sala Fata Lisati Pinati	• 사모아 경찰 및 화재 긴급서비스부 장관 • 사모아 소년 교정국 국장 • Robert Louis Stevenson Foundation	• 사모아 Human Rights Protection Party • 출신 지역구: Gagaemauga No.1
6		Lautafi Fio Selafi Purcell	• 사모아 상공노동장관, 국영기업장관 • 사모아 관광청, 사모아 토지공사 관리	• 사모아 Human Rights Protection Party • 출신 지역구: Satupaitea
7		Tialavea Feo Leniu Tionisio Hunt	• 사모아 세무(세관 및 세금)부 장관	• 사모아 Human Rights Protection Party • 출신 지역구: Vaa o Fonoti
8		Tuitama Talalelei Tuitama	• 사모아 보건부 장관 • 사모아 National Health Service • 사모아 National Kidney Foundation • Oceania University of Medicine District Hospital & Health Centre	• 사모아 Human Rights Protection Party • 출신 지역구: Aana Alofi No.1 East

사진	이름	직책 및 관할부처	비고
9	Afamasaga Lepuiai Rico Tupai	• 사모아 정보통신부 장관	• 사모아 Human Rights Protection Party • 출신 지역구: Aana Alofi No.3
10	Loau Sola Keneti Sio	• 사모아 교육, 스포츠 문화부 장관	• 사모아 Human Rights Protection Party • 출신 지역구: Sagaga le Falefa
11	Faaolesa Katopau T. Ainuu	• 사모아 법무부 및 법원행정부 장관	• 사모아 Human Rights Protection Party • 출신 지역구: Vaimauga Sisifo No.2
12	Laaulialemalietoa Polataivao Leuatea	• 사모아 농수산부 장관	• 사모아 Human Rights Protection Party • 출신 지역구: Gagaifomauga No.3
13	Sili Epa Tuioti	• 사모아 재정부 장관	• 사모아 Human Rights Protection Party • 출신 지역구: Palauli-Le-Falefa
14	Papaliitele Niko Lee Hang	• 사모아 노동, 교통, 인프라부 장관	• 사모아 Human Rights Protection Party • 출신 지역구: Urban East

사모아 국가원수 (2016년 현재까지)

	사 진	이 름	취임일(연/월/일)	퇴임일(연/월/일)	비 고
1		Malietoa Tanumafili II	1962/01/01	2007/05/11	종신임기로 국가원수직을 수행함. Tui Atua Tupua Tamasese Mea'ole와 함께 공동으로 임무를 수행하기로 했으나 Atua Tupua Tamasese Mea'ole가 1963년 4월 5일에 직무실에서 서거함. 본인은 2007년 5월 11일까지 직무를 수행하다가 직무실에서 서거
		Tupua Tamasese Mea'ole	1961/01/01	1963/04/05	종신임기로 국가원수직을 수행함. Malietoa Tanumafili II와 함께 공동으로 직무를 수행하기로 함. 1963년 4월 5일 직무실에서 서거
-		Tui Atua Tupua Tamasese Efi	2007/05/11	2007/06/20	Council of Deputies[102]의 일원으로 Malietoa Tanumafili II의 직무대행
		Va'aletoa Sualauvi II	2007/05/11	2007/06/20	
2		Tui Atua Tupua Tamasese Efi	2007/06/20	현재(2016/08)	2007년 O le Ao o le Malo(국가원수)로 취임. 2012년 재선됨. 초대 국가원수 Tupua Tamasese Mea'ole의 아들

---

102) 의원이 아닌 자들로 3인 이내 규모로 구성되는 Council of Deputies는 국가원수 또는 각료 유고 시 그 직을 대리한다

02
사모아의 자연환경

지리[103)104)105)106)107)108)]

사모아는 남태평양 오세아니아 서사모아 제도에 위치한 작은 도서국이다. 사모아의 총 면적은 약 2,944㎢이며, 배타적 경제 수역은 12만㎢에 달한다. 사모아는 주요 섬으로 사바이(Savai'i), 우폴루(Upolu), 아폴리마(Apolima), 마노노(Manono) 섬과 사람이 살지 않거나 상주하지 않는 파누아타푸(Fanuatapu), 나무아(Namua), 누로파(Nu'ulopa), 누사페(Nu'usafe'e), 누텔레(Nu'utele) 등 총 6개의 주요 무인도를 포함해 총 10개의 섬으로 구성되어 있으나 생활권은 대부분 우폴루와 사바이 두 섬을 위주로 형성되어 있다. 사모아는 태평양권의 대표적인 화산섬으로, 대부분 현무암으로 이루어져 자연환경은 하와이와 비슷한 면이 있다.

---

103) Wikipedia. Samoa. http://en.wikipedia.org/wiki/Independent_State_of_Samoa#Environment
104) 깨비의 폴리머 세상. 사모아. http://blog.naver.com/koreamukkebi/110043041466
105) 두피디아. 사바이 섬. http://www.doopedia.co.kr/mo/doopedia/master/master.do?_method=view2&MAS_IDX=101013000845977
106) Australian Government. 2013. Current and future climate of Samoa. Pacific Climate Change Science Program. International Climate Change Adaptation Initiative. http://www.pacificclimatechangescience.org/wp-content/uploads/2013/06/3_PCCSP_Samoa_8pp.pdf
107) Wikipedia. Savai'i. https://en.wikipedia.org/wiki/Savai%27i
108) FAO. Data Collection for the Pacific Region – FAO Workshop. Forest Resources Assessment-WP 51

사모아 제도와 주변지역[109]

---

109) 위키백과, Pacific Ocean - Area relief location map, http://ko.wikipedia.org/wiki/%ED%8C%8C%EC%9D%BC:Pacific_Ocean_laea_relief_location_map.jpg

사모아 섬 형성과정(Islands are formed by hotspots)(출처: Wikipedia)

    대부분의 사모아 섬들은 동쪽에서 서쪽으로 지각이동 방향으로 나열되어 있다. 사모아 화산 섬 군도 형성은 사모아 섬의 가장 동쪽에 위치한 지역인 사모아 핫스폿(Samoa Hotspot)[110] 가설에 의해 설명된다. 즉, 사모아 핫스폿은 태평양지각운동에 따라 지구표면 위로 뿜어내는 심해 깊이 고정된 폭이 좁은 맨틀플룸(mantle plume) 위로 태평양지각이 움직이면서 생성된 것으로 추측하고 있다. 가장 이상적인 핫스폿 가설은 하와이 섬들이라고 할 수 있지만 사모아의 경우는 가장 서쪽 섬인 사바이 섬과 가장 동쪽 섬인 타우(Ta'u) 섬이 지난 세기에 폭발함에 따라 과학자들을 혼란스럽게 만들었다. 많은 과학자들은 사모아 군도그룹 섬들이 통가 해구(Tonga Trench)와 인접한 탓에 해저파쇄대(fracture zone)의 영향을 받고 있다고 했다. 그러나 최근 과학자들은 사바이 섬 지구대 밑 깊은 곳에서 시료를 확보하여 분석한 결과, 이 섬은 약 500만 년 된 섬으로 오래되었을 뿐만 아니라 하와이 같이 핫스폿 가설에 맞게 형성된 것으로 결론지었다.

---

110) Hart, S.R., Koppers, A.A., Russell, J.A. and Staudigel, H. 2006. New 40Ar/39Ar Ages for Savai'i Island Reinstate Samoa as a Hotspot Trail with a Linear Age Progression. The Smithsonian/NASA Astrophysics Data System. American Geophysical Union, Fall Meeting 2006, abstract #V34B-02. R. https://web.archive.org/web/20040229223216/http://dusk.geo.orst.edu/djl/samoa/vailuluu.pdf

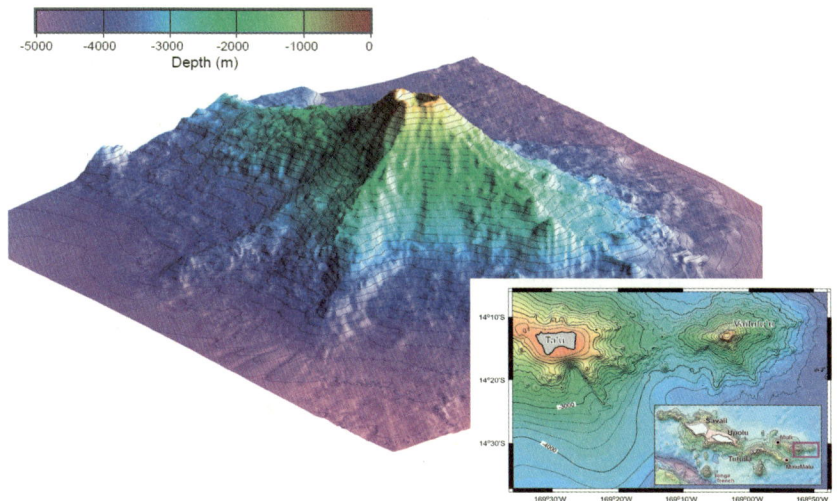

Vailulu'u 화산(사모아 핫스폿)(출처: Hart et al., 2006)

    사바이 섬은 우폴루 섬을 기준으로 북서쪽에 위치해 있으며, 사모아에서 가장 큰 섬이다. 우폴루 섬과 사바이 섬 사이에 아폴리마 해협이 있는데, 그 폭은 약 13㎞밖에 안 된다. 아폴리마 해협에는 훨씬 작은 마노노 섬과 이보다 더 작은 아폴리마 섬이 있으며, 사람이 거주한다.

    사바이 섬은 이곳의 다른 섬들과 마찬가지로 화산섬으로, 산세가 험준한 내부구조를 가지고 있으며 열대다우림이 빽빽하게 형성되어 있다. 고원대지와 연안평원은 비옥하며 다수의 강과 개울이 있다. 사바이 섬의 최고점은 실리실리 산(Mt. Silisili, 1,857m)이며, 이 섬의 마타바누 산(Mt. Matavanu)은 최근까지 분화활동이 활발했다.[111] 우폴루 섬은 화산활동이 정지되었고, 토지가 비옥해서 사모아 전체 인구의 약 3/4이 이 섬에서 거주하고 있다. 그러나 두 섬 모두 밀림지역이기 때문에 거주지나 취락지는 대부분 해안에 한정된다. 기후는 계절에 따라 그 강도가 다르지만 평균적으로 습하고 더우며, 강수량은 사모아의 수도인 아피아에서는 연간 3,000㎜를 기록하기도 한다.

---

111) 마타바누 산은 1905년 8월 4일 분화하여 1911년 11월에 분화를 멈추었다

사모아 지도(출처: http://www.pacificclimatechangescience.org/wp-content/uploads/2013/06/3_PCCSP_Samoa_8pp.pdf)

사모아의 주요 섬들

사모아는 2개의 큰 섬인 사바이 섬과 우폴루 섬이 전체 국가 면적의 99.2%를 차지하고 있다. 우폴루 섬은 인구가 가장 많고, 사바이 섬은 면적이 가장 넓다. 기타 섬들은 대부분 면적이 1㎢를 넘지 못하는 작은 섬들이다. 그리고 아주 작은 섬들은 무인도이거나 자연보호구역이다. 대부분의 사모아 섬들은 산호초로 둘러싸여 있으며 험준한 육지 내륙, 골짜기와 장관의 폭포수가 있는 열대우림으로 구성되어 있다.[112]

순위	큰 섬의 명칭	면적	순위	큰 섬의 명칭	면적
1	Savai'i	1,694㎢	2	Upolu	1,125㎢
3	Manono	3㎢	4	Apolima	~1㎢
5	Nu'ulopa	~1㎢	6	Nu'utele	1.08㎢
7	Nu'ulua	0.25㎢	8	Namua	0.20㎢
9	Fanuatapu	0.15㎢	10	Nu'usafe'e	<0.1㎢

---

112) Worldatlas, Largest Islands in the Nation of Samoa, http://www.worldatlas.com/articles/largest-islands-in-the-independent-state-of-samoa.html

사바이(Savai'i) [113][114][115][116][117]

사바이 섬 전도(출처: Wikipedia)

- 위　　치: 13°35′S 172°25′W
- 면　　적: 1,694㎢ (『위키백과』에서는 1,708㎢)
- 길　　이: 70㎞
- 넓　　이: 46㎞
- 최고점: 1,858m, 실리실리산(Mt. Silisili)
- 인　　구: 4만 3,152명/ 인구밀도: 25/㎢
- 다른 명칭: Soul of Samoa(사모아의 혼)
- 민　　족: 대부분이(96.2%) 사모아인(폴리네시아인)
- 최종 화산폭발: 1905~1911년
- 주요 타운 및 중심지: 살레로로가(Salelologa, 사바이 섬의 남동쪽에 위치)

---

113) Wikipedia. Mount Matavanu. https://en.wikipedia.org/wiki/Mount_Matavanu
114) Wikipedia. Savai'i. https://en.wikipedia.org/wiki/Savai%27i
115) Samoa Tourism Authority. Samoa – Treasured Islands of the South Pacific. http://www.samoa.travel/
116) 위키백과. 사바이 섬. https://ko.wikipedia.org/wiki/%EC%82%AC%EB%B0%94%EC%9D%B4_%EC%84%AC
117) Worldatlas. Largest Islands in the nation of Samoa. http://www.worldatlas.com/articles/largest-islands-in-the-independent-state-of-samoa.html

현지인들이 Big Island로 부르는 사바이 섬은 사모아의 수도가 있는 우폴루 섬에서 페리로 90분간 거리에 위치한 사모아의 최대 섬(1,694㎢)이다. 사바이 섬은 사모아인들 사이에서 살라파이(Salafai)로 불리기도 한다. 사모아에서 가장 높은 산을 가지고 있으며, 또 하와이와 뉴질랜드를 제외하고 폴리네시아에서 가장 큰 단위섬 면적을 보유하고 있다. 이 섬은 파살렐레아가(Fa'asaleleaga), 가가에마우가(Gaga'emauga), 가가이포마우가(Gaga'ifomauga), 바이시가노(Vaisigano), 사투파이테아(Satupa'itea), 팔라울리(Palauli)등 총 6개의 이투말로(itūmālō, 행정구역)로 구분되며 순환로가 잘 발달되어 있다. 19세기 초반까지는 폴라(Pola) 섬으로 알려져 있었다. 날짜 변경선에서 약 32km 떨어진 세계 최서단에 위치한다는 사바이 섬 최서단에는 팔레알루포 마을이 있다.

사바이 섬은 남태평양에서 가장 큰 순상화산(Shield Volcano)[118)119)]지대이며, 100개가 넘는 분화구로 형성되어 있는 것이 특징이다. 또한 이 화산 섬은 현재 총 화산체의 3%만 물 밖으로 도출되어 있다. 현재까지도 활화산지대인 사바이 섬의 마타바누 산은 1900년대 초까지 분화했다. 또 다른 화산으로는 마타 오 레 아피(Mata o le Afi)와 마우가 아피(Mauga Afi)가 있다. 이 섬에는 100여 개의 화산 분화구가 있는데 현지 섬의 동물과 식물의 서식지를 제공하고 있다. 이 섬에서 가장 흔한 동물은 큰박쥐(flying fox), 도마뱀붙이(geckos), 다수의 바닷조류(seabirds) 등이다. 또한 이 섬에는 사모아의 토종생물종 11종이 있는

---

118) 네이버지식백과, 한국의 자연지리, 순상화산. http://terms.naver.com/entry.nhn?docId=2351395&cid=51290&categoryId=51290
119)

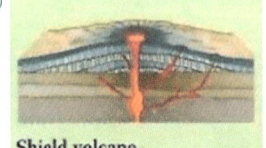

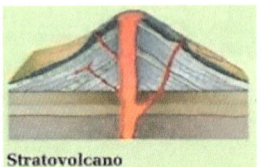

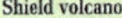

다양한 화산의 형태(그림 출처: Dubois, Meaghan, The nature of volcanic eruptions, Earth Science 10.2A The Nature of Volcanic Eruptions, Presentation upload from slideplayer. http://slideplayer.com/slide/3836398/). 『지구과학사전』에 따르면 순상화산(楯狀火山)은 유동성이 큰 현무암질의 용암류가 중심 화구에서 사방으로 여러 번 유출되어 형성된 화산으로 완경사를 갖춘, 방패를 엎어 놓은 모양을 한 화산이다. 슈나이더(K. Schneider)의 화산 분류에서는 이를 아스파이트(Aspite)라고 했다. 구성 물질의 90% 이상이 용암류로 이루어져 있으며, 하와이형과 아이슬란드형 두 종류가 있다. 하와이형은 비고가 수천 m에 이르는 거대한 화산체로 산정(山頂)에서 화구가 있고, 또한 산정에서 방사 방향으로 여러 개의 균열이 생겨서, 그곳에서 균열 분화를 일으켜 저체를 복식화산으로 만드는 경우도 있다. 아이슬란드형은 비고가 1,000m 이하로 하와이형에 비하여 산복 경사는 약간 크고, 대부분이 단성화산이다. 해양지역에 많고, 하와이의 마우나로아(Mauna Loa)나 아이슬란드의 스카일드브레이드(Skjaldbreid), 우리나라의 제주도 한라산이 여기에 속한다.(출처: 네이버지식백과, 지구과학사전, 순상화산(shield volcanoes). http://terms.naver.com/entry.nhn?docId=979788&cid=42456&categoryId=42456)

것으로 알려져 있다.

20세기 초반(1905~1911년)까지 활동한 활화산인 마타바누 산(Mt. Matavanu)이 사바이 섬 중앙에 위치해 있다. 사바이 섬의 북 연안도로 노스코스트로드(North Coast Road)를 따라 북동쪽 해안선 쪽으로 검은 현무암 벌판이 펼쳐져 있는데 살레아울라 용암 평원(Saleaula Lava Field)이라고도 한다. 이 평원은 1905년 마타비누 산이 폭발하면서 약 6년 동안 용암의 이동로에 따라 형성된 용암의 흔적이다. 이 화산폭발로 인해 사바이 섬 북쪽은 검은색이 많으며 우리나라의 개발되지 않은 제주도를 보는 듯한 느낌이 든다. 용암은 약 100㎞까지 흘러내리면서 5개 마을이 사라졌고 약 122m 깊이까지 용암이 쌓이기도 했다. 용암의 흐르는 속도가 낮아서 마을 사람들은 모두 대피할 수 있었다. 마타바누 산의 마지막 주요 분화 후 100년이 지났지만 여전히 휴화산이라고 한다. 사바이 섬의 거주지가 대부분 해안가에 있는 것도 이 때문일 것이다. 최근에는 이러한 용암튜브들이 칼새과의 사모아 토종제비(white-rumped swiftlet, *Aerodramus Spodiopygius*)들이 둥지를 트는 보금자리가 되고 있다.

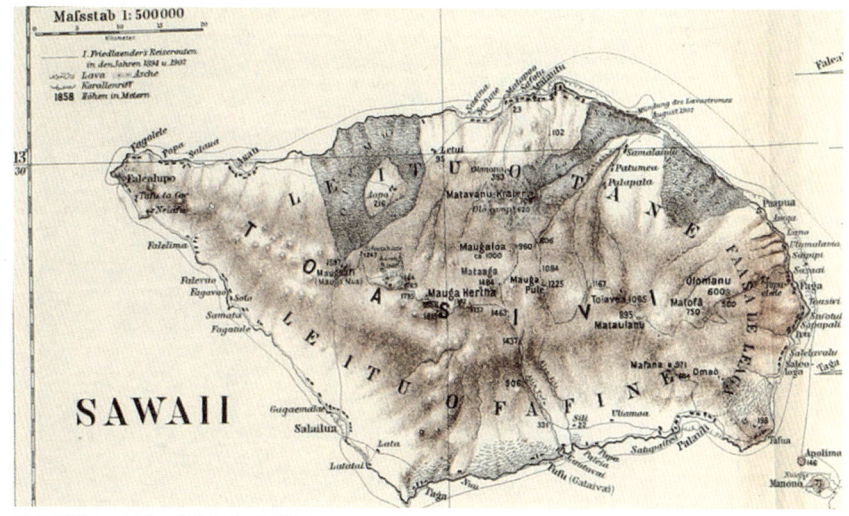

용암평원을 보여 주는 사바이 섬 지도(출처: Wikimedia)

사바이 섬의 살레아울라 용암평원(Saleaula Lava Field)(출처: Wikipedia)

버진스 그레이브(the Virgin's Grave, 처녀의 무덤) 이야기[120)121]

1905년에 폭발한 마타바누 산의 용암이 5개 마을을 함몰시켰으나, 유독 마을 내 1개의 무덤은 비켜갔다고 한다. 그 후 이 무덤은 '기적의 교회', '기적의 무덤'이라는 뜻에서 '버진스 그레이브(Virgin's Grave)'로 명명되었다. 일설에 따르면 화산활동 전 모함을 받고 억울하게 죽은 한 수녀의 것이라고도 한다. 또 다른 설도 있다. 이곳 마을인 타우포우(Taupou, [직역하면 처녀(virgin)라고 할 수 있음])에는 한 처녀가 살고 있었는데, 그녀는 최고 족장의 딸이었다고 한다. 그런데 10대에 결핵으로 죽었다고 한다. 전설에 따르면 이 족장 딸이 너무나 순수해서 용암도 피해 갔다고 한다.

버진스 그레이브(출처: 사모아 관광청)

인공위성에서 관찰한 사바이 섬(출처: Wikipedia)

　사바이 섬을 가기 위해서는 우폴루 섬 서쪽에 위치한 물리파누아(Mulifanua) 부두에서 페리를 이용하면 된다. 페리는 사바이 섬의 살레롤로가(Salelologa) 부두에 도착한다. 살레롤로가는 사바이에서 가장 분주하고 큰 중앙 마을인데, 페리가 정박하고 떠나는 분주한 부두가 있고, 필요한 물품을 구입할 수도 있으며 환전과 렌트카도 가능하다. 현지 시장이나 슈퍼에서는 음식, 생필품, 농산물 등을 구입할 수 있으며, 카페도 있어 신선한 커피도 즐길 수 있다.
　연안에는 수영을 즐길 수 있는 해변도 갖추고 있다. 물론 수영하기 전에 현지 마을의 허가를 받아야 한다. 특히 시우파가(Siufaga)와 푸아푸아(Pu'apu'a) 지역 사이에 펼쳐진 해변가가 아름다운 곳으로 잘 알려진 지역이다. 또 렐레파(Lelepa)와 마나세(Manase) 사이에 있는 해변가도 유명하다. 이 모래사장은 도보로 걷기에도 좋은 바닷가이다. 그 외에도 남쪽에 위치한 사투이아투아(Satuiatua) 해변과 아가노아(Aganoa) 해변도 잘 알려져 있다. 이러한 해변에는 팔레(fale) 시설이 운영된다. 팔레란 사모아어로 '집'이라는 뜻인데, 벽 없이 4개의 기둥과 지붕으로만 이루어진 가옥이다. 한 팔레에서 최대 20명까지 거주할

---
120) Tapaleao, Vaimoana, 2011. Samoa – Legends live amid the lava flows, NZ Herald(2011.08.09.). http://www.nzherald.co.nz/travel/news/article/cfm?c_id=7&objectid=10743932
121) Samoa Tourism Authority, Samoa – Treasured Islands of the South Pacific, Saleaula Lava Field, http://www.samoa.travel/activity/saleaula-lava-field

사모아의 해변가 팔레(beach fale)(출처: 사모아 관광청 페이스북. https://www.facebook.com/SamoaKorea/photos/)

수 있는 큰 규모의 팔레도 있다. 일반적으로는 한 가정에 3~4개의 팔레가 있다. 이러한 팔레는 대가족 부족생활을 하는 현지인들에게는 숙소이자 부엌이고 종교적 행사까지 이루어지는 곳이다. 또한 지역회의가 이루어지는 곳이고, 놀이터이자 교육 장소인 다목적 시설이다.

사바이의 연안 환경은 대부분 거초(fringing reef)[122]로 둘러싸여 있어 카약을 즐기기에 좋다. 다양한 관광업체들이 카약관광상품도 운영하고 있다. 사바이섬 외 작은 무인도 외각 섬들도 여시에 포함된다. 비치팔레는 배낭여행자들이 가장 가성비 좋은 숙소라고 좋아하는 시설로 잘 알려져 있다. 특히 사모아의 비치팔레는 남태평양에서는 최고의 가성비를 자랑하는 곳이라고 한다. 팔레는 사모아인들이 소유하고 직접 활용하고 있다.

중앙지대는 열대우림이 빽빽하게 들어서 있다. 총 면적 72,699ha(727㎢)에 달하는 이 지역은 폴리네시아에서 가장 큰 열대우림 지대이다.

---

[122] 산호군립(corals)에는 다양한 형태가 있다(Seibold, Eugene and Beiger, Wolfgang H. 1996. *The Sea Floor: Introduction to Marine Geology*, 3rd Edition, Springer Berlin Heidelberg. (우경식·하호경·강효진·권이균·김부근·김석윤·손영관·유동근·윤석훈·이경은·이연규·조형래·최경식. 역. 『해양지질학』. ㈜시그마프레스. 2016. p. 238-239). https://books.google.co.kr/)

  Reef: 초, 암초, 모래톱, 광맥 등
  Coral Reef: 산호초
  Fringing reef: 환초의 형성 형태이며 거초라고 한다. 거초는 섬과 거의 붙은 가장자리에서 자란다.
  Barrier reef: 환초의 형성 형태이며 보초라고 한다(해안과 나란히 뻗은 산호초). 보초는 섬과 약간 떨어져 있으며 그 사이에는 얕은 수심의 석호가 존재한다.
  Atoll: 환초(거초→보초→atoll). 환초는 산호초가 고리 모양으로 연결된 것으로서 산호초의 일부분이 해수면 위로 가끔 노출되기도 한다. 고리 모양의 환초 내에는 얕은 석호가 존재하는데 환초의 크기는 매우 다양하며 그 직경이 약 40km에 이르기도 한다.
  Fishing Reef: 어초

사바이 섬의 열대우림(출처: Wikipedia, http://upload.wikimedia.org/wikipedia/commons/7/7e/View_from_the_top,_Falealupo_Rainforest_canopy_walkway,_Savai'i,_Samoa_2009.JPG)

사바이 섬의 마타바누 산 전경(출처: http://www.samoa.travel/sightseeing/x28/Mt-Matavanu)

사바이 섬의 아푸 아우(Afu Aau) 폭포(출처: http://www.samoa.travel/sightseeing/x16/Afu-Aau-Falls)

　　사바이 섬은 잘 보전된 열대우림의 전경을 한눈에 보여 주는 폴리네시아의 보물이다. 해양환경에서부터 다양한 폭포수, 동굴에서부터 블로홀(blowholes)까지 훌륭한 자연생태자원을 보유하고 있다. 또한 열대우림내에서는 다양한 새와 위험하지 않은 야생동물과 다양한 식물을 찾아볼 수 있다.
　　파사모아(Fa'a Samoa)는 사모아어로 '사모아 방식(The Samoan Way)'이라는 뜻을 지니고 있으며,[123] 이는 사모아인들의 생활에 큰 영향을 미치고 있다. 한편, 도시화가 진행되면서 서구화된 우폴루 섬과는 대조적으로 도시화가 이루어지지 않은 사바이 섬 주민들로 인해 사모아 전통 색채가 강하게 드러나는 곳이다. 사바이 섬 사람들은 사회문화적으로 대가족을 이루며 군집생활을 한다. 파사모아에서 강조하는 가족과 공동체에 대한 사랑(alota), 헌신(tautua), 존경(fa'aaloalo), 규율(usita'i)의 전통 때문에 이들에게 친족관계와 족보는 매우 큰 의미를 갖는다. 특히 사회구조상 정치권력은 족장인 마타이(matai)에게 집중 되었는데, 마타이들은 단순한 족장을 떠나 집단의 이익을 대변해 주는 정치인의 역할을 수행하기도 했다. 사바이에는 현대적인 형태의 국회와 함께 마타이 족장들의 통치권력인 풀레(pule)가 존재한다.

---

123) Wikipedia, Fa'a Samoa, http://en.wikipedia.org/wiki/Fa%27a_Samoa

우폴루(Upolu) [124)125)126)127)128)129)130)]

우폴루 섬 전도(출처: Wikipedia)

- 위   치: 13°55′S 171°45′W
- 면   적: 1,125㎢
- 길   이: 75㎞
- 수   도: 아피아(Apia)

  인구: 5만 8,800명
- 인   구: 14만 3,418명(2011년 기준) / 인구밀도: 127명/㎢
- 인구구성: 사모아인 92.6%, 유럽/폴리네시안 혼혈 계통 7%, 유럽 계통 0.4%

---

124) 사모아의 전설에 의하면, 우폴루는 사모아 첫 여성의 이름이기도 하다.
125) Wikipedia. Upolu. https://en.wikipedia.org/wiki/Upolu
126) Samoa Tourism Authority. Samoa - Treasured Islands of the South Pacific. http://www.samoa.travel/
127) Wikitravel. Upolu. http://wikitravel.org/en/Upolu
128) Jame's Samoa Home page. Samoa. http://www.janeresture.com/samoahome/index.htm
129) Richmond, Bruce M., Buckley, Mark, Etienne, Samuel, Chague-Goff, Catherine, Clark, Kate, Goff, James, Dominey-Howes, Dale and Strotz, Luke. 2011. Deposits, flow characteristics, and landscape change resulting from the September 2009 South Pacific tsunami in the Samoan islands. *Earth-Science Reviews* 107(1-2):38-51. http://dx.doi.org/10.1016/j.earscirev.2011.03.008
130) Worldatlas. Largest islands in the nation of Samoa. http://www.worldatlas.com/articles/largest-islands-in-the-independent-state-of-samoa.html

우폴루 섬 전도(출처: Google map)

사모아의 우폴루 섬은 대량의 현무암질의 화산이 솟구치면서 만들어진 섬이다. 인구가 가장 많고 수도와 국제공항이 자리하고 있다. 또한 1841년도에는 미국탐사조사(US exploring expedition)의 주요 거점 역할을 했다. 이 섬의 내부는 울창한 열대림으로 구성되어 있으며 연안은 비옥하다. 코코넛, 타로, 카카오 및 기타 열대열매 농사가 잘된다. 우폴루 섬 주민들은 가축도 기른다. 또한 맥주 양조장과 담배, 코코넛크림, 코코넛오일, 카카오, 타로 가공공장도 있다.

우폴루 섬은 18세기 후반부터 19세기 초반까지 오잘라바(Ojalava) 섬 또는 오졸라바(Ojolava) 섬으로 알려져 있었다. 사바이 섬과 마찬가지로 거대한 현무암 순상화산(basaltic shield volcano) 지대이지만, 1900년대 초까지 화산활동을 한 기록이 남아 있는 사바이 섬과는 달리 휴화산이다. 우폴루 섬은 수도 아피아와 국제공항이 위치해 있어 사모아에서 가장 중요한 섬이라고 할 수 있다. 이 섬은 투아마사가(Tuamasaga), 아나(A'ana), 아이가이레타이(Aiga-i-le-Tai), 아투아(Atua), 바오포노티(Va'a-o-Fonoti) 등 총 5개 행정구역으로 구분되어 있다.[일부지역은 가가에마우가(Gaga'emauga) 구역에 속하기도 하는데 이 구역은 사바이 섬과 우폴루 섬 두 섬에 행정관할권을 둔 지역이기도 하다.]

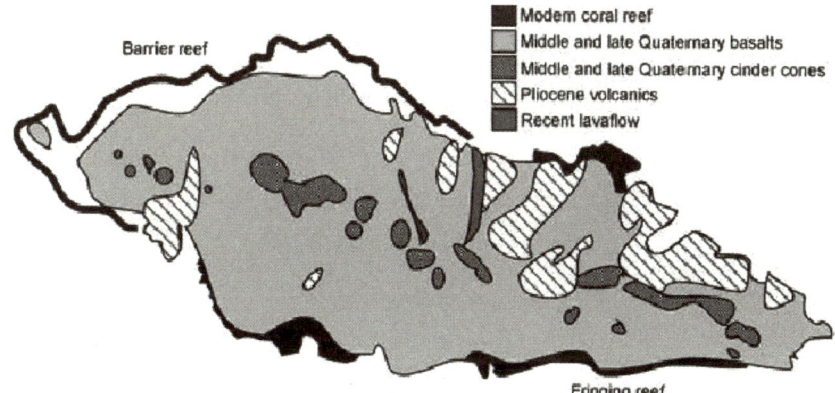

우폴루 섬의 일반적 지질학적 형태(Generalized geologic map of Upolu in Samoa)
(출처: Scientific Figure on ResearchGate. Available from: https://www.researchgate.net/figure/228868035_fig3_Figure-4-Generalized-geologic-map-of-Upolu-in-Western-Samoa-from-Stearns-1944-showing[131][132])

사모아의 수도이자 제일 큰 도시인 아피아(Apia)는 북부 해안의 정중앙에 자리 잡고 있으며, 팔레올로(Faleolo) 국제공항이 섬의 서쪽 끝에 위치하고 있다. 사바이 섬과는 달리 우폴루 섬에서는 화산폭발 흔적은 보기 어렵다. 그러나 2009년 9월 29일 아침에 사모아의 수도 아피아에서 남쪽으로 약 195km에 위치한 진원으로부터 진도 8.9의 강력한 지진이 발생하여 우폴루 섬으로 10m 규모의 해일[133]이 덮쳐 20개 마을이 침수되고 약 100여 명의 많은 사망자가 발생했으며, 약 300여 가구의 삶의 터전이 사라지는 큰 피해를 입기도 했다. 이 쓰나미는 또한 사모아 총리였던 투일라에파 루페솔리아이 사일렐레 말리엘레가오이(Tuilaepa Lupesoliai Sailele Malielegaoi)의 레파(Lepa) 마을 저택까지 파괴하기도 했다. 쓰나미가 지나간 레파 마을에는 교회와 이곳 마을에 오신 것을 환영한다는 표시만 남게 되었다.

---

131) Richards, Margaret, Mildner, Suzanne and Bell, Lui. 1993. The Shore Ecology of Upolu - Western Samoa, Leigh Laboratory Bulletin Number 31. University of Auckland. http://www.botany.hawaii.edu/basch/uhnpscesu/pdfs/sam/Morton1993WS.pdf(Also modified from Stern(1944))
132) Birkeland, C., Craig, P., Fenner, D., Smith, L., Kiene, W. and Riegl, B. 2007. Geologic setting and ecological functioning of coral reefs in American Samoa. Chap. 20. In Riegl B., R. Dodge(Eds.). Coral reefs of the USA. Springer Publishers
133) Mclean, Tamara. 2009. Reasons to live after the tsunami. The Daily Telegraph(Australia). http://www.dailytelegraph.com.au/searching-ruins-for-reason-to-live-after-the-tsunami/story-e6freuy9-1225781822624

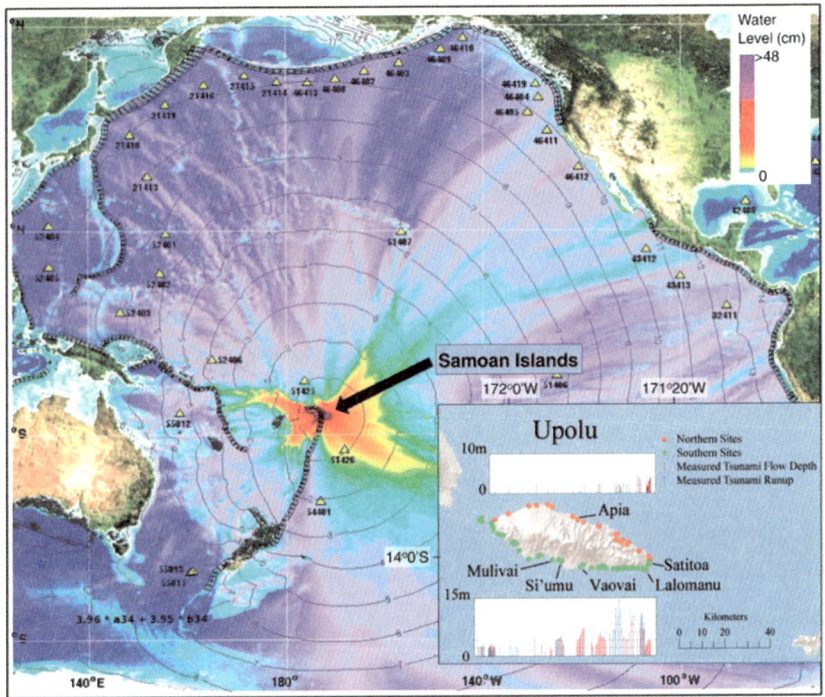

사모아 우폴루 섬의 지진과 쓰나미 현황(붉은색은 해수면 높이가 높은 것을 뜻하고 초록색과 파란색은 낮은 것을 나타낸다)[134]

쓰나미로 인해 관광인프라도 상당한 영향을 받았으며 곧 재건에 들어갔다. 또한 이곳의 중요한 자원인 산호에도 많은 영향을 미쳤다. 연안에 거주민이 많은 우폴루에서는 지진보다는 쓰나미에 따른 사망사고가 많았다.

19세기 후반 스코틀랜드 작가 로버트 루이스 스티븐슨(Robert Louise Stevenson)[135]는 이 섬의 바일리마(Vailima) 지역에 총면적 1.6㎢에 달하는 농지를 소유하고

---

[134] Richmond, Bruce M., Buckley, Mark, Etienne, Samuel, Chague-Goff, Catherine, Clark, Kate, Goff, James, Dominey-Howes, Dale and Strotz, Luke, 2011. Deposits, flow characteristics, and landscape change resulting from the September 2009 South Pacific tsunami in the Samoan islands. Earth-Science Reviews 107(1-2):38-56. http://dx.doi.org/10.1016/j.earscirev.2011.03.008

[135] 로버트 루이스 스티븐슨(Robert Louis Stevenson, 1850~1894)은 스코틀랜드 에든버러에서 태어난 영국의 소설가이자 시인으로서 에든버러 대학교에서 법률을 공부했으며 1875년 변호사가 되었다. 1980년대 중반부터 단편소설과 수필을 발표했는데 가장 유명한 소설로는 「신 아라비안나이트」, 「젊은이를 위하여」, 「보물 섬」, 「지킬박사와 하이드」 등을 들 수 있다. 사모아에 거주하면서 1894년 발작을 일으켜 만 44세에 사망했으며 사모아 족장이 그의 저택 윗산인 바에아(Vaea) 산 정상에 안장했다. 그의 묘비에는 그의 시 「레퀴엠」이 새겨져 있다. (위키백과, 로버트 루이스 스티븐슨. https://ko.wikipedia.org/)

2009년 지진에 따른 쓰나미 피해를 보고 슬퍼하고 있는 사모아 Lalomanu 마을의 한 젊은이(출처: Daily Telegraph. http://www.dailytelegraph.com.au/searching-ruins-for-reason-to-live-after-the-tsunami/story-e6freuy9-1225781822624)

저택을 지어 거주하다가 1894년에 사망했다. 그가 사망한 뒤, 1900년 당시 사모아를 통치하고 있던 독일은 그의 저택을 총독거주지로 구입했다. 이후 바일리마 빌라(Vailima Villa)[136]는 영연방 뉴질랜드 자치령 시절 뉴질랜드 총독이 거주하기도 했고, 지금은 사모아 원수가 거주하는 곳으로 활용되고 있다. 오늘날 유명한 관광지로 각광받아 자택 안내자와 기념품 가게도 있다.

로버트 루이스 스티븐슨과 그가 살던 사모아 아피아 저택

---

[136] 바일리마(Vailima)는 '손에 담긴 물(Water in the hand)'이라는 뜻인데, 한때 '다섯 물(Five waters)'로 잘못 해석되기도 했다. 사모아어로 Vai는 물을 뜻하며 Lima는 손 혹은 다섯을 의미한다

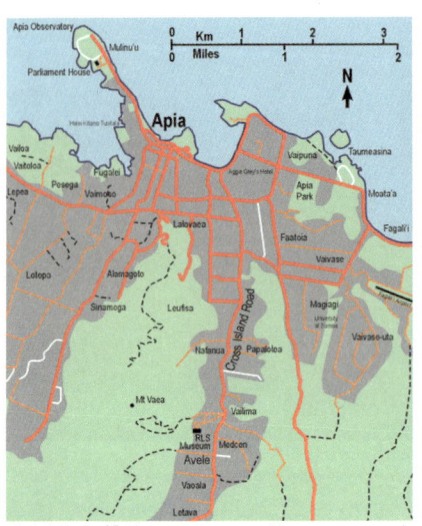
아피아의 지도(출처: Wikipedia. http://en.wikipedia.org/wiki/File:Samoa_Apia_Map.png)

아피아의 위성사진(출처: Wikipedia. http://en.wikipedia.org/wiki/File:Apia,_Samoa.JPG)

　우폴루 섬은 거초(fringed by reefs)로 둘러싸여 있으며 주변에 유명한 해변가가 많이 존재한다. 그러나 섬 내륙은 경사가 높고 열대식물이 우거져 있으며, 다양한 폭포도 있다. 이러한 자연 환경 덕분에 1953년 게리 쿠퍼(Gary Cooper)가 주연한 영화 『리턴 투 파라다이스(Returned to Paradise)』가 촬영되기도 했다. 또한 리얼리티 쇼 중 하나인 미국의 Survivor: Samoa, Survivor: Heroes vs. Villains, Survivor: South Pacific 및 Survivor: One World 그리고 호주의 Australian Survivor 등이 촬영되었다. 최근에는 한국의 TV 프로그램 중 하나인 『정글의 법칙』 사모아편이 촬영되어 방영되기도 했다.
　우폴루는 지질학적으로 화산 섬 정상이 해수면 밖으로 도출된 섬이라고 할 수 있다. 또한 해안을 따라 수많은 만과 불규칙적인 해안선을 보유하고 있다. 우폴루의 연안환경은 연안의 육지 부분과 인접한 산호초 등 3개로 분류된다.
　① 가파르고 일반적으로 약간의 산호초가 형성되어 있거나 없는 절벽 형태
　② 인접한 거초(fringing reef)가 앞에 있는 해안평야 형태이며 모래사장, 산호보초(barrier reef) 그리고 개울이나 작은 강과 연계된 연안습지 형태
　③ 넓은 산호거초가 얕은 수심의 산호보초로 전환하고 있는 형태

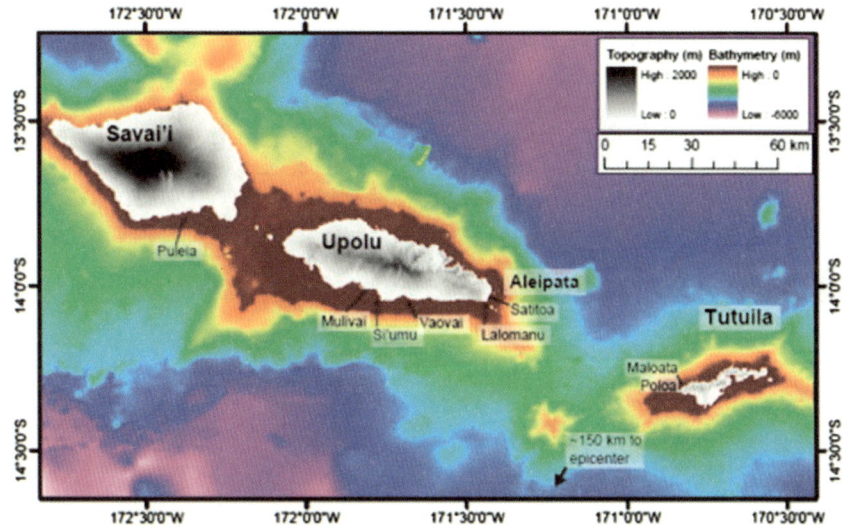

사모아 제도의 주요 섬들의 일반적 지형 및 수심도[137]
(출처: Seamount Biogeosciences Network, Seamount Catalog - Savai'i Island.
http://earthref.org/cgi-bin/sc.cgi?id=SMNT-137S-1725W)

    사모아는 거초(fringing reef)가 가장 일반적인 산호초 형태이다. 대부분의 연안 침전물은 좁은 연안평야지대에 후사면/후거초(back reef) 환경 그리고 작은 강가 어귀에 퇴적되는 것으로 보인다. 일반적으로 대륙붕과 비교하면 퇴적물량은 낮으며 연안시스템의 퇴적층은 제한적이다. 그러나 우폴루 섬의 동부 연안, 남부 연안지역에는 지속적인 동서무역풍과 높은 파도에 따라 두껍고 광범위한 퇴적층이 만들어지고 있다.

---

137) Richmond, Bruce M., Buckley, Mark, Etienne, Samuel, Chague-Goff, Catherine, Clark, Kate, Goff, James, Dominey-Howes, Dale and Strotz, Luke. 2011. Deposits, flow characteristics, and landscape change resulting from the September 2009 South Pacific tsunami in the Samoan islands. *Earth-Science Reviews* 107(1-2):38-51. http://dx.doi.org/10.1016/j.earscirev.2011.03.008

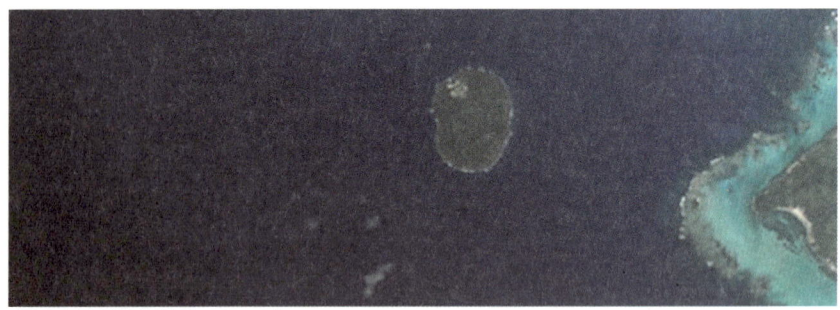
아폴리마 섬 위성사진(출처: Wikipedia)

아폴리마(Apolima)[138)139)140)141)142)143)144)]

- 위   치: 13.824°S 172.151°W
- 면   적: 3㎢(또는 101.5헥타르)
- 높   이: 165m
- 인   구: 75명
- 가   구: 11가구
- 평균온도: 26.6℃
- 평균습도: 80%
- 주요 마을: Apolima-Tai

아폴리마 섬은 거주자가 있는 사모아 섬 중 가장 작은 섬이며, 아폴리마 해협 (Apolima Strait)에 위치하고 있다. 또한 사모아의 작은 섬 그룹인 마노노, 아폴리마, 누울로파 중에는 마노노 다음으로 큰 섬이라고 할 수 있으며, 휴식년의 화산 분화구 섬이다.

---

138) Wikipedia. Apolima. https://en.wikipedia.org/wiki/Apolima
139) Oceandots.com. Aleipata Island/Apolima Island. https://web.archive.org/web/20101223124700/http://oceandots.com/pacific/samoa/apolima.php
140) Wikipedia. Geography of Samoa. https://en.wikipedia.org/wiki/Geography_of_Samoa
141) Wikipedia. Apolima Strait. https://en.wikipedia.org/wiki/Apolima_Strait
142) Wikipedia. Samoan Islands. https://en.wikipedia.org/wiki/Samoan_Islands
143) UNESCO. World Heritage Center. Tentative Lists. Manono, Apolima and Nuulopa Cultural Landscape. http://whc.unesco.org/en/tentativelists/5091/
144) Worldatlas. Largest islands in the Nation of Samoa. http://www.worldatlas.com/articles/largest-islands-in-the-independent-state-of-samoa.html

아폴리마 섬(출처: Wikipedia)

아폴리마 섬에는 하나의 마을만 존재한다. 2006년 진행된 인구조사에 의하면 거주자는 총 75명이다. 섬은 뒤집어놓은 그릇 같은 모양이며, 경사가 큰 절벽들로 둘러싸여 있기 때문에 섬 북부의 해안가를 통해서만 입도가 가능하고, 입도 시 특별히 주의가 필요하다. 입도는 50m 폭의 하나밖에 없는 채널을 통과하게 되는데 이 채널마저도 파플로토(Paploto)라는 절벽때문에 제한적으로 막혀 있어 구불구불하게 항해해서 들어가야 하기 때문이다. 또한 파도가 직접적으로 입도 출구로 밀려 들어오기 때문에 왼쪽에 소용돌이가 자주 만들어지면서 입도를 시도하는 선박을 위협하기도 한다. 이 소용돌이 앞쪽으로는 작은 절벽이 나와 있는데 파우갈루가(Paugaluga) 곶이라 불린다. 아폴리마 섬은 접근이 어려운 특성 때문에 사바이 섬이나 우폴루 섬들이 위험에 처했을 때 요새로 활용되기도 했다. 아폴리마(Apolima) 마을로 가기 위해서는 우폴루 섬에 있는 마노노우타(Manono-uta)에서 알루미늄으로 만든 보트로 35분 정도 타고 가면 된다.

섬 중앙은 평평한 고원평지 형태이다. 지질학적으로 아폴리마는 붕괴된 응회암(tuff) 화산추의 일종이라고 본다. 이러한 형태의 단절된 북쪽 경사벽면에는 작은 만이 형성되고, 작은 평야지대의 칼데라가 형성되어 있으며, 사람이 거주할 수 있는 마을이 있다. 이 섬에서 마을이 형성된 곳은 이곳뿐이다. 외곽 벽면에는 생식물도 제한적이고 지속적으로 침식현상이 일어나고 있다. 아폴리마 섬의 토종식물은 대부분 사라졌으나 사람의 손길이 닿지 않은 일부 밀림에서는 아폴리마 섬의 토종식물을 볼 수 있다. 또한 아폴리마 섬의 절벽에 다수의 조류(sea bird)가 둥지를 틀기도 한다. 또한 이 섬 중앙에는 소규모의 습지와 제법 많은 양의 시내가 흐르고 있지만 이 지역의 생태계에 대해서는 발표된 연구자료는 부족하다. 아폴리마 섬 주변에서는 고래와 돌고래류도 관찰된다.

여객선에서 바라본 아폴리마 섬(좌)과 마노노 섬(우)(출처: Wikipedia)

　이 섬은 다른 섬들과 같이 전통적 토지소유권과 활용권이 이행되는 지역으로서 강한 전통적 통치 시스템이 적용되고 있다. 즉, 파사모아(faa-Samoa, Samoan way of life) 시스템이 적용된다. 파마타이(fa'amatai)시스템, 즉 족장 시스템(chiefly system)으로서 부족사회 그룹의 활동과 성과 및 이익을 확보한다. 이러한 성과를 위한 족장(matai)의 역할은 마을위원회, 즉 포노(fono)가 인정한 역할이다. 포노는 합법적·행정적·사법적 기능이 모두 포함된 체제라고 할 수 있다. 또한 마을의 일상생활에 실질적인 영향력을 미치고 있으며 마을의 활동과 분쟁조절에도 관여한다. 이러한 작은 마을에서는 특히 아이가(aiga, 대가족) 형태가 유지되고 있어 마을에 대한 충성도가 높고, 족장은 노동력 활용 등 아이가 소유의 토지와 기타 재산의 활용도에 대한 책임도 지고 있다.
　또한 아폴리마 섬을 포함한 이쪽 작은 섬들에서는 교회의 역할도 상당하다. 1836년 선교사가 들어온 이래, 기독교는 이 지역을 안전하게 하고, 마을의 많은 사회적·경제적 활동의 중심이 되었다. 이러한 영향력에 따라 마을은 교회를 책임지고 있는 '목사'의 영향력도 크다고 할 수 있다. 종교활동이나 교회에 제공하는 헌납품(offerings) 등은 가족활동의 중요한 부분을 차지하고 있다. 또한 이 섬들에서는 전통적 활동도 볼 수 있다. 마을통행 금지시간을 엄수하고 있는데, 이 제도는 포노에서 결정한 것으로 저녁기도회와 마을의 안전을 위한 것이다. 또한 일요일 종교활동은 마을 전체적 차원에서 절대적으로 준수되며, 그 외의 활동은 할 수 없다. 아폴리마 섬 주민들은 환경을 중요하게 생각하는데 하나님이 다음 세대를 위해 환경을 보살피는 역할을 수행하도록 마을 주민들을

위성에서 본 아폴로 섬(좌), 마노노 섬(중) 그리고 우폴루 섬(우)
(출처: Wikipedia.
http://en.wikipedia.org/wiki/File:Manono.JPG)

위성에서 본 사바이 섬(위), 아폴로 섬(중간위쪽), 마노노 섬(중간 아래쪽), 그리고 우폴루 섬(아래)
(출처: Wikipedia.
https://upload.wikimedia.org/wikipedia/commons/d/db/I SS012-E-23609_NASA_Apolima_strait_between_Upolu_ and_Savai%27i_islands.jpg)

창조하였다고 믿는다. 즉, 환경의 보호는 절대적으로 알리(Alii)와 파이풀레(Faipule)의 책임 아래 있다고 한다. 이러한 독특한 전통적 환경은 국제적으로도 전통적 풍경(cultural landscape)으로 유네스코(UNESCO)도 인지하고 있으며 임시목록(tentative list)에도 포함되어 있다. 특히, 이 섬에는 도로나 자동차가 없다. 그러나 마을 공동체를 이루며 주체적으로 생활하고 있는 지역으로 잘 알려져 있다. 즉, 이곳 주민들은 지난 3,000년 동안 살아온 방식을 유지하면서 살아가고 있는 것이다.

　아폴리마 섬에 정착한 주민들은 아주 제한적인 자원환경과 외딴지역으로 생존하기 위해서 제공된 자원을 가장 효율적으로 활용할 수밖에 없다. 남자나 여자 상관없이 주어진 역할과 임무를 잘 수행해야 한다. 남자는 대부분 농장일에 몰두해 왔고 가축, 밭농사, 낚시활동 등을 맡았다. 여자들은 대부분 거주지역의 땅을 관리하고 위생과 공중위생에 책임을 졌으며 작은 텃밭 관리와 연안에서의 조개줍기 등의 임무를 수행했다.

　아폴리마와 같은 작은 마을에서는 각 그룹들의 지원도 중요한 역할을 한다. 한 예로 여성위원회(Women's Committee), 젊은이들, 무계급그룹(untitled) 등의 역할도 중요하다. 여성위원회의 경우 마을행사나 마을에서 발생하는 일에 대한 자문 역할을 한다. 특히 마을의 위생, 공중위생, 미화활동 등에 대해 책임지고 있다. 무계급 마을 주민들은 대부분 족장이 지시하는 일을 수행하는데, 식량을 충분히 확보할 수 있는 농장일과 기반환경 관리 등이다. 목재조각이나 기타 수공예들은 남자나 여자의 몫이라고 할 수 있으며 아직도 아폴리마 섬과 마노노 섬에서 볼 수 있다. 아폴리마에서는 지금도 전통적 생활방식을 쉽게 목격할 수 있다. 이곳에 있는 집들은 대부분 전통적 개방형 팔레(fale)이고 대부분 비포장도로여서 자동차들도 제한적이다. 이 섬 내에서의 이동은 거의 걸어서 다닌다.

아폴리마 해협의 폭은 약 13km이고, 사모아의 주요 섬인 사바이 섬과 우폴루 섬들을 연결하며 여객선(ferry)이 운영 중이다.

마노노(Manono)[145)146)]
- 위   치: 13°50′S 172°05′W
- 면   적: 3km²
- 인   구: 889명(2006년 기준)
- 인구밀도: 296명/km²
- 가   구: 79가구

마노노 섬은 사바이 섬과 우폴루 섬 사이에 위치하고 있으며, 바로 옆에는 아폴리마 섬이 있다. 우폴루 섬에서 보트로 20분 거리에, 우폴루의 서쪽 끝 마을인 레파투 곶(Lefatu Cape) 지역에서 약 3.4km 거리에 있다. 또한 주변에는 아폴리마 섬 외에도 누로파(Nu'ulopa) 무인도(고도 37m, 직경 100m, 면적 0.01km²)가 있다. 2006년의 통계조사에 의하면 마노노 섬에는 총 4개의 마을이 있으며, 889명의 주민이 거주하고 있다. 전기는 1995년이 되어서야 보급되었으며, 주민들은 관광객들에게 기념품을 팔면서 생계를 유지하고 있다. 이곳은 환경보전 차원에서 말이나 개 등은 유입이 불가하다. 그러나 최근에는 개가 관찰되었다는 보고도 있다. 마노노 섬은 특유의 납작한 형태 때문에 19세기에는 납작 섬(Flat Island)으로도 불렸다. 1800여 년에는 감리교 선교활동의 중심지였다.

---
145) Wikipedia, Manono Island, https://en.wikipedia.org/wiki/Manono_Island
146) Wikipedia, Aiga-i-le-Tai, https://en.wikipedia.org/wiki/Aiga-i-le-Tai

위성에서본 마노노 섬(출처: Wikipedia)

마노노 섬의 4개 마을은 섬 서쪽에 위치한 아파이(Apai), 남쪽에 위치한 팔레우(Faleu), 남서쪽의 레푸이아이(Lepuia'i), 북쪽의 살루아(Salua)이다. 마을들을 연결하는 도로나 대중교통은 없고 해변가 주위로 나 있는 오솔길이 유일한 도로이다. 마노노 섬은 아이가이레타이(Aiga-i-le-Tai) 행정구역에 속하는데, 이 행정구역 주민들은 대부분 우폴루 섬 서쪽에 거주하고 있다.

마을 이름	마을 위치	인구(명)
Apai	서쪽	111
Faleu	남쪽	354
Lepuia'i	남서쪽	223
Salua	북쪽	201

사모아어로 "family by the sea", 즉 바닷가의 가족이라는 뜻을 가진 아이가이레타이(Aiga-i-le-Tai) 행정구역은 마노노 외에도 아폴리마 섬과 누로파 섬도 포함하며 우폴루 섬의 서쪽 끝 부분도 포함하고 있다. 전통적으로는 마노노 섬이 이 행정구역의

중심지였으나 지금은 우폴루와 사바이 간을 운항하는 페리의 우폴루 페리항인 물리파누아(Mulifanua)가 중심지 역할을 하고 있다. 사모아 행정구역 중 가장 작은 이 행정구역의 면적은 27㎢이며, 총 인구가 4,500여 명이다. 인구 차원에서는 바오포노티(Va'a-o-Fonoti)가 아이가이레타이(Aiga-i-le-Tai) 행정구역보다 적다.

마노 섬 비치 팔레(Beach Fale)
(http://en.wikipedia.org/wiki/File:Fale_on_Manono_Island.jpg)

마노 섬 팔레 탈레(Fale tele) 회의 장소
(https://en.wikipedia.org/wiki/Manono_Island#/media/File:Manono_Island.jpg)

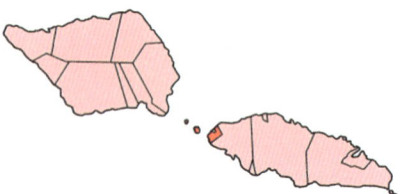
아이가이레타이 행정구역(빨간 구역)
(https://en.wikipedia.org/wiki/Aiga-i-le-Tai)

기후[147]

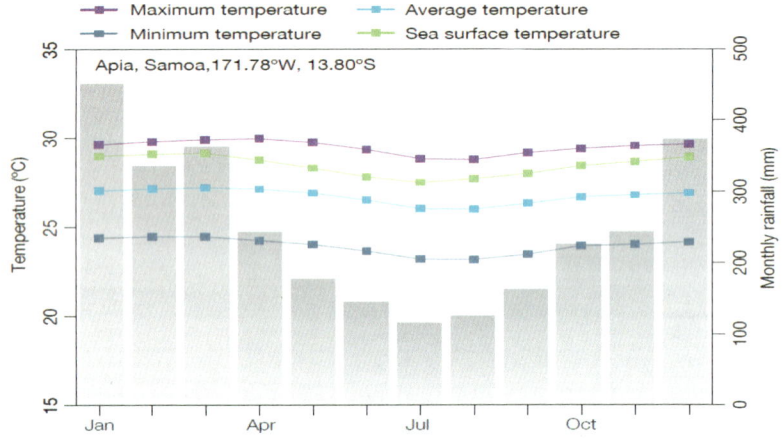
아피아의 평균 기온 및 강우량(출처: Australian Government)

---

147) Australian Government, 2013. Current and future climate of Samoa, Pacific Climate Change Science Program, International Climate Change Adaptation Initiative. Samoa Meteorology Division/Ministry of Natural Resources and Environment, Australian Bureau of Meteorology, Commonwealth Scientific and Industrial Research Organisation(CSIRO). http://www.pacificclimatechangescience.org/wp-content/uploads/2013/06/3_PCCSP_Samoa_8pp.pdf

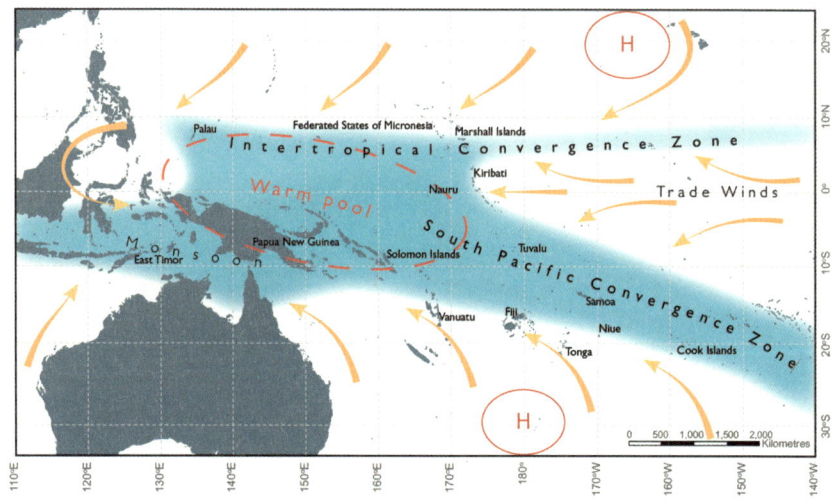

사모아 및 주변지역의 강우 집중지역(출처: Australian Government)

적도 바로 아래 위치한 사모아는 열대성기후를 띤다. 보통 11월부터 4월까지는 우기, 5월부터 10월까지는 건기로 구분한다. 또한 사모아의 기온은 섬을 둘러싸고 있는 해수온도의 영향을 받아서 변화가 크지 않고 비교적 일정한 편이다. 한 해 중 남동쪽의 무역풍이 강하게 부는 7월이 가장 선선하고, 3월이 가장 덥다.

11월부터 4월까지 지속되는 우기 시 북동계절풍과 남동계절풍이 수렴하는 남태평양 수렴대(South Pacific Convergence Zone)가 형성된다. 이로 인해 사모아 근해에 높은 표층수온의 고수온해역(warm pool)이 만들어지면서 관련 지역에 강우가 집중된다.

사모아 역시 대부분의 태평양도서국들과 마찬가지로 지구온난화의 영향으로 엘니뇨와 라니냐를 자주 겪고 있다. 엘니뇨로 인해 평소보다 더 따뜻하고 습해지는 추세가 갈수록 강해지고 있다. 또한 라니냐 현상으로 인해 점점 우기가 지연되면서 주변 도서국인 나우루에서는 평소보다 더 오랜 기간 동안 건조한 날씨가 지속되어 긴 가뭄을 유발하기도 한다. 특히 엘니뇨 남방진동으로 인한 가뭄과 홍수는 사모아인들의 사회경제적 활동에 큰 영향을 주고 있다. 사이클론이라는 열대 태풍과 강한 라니냐 현상과 결합된 홍수는 아피아 지역에 큰 피해를 입히기도

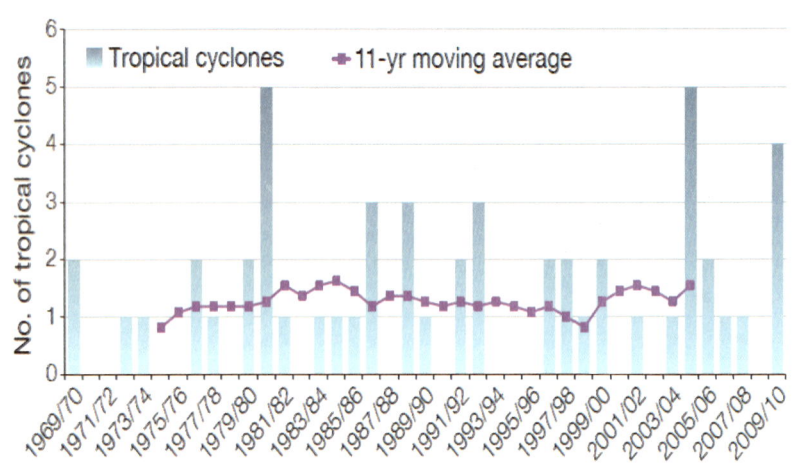

1969~2010년 400km 이내의 범위에서 아피아 지역을 통과한 사이클론(출처: Australian Government)

했다. 특히 2008년과 2011년의 홍수는 아피아의 인프라 시설과 수도 시설을 심각하게 파손시켜 수많은 사람을 고통에 빠뜨렸다.

사이클론은 주로 11월에서 4월 사이에 사모아를 통과한다. 1969년부터 2010년까지 약 41년의 주기를 살펴보면, 52개의 열대 사이클론이 400km 이내의 범위에서 아피아 지역을 통과했다. 이는 매년 우기 때마다 평균적으로 하나의 사이클론이 통과했음을 의미한다. 특히 엘니뇨로 인해 사이클론이 빈번하게 발생하여 사모아 지역을 통과하는 경향을 보이고 있다.

또한 사모아 북서쪽은 가뭄으로 인한 피해를 입고 있는데, 건조한 기후가 지속되면서 산림 화재 피해를 입기도 했다. 특히 1982~1983년, 2001~2002년, 2002~2003년의 건기 때에는 아사우(Asau) 지역에서 큰 산림 화재가 발생한 바 있다.

1950년 이후 지구온난화로 인하여 사모아의 최저기온과 최고기온이 점점 증가하는 추세를 보이고 있다. 아피아에서는 최고기온이 매 10년간 0.22℃ 증가했으며, 해수면 역시 증가하고 있다. 위성 데이터에 의하면 1993년 이래로 사모아의 해수면은 매년 4mm 상승해 온 것으로 보인다. 또한 지구온난화로 해양산성화가 진행되면서 관련된 복합적 영향으로 인해 사모아 바다에 형성된 산호초 밀집지역이 점점 사라지고 있다. 해양 산성화는 바다가 대기 중에 머물러 있는 과잉 이산화탄소를 흡수하면서 형성된다. 과학자들은 해양산성화가 산호초의 골격 형성을 둔화시킨다면서 이 같은 현상을 사람의 '골다공증(osteoporosis)'에 비유하기도 한다. 이러한 현상은 사모아의 특유의 현상이 아니라 적도 부근 열대도서지역에 널리 나타나는 현상으로 본다.

생물다양성[148)149)150)151)152)153)154)155)156)]

사모아에는 다양한 생물이 서식하고 있는데, 고립된 지정학적 위치로 인해 천적이나 외래종의 유입 없이 오랜 기간 동안 다양한 종이 진화해 왔다. 사모아는 1994년 2월 생물다양성협약(Convention on Biological Diversity)을 비준했다.

- 지상 식물군(Terrestrial Flora)
  사모아에는 500여 종의 토착 현화 식물(flowering plant), 220종의 양치식물들이 서식하고 있으며, 폴리네시아 지역에서 가장 다양한 식물 생태계를 자랑하고 있다.

---

148) Convention on Biological Diversity - Samoa's 4th National Report 2009. http://www.cbd.int/doc/world/ws/ws-nr-04-en.pdf
149) Skelton, P.A. and South, G.R. 1999. A preliminary checklist of the benthic marine algae of the Samoan Archipelago. University of the South Pacific Marine Studies Programme Technical Report 99/1:1-30
150) Jordan, D.S. and Seale, A. 1906. The Fishes of Samoa. Description of the species found in the archipelago, with a provisional checklist of the fishes of the Oceania. Bulletin of the US Bureau of Fisheries 25:173-488
151) Wass, R.C. 1984. An annotated checklist of the fishes of Samoa. NOAA Technical Report SSRF—781. Department of Commerce, USA
152) Whistler, A. 1992. National Biodiversity Review of Western Samoa. Report for SPREP, Apia, Western Samoa
153) Schuster, Cedric. 2013. Samoa's Biodiversity Strategy and Action Plan. Division of Environment and Conservation of the Department of Lands, Surveys and Environment. GEF/UNDP. Government of Samoa. https://www.cbd.int/doc/world/ws/ws-nbsap-01-en.pdf
154) Samoa Government. Samoa's National Biodiversity Strategy and Action Plan 2015-2020. Ministry of Natural Resources and Environment. Convention on Biological Diversity
155) Samoa Government. Samoa's 5th National Report 2014 to the Convention on Biological Diversity. Ministry of Natural Resources and Environment. Convention on Biological Diversity. https://www.cbd.int/doc/world/ws/ws-nr-05-en.pdf
156) Pearsall, S.H. and Whistler, W.H. 1991. Terrestrial Ecosystem Mapping for Western Samoa: Summary. Project Report and Proposed National Parks and Reserves Plan. Government of Western Samoa. South Pacific Regional Environment Programme (SPREP): East-West Center, Environment and Policy Institute. http://www.botany.hawaii.edu/basch/uhnpscesu/pdfs/sam/Pearsall1991WS.pdf

Emoia Samoensis(출처: Wikipedia)

- 육지 동물군(Terrestrial Fauna)

사모아에는 총 13종의 지상 포유류(Terrestrial mammals)가 서식하고 있으며 이 중 3종은 토착종(Natives)이다[157]. 대륙성 조류(Land bird)는 8종의 고유종(endemic species)과 5종의 아종(sub-species)을 포함해 모두 44종이 존재하고 있다. 바닷새(seabirds)는 총 21종이 있으며, 몇몇 섭금류(wading birds) 종과 새로운 종들이 최근 사모아에 정착 거주하고 있다. 파충류(reptiles)는 15종이 있다. 이 중 14종은 도마뱀(lizards)이고 1종은 뱀(snake)이다(Pacific boa, *Candoia bibroni*). 도마뱀 중 사모아 도마뱀(Samoan skink, *Emoia samoensis*)만 고유종이다.

곤충은 총 59종이 있으며, 12종이 고유종이다. 하지만 사모아 내에서 79종의 곤충이 서식하고 있다는 연구 결과[158]도 있는데, 그만큼 사모아의 곤충 생태계는 다양하게 구성되어 있는 것으로 보인다. 사모아 종다양성 보고서(4차)에 의하면, 달팽이(land snails)는 64종이 서식하고 있는 것으로 알려졌으며, 나비(butterflies)는 28종, 나방(moths)은 대략 170종이 서식하고 있는 것으로 보고되었다.

---

157) 3종의 사모아 토착종은 여우박쥐의 종류인 *Pteropuss samoensis*와 *P. tonganus*, 그리고 깍지꼬리박쥐의 종류인 *Emballonura semicaudata*이다.
158) Kami, Karin and Miller, Scott E. 1988. Samoan insects and related arthropods: Checklist and Bibliography. *Bishop Museum Technical Report* 13: V+121. http:// pds.bishopmuseum.org/pdf/samoan-insects.pdf

사모아에서 서식하고 있는 혹등고래(출처: http://sanctuaries.noaa.gov/sos2006/images/fb_humpbackwhale.jpg)

- 담수생물다양성(Freshwater biodiversity)

  사모아의 담수 생물다양성은 젠킨스(Aaron P. Jenkins)에 의해 연구[159]가 이루어지기까지 체계적인 연구는 거의 없었다. 젠킨스의 보고서에 따르면, 총 30종의 민물고기와 17종의 거대갑각류(macro-crustaceans)가 서식하고 있다. 이 중 3종의 민물고기와 8종의 갑각류가 사모아에서 새로 발견된 종이었다. 최소 6종 이상의 민물고기와 1개의 갑각류가 사모아에서 서식하는 고유종으로 여겨지지만 관련 연구가 더 필요할 것으로 보고하였다.

- 해양 생물다양성(Marine biodiversity)

  사모아의 해양 생물다양성은 담수 생물다양성에 비해 많은 연구가 진행된 바 있다. 조류(algae)는 198분류군으로 나누어져 있고, 287종이 있다. 산호초들은

---

159) Jenkins, Aaron P., Keith, Philippe, Marquet, Gerald, Mailautoka and Koto, Kini. 2008. *A Preliminary Survey of Samoan Freshwater Macro-faunal Biodiversity*. Wetlands International. p. 32

14과(科)에 최소 45종이 존재하는 것으로 알려졌다. 사모아의 바다에는 혹등고래(humpback whale) *Megaptera novaeangliae*, 향유고래(sperm whale) *Pyseter macrocephalus*, 밍크고래(minke Whale) *Balaenoptera sp*, 쇠향고래(dwarf sperm whale) *Kogia sima*와 확인되지 않은 부리고래(beaked whale) 등 총 5종의 해양 포유류가 있으며, 사모아는 혹등고래의 서식지로 알려져 있다. 또 사모아 바다에는 들쇠고래(short-finned pilot whale, *Globicephala macrorhynchus*), 고양이고래(melon-headed whale, *Peponocephalus electra*), 흑범고래(false killer whale, *Pseudorca crassidens*), 큰돌고래(bottlenose dolphin, *Tursiops truncates*), 뱀머리돌고래(rough-toothed dolphin, *Steno bredanensis*)와 긴부리돌고래(spinner dolphin, *Stenella longirostris*) 등 총 6종의 돌고래도 보고된 바 있다.

바다 파충류로는 3종의 거북이, 즉, 바다거북(green turtle, *Chelonia mydas*), 대모거북(hawksbill turtle, *Eretmochelys imbricate*), 장수거북(leatherback turtle, *Dermochelys coriacea*) 등이 있다. 거북이 모두 사모아 밖에서 서식하고 있으며, 일부 대모거북만 사바이 섬에 서식한다. 한편 사모아의 어류 동물군(fish fauna)은 세계에서 매우 풍부하다고 보고된 바 있다. 사모아 군도에서 진행된 포괄적인 조사에 의하면 총 991종의 어류가 발견되었다. 이 가운데 890종이 연안이나 산호초에서, 56종이 심해에서, 그리고 45종이 원양에서 발견되었다.

- 육지생태계(Terrestrial Ecosystems)

사모아 군도의 높은 고도와 다양한 지형들은 미세한 기후 차이를 보이고 있다. 이로 인해 사모아 내 식물 생태계는 다양성을 유지할 수 있었다. 사모아의 식물군을 연안지역 식물(littoral vegetation), 습지 식물(wetland vegetation), 열대우림(rainforest), 화산 관목(volcanic scrub), 비자연적 식물상(disturbed vegetation) 총 다섯 가지 유형으로 분류한 바 있다.

사모아 정부가 작성한 생물다양성협약 보고서에서는 희귀성과 위협성을 기초로 전 세계적으로 보호해야 할 12개의 식물생태계를 분류하였다.

	분류(영문)	분류(국문)
1	Coastal rainforest	연안열대우림
2	Metrosideros montane rainforest	Metrosideros 열대우림
3	Cyathea Disclimax montane rainforest	Cyathea Disclimax 산열대우림
4	Montane rainforest	산 열대우림
5	Cyathea Disclimax lowland rainforest	Cyathea Disclimax 저지 열대우림
6	Lowland rainforest	저지 열대우림
7	Cloud forest	구름산림
8	Mixed upland species swamp forest	혼합고지종 습지산림
9	Ridge rain forest	능선열대우림
10	Pandanus turritus swamp forest	팬다누스습지산림
11	Mixed lowland species swamp forest	혼합저지종 습지산림
12	Herbaceous marsh	습지

사모아의 생물다양성 리스트

생물종 그룹	고유종 (endemics)	토착종 (native)	외래종 (introduced)	멸종위험종 (threatened)	합계 (total)
현화식물(flowering plants)	156	app. 500	app. 500	app. 136	app. 1000
양치류(ferns)	-	-	app. 500	-	220
육지조류(land birds)	15*	33	3	14	55
바다조류(sea birds)	-	-	3	N/A	21
파충류(reptiles)	1	4	-	4	14
개미(ants)	12	-	11	N/A	59
달팽이(snails)	-	64	N/A	-	64
나비(butterflies)	3	20	4	1	28
나방(moths)		170			170
담수동물(fish)	-	89	-	-	89
담수갑각류(crustacean)		22			22
산호(corals)	45	-	4	-	N/A
해양척추생물(vertebrates)	-	-	-	4	8
해양무척추(invertebrates)	-	-	-	14	95
수산생물(fisheries)	N/A	890	2	-	991
고래(whales)					5
돌고래(dolphines)					6

사모아정부자료(NBSAP, National Biodiversity Strategy and Action Plan)

그리고 이러한 생태계를 보호하기 위한 우선순위 지역도 아래와 같이 도출한 바 있다.

Grade 1 지역 : Uafato-Tiavea Coastal forest
　　　　　　　Saanapu-Sataoa Coastal Wetland (Mangrove Forest)
　　　　　　　Aleipata Islands
　　　　　　　Aopo-Letui-Sasina Coastal Forest
　　　　　　　Vaoto Lowland Forest
Grade 2 지역 : Apolima-Fou Coastal Wetland
　　　　　　　Saleapaga-Lalomanu Coastal Forest
　　　　　　　Vaiee-Tafitoala Peninsula
　　　　　　　Vaipu Swamp Forest
　　　　　　　Taga-Lata-Salailua Lowland Forest
　　　　　　　Siuvao Point
　　　　　　　Mulinuu-Tufutafoe.

사모아 Lalomann 마을 연안 산호초(출처 : KIOST)

03
사모아의 정치체계

정치 · 행정구조 [160)161)162)163)164)165)166)]

사모아의 정치환경은 의회제 민주주의(parliamentary representative democratic) 국가라고 할 수 있다. 총리(prime minister)가 사모아정부의 수장 역할을 한다. 그러나 사모아는 이러한 서구적 시스템 외에도 전통적 시스템을 병행 적용하고 있다. 즉, 사모아는 파마타이 시스템(fa'amatai, 족장제)을 사회정치적 요소에 포함하고 있는데, 이는 사모아의 정치환경 시스템의 중심에 있는 시스템이라고 할 수 있다.

사모아는 1962년 독립한 후부터는 마타이(matai, 족장)들만 의회의원으로 선출될 수 있었다. 1990년도에 투표 시스템이 보통선거권(universal suffrage)으로 변경되었다. 그럼에도 불구하고 선거에 참여하기 위한 권한은 마타이 직위를 보유한 사람으로 제한되었다.

---

160) Te'o Tuvale. 1918. An Account of Samoan History up to 1918. Tumua and Pule – Construction and Significance in the Political History of Samoa. NZ Electronic Text Centre. http://nzetc.victoria.ac.nz/tm/scholarly/tei-TuvAcco-t1-body1-d54.html
161) Wikipedia. Samoa. https://en.wikipedia.org/wiki/Samoa
162) Wikipedia. Politics of Samoa. https://en.wikipedia.org/wiki/Politics_of_Samoa
163) Wikipedia. Fa'amatai. https://en.wikipedia.org/wiki/Fa%27amatai
164) Wikipedia. O le Ao o le Malo. https://en.wikipedia.org/wiki/O_le_Ao_o_le_Malo
165) 족장과 마찬가지로 사모아의 대가족 가구의 가장이 지니는 직위이다. 사모아의 툴라팔레(tulafale, 연사)의 영어표현으로서 웅변이 사모아의 사회, 정치, 의례 생활에서 차지하는 중요성을 잘 나타낸다. 일반적인 연사의 개념과는 달리 이 직위가 의미하는 범위는 훨씬 더 광범위하다
166) Wikipedia. Tufuga Efi. https://en.wikipedia.org/wiki/Tufuga_Efi

입법부는 포노(Fono Aoao Faitulafono, 줄여서 fono)라고 불리는 단원제 국회로 임기가 5년인 50명 의원으로 구성되며 47명은 지역 선거구에서 선출(e.g., matai)되고, 나머지 2명은 사모아 혈통의 비사모아인으로 선출된다. 나머지 1명은 2016년에 추가되었는데, 기회는 여성에게 주어진다. 지역마을 차원에서는 국가의 상당수 공무 및 형사상의 문제는 360개의 마을 족장위원회(Fono o Matai)에서 전통법에 따라 다루어진다. 이러한 시스템은 1990년 Village Fono법이 제정되면서 더욱 강한 시스템으로 남았다.

사바이와 우폴루의 전통정부체계: 투무아와 풀레

1860년 이전의 사모아는 중앙정부가 없었으며, 파마타이(fa'amatai)라는 고유한 족장제 정치 시스템을 갖추고 있었다. 이는 방식이라는 뜻의 파(fa'a)와 족장이라는 뜻의 마타이(matai)가 혼합된 단어로 '족장의 방식'이라는 의미로 해석될 수 있다. 단어의 의미에서 유추해볼 수 있듯이, 사모아의 공동체들은 족장(matai)에 의해 자치적으로 운영되어왔다. 사모아에서 족장의 영향력은 국토 전역에 걸쳐서 발휘되었다기보다는 본인들의 이해관계가 서로 얽힌 관계에 국한되었다고 할 수 있다. 수뇌족장(paramount chief)의 직위를 가진 자가 사모아 내에서 널리 인정받으며 그 영향력을 발휘하였다.

한편 사모아에서는 투무아(tumua)와 풀레(pule)라는 기구가 존재한다. 풀레는 사바이 섬에서 영향력을 미치는 권력 기구를, 투무아는 우폴루 섬에서 영향력있는 권력 기구를 뜻한다. 투무아와 풀레는 사모아 내에 존재하는 수많은 직위와 같이 특정인에게 부여되는 직위는 아니었지만, 때때로 개인 혹은 특정 부족을 통해서 권한이 위임되고 행사되었다.

사바이의 풀레는 다음과 같은 지역에 부여되었다.

- 파살레레아가(Faasaleleaga) 구의 사포툴라파이(Safotulafai)
- 가가에마우가(Gaga'emauga) 구의 살레아울라(Saleaula)
- 가가이포마우가(Gagaifomauga) 구의 사포투(Safotu)
- 바이시가노(Vaisigano) 구의 아사우(Asau)
- 사투파이테아(Satupaitea) 구의 사투파이테아(Satupaitea)
- 팔라울리(Palauli) 구의 팔라울리(Palauli)

또한 우폴루의 투무아는 다음과 같은 지역에 위치했다.

- 아나(Aana) 구의 레울루모에가(Leulumoega)
- 투아마사가(Tuamasaga) 구의 아페가(Afega)와 말리에(Malie)
- 아투아(Atua) 구의 루피루피(Lufilufi)
- 바오포노티(Vaa-o-fonoti) 구는 팔레아푸나(Faleapuna)를 포함
- 아이가이레타이(Aiga-i-le-tai)는 물리파누아(Mulifanua), 마노노(Manono), 아폴리마(Apolima)를 포함

파갈로아(Fagaloa)는 자체적인 통치 시스템을 구축하고 있기 때문에 배제되었다. 말리에토아의 정치 고문으로서 출범한 투무아와 풀레는 사모아인들에게 권위 있는 기관으로 비춰졌으며, 사모아 내에서 큰 정치적인 영향력을 발휘하였다.

투무아와 풀레의 기원

투무아의 뜻은 '일어서다(stand)' 혹은 '먼저 말하다(speak first)'이다. 전설에 의하면 최초로 투무아 시스템을 구축한 사람은 최초의 말리에토아(Malietoa) 직위를 보유하였던 말리에토아 사베아(Malietoa Savea)였다. 사모아를 통치하던 통가인들이 사모아인들에 의해 축출되면서, 독립전쟁에 관여했던 사베아는 말리에토아 직위에 등극했다. 당시 사모아는 정부 혹은 통치기구라고 불릴 만한 조직이 갖춰지지 않아서 말리에토아의 말이 곧 법으로 받아들여지던 시대였다. 이때 사바이 섬으로부터 두 명의 연설족장, 파타(Fata)와 마울로로(Maulolo)가 여동생 루아팔라사가(Luafalaasaga)와 함께 투푸(Tufu) 강의 홍수로 인해 쓸려 내려간 동생 바푸투(Vaafutu)를 찾기 위해 우폴루 섬에 도착한다. 말리에토아가 살고 있는 마을 팔레울라(Faleula)에 당도했을 때, 그들은 말리에토아 사베아와 그가 가지고 있는 막대한 양의 식량과 종들에 대해 듣게 된다. 오빠들은 말리에토아 사베아가 사실 식인종이라는 말을 엿듣고 두려움을 느낀 나머지, 여동생은 아름다워서 보자마자 먹지는 않고 아내를 삼을 것이라고 생각하여 말리에토아에게 시집을 보내기로 한 뒤 마을 근처의 쓰레기 더미에 몸을 숨겨 지냈다. 오빠들의 예상대로 루아팔라사가는 말리에토아의 신부가 되었고, 매일 남은 음식을 오빠들이 살고 있는 쓰레기 더미에 던져 주었다. 이를 이상하게 여긴 사베아는 루아팔라사가에게 '왜 남은 음식을 시종들에게 주지 않고 버리느냐'고 다그쳤다. 이에 루아팔라사가는 사실을 털어놓았고, 두 형제는 사바에가 우폴루 섬의 침입자들을 죽일 것이라고 생각했다. 그러나 사베아는 그 둘에게 '나에게는 정치를 도울 고문관이 없다. 나는 당신들을 고문관으로 삼아 함께 정부를 만들 것이다'라는 제안을 했다. 그리고 말리에토아 사베아는 그 둘을 투무아(Tumua)로 임명하였으며, 그들은 아페가(Afega)에 머무르며 말리에토아를 도왔다. 그 후 사베아는 자신의 큰 형 레알알리(Lealali)를 아나 구역의 투무아로 임명했고, 레알알리는 레울루모에가 (Leulumoega, 당시에는 Malaeolevavau라고 불렸다)에 머무르며 투무아 직을 수행했다.

말리에토아 나나가(Nanaaga)는 사바이 섬의 살레아울라(Saleaula)와 사포툴라파이(Safotulafai)에 풀레 (투무아와 비슷한 기능을 담당함)를 임명했다. 이 두 마을은 당시 파살레레아가(Faasaleleaga), 이투오타네 (itu-o-tane), 이투오파피네(itu-o-fafine) 등 3개의 구역으로 나누어진 사바이 전체를 관할하였다. 사포툴라파이는 이투오파피네와 파살레레아가를, 살레아울라는 이투오타네를 각각 관할하였다. 이후에 풀레는 사바이 내 몇몇 지역으로 확대 운영되었다.

포노(Fono)

한편 포노(Fono)는 족장이나 연설족장의 직위를 보유한 족장들의 조직체이다. 포노는 항상 각각의 직위마다 지정된 자리가 있는 원형집을 통해 활동한다. 이 조직체 내에서는 각 직위의 보유자들에게는 특정한 의식적 단어나 구절을 사용해서 말해야 한다. 포노에서 앉는 위치는 입구를 기준으로 오른쪽에는 대족장(수뇌족장)과 그를 보좌하는 족장들이 앉으며, 앞쪽에는 연설, 손님맞이, 선물 준비, 음식 분배, 카바 의식을 진행하는 연설족장이 앉는다. 뒤쪽의 기둥 앞에는 낮은 직위의 족장(matai)들이 착석하는게 원칙이다.

근대 사모아 정치

독립 후 사모아는 헌법에 따라 의회제 민주주의 국가[167]로서 그 성격을 분명히 하고 있다. 그러나 이와 같은 서구식의 의회민주주의는 족장 중심의 전통적 통치방식과 융합되어 사모아 고유의 특색을 띠고 있다. 가령, 독립헌법의 서문은 '기독교 정신과 사모아의 관습 및 전통(Christian principles and Samoan custom and tradition)'을 국정의 기본원리로 선언하고 있다. 이에 따라 모든 정치 메커니즘은 관습과 전통을 반영한다는 맥락에서 운영되어 왔다. 이러한 관습과 전통은 족장제(파마타이)를 의미하는 것으로도 해석되어, 오늘날 사모아에서의 족장들의 권리는 축소되지 않고 거의 모든 정치사회적 및 경제적 영역에서 큰 영향력을 미치고 있다.

파마타이의 제도적 구현은 선거제도를 통해 가장 잘 살펴볼 수 있다. 독립헌법에서는 '의원은 선거인 명부에 등재된 자'에 의해 선출되며, '모든 사모아 국민이 총선에 입후보할 수 있다'고 규정했지만, 선거권 부여 및 입후보자 자격 등에 관한 구체적인 사항은 '법률에 따라 정한다'라고 명시했다. 하지만 족장들의 영향력을 반영한 1963년 선거법(Electoral Act)이 등장하게 된다. 이 선거법에 의하면 '족장의 지위를 가진 자만이 총선에 입후보할 수 있고', 투표권 역시 족장 혹은 일정 조건을 충족하는 족장의 가족(배우자, 조부모, 부모, 형제)에게 제한된다고 못 박았다.[168] 본래 사모아를 신탁통치하던 뉴질랜드 정부나 사모아의

---

167) 21세기 정치학대사전에 의하면 '의회제 민주주의(parliamentary democracy, 議會制民主主義)'란 국민이 직접 선출한 대표자가 조직한 국회를 국가의사의 최고결정기관으로 하고 이것에 의해 간접적으로 국민의 의사를 국가의 의사결정에 반영시키는 민주주의의 형태를 말한다
168) Samoa Government, Samoa Electoral Act 1963, http://www.oec.gov.ws/images/stories/Uploads/ElectoralAct1963.pdf

진보적 족장들은 사모아에서 보통선거제를 헌법으로 보장하기 위해 노력해 왔지만, 사모아의 전통인 '족장제(파마타이)'에 집착한 대다수 사모아인의 절대적 지지에 힘입어 족장에게는 배타적으로 투표권과 입후보권을 부여한 제한적 선거제가 도입되었다.[169]

또한 의회정치의 메커니즘에도 족장제의 영향력이 반영되어, 의회 내 정책결정이 최고수뇌족장의 직위를 보유한 총리의 견해를 무조건적으로 수용함으로써 '위계' 질서에 의한 합의 방식이 의회에서 재현되었다. 이와 같은 의회정치가 지속된 1970년대에 이르기까지 사모아에서 정당이 출현하지 않았지만, 1976년 총선으로 출범한 의회의 첫 회기에서 타마 아 아이가(최고수뇌족장)가 아닌 투푸가 에피(Tufuga Efi)가 총리로 선출되는 전대미문의 정치적 사건이 발생하면서 정당정치의 지평이 열렸다. 투푸가 에피의 정치적 정당성을 부인했던 전통 고수자들은 그에게 대항하는 세력으로 결집하기 시작했고, 투푸가 에피가 1979년 선거를 통해 재집권에 성공하자 사모아 최초의 정당인 인권보호당(HRPP)을 결성했다. 인권보호당의 결성으로 의회 내 족장들의 경쟁구도가 제도화되기 시작하여 투푸가 에피의 기독민주당(Christian Democratic Party)과 사모아 진보당(Samoa Progressive Political Party), 사모아 민주 통합당(Samoan Democratic United Party) 등 여타 정당이 연속적으로 출현했다.

한편 의회제 민주주의를 표방하는 사모아는 여왕이 통치하는 영국과 마찬가지로 명목상의 권한을 가지는 국가원수(「왕」, 「대통령」)를 따로 두고 있다. 독립 당시 2명의 수뇌족장(Paramount chief)이 종신으로 국가원수인 O le Ao o le Malo[170] 직에 선정되었다. 하지만 초대 국가원수 말리에토아 타누마필리(Malietoa Tanumafili) 2세가 2007년 서거 한 뒤부터는 임기가 5년으로 단축된 바 있다.[171] 또 혈통으로 왕위를 계승하는 영국에 비해 사모아는 의회투표를 통해 O le Ao o le Malo를 선출한다. 국정운영에서 실질적인 권한을 지니는 총리는 12명의 각료와 함께 국정을 운영한다. 총리는 의회에서 선출되고, 국가원수가 형식적으로 임명한다.

---

169) 사모아의 국민들이 투표에 참여할 수 있게 된 것은 비교적 최근의 일인데, 1990년 10월 국민투표에 의하여 21세 이상의 모든 국민이 피선거권을 보유하게 되었다
170) Wikipedia. O le Ao o le Malo. https://en.wikipedia.org/wiki/O_le_Ao_o_le_Malo
171) 전임이었던 말리에토아 타누마필리(Malietoa Tanumafili) 2세는 종신이었으며, 국가원수 투푸가 에피(Tupuga Efi)는 2007년 6월 16일 사모아 의회에서 만장일치로 선출된 바 있다

O le Ao o le Malo(국가원수)(「왕」, 「대통령」)

사모아어로 정부의 수령 또는 지휘관(Chieftain of the Government)이라는 뜻으로 아오(ao)는 마타이(matai, chief, 족장) 또는 족장(chief)들에게만 주어지는 제한된 직위이다. 말로(malo)는 정부(government)라는 뜻으로 O le Ao o le Malo는 국가의 수장(head of state)을 뜻한다. 이 직위는 1960년에 만들어진 사모아 헌법「Part Ⅲ」에 명시되어 있다. 헌법이 만들어질 때에는 향후 국가의 원수는 4명의 타마 아 아이가(Tama-a-Aiga) "왕립" 최고족장("royal" paramount chiefs) 중에서 선출될 것이라고 기대했다. 그러나 이것은 헌법에 의해서 요구되는 것은 아니기 때문에 영국과 같은 입헌군주국이 아니라 사모아는 공화국이라고 할 수 있다. 정부의 대변인은 O le Ao o le Malo 직위를 의식상 대통령(ceremonial president)이라고 했다. 현재 O le Ao o le Malo는 투이 아투아 투푸아 타마세세 투푸올라 투푸가 에피(Tui Atua Tupua Tamasese Tupuola Tufuga Efi)이다. 2012년에 재선되었으며 임기는 5년이다. 그러나 최고수뇌족장 중에서 선출되기 때문에 사모아인들에게는 「왕」과 같은 존재라고 할 수 있다.

1962년 사모아가 독립할 시기 4명의 최고족장(paramount chiefs/Tama a Aiga) 중 2명은 말리에토아 타누마필리(Malietoa Tanumafili)와 투푸아 타마세세 메아올레(Tupua Tamasese Mea'ole) 였으며 이들은 1960년 헌법에 따라 공동으로 무기적으로 이 직위에 선출되었는데 2개의 가장 강력한 부족인 말리에토아(Malietoa)와 투푸아(Tupua)를 대표했다. 둘은 공동으로 O Ao o le Malo라고 불렸으며 개별적으로는 O le Ao o le Malo라고 불렸다. 투푸아 타마세세 메아올레가 1963년에 사망하면서 말리에토아 타누마필리가 2007년 94세로 사망하기까지 그 직위를 유지했다. 투푸아 타마세세 메아올레의 장남이기도 한, 투이 아투아 투푸아 타마세세 투푸올라 투푸가 에피가 이미 총리직을 두 번이나 수행했고, 2007년에 사모아 입법회의(Samoan Legislative Assembly, fono)에 의해서 5년 임기로 제3대 O le Ao o le Malo로 선출되었으며 2012년에 연임 선출되었다.

O le Ao o le Malo로 선출되기 위한 헌법상의 자격조건은 의회의 위원으로 선출될 자격을 보유하고, 국회입법부(fono) 내에서 결정할 수 있을 수준의 자격이 있어야 하며, 부정 행실 또는 질환 등의 이유로 직위에서 해임된 경험이 없어야 한다는 것이다. O le Ao o le Malo는 국회입법부(fono)가 선출하여 5년간의 임기를 수행하게 되며 연임에는 제한이 없다. 묵시적으로 이 직위는 말리에토아 부족과 투푸아 부족이 돌아가면서 수행하는 것으로 인식되고 있다. 직위해임은 사임, 부정부패 또는 심리적/건강상의 문제로 인해 국회입법부(fono)의 결정에 따른 해임, 국회입법부(fono)에서 2/3의 투표로 해임, 사망 등이다.

O le Ao o le Malo의 임무와 권한은 의식적 대통령으로서 실질적 권한은 총리가 보유하고 있다. 총리가 국회입법부(fono)의 추천에 따라 O le Ao o le Malo를 지명하게 된다. O le Ao o le Malo는 정부 내에서 영향력은 행사하지 못하지만 가장 큰 권한은 국회입법부(fono)를 해체할 수 있으며 의회에서 만드는 모든 법률은 O le Ao o le Malo의 승인이 있어야 한다. 또한 필요시 사면(pardons)을 내릴 수도 있다.

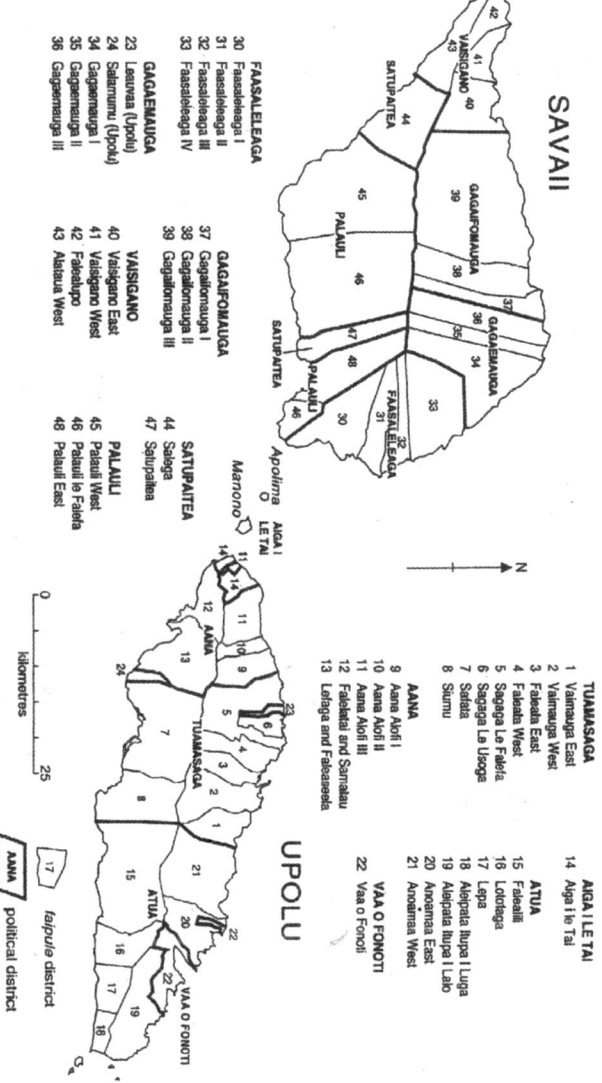

사모아 선거구[172](출처: http://psephos.adam-carr.net/countries/s/samoa/wsmp111.jpg)

---

[172] Wikipedia, Samoa constituency borders, https://commons.wikimedia.org/wiki/File:Samoa_Constituency_borders_(labelled_en).png

사법체계는 영국 관습법(English common law)과 전통관습을 바탕으로 구축되었다. 사모아 대법원(supreme court)은 사모아의 최고사법기관이며 항소법원(court of appeal)은 대법원으로부터 전달된 사건들에 대한 관할권을 지닌다. 대법원 아래에는 지방 법원(district courts)이 존재한다. 대법원장은 총리의 추천을 받아 국가원수(O le Ao o le Malo)가 임명한다.

한편 사모아 사법부에는 다른 지역에서는 찾아보기 힘든 특이한 법원이 있다. 바로 토지 및 직위 법원(Lands and Titles Court)이 그것이다. 이 법원은 사모아에서 중요한 위치를 차지하는 법원 중 하나이다. 토지소유권 법원은 1962년 헌법에 의해 마을의 토지 및 족장들 사이에서 발생하는 분쟁, 직위에 대한 문제를 전문적으로 다루는 기관으로 출범했다. 1901년 독일 식민지 시절에 설립된 원주민토지및직위법원(Native Lands and Titles Court)에서 유래되었다. 이 법원은 분쟁들을 성공적으로 해결하지 못할 수도 있지만 적어도 부족 내에서 발생한 분쟁을 법원 내 분쟁해결 시스템으로 처리하려 했다는 점에서 의의를 지닌다. 2개의 언어를 구사할 수 있는 고위 직위(title)를 지닌 자가 토지 및 직위 법원의 구성원이 될 수 있다. 그는 지역 역사와 문화 그리고 전통을 잘 알고 있어야 한다.

사모아의 행정구역은 총 11개로서, 우폴루 섬의(작은 섬들까지 포함하여) 행정구역으로는 투아마사가(Tuamasaga), 아나(A'ana), 아이가이레타이(Aiga-i-le-Tai), 아투아(Atua), 바오포노티(Va'a-o-Fonoti)가 있고, 사바이 섬의 행정구역으로는 파살렐레아가(Fa'asaleleaga), 가가에마우가(Gaga'emauga),[173] 가가이포마우가(Gaga'ifomauga), 바이시가노(Vaisigano), 사투파이테아(Satupa'itea), 팔라울리(Palauli)가 있다.

---

173) 가가에마우가는 우폴루 섬의 일부에도 존재한다

타파(Tapa) 옷을 입은 '마타이'라고 불리우는 족장들(출처: Wikipedia)

사모아 족장 '마타이(Matai)'란?

사모아의 전통사회는 가족단위 중심으로 이루어졌다. 사모아에서 가족을 의미하는 단어인 아이가('aiga)는 혈연이나 인척관계, 그리고 입양관계를 포괄적으로 포함한 대가족의 개념을 의미한다. 그렇기 때문에 이들을 통솔하는 족장인 '마타이들은 전통적으로 자신이 속한 지역의 이익, 재산, 그리고 토지를 지키는 역할을 담당해 왔다. 사모아의 전통적 정치사회 질서는 족장(마타이)의 패권에 따라 구축되었다. 마타이는 혈연 등의 관계로 얽혀 있는 마을 내외에서 그 영향력을 발휘하였으며, 이들 마타이들의 협의체인 포노 오 마타이(fono o matai)는 촌락을 포함한 각 지역단위 혹은 부족 단위 정치체제의 최고 통치체제로 작용하였다. 특히, 「포노 오 마타이」의 기능은 1990년 Village Fono법에 의해 더욱 강화되었다.

사모아의 족장체제의 특이한 점은 마타이의 호칭이 특정 가계의 혈통으로 계승되지 않는다는 점이다. 족장은 사회의 기본구성 단위인 누(nu'u, 촌락)의 구성원들이 선출하였는데, 누의 구성원이라면 누구든 족장 지위를 획득할 수 있는 길이 열려 있다. 여성이 족장의 지위를 차지한 경우는 16세기 살라마시나가 4개 수뇌족장(Paramount Chief) 직을 모두 석권한 사례가 있다. 그러나, 이외에 여성족장은 찾아보기 힘들지만, 이를 계기로 적어도 사모아의 전통사회 내에 성적 평등 관념이 정착되어 있었던 것으로 보인다. 현재 사모아에는 2만 5천명 가량의 마타이가 있는 것으로 추정되며, 그 중 5%는 여성이다.

사모아의 행정구역

우폴루 섬	
Tuamasaga (투아마사가) 면적: 479㎢ 중심지: Afega 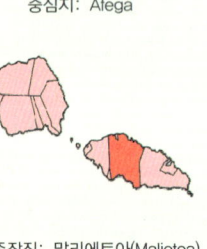 수뇌족장직: 말리에토아(Malietoa)	• 투아마사가 지역의 족장은 말리에토아(Malietoa)라는 칭호가 주어졌다. 말리에토아라는 칭호는 통가제국과 대항한 아티오기에(Atiogie)의 아들 사베아(Savea), 투나(Tuna), 파타(Fata)와 울루마수이(Ulumasui)의 용맹성을 높이 평가하여 탄생된 직위이다. 말리에(Malie)의 9명의 연설족장(senior orator)들이 말리에토아 족장을 선출할 때 핵심적인 역할을 하였다. • 투아마사가에는 사모아의 수도 아피아(Apia)가 자리 잡고 있다. 아피아는 사모아에 존재하는 유일한 도시이다. 국회는 아피아 서쪽의 물리누우(Mulinu'u)에 위치해 있으며, 사모아의 주요 항구는 아피아 북부의 마타우투(Matautu)에 위치한다.  사모아 국회의사당(출처: http://www.sprep.org/climate-change/samoas-climate-proofed-parliament)
A'ana (아나) 면적: 193㎢ 중심지: Leulumoega 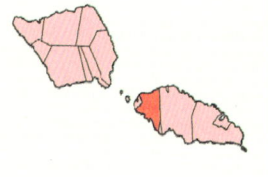	• 아나 지역에는 북부의 팔레아시우(Faleasiu)에서부터 남쪽의 마타우투(Matautu)를 포함한 약 18개의 마을이 속해 있다. 아나의 북부는 전통적으로 '이투 알로피('Itu Alofi, Assembly side라는 의미)'라 불렀다. 이는 북부 마을들이 사모아 역사에서 막강한 정치적 권력을 갖고 있었기 때문이다. 반대로 남쪽 지역은 이투 타파누아('Itu Tafanua, uncivilized side)라고 부른다. 특이하게도 사모아 우폴루 섬과 사바이 섬의 북부는 정치적 영향력이 컸다. 이는 대부분의 핵심 마을들이 북부지역에 위치해 있기 때문으로 보인다. 전통적으로 아나 지역의 주요 마을은 레울루모에가(Leulumoega)이며, 고대에는 이 지역에서 사모아 전체 회의를 주최하기도 했다. 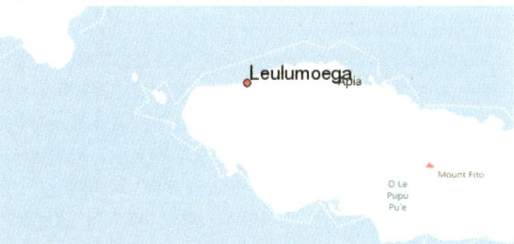 레울루모에가 위치(출처: http://www.weather-forecast.com/locations/Leulumoega/forecasts/latest)

우폴루 섬	
계속: A'ana (아나) 면적: 193 km² 중심지: Leulumoega 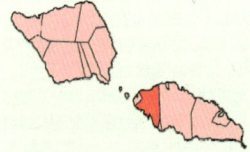 수뇌족장직: 투이 아나(Tui A'ana)	• 아나 지역의 수뇌족장(paramount chief) 직위는 투이 아나(Tui A'ana)라고 한다. 아나 지역의 연설족장들은 사모아에서 강한 영향력을 갖고 있었다. 아나 지역은 통가인들이 사모아 땅에서 떠난 뒤부터 강한 정치력을 발휘해 왔다. • 아나 지역의 정치력이 강화된 계기는 연설족장 투투일라(Tutuila)와 아뻬(Ape)[174]가 귀족 혈통의 타말렐라가이(Tamalelagai)를 납치하면서 부터였다. 예로부터 전해 내려오는 이야기에 의하면 타말렐라가이는 사람들로부터 전쟁의 여신이라 칭송받은 나파누아(Nafanua)로부터 투이 아나(Tui A'ana)라는 직위를 부여 받았다. 투이 아나의 후손들은 사모아의 고위 족장 직위를 보유하는데, 4개의 타마 아 아이가(Tama-a-aiga, 수뇌족장)[175] 직위는 투이 아나의 후손들로 부터 나왔다. 무엇보다 사모아 역사에 큰 족적을 남긴 족장은 살라마시나 (Salamasina)이다. 투이 아나의 딸인 살라마시나는 최초로 4개 수뇌족장 직인 투이 아나, 투이 아투아(Tui Atua), 가토아이텔레(Gatoaitele), 베타마소알리 (Vaetamasoalii)를 모두 석권했다. 그녀는 사바이 섬 출신이지만 수뇌족장 직을 석권하면서 자신의 정치적 영향력을 위해 레울루모에가 지역의 남자와 결혼하면서 그곳에 거주했다. 바로 이것이 아나의 정치적 영향력을 강하게 해 주었다. • 하지만 아나 지역의 정치력도 쇠퇴기를 맞이하게 된다. 나파누아는 레울루모에가에 정권을 세울 때 주의를 기울여야 한다는 예언을 한 바 있는데, 레울루모에가에서 호의적인 대접을 받지 못한 살라마시나는 마노노 섬을 지나 사바이로 돌아가게 된다. 그녀는 마노노 섬을 들러 레이아투아우아(Leiatauaua)에게 권력을 넘겨 줬고, 마노노 섬의 족장은 그것을 다시 자신의 아들인 타마파이가(Tamafaiga)에게 계승시켰다. 이것이 분쟁의 주된 싸앗이 되었다. 파시투우타(Fasitoouta)의 사람들이 타마파이가를 암살하면서 1828년에서 1830년까지 아나 지역에 전쟁이 벌어지는데(Great Aana War), 타마파이가와 밀접한 관계를 유지했던 사바이 북부 아이가 이 레 타이(Aiga I le tai)와 투아마사가(Tuamasaga), 말리에토아(Malietoa)가 마노노의 편에 서서 아나를 침공했다. • 마노노 동맹으로 아나 지역은 위기를 맞게 되지만, 때마침 런던선교회의 선교사 존 윌리엄스(John Williams)가 사바이 섬의 사파팔리이(Sapapaliii)에 상륙하자 전쟁은 종결된다. 전쟁포로로 잡힌 아나인들은 이때 화형에 처해지고 이로 인해 사모아 지역에서 아나 지역의 패권시대가 막을 내리게 된다.
Aiga-I-le-Tai (아이가이레타이) 면적: 27km² 중심지: Mulifanua 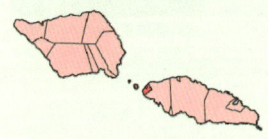 수뇌족장직: 레이아타우아(Leiataua)	• 아이가이레타이의 의미는 '바닷가에 사는 부족'이며, 우폴루 섬의 서쪽 끝에서 부터 마노노 섬, 아폴리마 섬을 포함하고 있다. 역사적으로 마노노 섬은 아이가이레타이지역의 중심지 역할을 해 왔다. 근대에 들어서는 물리파누아 (Mulifanua)에 위치한 페리 터미널로 인해 우폴루 섬과 사바이 섬을 잇는 교통의 요충지가 되었다. 아이가이레타이 지역의 면적은 사모아 전체 행정구역 중 가장 적다. • 역사적으로 마노노와 아폴리마의 해군력은 사모아 부족들의 정치싸움에 핵심적 역할을 해 왔다. 이 지역의 족장은 레이아타우아(Leiataua)이고, 말리에토아 (Malietoa) 선거 때 말리에(Malie) 마을은 마노노와 상의해야 할 정도로 말리에토아 선출에 미치는 영향력이 컸다.

---

174) 각각 Fasitootai와 Fasitoouta의 직위로 불리기도 했다.
175) 타마 아 아이가(Tama-a-aiga, 수뇌족장): 4개의 수뇌족장 직위 - Malietoa, Mata'afa, Tui-malealiifano, Tupua Tamasese.
   (출처: Samoa Travel Guide, http://samoa.southpacific.org/samoa/government.html)

우폴루 섬	
Atua (아투아) 면적: 413㎢ 중심지: Lufilufi 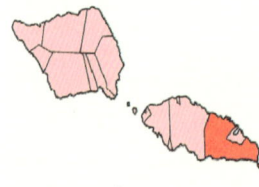 수뇌족장직: 투이 아투아(Tui Atua)	• 아투아는 사모아 내에서 가장 오래된 지역이다. 현재는 동부지역에 국한되어 있지만 한때 투투일래(아메리카 사모아), 우폴루, 사바이를 영향권 안에 두고 있었다. 이 지역은 투이 아투아(Tui Atua) 직위가 대대로 계승되어 온 곳이다. • 오랜 시간이 지나도 투이 아투아 계승자를 선정하는 절차는 변함없이 유지되어 왔다. 투이 아투아는 레이피(Leifi) 부족 혈통 중에서 적절한 후보자를 발견하여 선정했다. 이러한 방식 때문에 사모아에서 가장 위대한 여자로 칭송받는 살라마시나가 투이 아투아 직위를 계승할 수 있었다. 살라마시나의 선임이었던 파툴로우 마투아우티아(Faatulou Matuautia)가 레이피에게 자신의 조카인 살라마시나를 자신의 후임으로 선택해 줄 것을 부탁하여 그녀는 사모아 첫 투이 아투아가 될 수 있었다.(1450~1500년경) • 랄로가푸아푸아(Lalogafuafua)는 아투아의 정치적 중심지였으며, 투이 아투아들은 이곳에서 직위를 부여받았다. 투이 아투아는 투이 마누아(Tui Manu'a) 다음으로 사모아에서 오래된 혈통이며, 이 혈통만이 타갈로아라기(Tagaloalagi) 직위를 계승할 수 있었다.
Va'a-o-Fonoti (바오포노티) 면적: 38㎢ 중심지: Samamea  수뇌족장직: 탈라마이바오(Talamaivao)	• 바오포노티는 우폴루 섬의 북동쪽에 위치하고 있으며, 사모아 전체 행정구역 중 인구수가 제일 적다.(2001년 인구조사, 1,666명) 바오포노티에는 파갈로아 만(Fagaloa Bay)을 중심으로 한 9개의 마을이 흩어져 있다. • 바오포노티는 본래 아투아 지역에 속해 있었지만, 16세기 Junior 투이 아투아(Tui Atua) 직을 쟁취한 포노티(Fonoti)가 이 지역 주민들에게 전쟁에서 용맹하게 싸운 공으로 독립을 허락했다. 바오포노티의 뜻은 '포노티의 대형보트' 인데, 바오포노티 해군이 전쟁에서 얼마나 용맹스럽게 싸웠는지를 단편적으로 보여 주고 있다. 이 지역의 직위는 탈라마이바오(Talamaivao)이다.

파갈로아 만의 전경(출처: http://en.wikipedia.org/wiki/File:Samoa_Uafato_Village.JPG)

사바이 섬

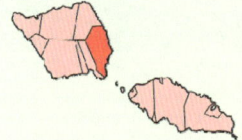

**Fa'asaleleaga
(파살렐레아가)**
면적: 266㎢
중심지: Safotulafai

수뇌족장직: 말리에토아(Malietoa)

- 파살렐레아가는 사바이 섬 동쪽 행정구역이다. 파살렐레아가의 중심지 사포툴라파이(Safotulafai)는 이 지역 족장들과 연설족장들이 모여 회의를 하는 곳(이들은 이 곳의 푸이파투 말라에(Fuifatu malae)에서 회의를 했다)이다. 사포툴라파이는 'Pule'의 원래 명칭이다. 그래서 사바이섬은 사모아 Pule라고도 한다.
- 파살렐레아가는 뉴질랜드 식민 시절 '마우(Mau)'운동의 중심지이기도 했는데, 이 운동이 전국적으로 퍼져 사모아가 1962년 독립하는데 큰 역할을 하였다.
- 파살렐레아가는 우폴루 섬의 투아마사가 지역의 말리에토아 족장과 정치적으로 긴밀하게 연결되었다. 말리에 마을은 말리에토아 족장을 선출할 때 마노노 섬(아이가이레타이)과 더불어 사포툴라파이와 공조해 왔다. 1750년 말리에토아 티아(Malietoa Ti'a)가 샤파팔리로 이전하면서 이곳은 말리에토아 정치세력의 제2의 중심지가 되었다.
- 또한 샤파팔리는 1830년 사모아에 기독교를 전해 준 영국인 선교사 존 윌리엄스(John Williams)가 도착한 곳이기도 한데, 말리에토아 바이누포(Vaiinupo)는 기독교로 개종하였다.

존 윌리엄스의 초상화(좌)와 사모아 도착 당시를 그린 그림(우).
(출처: (좌) http://otago.ourheritage.ac.nz/index.php/items/show/5782.
(우) http://en.wikipedia.org/wiki/File:John_Williams_missionary.jpg)

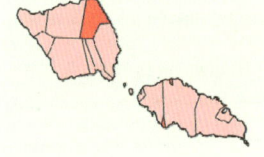

**Gaga'emauga
(가가에마우가)**
면적: 223㎢
중심지: Saleaula

- 가가에마우가는 '산 부근'이라는 뜻이다. 가가에마우가가 사바이 섬 중앙에 위치한 산악지역을 끼고 있다는 데서 유래한다.
- 가가에마우가의 중심지는 살레아울라(Saleaula)이다. 이 곳의 바이투투 말라에(Vaitu'utu'u malae)에서 족장들과 연설족장들이 모여 회의를 했다.
- 런던선교회(London Missionary Society) 소속의 목사 조지 프랫(George Pratt, 1817~1894)은 마타우투(Matautu)에 거주하면서 사모아어를 연구했다. 그리고 그 결과물로 *A Grammar and Dictionary of the Samoan Language, with English and Samoan Vocabulary*를 남겼다. 이 책은 1862년 Samoa Mission Press에서 출판했다.
- 가가에마우가는 동쪽 파살렐레아가의 사포툴라파이와 강한 유대감을 가지고 있다. 전설에 의하면 레아울라(Le'aula)와 레투푸가는 형제였다. 레아울라가 살레아울라를 개척했고, 레투푸가가 사포툴라파이를 개척했다. 살레아울라는 레아울라의 가족이라는 뜻을 갖고 있다.

사바이 섬

마타바누 산 폭발(1905)(출처: http://en.wikipedia.org/wiki/File:Matavanu_volcanic_eruption_-_Savai%27i_1905.jpg)

계속:
Gaga'emauga
(가가에마우가)
면적: 223㎢
중심지: Saleaula

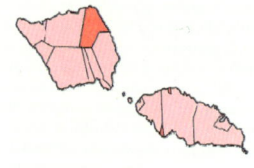

- 1900년대 가가에마우가에 위치한 마타바누 산이 화산폭발했다. 화산폭발과 함께 분출된 용암이 살레아울라와 살라고(Salago) 마을에 큰 피해를 입혔는데, 당시 용암이 흐른 흔적은 지금도 찾아볼 수 있다. 피해지역 주민들은 우폴루 섬으로 이주한 이후 각각 레아우바(Le'auva'a)와 살라무무(Salamumu)마을을 개척했다. 하지만 이주에도 불구하고 이들은 사바이의 가가에마우가 지역에 소속되어 있어서 최근에는 몇몇 가족이 다시 가가에마우가 지역으로 재이주 중이다.
- 가가에마우가와 바로 옆에 위치한 가가이포마우가는 '이투오타네(Itu-o-tane)'라고 불리기도 하는데 '남자들의 지역'이라는 의미를 가지고 있다. 이 명칭은 1830년 아나 지역과 전쟁 당시 이 지역 전사들의 용맹스러움에서 유래된 것이다. 반면 사바이 섬의 남쪽 지역은 '이투오 파피네(Itu-o-Fafine)'라고 불린다. 위의 명칭과는 정반대로 '여자들의 지역'이라는 의미를 가지고 있다.

Gaga'ifomauga
(가가이포마우가)
면적: 365 ㎢
중심지: Aopo

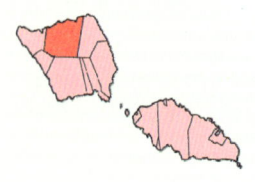

- 가가이포마우가에는 레파가오알리(Lefagaoali'i), 마나세(Manase), 사푸네(Safune), 사포투(Safotu), 사마우가(Samauga), 사시나(Sasina)와 아오포(Aopo) 마을이 위치하고 있는데 아오포가 전통적으로 이 지역의 중심지 역할을 해왔다. 마나세, 사포투, 사시나와 사푸네는 바닷가 근처에 자리 잡고 있고, 사마우가는 사포투와 사푸네 사이의 작은 언덕에 위치하고 있다. 아오포는 내륙에 위치한다.
- 마나세 마을은 관광객들이 많이 찾는 지역이기도 한 데, 이곳은 비치 팔레(beach fale, 방갈로의 일종)를 숙소로 제공한다.

사바이 섬

사모아의 비치 팔레(출처: Wikipedia)

계속:
Gaga'ifomauga
(가가이포마우가)
면적: 365 ㎢
중심지: Aopo

- 사푸네 전통 마을은 로버트 J. 플래허티(Robert J. Flaherty)가 제작한 다큐멘터리 필름 Moana(1926)가 촬영된 장소이기도 하다. 또한 사푸네에 위치한 옹달샘 마타 오 레 알레로(Mata o le Alelo)는 '시나(Sina)와 뱀장어'라는 전설이 서려 있는 곳이기도 하다.
- 사포투 마을은 선사시대에 통가 족장들에 의해 개척된 것으로 알려졌다.

시나와 뱀장어(Sina and the Eel)

- 사모아의 '시나와 뱀장어'는 어떻게 야자수 나무가 생겨났는지를 다룬 재미있는 설화 중 하나이다. 사모아어로 Sina ma le Tuna로 불리는 이 설화에서, Tuna는 '뱀장어'를 뜻한다.
- 이 이야기는 통가, 피지 그리고 뉴질랜드의 마오리족들에 이르기까지 다양한 지역에 퍼져 있다. 또 각기 다른 버전으로 전승되기도 하다. 여기에서 사용되는 야자수 나무는 태평양도서국들의 주식(主食)으로 활용되는 등 이들의 생활과 매우 밀접하게 연관되어 있다.

마타 오 레 알레오에서 물을 마시고 있는 한 꼬마(출처: Wikipedia)

사바이 섬

• 설화 내용

사모아 사바이 섬에 시나(sina)라고 불리는 아름다운 여자아이가 있었다. 이 여자아이는 애완용으로 작은 뱀장어를 길렀는데, 뱀장어는 시나와 함께 자라며 그녀를 사랑하게 된다. 하지만 두려움을 느낀 시나는 뱀장어로부터 도망치려 했지만 뱀장어는 그녀가 가는 곳을 따라갔다.

그렇게 뱀장어로부터 도망치기 위해 이곳저곳을 돌아다니던 시나는 한 마을로 들어가게 된다. '뱀장어를 따돌렸겠지'라고 생각하며 물을 마시기 위해 연못으로 간 시나는 뱀장어가 연못 속에서 그녀를 뚫어지게 쳐다보고 있는 것을 발견한다.

절망감과 함께 분노가 치밀어오른 시나는 뱀장어를 향해 '계속 그렇게 악마 같은 눈으로 날 쳐다볼래?'(사모아어로 E pupula mai, ou mata a le alelo)라고 소리쳤고 이 소리를 들은 마을 족장들이 달려들어 뱀장어를 죽였다. 뱀장어는 죽어 가면서 시나에게 마지막 부탁으로 자기 머리를 땅에 묻어 달라고 부탁했다.

시나는 뱀장어의 마지막 부탁을 들어 주었다. 그러자 땅에서 야자수 나무가 자라났다. 야자수의 겉껍질을 벗기자 표면에 뱀장어의 눈과 입을 닮은 세 개의 둥근 자국이 있었다. 시나는 입 부분을 뚫어 야자수를 마셨다. 시나가 야자수를 마실 때마다 뱀장어와 키스를 나누는 셈이었다.

• 다른 버전의 설화에서는 시나가 우폴루 섬의 랄로아타(Laloata) 마을 출신이라고 밝히고 있으며, 아빠의 이름은 파이(Pai)로 전해진다. 또한 쿡 제도의 망가이아(Mangaia)에서는 여자의 이름이 '이나 모에 아이투(Ina-moe-Aitu)'이며, 이 여자는 타마루아(Tamarua) 마을의 동굴에서 살았다고 전해진다.

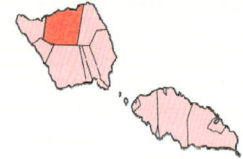

계속:
Gaga'ifomauga
(가가이포마우가)
면적: 365k㎡
중심지: Aopo

야자수 열매에서 볼 수 있는 3개의 원형 자국

사바이 섬

Vaisigano
(바이시가노)
면적: 178 ㎢
중심지: Asau

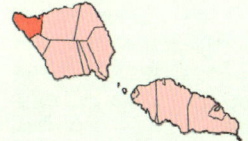

- 바이시가노는 사모아에서 '이투 아사우(Itu Asau 또는 Asau) 지역으로 불린다. 이곳의 바이살라(Vaisala) 마을 족장 바이 콜로네(Va'ai Kolone)는 1980년대 두 번이나 총리직을 역임했다. 콜로네는 인권보호당(Human Rights Protection Party, HRPP)를 창당하였으며, 이 정당은 현재까지 사모아 여당으로 건재하다.
- 바이시가노 아울라(Auala) 마을은 거북이 보호지역으로, 팔레알루포(Falealupo)는 열대우림 보호지역으로 선정되어 관리되고 있다.

Satupa'itea
(사투파이테아)
면적: 127 ㎢
중심지: Satupa'itea

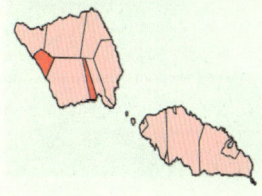

- 사투파이테아에는 모아술라(Moasula), 피토누(Pitonu'u), 사투피아(Satufia)와 바에가(Vaega) 등 총 4개의 마을이 있다. 근래에 들어서 사투파이테아는 살레가(Salega) 지역을 포함하였다.
- 사투파이테아는 19세기 감리교 선교의 중심지였다. 영국 감리교 선교사 조지 브라운(George Brown, 1835~1917)은 1860년 사모아로 건너와 그의 아내 리디아(Lydia)와 함께 사투파이테아에 정착했다. 브라운 부부는 처음 2년 동안은 대나무로 지은 오두막에서 살다가 선교원을 지었다. 1863년에 브라운은 사투파이테아에서 선생님들을 육성하기 시작했고, 마침내 1868년에는 우폴루 섬의 루피루피(Lufilufi)에 피울라 신학대학을 설립했다.

피울라 신학대학(Piula Theological College)

조지 브라운(출처: Wikipedia)   피울라 신학대학(출처: Wikipedia)

- 초창기 사모아에서 감리교는 로투 통가(Lotu Tonga)로 불렸는데, 사모아인들이 19세기 초 통가 지역에서 선교활동을 통해 개종된 통가 기독교인들을 접하면서 로투 통가(Lotu Tonga) 명칭이 사용되었다. 1859년 9월 21일 마노노 섬에서 열린 교회 연례회의에서 신학대학의 건립이 결정되었다. 마노노 섬은 당시 교회의 주요 거점이었다.

사바이 섬

계속:
Satupa'itea
(사투파이테아)
면적: 127㎢
중심지: Satupa'itea

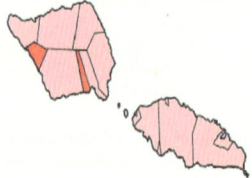

- 피울라(Piula)라는 이름은 성경에 기록된 이름인 뿔라(Beulah)의 음역이다. 뿔라는 성경 이사야서 62장 4절에 기록된 이름이고, 이스라엘의 빛나는 미래를 상징한다.
- 피울라 신학대학은 조지 브라운 목사가 1859년 사모아 사투파이테아에서 학생들을 교육시킨 선교 사역의 연장선상에서 추진되었다.
- 조지 브라운 목사는 사모아어를 적극적으로 배웠으며, 사모아인들을 친구로 여겼다. 태평양지역에 파견된 다른 선교사들과 같이 브라운은 사모아에서의 경험을 저널로 기록했다. 이 기록물은 사모아의 역사 문화를 이해하는 데 중요한 자료로 평가되고 있다.

Palauli
(팔라울리)
면적: 523㎢
중심지: Vailoa

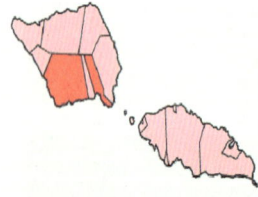

수뇌족장직: 릴로마이아바(Lilomaiava)

타가 블로홀(출처: Wikipedia)

- 팔라울리는 사바이 섬 남쪽 지역의 두 부분을 관장하고 있는 행정구역이다. 이 지역의 중심지는 바일로아(Vailoa)인데, 바일로아 이 팔라울리(Vailoa i Palauli)로 불리기도 한다.
- 팔라울리의 타가(Taga) 마을에는 타가 블로홀(Taga Blowholes, Alofaaga Blowholes)로 불리는 곳이 있는데, 많은 관광객이 방문한다. 이곳은 화산 활동으로 형성된 용암 동굴들이 만들어 낸 자연 지형이다.
- 이 지역의 수뇌족장 직위는 릴로마이아바(Lilomaiava)로 불리며, 바일로아에서 직위수여식을 거행했다. 릴로마이아바의 선출하려면 바일로아는 가까이 포마우가의 사토푸 마을과 협의해야 한다. 사토푸는 릴로마이아바의 사바이 북부 거점 지역이기도 했다.

정당체제

현재 사모아는 양당체제로서, 여당은 인권보호당(Human Rights Protection Party, HRPP)[176]이다. 인권보호당(HRPP)은 바아이 콜로네(Va'ai Kolone)와 토필라우 에티 알레사나(Tofilau Eti Alesana)에 의해 1979년 창당된 후 1982년 이래로 사모아 여당으로 자리 잡았다.(내부 의견차로 인해 분열된 1986년과 1987년은 예외) 인권보호당을 창당한 코로네와 알레사나는 모두 총리를 역임했고, 현재 당을 이끌고 있는 인물은 총리인 투일라에파 아이오노 사일레레 말리레가오이(Tuilaepa Aiono Sailele Malielegaoi)이다. 2011년 3월 총선에서 인권보호당은 총 49석의 의석 중 36석을 차지하면서 여당의 지위를 굳건히 다졌다.

현재 야당인 타우투아 사모아당(Tautua Samoa Party)는 2008년 12월 무소속 의원들 11명이 결성한 정당이다. 타우투아 사모아당은 당시 야당이었던 사모아 민주 통합당(Samoan Democratic United Party)이 선거에서 7석밖에 확보하지 못해 야당 지위를 상실하면서 출범하게 되었다. 타우투아(tautua)는 '섬기다(serve)'라는 뜻이다. 타우투아 사모아당은 총재 없이 레알아일레풀레 리모니 아이아피(Lea lailepule Rimoni Aiafi) 임시총재 체제로 시작되었다. 하지만 국회의장은 선거가 진행된 뒤 정당을 조직한 것은 선거법 위반이라고 주장하며 타우투아 사모아당을 정식 정당으로 인정해 주지 않았다. 하지만 국회의장의 주장에 대해 사모아 대법원은 타우투아 사모아당은 합법적인 정당이라며 반대로 이들의 손을 들어주었다. 2011년 총선을 얼마 앞둔 2010년 9월 타우투아 사모아당은 사모아당(Samoa Party)과 인민당(People's Party)의 의원들이 자신들과 함께 연합하여 선거운동을 펼칠 것을 제안했고, 이에 사모아당의 페오 네마이아 에사우(Feo Nemaia Esau)총재는 사모아 인권보호당에 반대하는 범야권연대를 구성하기 위해 타우투아 사모아당과 합당하겠다는 뜻을 밝혔다. 이를 시작으로 군소정당들이 타우투아 사모아당과 연합했으나, 2011년 3월에 치른 선거에서는 겨우 13석만 확보하는 바람에 여당의 지위를 가져오는데 실패했다.

---

176) Wikipedia, Human Rights Protection Party, https://en.wikipedia.org/wiki/Human_Rights_Protection_Party

2011년 2월 23일 타우투아 사모아당은 2011년 3월 선거에 앞서 정당 선언문을 내놓는데,[177] 이 선언문을 살펴보면 타우투아 사모아당이 중시하는 정치노선을 이해할 수 있다.

1) 하나님 우선(God First)
안식일(Sabbath)을 철저하게 지킨다. 주일(Sunday)에 행하여지는 모든 상업거래와 공공근로를 폐지한다. 정부의 모든 정책결정은 기독교 가치관 아래에서 정해진다.

2) 생계비
필수 식료품 군에 대한 부가가치세(Value Added Goods and Services Tax, VAGST)를 폐지하여 국민들의 생계비를 낮춘다.

3) 헌법
사법 절차의 처리속도를 개선하고, 헌법 관련 문제에 대해 공청회를 개최한다. 카지노법(Casino Legislation)을 폐지하고, 총리 연임기한[178]을 2회로 제한하는 한편 경찰공무원들에 대한 급여를 결정한다.

4) 교육
교사들에 대한 봉급을 인상하고, 학생들의 등교를 장려한다. 고등교육기관에 무상으로 수도와 전기를 공급하고, 교사들을 위한 장학제도를 마련한다. 또한 스포츠 개발활동을 장려하고, 교실 내에서 사모아 언어 및 문화 교육을 장려한다.

---

177) Savali, Tautua Samoa Party issues Manifesto. http://www.savalinews.com/2011/02/23/tautua-samoa-party-issues-manifesto/
178) 현 총리인 투일라에파 아이오노 사일렐레 말리엘레가오이(Tuilaepa Aiono Sailele Malielegaoi)는 1998년 11월 23일 총리에 취임한 이후 현재까지 총리직을 수행하고 있다

5) 건강
의사와 간호사의 봉급을 인상하고, 각 지역에 위치한 병원시설을 개선한다. 개인사업자에 대한 의료보험과 12세 아래의 어린이에 대한 무료진료를 추진하고 응급구조 서비스를 개선한다(응급구조와 헬리콥터 부분 추가).

6) 농업
농산품 판매당국을 재설정하고, 식목행사혜택(Tree-planting Bonus) 계획을 추진한다. 또한 수출을 위한 환금 작물(cash crops)의 재배와 축산업을 권장하고, 도축장을 설립한다. 동물성 사료 생산을 개발하고, 음식 가공업을 촉진한다.

7) 사업 및 직장 그리고 연금
사모아인 경영 기업을 촉진하고, 사모아인 경영 기업에 대한 사업추진자금을 지원해 준다. 또한 사모아인 기업을 촉진하기 위해 관련법 및 규제를 완화한다. 현재 다달이 지급되는 연금을 격주로 지급한다. 풀레누(Pulenuu)[179] 등 마을 리더에 대한 급여를 인상한다. 저임금자들을 위해 급여 시스템을 검토하며, 관광업을 촉진시킨다.

8) 환경
마을을 무조건적인 개발로부터 보호하기 위해 환경보호를 추진하고, (에너지 효율 및 생체분해 제품사용 촉진 등과 같은) 환경친화적인 방법을 도입한다.

9) 토지
모든 토지 및 수자원 관련 법안 검토 및 토지등록법(Land Registration Act)을 철폐한다.

---
179) 촌장(Village Mayor)

당 성명서를 발표하는 타우투아 사모아당(Tautua Samoa Party)
(출처: http://www.savalinews.com/2011/02/23/tautua-samoa-party-issues-manifesto/)

아오 오 레 말로(Ao O Le Malo)[180]
현재 사모아의 공식 수장은 투이아투아 투푸아 타마세세 에피(Tui Atua Tupua Tamasese Efi)로서, 1938년 3월 1일 사모아 모무투아(Momootua)에서 태어났다. 그 뒤 사모아의 초대 아오 오 레 말로였던 투푸아 타마세세 메아올레(Tupua Tamasese Mea'ole)의 아들이기도 하다.

그는 사모아의 수뇌족장 가문인 투푸아 가문의 자손이며, 그 역시 수뇌족장 지위를 보유하고 있다. 에피는 사모아 아피아의 마리아회 형제학교(Marist Brothers School)을 다녔으며, 고등교육을 받기 위해 뉴질랜드 웰링턴의 성 패트릭 칼리지(St. Patrick's College)로 진학하여 유학생활을 했고, 대학교 역시 뉴질랜드 소재 웰링턴 대학을 졸업했다.

---

180) Ao O Le Malo O Samoa, Head of State of Samoa, http://www.headofstate.ws/?page_id=503

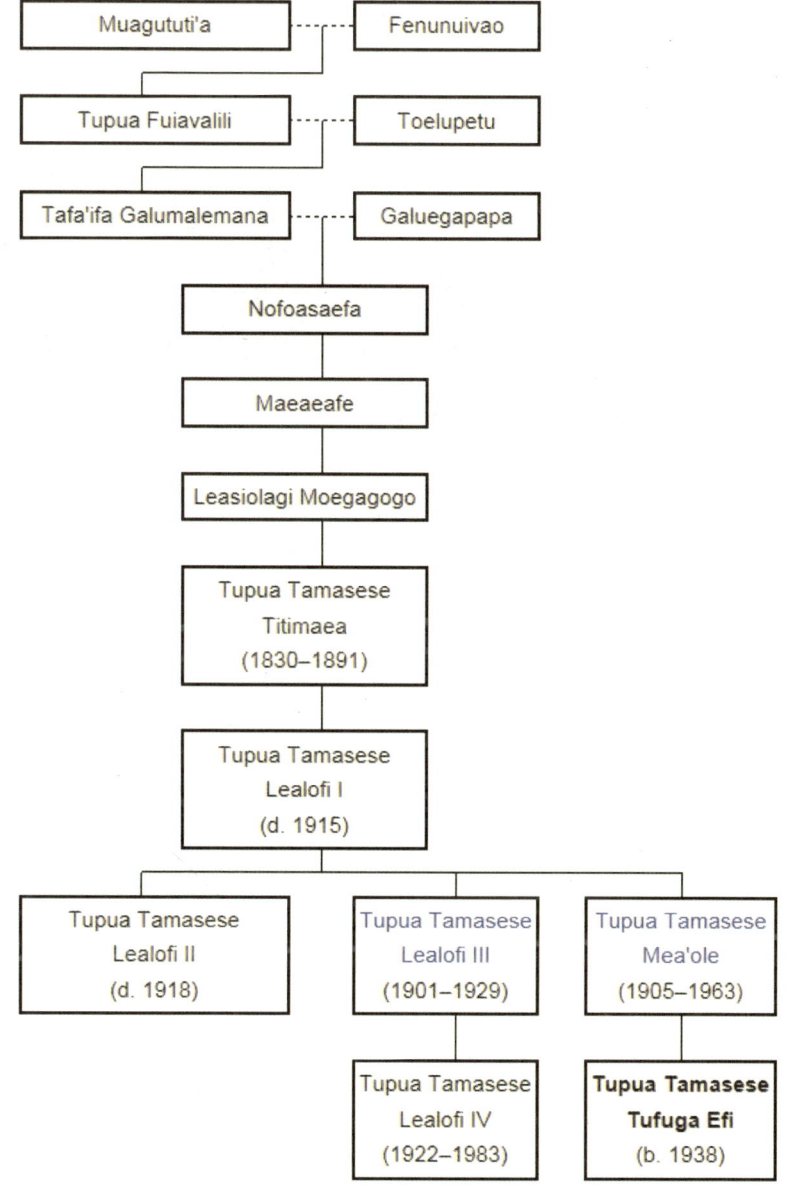

투푸아 타마세세 투푸가 에피(Tupua Tamasese Tufuga Efi) 가계도(출처: Wiki Visually)

사모아 국가수장, 투이아투아 타마세세 투푸아 에피(출처: http://www.head-of-state-samoa.ws)

　에피는 1966년 크리스찬 민주당(Christian Democratic Party) 당원으로 아노아마 동(Anoama'a East) 선거구의 하원의원으로 당선되어 정치계에 입문한 뒤 각종 경력을 쌓았다. 1970~1972년에는 사모아 노동부 장관(Minister of Works)을 역임하기도 했으며, 1985~1988년에는 부총리(Deputy Prime Minister) 직을 맡기도 했다. 또한 야당의장으로서도 활약했다. 1990년에는 남태평양위원회(South Commission)의 위원장을 맡았으며, 2005년에는 교황청 다종교간 위원회(Pontifical Interreligious Commission)의 오세아니아 대사도 역임한 바 있다.
　에피는 정치 경력 외에도 학자로서의 경력을 보유하고 있다. 그는 뉴질랜드의 아와누이오랑기(Awanuiorangi, 뉴질랜드 원주민 대학과정 제공기관)의 부교수였으며, 후에 와이카토(Waikato) 대학교 마타하우알리키 협회(Matahauariki Institute)의 준회원(Associate Member)으로 활동했다. 2005년에는 사모아 국립대학교(National University of Samoa)에서 심사원(assessor) 자격으로 사모아의 언어와 문화를 연구했으며, 캔버라(Canberra)의 호주 국립대학교(National University Canberra)의 사모아 및 태평양 역사 분야의 박사학위 심사위원을 맡기도 했다.
　2004년 12월 사모아의 직무위원회(council of duties)의 회원이 된 투푸아 에피는 말리에토아 타누마필리 2세가 서거하자 2007년 6월 16일 5년 임기로 국가 수장의 직위에 올랐다. 그리고 2012년 7월 재선에 성공해 현재까지 사모아 국가 수장직을 수행하고 있다. 그 외에도 그는 다양한 기관의 홍보대사를 겸하는 등 사모아 테니스 협회(Samoa Tennis Association), 사모아 골프 협회(Samoa Golf Association), 사모아 럭비 협회(Samoa Rugby Union), 마리스트 마리아회 형제학교 동문회(Marist Old Boys Association), 태평양 리더십 재단(Pacific Leadership Foundation)에도 참여하였다.

사모아의 정부기관

사모아의 정부는 총 13개 부서로 구성되어 있으며, 영문 명칭과 원어민 명칭은 다음과 같다.[181]

	부서명	영어	사모아어
1	농업 및 수산부	Ministry of Agriculture and Fisheries	Matagaluega o Faatoaga ma Faigafaiva
2	통상산업 및 노동부	Ministry of Commerce, Industry and Labour	Matagaluega o Pisinisi, Alamanuia ma Leipa
3	정보통신부	Ministry of Communication and Informtion Technology	Matagaluega o Fesootaiga, Faamatalaga ma Feso'otaiga Vavave Fa'aneionapo
4	교육, 스포츠 및 문화부	Ministry of Education, Sports and Culture	Matagaluega o Aoga, Taaloga ma Aganuu
5	외교통상부	Ministry of Foreign Affairs and Trade	Matagaluega o le Va i Fafo ma Fefaatauaiga
6	법무부	Ministry of Justice, and Courts Administration	Matagaluega o Faamasinoga ma le Faafoeina o Tulaga Tau Faamasinoga
7	천연자원 및 환경부	Ministry of Natural Resources and Environment	Matagaluega o Punaoa Faalenatura ma le Siosiomaga
8	재정부	Ministry of Finance	Matagaluega o Tupe
9	보건부	Ministry of Health	Matagaluega o le Soifua Maloloina
10	재무부(세금)	Ministry of Revenue	Matagaluega o Tupe Maua
11	총리 및 내각부	Ministry of Prime Minister and Cabinet	Matagaluega a le Palemia ma le Kapeneta
12	여성, 지역사회 및 사회개발부	Ministry of Women, Community and Social Development	Matagaluega o Tina, ma Aga Fesootai
13	노동, 교통 및 인프라부	Ministry of Works, Transport and Infrastructure	Matagulega o Galuega, Felauaiga ma Atinae Eseese

---

181) Samoa Government. Government Ministries. http://www.samoagovt.ws/directories/government-ministries/

농업 및 수산부[182]

사모아의 농업 및 수산업은 농부들과 농업분야의 기업, 농산물 가공업자, 수출업자들에게 규정과 기술조언, 훈련 및 보조금 등을 지원하고 효율적으로 농업 및 수산업을 관리하여 사모아의 식량 안보 및 농수산업을 촉진에 기여한다. 농업 및 수산부는 식량자원의 지속가능한 이용을 위해 다음과 같은 장기 목표를 수립하고 있다.

1) 식량 안보 강화
2) 농수산의 상업화 강화
3) 지속 가능한 농업 생산

목표달성을 위해 농업 및 수산부는 다음과 같은 여러 부서를 두고 있다.

농산물(Crop Division)
자급용 농작물 생산을 개선하기 위해서, 혹은 사모아 내에서의 상업용도로 농업을 하고 있는 사람들, 가공자 및 시장관계자들을 위해 기술 조언을 해 주거나 연구 사업을 담당한다.

축산 및 보건(Animal Production and Health Division)
자급을 위한 축산활동을 개선하기 위해서, 혹은 사모아 내에서 상업용도로 활동을 하고 있는 사람들, 가공자 및 시장관계자들을 위해서 기술 조언을 해 주거나 연구 사업을 담당한다.

수산물(Fisheries Division)
지역사회의 내해 어업 산업(in-shore fisheries) 및 양식업(aquaculture)을 독려하기 위한 목적, 기업들의 상업 어업 활동에 대한 투자를 이끌어 내기 위한 목적 혹은 지속 가능한 어업을 영위하기 위한 목적으로 기술 조언 및 연구 사업을 시행하거나 모니터링을 담당한다.

---

182) Samoa Government, Ministry of Agriculture and Fisheries(MAF), http://www.maf.gov.ws/

검역(Quarantine Division)
농축산업에 심각한 피해를 줄 수 있는 해충 및 질병을 방지하기 위해 기술 조언 및 연구 사업을 시행하거나 모니터링을 하며, 국제협의와 의무사항에 따라 수출 및 수입을 촉진한다. 또한 사모아 내로 들어오는 수입품과 살충제 사용을 관리, 감독하는 부서이기도 하다.

정책, 계획 및 정보공유(Policy, Planning and Communications Division)
농수산업과 관련된 문제와 정보를 교환하기 위한 뉴스레터의 발간 및 라디오 토크쇼를 관장하고 있으며, 수산 분야의 발전을 촉진하기 위한 프로젝트를 구상하고, 시행하는 업무를 관장하고 있다.

부처서비스(Corporate Services Division)
농업 및 어업 분야에 종사하고 있는 기업 및 사람들에 대해 사모아에서 시행하고 있는 정책 및 관련 규칙, 그리고 절차에 따라 인력을 관리하거나, 재정, 행정 및 자산을 관리하는 업무를 담당한다.

통상산업 및 노동부[183]

통상산업 및 노동부는 부서배치법 2003(Department Arrangement Act, 2003)이 시행되면서, 2003년 5월 출범한 정부 부서이다. 이 부서는 다양한 분야에서 중심 역할을 맡고 있는데, 통상산업 및 노동부 장관은 법으로 명시된 36개의 위원회에 참석하여 부서의 입장과 조언을 제공해야 한다. 예하 위원회로는 개발은행위원회(Development Bank Board), 사모아국립대학교위원회(NUS Council), 사모아전력위원회(EPC Board), 세입위원회(Revenue Board), 손해배상위원회(Accident Compensation Corporation, ACC Board), 사모아관광위원회(Samoa Tourism Board), 직업훈련위원회(Secretariat to the Apprenticeship Council), 물가안정위원회(Secretariat for the Prices Board) 등이 포함된다. 통상산업 및 노동부가 관장하는 조직은 다음과 같다.

---
183) Samoa Government, Minister of Commerce, Industry and Labour(MCIL), http://www.mcil.gov.ws/

- 무역산업기업(Trade, Commerce, and Industry, TCI)
- 개발위원회 (Secretariat to the TCI Development Board)
- 민감지원(Private Sector Support Facility, PSSF)
- 그룹 위원회(Secretariat to the PSSF Group)
- 도덕윤리위원회(Secretariat to the "Loto Nu'u Sub-Committee")
- 국제노동기구담당(Focal Point for International Labour Organisation, ILO)
- 세계지적재산권기구담당(Focal Point for World Intellectual Property Organisation, WIPO)

그리고 통상산업 및 노동부는 사업 투자의 확대와 산업 발전, 공정무역 경쟁과 지역 노동력에 대한 완전고용을 목표로 하고 있다. 다음과 같은 부서가 활동하고 있다.

직업훈련, 고용 및 노동시장(Apprenticeship, Employment & Labour Market Division, AELM)
직업훈련, 고용 및 노동시장 부서는 1972년 제정된 직업훈련법(Apprenticeship Act, 1972)과 1973년 제정된 직업훈련규칙(Apprenticeship Regulations, 1973)에 따라 직업훈련과 무역훈련체제(trade test scheme)를 추진하며, 사모아 내 고용 및 노동 문제를 전반적으로 관리하는 부서이다. 부서에서는 직업훈련 계획, 채용서비스, 채용 관련 정보 및 노동시장 설문조사, 무역훈련체제 프로그램 적용 등의 서비스를 제공한다.

부처서비스(Corporate Services Unit, CSU)
통상산업 및 노동부의 중추 역할을 하고 있는 기업활동과 관련하여 다양한 서비스를 제공하고 있다. 기업 서비스 부서는 기업의 인력 및 재정 관리를 비롯하여 물류, 정보통신기술(네트워크, 웹사이트 및 기타), 기록 관리 등에 대한 책임을 지고 있으며, 기업 전략, 연례 보고와 같은 기업의 전략기획 활동과 관련해서도 큰 역할을 담당한다.

공정거래 및 법령개발(Fair Trading & Codex Development Division, FTCD)
공정무역에 대한 권리와 의무를 준수하며 무역산업 종사자들과 관련 소비자들 그리고 대중들에게 조언을 하거나, 소비자 보호를 담당한다. 또한 국가 물가 위원회(Prices Board)와 사모아국립코덱스위원회(Samoa National Codex Committee, SNCC)의 사무국을 맡고 있으며, 공정무역법(Fair Trading Act, 1998)과 소비자 정보법(Consumer Information Act, 1989)의 기본 요구사항을 모니터링하고 강화한다. 또한 장관 및 각료들에게 공정무역과 소비자 보호와 관련하여 필요한 모든 조언을 하며, 외교통상부 장관과는 무역 관련 문제를, 건강부와 농업 및 수산부 장관과는 식품 관련 문제를 긴밀히 논의한다.

산업개발 및 투자촉진(Industry Development & Investment Promotion Division, IDIPD)
투자촉진과 산업개발을 위한 정책 및 조언을 제공하는 부서이다. 이 부서는 국내 및 해외 투자를 활발하게 유치하여 국내 산업의 발전을 촉진시킨다. 또한 외국인투자법(Foreign Investment Act, 2000)과 외국인투자개정법(Foreign Investment Amendment Act, 2011)에서 요구하는 사항을 모니터링한다. 수출개발계획, 민간지원시설, 관세유예, 숙박시설, 수출생산품과 같은 정책 계획을 주관하며, 이와 관련된 각종 조언을 제공하기도 한다.

기업관계, 직업안전, 보건 및 취업허가증(Industrial Relations, Occupational Safety & Health and Work Permits Division, IROSH&WP)
노사관계와 산업안전보건, 취업허가를 관장하는 부서로서 주로 노사관계와 관련된 업무를 담당하고 있다. 따라서 노동자들에게 노동자의 권리와 의무를 알려주며, 산업 환경에 대해 조언해 준다. 한편 이민자들에게 노동허가를 발급해 주거나 심사를 진행한다.

기업등록 및 지적재산권(Registration of Companies & Intellectual Property Division, RCIP)
기업의 등록과 지적재산권과 관련된 업무를 담당하며, 기업과 법적 단체들에 대한 정보와 데이터를 제공한다. 또한 유엔 세계지적소유권기구(World Intellectual Property Organization) 회원국으로서 국제사회의 규율을 준수하며, 사모아 내에서 지적재산권과 관련된 자문이나 민원을 처리하는 역할을 담당한다.

정보통신부[184]

정보통신부는 「정보통신 사모아」를 목표로 통신, 방송, 우편 및 정보통신기술과 관련된 규제 및 입법을 담당한다. 또한 정부 방송사인 National Radio 2AP를 운영하며 자연재해가 발생하거나 국가적 차원의 사고가 발생했을 때 관련 소식을 국민들에게 빠르게 전할 수 있도록 한다.

교육, 스포츠 및 문화부[185]

사모아 정부는 '모두의 개선된 삶(Improved Quality of Life for All)'이라는 기본 방침으로 교육, 스포츠 및 문화부와 함께 사모아의 교육과 스포츠 그리고 문화 방면의 사회경제적인 개발을 추구하고 있다. 또한 정부가 지향하는 목표를 추구하기 위해 국민들의 정신, 문화, 지식, 건강한 육체적 잠재력을 이끌어 내기 위한 시스템을 구축하고 있다.

교육, 스포츠 및 문화부는 다음과 같은 가치를 중시한다.
- 품질(Quality): 높은 수준의 교육적 성취와 문화적 이해, 그리고 사회 행동을 내포한다. 이는 사회 내에서 끊임없이 상호 작용하는 전문성과 기술적 요소들 그리고 사회문화적인 관습에 의해 결정된다. 사모아 교육, 스포츠 및 문화부는 이러한 '품질'을 높이기 위한 정책을 추구하고 있다.
- 적합성(Relevancy): 한 사람의 삶에 의미를 부여하고, 적용 가능한 시스템을 의미한다. 사모아 교육, 스포츠 및 문화부는 문화, 인문학, 정신적 가치를 담고 있는 '적합'한 정책이 개인과 지역사회의 발전을 이끌어 내고 더 나아가 국가를 발전시킬 수 있다고 믿는다.

---

184) Samoa Government, Ministry of Communication and Information Technology(MCIT), http://www.mcit.gov.ws/
185) Samoa Government, Ministry of Education Sports and Culture(MESC), http://www.mesc.gov.ws/index.php/en/

- 효율성(Efficiency): 인적·재정적·물적 자원을 효율적으로 관리하고 사용 가능하도록 효율적인 서비스 제공, 왜곡되지 않은 소통과 협력 하에 이루어지는 의사결정을 추구한다.
- 지속 가능성(Sustainability): 인적·재정·물적 자원의 지혜로운 활용을 통해 지속적인 시스템 발전을 이끌어 낸다.
- 안전(Safety): 자원 활용과 관련된 절차와 의사처리 과정에서 최상의 안전을 보장한다.
- 훈육(Discipline): 교사와 학생들 간의 끊임없는 상호소통에 의해 이루어져야 한다.

교육, 스포츠 및 문화부는 다음과 같은 부서를 두고 있다.

학교 운영(School Operations Division, SOD)
교사들을 관리하고, 교사들이 제공하는 교육서비스의 질을 향상시키는 업무와 학교 관리, 평가 등과 같이 학교 운영과 관련된 업무들을 주관한다.

교육이수과정, 재료, 평가(Curriculum, Material & Assessment Division, CMAD)
학교에서 가르치는 모든 수업과정(커리큘럼)을 개발하며, 커리큘럼을 보조할 도구를 학교에 공급하는 역할을 담당한다.

정책, 계획 및 연구(Policy, Planning & Research Division, PPRD)
교육, 스포츠 및 문화 분야의 자료수집이나 분석 등을 통해 정책이나 계획을 제안하는 역할을 한다. 현재 사모아에서 진행되고 있는 정책이나 계획을 모니터링 하기도 한다.

부처서비스(Corporate Services Division)
예산 기획과 준비, 프레젠테이션과 분배를 조율하며, 교육, 스포츠 및 문화부를 대신하여 재정거래를 담당하는 부서이다. 또한 사바이 섬과 우폴루 섬에 위치한 도서관을 관리하며, 학교들을 대상으로 인쇄서비스를 처리한다.

스포츠(Sports Division)
정책개발 및 프로그램 효율성 측정 등의 방식을 통해 스포츠 및 레크리에이션 부분에서 투명하고 효율적인 리더십을 제공하고 있다. 또한 학교기관에서의 스포츠 활동을 관장하며, 국민들을 위한 스포츠 활동을 지원하고, 개발하는가 하면 사모아 내에 설립된 스포츠 시설들을 유지·보수하는 업무를 담당하고 있다. 또한 국내 및 국제 스포츠 이벤트와 관련하여 사모아스포츠협회·국가올림픽위원회(Samoa Association of Sports and National Olympic Committee, SASNOC)와 긴밀하게 협조한다.

문화(Culture Division)
사모아의 문화활동 및 창의성을 촉진시키기 위한 업무를 주로 담당하며, 국가 문화정책을 시행, 개발하고 있다. 또한 사모아의 전통 유산을 보존, 육성하기 위해 박물관을 운영하고 기록 및 유적지 등을 보존하는 일을 한다.

이 외에도 교육분야 조정(Education Sector Coordination Division)과 모니터링, 평가 및 검토(Monitoring, Evaluation & Review Division) 부서가 있다.

외교통상부[186]

사모아 외교통상부는 외국 및 국제기구와 교류협력을 강화하는 업무를 담당한다. 외국과의 무역이나 교류정책에 대해 정부에게 높은 수준의 조언을 제공하는 역할을 하고 있다. 사모아 외교통상부는 3개의 핵심 부서로 구성되며, 그 임무는 다음과 같다.

정치적 국제관계/의전(Political International Relations and Protocol Division)
외국과의 무역 및 교류 관계를 관리하는 역할을 맡고 있으며, 이와 관련된 정책 조언이나 활동에 참여하고 있다. 또한 사모아가 가입한 다양한 국제기구에서 사모아의 이익을 대표하여 활동한다.

---

186) Samoa Government, Ministry of Foreign Affairs and Trade(MFAT), http://www.mfat.gov.ws/

장학제도, 양자간 협의 및 훈련(Scholarship, Bilateral and Training Division)
장기·단기적으로 정부에게 장학금 및 유학 제도 관련 정책을 조언하며, 핵심 파트너 국가들과 개발 지원 및 기술 지원을 논의한다.

무역(Trade Division)
사모아의 무역정책들을 형성, 개발, 추천하거나 무역 담당자들과 논의하여 무역 전략을 짜는 역할을 담당한다.

부처서비스(Corporate Services)
재정과 물적 자원을 확보하여 위에 언급한 3개의 핵심부서를 지원하거나, 외교통상부가 시행하고 있는 국제 프로그램이 원활하게 진행될 수 있도록 관리하는 역할을 담당한다.

법무부[187]

사모아 법무부는 다음과 같은 부서로 구성된다.

법률정책, 계획, 평가, 및 검열(Legal, Policy, Planning, Evaluation, and Censorship)
부서의 기능이 크게 세 가지로 구분된다. 첫째, 법률적인 문제가 제기되었을 시 정부 및 장관에게 이와 관련하여 법률 자문을 제공한다. 둘째, 법무부의 정책 결정 과정을 관리하고, 현재 시행되고 있는 정책들을 모니터링한다. 셋째, 상영을 목적으로 한 필름에 대해 검열과 함께 영화감독 및 조정위원회(Film Control Board)를 운영하며, 대중들의 법률적 인식을 높이기 위한 프로그램을 담당한다.

---

187) Ministry of Justice and Courts Administration(MJCA). http://www.mjca.gov.ws/

사모아 법무부 조직도(출처: http://www.mjca.gov.ws/)

교정/집행/관리(Corrections, Enforcement, and Maintenance)
법정이 올바른 선고를 내릴 수 있도록, 판결전 보고서(Pre-sentence Report)와 보충 보고서(Supplementary Report), 그리고 부서 보고서(Division Report) 등을 제시하고, 지방법원에서 범죄자들에게 내린 지역사회 봉사, 감시명령, 가석방 선고가 이행될 수 있도록 관리한다. 그 밖에 벌금과 배상금, 보상금을 징수하거나 영장을 발급하는 등 법정 시스템이 원활하게 흘러갈 수 있도록 지원하는 역할도 한다.

중재 및 족장등록(Mediation & Matai Registration)
사모아 국민들이 관습에 의한 토지 및 직위 계승과 관련하여 발생하는 분쟁을 중재하며, 족장(마타이) 직위자들을 등록하거나 관리하는 업무를 처리한다.

부처서비스(Corporate Service)
법무부의 예산을 편성하고 한 해 예산을 관리 감독하는 한편, 법무부의 자산을 관리하는 역할을 맡고 있다. 또한 법원에서 생성하는 모든 문서를 등록, 관리하며, 필요한 보고서를 준비하기도 한다. 그리고 네트워크나 하드웨어들을 유지, 보수하는 업무를 담당한다.

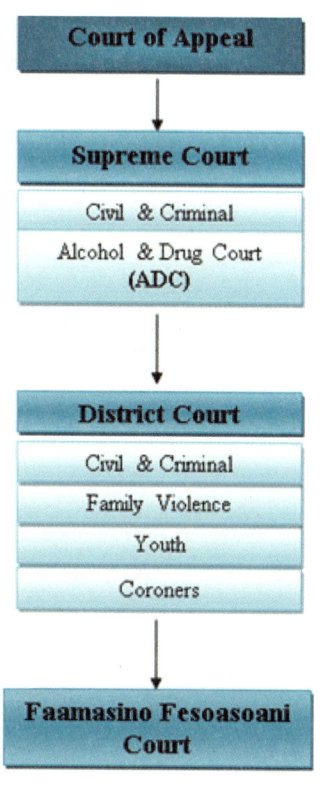
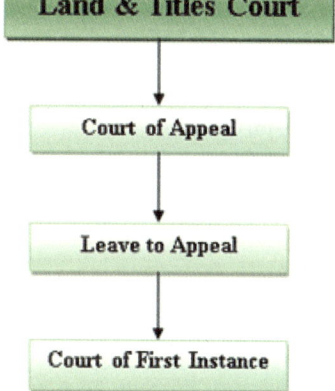

사모아의 법원구조(출처: http://www.mjca.gov.ws/)

법정/재판소(Courts)
사모아의 법정은 다음과 같이 구성된다.

㉠ 토지/소유권(Lands and Titles Courts)
사모아에서만 볼 수 있는 독특한 법정으로, 토지와 직위의 계승과 관련하여 분쟁이 생길 경우 처리하는 작업을 담당한다.

ⓛ 민사/형사(Civil and Criminal Courts)
민사 및 형사 법원의 기능을 담당한다. 또한 법률 집행을 원활하게 하기 위해 데이터베이스를 관리하는 한편, 법정 절차를 간소화하여 국민들의 편의를 돕는다.

*투아시비(Tuasivi Courts)
사바이의 투아시비(Tuasivi)에 위치한 법정이다. 투아시비는 사바이 섬의 북동쪽에 위치한다. 이곳은 사바이 행정의 중심지이기도 하다. 투아시비는 자체적으로 법원을 포함한 정부청사를 갖추고 있다. 투아시비의 법원 역시 사모아의 다른 법원에서 제공하는 행정, 법률적인 서비스를 담당하고 있으며, 토지 및 직위 분쟁이 접수될 시 이와 관련된 중재도 한다.

천연자원 및 환경부[188]

사모아의 천연자원 및 환경부는 사모아 국민들의 생활의 질을 높이고 사모아에 부존하는 천연자원 및 환경에 대한 지속 가능한 개발과 관리를 목표로 한다. 천연자원 및 환경부는 정부의 '모두를 위한 생활의 질 향상'이라는 모토에 보조를 맞추어, '지속 가능한 환경 및 재난 위협 축소'라는 목표를 세워 정부의 핵심 국가 개발 목표를 검토하는 한편, 국가 생물다양성 전략 및 실행계획(National Biodiversity Strategy & Action Plan, 2005)과 기후 변화에 대응하기 위한 국가 정책(National Policy to Combat Climate Change, 2007) 전략, 재난 관리법(Disaster Management Act, 2007), 수자원 관리법(Water Resources Management Act, 2008), 토지 등록법(Land Registration Act, 2008) 등을 제정한 바 있다. 또한 다양한 지역을 기반으로 한 단체들과 함께 보호 프로그램을 추진하여 생물 보호 및 지속 가능한 개발환경을 조성하고 있다. 사모아 천연자원 및 환경부는 다음과 같은 부서로 이루어진다.

---

188) Ministry of Natural Resources and Environment(MNRE), http://www.mnre.gov.ws/

부처서비스(Corporate Service)
천연자원 및 환경부에 소속된 모든 부서가 원활하게 맡겨진 역할을 담당하고 관리할 수 있도록 보좌하는 부서이다. 이 부서는 대중의 인식전환을 통한 역량강화, 재정 가이드라인의 설정 및 관리, 천연자원 및 환경부 재정 관리 및 회계, 인적자원 관리 등의 행정 업무를 한다.

재해관리(Disaster Management)
2007년 재정된 재난 및 비상사태대응법(Disaster and Emergency Act, 2007)에 의해 재난 통제와 관련된 권한을 가진 재난 관리실은 2012년부터 천연자원 및 환경부에 소속되었다. 이 부서는 재난 위협요소를 감소시키거나 재난 대응 및 복구에 대한 역량을 증가시키기 위한 프로그램을 운영한다. 크게 '재난 관리' 부분과 '재난 위협 감소' 두 기능으로 분리된다.

환경 및 보전(Environment and Conservation)*
육지와 해양에 서식하는 사모아의 동식물들을 보호하는 업무를 담당한다: ① 국립공원(National Parks), ② 폐기물(Waste), ③ 화학 및 독성 폐기물(Chemical and Hazardous Waste), ④ 육지 보호(Terrestrial Conservation), ⑤ 해양 보호(Marine Conservation) 등 5개 부문으로 나누어 해당 분야에 대한 생물보호를 관리한다.
*수산 외의 해양관련 내용은 해양보호(Marine Conservation)부서를 통해 이루어진다.

삼림(Forestry Division)
사모아 내의 산림자원들을 관리하고, 산림들에 대한 지속 가능한 개발을 보장하는 부서이다: ① 우폴루 지역에서의 산림관리, ② 사바이 지역에서의 산림관리, ③ 정책 및 기획, ④ 연구개발 등 4개 부문으로 구분된다.

지구환경기금(Global Environment Facility)
지구환경기금(GEF)의 회원인 사모아는 총 11개의 프로젝트에 대해 1억3159만 9,851달러(약 134억원)에 달하는 기금을 지원 받았다.[189] 이 프로젝트들은 4개의 생물다양성 프로젝트, 4개의 기후변화 프로젝트, 1개의 다집중지역(multi-focal area) 프로젝트, 1개의 잔류성 유기 오염물질(persistent organic pollutants) 프로젝트, 1개의 토지황폐화 프로젝트이다. 사모아는 환경보호와 관련하여 유엔개발계획(United Nations Development Programme, UNDP), 유엔환경계획(United Nations Environment Programme, UNEP), 유엔식량농업기구(United Nations Food and Agriculture Organization, FAO), 세계은행(World Bank), 아시아개발은행(Asian Development Bank, ADB)과 같은 세계기구와 협력 중이다. 국내적으로는 사모아 관광청(Samoa Tourism Authority, STA), 천연자원 및 환경부(Ministry of Natural Resources and Environment, MNRE), 농업 및 수산부(Ministry of Agriculture and Fisheries, MAF), 여성, 지역 및 사회개발부(Ministry of Womens, Community and Social Development, MWCSD) 등의 부서와 긴밀히 협조하고 있다.

토지 관리(Land Management)
토지 등록과 정부 토지 관리, 관습법에 따른 토지소유권 관리, 토지 개발, 토지 평가 등 사모아 국토와 관련된 업무를 진행한다.

법률지원(Legal)
사모아 천연자원 및 환경부가 담당하는 규정 및 법, 계약, 양해각서(MOU), 정책 결정 및 시행과 관련하여 법률 자문을 제공할 뿐만 아니라 토지 임대 및 양도와 관련한 법률 자문도 맡는다. 모든 법률자문은 사모아의 환경을 보호하고, 지속 가능한 발전을 통해 국민들의 삶을 개선하는 것을 추구한다.

---

189) Ministry of Natural Resources and Environment, Global Environment Facility, Samoa & the GEF, http://www.mnre.gov.ws/index.php/divisions/global-environment-facility

기상(Meteorology)
기상과 지구과학을 연구하는 부서로서, 이를 통해 사모아 천연자원의 지속 가능한 개발을 보좌한다. 부서는 일기예보와 기후 정보 제공, 지질학적 데이터 관리와 지구물리학적인 활동을 관리하는 업무를 담당한다.

도시계획과 도시관리부기관(Planning and Urban Management Agency, PUMA).
2002년 출범한 이 부서는 전략적이고 법적인 방법을 통해 체계적으로 도시 관리 및 계획을 담당하는 부서이며, 도시계획 및 관리법(Planning and Urban Management Act)과 여러 하부조항에 의해 운영된다.

기술지원(Technical)
현재 공간정보국(Spatial Information Agency)으로 불리는 이 조직은 총 3개의 업무를 수행한다. 첫째, 측량 서비스를 제공하여 사모아 국토를 측정한다. 둘째, 전산화된 토지 정보 시스템을 구축하기 위해 디지털 지적데이터베이스(Digital Cadastral Data Base)를 유지하고 업데이트하여 측량서비스의 품질을 보장한다. 셋째, 다양한 축척으로 다목적용 지도들을 제작한다.

수자원(Water Resources)
2006년 출범한 이 부서는 사모아 내 수자원의 사용을 관리, 보호하고, 통제하는 역할을 맡고 있다: ① 국가 표면수와 지하수를 관리하고 모니터링하는 수문학(Hydrology) 부문, ② 국가 수자원의 개발 및 정책 시행을 모니터링하는 정책 및 규제 부문, ③ 사모아 내의 분수계를 보호하는 분수계(Watershed) 부문으로 나누어져 있다.

이 외에도 재생가능에너지부서도 있다.

재정부[190]

사모아 재정부는 정부의 연간 예산을 배분, 시행 및 집행 모니터링을 하고 정부에서 시행하는 모든 급여 지불, 지출 및 경매 등의 과정에 참여한다. 또 국가 경제 개발 계획 및 전략을 수립하며 수질국과 전기공사와 같은 정부 소유의 공기업들에 대한 관리감독 업무도 담당한다.

재정부는 다음과 같은 장기적인 목표를 세우고 있다.

1. 사모아의 미시경제를 안정시킨다.
2. 정부의 재정 운용을 강화하여 자원을 효율적으로 관리하고 사용한다.
3. 양질의 거버넌스를 제공할 수 있도록 한다.
4. 지속 가능한 경제발전이 가능하도록 공공분야와 민간분야의 파트너십을 강화한다.
5. 업무의 효율을 높이기 위해 직원개발의 기회 제공 등의 지원을 한다.

보건부[191]

사모아 보건부는 현실적인 보건정책을 정부에 조언하며, 보건부법(Ministry of Health Act, 2006)에 의거하여 효율적인 정책을 마련함과 동시에 사모아의 모든 보건 분야를 모니터링 한다.

재무부(세금)[192]

사모아 재무부는 우리나라의 국세청 역할을 한다. 총 12개의 부서가 있으며, 기술 내국세 수입국(Inland Revenue)에 3개의 기술부서(Taxpayer Services, Audit & Investigations, Collection & Recoveries)와 세관에 3개의 기술부서(무역, 국경, 주류/ Trade Facilitation, Border Enforcement & Protection, Excise Warehouse & Liquor Administration)를 두고 있으며 나머지 6개 부서는 모두 지원 부서이다: 기관서비스(Corporate Services), 법률 및 기술 서비스(Legal & Technical Services), 정보기술 서비스(Information Technology), 예측과 비즈니스 개선

---

190) Samoa Government, Ministry of Finance(MOF), http://www.mof.gov.ws/
191) Samoa Government, Ministry of Health(MOH), http://www.health.gov.ws/
192) Samoa Government, Ministry of Revenue(MOR), http://www.revenue.gov.ws/

(Forecasting and Business Improvement), 내부감사 및 세입(Internal Audit and Revenue) 등이 있다.

총리 및 내각부[193]
총리 및 내각부는 국가 수장실을 비롯한 정부 내 부서들 간의 협력과 지원을 강화하고 정부가 시행하고 있는 정책들을 모니터링하는 한편, 총리와 내각 구성원들에게 정책 결정 시 필요한 정보를 제공한다. 그리고 시민권, 출입국심사, 여권과 같은 이민국 정책들에 대해 총리와 내각 구성원들에게 합리적이며 체계적으로 독립적인 제안을 한다.

여성, 지역사회 및 사회개발부[194]
여성, 지역사회 및 사회개발부는 사모아 사회 내에서의 양성 평등을 위한 정부 정책, 예산배분 등의 업무를 주관하며, 지속 가능한 지역사회 발전을 위해 당사자들과 긴밀한 파트너십을 유지한다. 여성, 지역사회 및 사회개발부는 여성과 아동(0~18세)들의 복지를 담당하는 여성국(Women), 내무국(Internal Affair), 정책/기획 및 정보국(Research, Policy/Planning & Information), 연례 보고서와 예산안, 브로셔 등 정부 혹은 개인 용도로 인쇄물을 발행하는 발간인쇄국(Printing), 통합 서비스국(Corporate Service), 사모아의 청소년들의 신체적·정신적 역량을 강화하기 위한 프로그램 등을 기획하며, 청소년 관련 활동들을 추진하는 청소년국(Youth) 등 총 6개 부분으로 세분화되어 있다.

노동, 교통 및 인프라부[195]
노동, 교통 및 인프라부의 목적은 국가 인프라 시설, 교통시설과 관련된 법적 제도를 구비하고, 이들 시설을 모니터링하는 데 있다. 또한 시설의 안전을 보호하며, 자산관리를 하기도 한다. 소속부서는 크게 여섯 가지로 분류되어 있으며, 그 기능은 다음과 같다.

---

193) Samoa Government. Ministry of the Prime Minister and Cabinet(MPMC). http://www.mpmc.gov.ws/
194) Samoa Government. Ministry of Women, Community and Social Development(MWCSD). http://www.mwcsd.gov.ws/
195) Samoa Government. Ministry of Works, Transport and Infrastructure(MWTI). http://www.mwti.gov.ws/

민간항공

사모아에서 최초로 제정된 민간항공 관련 법률은 1998년 민간항공법(Civil Aviation 1998)이다. 이후 민간항공규칙(Civil Aviation Rules and Regulations 2000)이 제정되었고, 노동, 교통 및 인프라부는 제정된 법률에 따라 민간항공을 효율적으로 관리하기 위해 별도의 부서를 마련해 운영하고 있다. 민간항공부는 사모아에서 이루어지는 모든 민간항공활동의 안전을 관리하고 책임지는 부서로서, 항공운영, 비행장 표준 및 소방체계 관리, 항공교통 관리, 개인에 대한 항공면허 발급 등의 업무를 담당한다.

해양(해운)

선박 등록, 선박 조사 및 검사, 선원 훈련 및 인증, 선원 고용 계약, 해양관련 국제 조약 및 국가 법률 이행 모니터링 등을 담당한다.

교통운송

보행자 안전을 최우선적으로 고려하고 기후에 대한 내성이 강한 도로 시스템을 구축하는 것을 목표로 하고 있다. 다른 시설들과의 연계성을 높이는 사업에도 주력하고 있다.

정책 및 기획

국민들에게 높은 수준의 교통 운송수단과 인프라 시설을 제공하는 것을 목표로 정부와 노동, 교통 및 인프라부 장관에게 정책, 전략 조언해 주는 부서이다. 여기에는 연구 및 컨설팅도 포함된다. 또한 함께 추진하고 있는 국가 인프라 전략 계획(National Infrastructure Strategic Plan)은 향후 5~10년간 사모아가 우선시하는 목표와 전략 방향을 잘 보여 주고 있다. 사모아는 에너지, 통신, 수자원 및 폐기물 관련 인프라, 교통운송 등을 중요시하고 있다.

건축관리

사모아 내에서 진행되고 있는 정부의 특수한 건설 프로젝트들이 적법한 절차에 따라 진행될 수 있도록 관리, 관장하는 부서이다. 또한 정부의 주택 부지와 관련된 모든 계약을 관리하는 업무를 담당한다.

서비스
소속된 모든 부서가 맡겨진 역할을 원활하게 진행하고 관리할 수 있도록 돕는 부서이다. 이 부서는 재정 가이드라인의 설정 및 관리, 노동, 교통 및 인프라부의 재정 관리 및 회계, 인적자원 관리 등의 행정 업무를 한다.

외교관계[196)197)198)199)200)]

사모아는 1962년 뉴질랜드로부터 독립한 후 현재까지 전 세계 89개국과 수교를 맺고 있다. 사모아와 관계를 맺고 있는 국가는 다음과 같다.

인도	몽골	조지아	스위스	포르투갈	카자흐스탄	크로아티아
영국	칠레	모나코	브라질	네덜란드	오스트리아	바티칸시국
호주	체코	모로코	세이셸	과테말라	아르헨티나	슬로바키아
페루	몰타	스웨덴	파키스탄	이탈리아	키프로스 공화국	우크라이나
미국	터키	몰디브	스리랑카	콜롬비아	아이슬란드	몬테네그로
한국	폴란드	벨기에	에콰도르	알바니아	마케도니아	파푸아뉴기니
일본	몰도바	프랑스	라트비아	동티모르	인도네시아	아랍에미레이트 공화국
독일	베트남	캐나다	보츠와나	파라과이	말레이시아	마이크로네시아 연방국
피지	카타르	러시아	루마니아	뉴질랜드	방글라데시	남아프리카 공화국
중국	헝가리	핀란드	노르웨이	마셜제도	에스토니아	브루나이 공화국
태국	이집트	그리스	아일랜드	싱가포르	리투아니아	보스니아 헤르체고비나
쿠바	스페인	필리핀	이스라엘	캄보디아	룩셈부르크	수리남 공화국
네팔	멕시코					

---

196) Samoa Government, Ministry of Foreign Affairs and Trade Samoa, Embassies, http://www.mfat.gov.ws/EMBASSIES.html
197) Samoa Government, Ministry of Foreign Affairs and Trade Samoa, Countries with Established Diplomatic Relations with Samoa, http://www.mfat.gov.ws/embassies/countries-with-established-diplomatic-relations-with-samoa/
198) Samoa Government, Ministry of Foreign Affairs and Trade Samoa, Conventions/Treaties, http://www.mfat.gov.ws/political-international-relations-protocol/conventions-treaties/
199) The World Bank, Foreign direct investment, net inflows (BoP, current US$), Samoa, http://data.worldbank.org/indicator/BX.KLT.DINV.CD.WD?locations=WS
200) K-stat, 국내통계 - 국가 수출입, 사모아, http://stat.kita.net/stat/kts/ctr/CtrTotalImpExpDetailPopup.screen

국가명/대사명	주소	연락처
사모아에 공관을 두고 있는 국가(10개국)		
뉴질랜드 New Zealand H.E. Mrs Jacqueline Anne Frizelle High Commissioner	P.O. Box 1876 Apia Samoa	Tel: (685) 21711 Fax: (685) 20086
호주 Australia H.E. Ms. Susan Langford High Commissioner	P.O. Box 704 Apia Samoa	Tel: (685) 23411 Fax: (685) 23159
중국 People's Republic of China H.E. Mr. Wang Xuefang Ambassador	Private Mail Bag Apia Samoa	Tel: (685) 22474 Fax: (685) 21115
일본 Japan Mr. Kazumasa Shibuta Ambassador	P.O. Box 1375 Apia Samoa	Tel: (685) 21187 Fax: (685) 21196
미국 United States of America Ms. Angelina Wilkinson Charge d'Affaires	P.O. Box 3430 Apia Samoa	Tel: (685) 21631 Fax: (685) 22030
칠레 Chile Mrs. Maria Ines Cepeda – Kappenberger Honorary Consul	P.O. Box 247 Apia Samoa	Tel: (685) 42014 Mobile: (685) 760 0600 Email: mane.kappenberger@gmail.com
핀랜드 Finland Mr. Seiuli Ian Black Honorary Consul	P.O. Box 225 Apia Samoa	Tel: (685) 20628/20403 Mobile: (685) 757 1234 Email: sib@sails.ws
프랑스 France Mrs. Vaisemasenuu Zita Martel Honorary Consul	c/o – Polynesian Xplorer, Malifa, Apia Samoa	Tel: (685) 25540 Fax: (685) 26941 Mobile: (685) 777 9482 Email: zita@polynesianxplorer.com
독일 Germany Mr. Arne Frederick Uwe Schreiber Honorary Consul	P.O. Box 1620 Papauta Samoa	Tel: (685) 25607 Fax: (685) 25608 Mobile: (685) 777 0320 Email: germanconsul.samoa@gmail.com / apia@hk-diplo.de
이탈리아 Italy Mr. Paul Cafferelli Honorary Consul	Amoa Resort Savai'i Samoa	Mobile: (685) 757 1636

사모아에 명예영사를 두고 있는 국가(7개국)		
국가명/대사명	주소	연락처
네덜란드 Netherlands Mr. Taimalie Ernest Betham Honorary Consul	Betham Building P.O. Box 859 Lalovaea Samoa	Tel: (685) 24337 Fax: (685) 24336 Email: terryb@lesamoa.net
대한민국 Republic of Korea Mr. Jerry Brunt Honorary Consul	C/O E.L.W. Associate P.O Box3428 Apia Samoa	Tel: (685) 26723 Fax: (685) 3278 45 Email: wilex@ipasifika.net
스페인 Spain Mr. Patrick Fepuleai Honorary Consul	Fepuleai Law Office Greg Meredith Building Tamaligi Samoa P.O. BOX 2288	Tel: (685) 20417 Fax: (685) 23048 Email: fepuleai@lesamoa.net
스웨덴 Sweden Ms. Su'a Hellene Wallwork Honorary Consul	c/- Wallwork Lamb Lawyers P.O Box 3893 Oceanview Business Complex, Sogi Samoa	Tel: (685) 24886 Mobile: (685) 774 4885 Email: wallworklamblawyers@gmail.com
스위스 Switzerland Ms Sylvie Salanoa Honorary Consul General	P.O. Box 2713 Papauta Samoa	Tel: (685) 22111 Mob: (685) 852 2111 Email: salanoa@samoaonline.ws
영국 United Kingdom Mrs Brenda Heather Latu Honorary Consul	P.O. Box 1953 Apia Samoa	Tel: (685) 30363 Mob: (685) 753 0365 Email: heather-latu@latulaw.com
멕시코 Mexico Ms. Angelina Wetzell Honorary Consul	Apia Concrete Product(ACP), Vaitele Apia Samoa	Mobile: (685) 777 4723 Email: wetzell_a@hotmail.com
사모아에 사무소를 두고 있는 기구/단체(3개 기관)		
유엔개발기구 United Nations Development Programme (UNDP) Ms. Lizbeth Cullity UNDP Resident Representative and UN Resident Coordinator	Private Bag Apia Samoa	Tel: (685) 23670 Fax: (685) 23555
유엔식량농업기구 Food Agricultural Organisation (FAO) Dr. Gavin Lindsay Wall Sub-Regional Representative	Private Mail Bag Apia Samoa	Tel: (685) 22127 Fax: (685) 22126
유엔교육과학문화기구 United Nations Educational, Scientific and Cultural Organisation (UNESCO) Mr. Alain Godonou Director	P.O. Box 5766 Apia Samoa	Tel: (685) 24276 Fax: (685) 26593

사모아에 사무소를 두고 있는 국제기구(5개 기구)

국가명/대사명	주소	연락처
세계보건기구 World Health Organisation (WHO) Dr. Baoping Yang WHO Representative	P.O. Box 77 Apia Samoa	Tel: (685) 23756 Fax: (685) 23765
태평양지역환경프로그램 Secretariat of the Pacific Regional Environment Programme (SPREP) Mr. Kosi Latu Director	P.O Box 240 Apia Samoa	Tel: (685) 21929 Fax: (685) 20231/22186
일본국제협력기구 Japan International Cooperation Agency (JICA) Mr. Hideyuki Suzuki Resident Representative 일본해외협력대 Japan Overseas Cooperation Volunteers (JOCV) Ms. Akemi Ooku Volunteer Coordinator	P.O Box 1625 Apia Samoa	Tel: (685) 22572 Fax: (685) 22194
미국평화봉사단 United States Peace Corps Ms. Sherry Russell Country Director	Private Bag Apia Samoa	Tel: (685) 22345 Fax: (685) 20450

사모아의 해외공관(8개국)

국가명/대사명	주소	연락처
호주 Australia Canberra H.E. Hinauri Petana High Commissioner	Samoa High Commission 13 Culgoa Curcuit O'Malley ACT 2606 Canberra P.O. Box 3274 Manuka ACT 2603 AUSTRALIA	Tel: (612) 6286 5505 Fax: (612) 6286 5678 Email: samoahcaussi@netspeed.com.au
호주 Australia Sydney Mr. Manogiamanu Fonoti Etuale Consul General	Samoa Consulate General 45-47 Scott Street Liverpool, NSW 2170 Sydney, Australia	Tel: (612) 9602 1967/ 9734 9869 Fax: (612) 6286 5678 Email: samoacgs@gmail.com.au
벨기에 Kingdom of Belgium H.E. Fatumanava Dr. Pa'o Luteru Ambassador Extraordinary and Plenipotentiary	Embassy of Samoa 20, Avenue de l'Oree (bte.4) B-1000, Brussels, BELGIUM	Tel: +32(0)2 660 8454 Fax: +32(0)2 675 0336 Email: samoaembassy@skynet.be
중국 People's Republic of China H.E. Mr. Tapusalaia Terry Toomata Ambassador Extraordinary and Plenipotentiary	Embassy of the Independant State of Samoa 2-7-2 Tayyan Diplomatic Office Building, No.14 Liang Mahe Nan Lu, Chanoyang District, CHINA	Tel: (86) 1065321673 Fax: (86) 1065321642

사모아의 해외공관(8개국)

국가명/대사명	주소	연락처
일본 Japan H.E. Ms. Fa'alavaau Perina Jacqueline Sila Tualaulelei Ambassador Extraordinary and Plenipotentiary	Embassy of Samoa Seiko Building 2-7-4 Irifune Chuo-ku, Tokyo, JAPAN	Tel: (813) 6228 3692 Fax: (813) 6228 3693 Email: samoa_tokyo@samoaembassy.jp
뉴질랜드 New Zealand Wellington H.E. Mr. Leasi Papalii Tommy Scanlan High Commissioner	Samoa High Commission 1A Wesley Road Kelburn P.O. Box 1430 Postal Address P.O. Box 1430 Wellington, NEW ZEALAND	Tel: (644) 472 0953 Fax: (644) 471 2479 Email: shc@paradise.net.nz
뉴질랜드 New Zealand Aukland Mr. Faolotoi Reupena Pogi Samoa Consul General/ Mr. Fonoti Dr Lafitai Iupati Fuatai Trade Commissioner Samoa	Samoa Consulate General 3 Floor Samoa House Karangahape Road P.O. Box 68147 Auckland	Tel: (649) 303 1012 Fax: (649) 302 1168
미국 United States of America New York(유엔) H.E. Mr. Aliioaiga Feturi Elisaia Ambassador Extraordinary and Plenipotentiary / Head of Mission	Samoa Mission to the UN 800 2nd Avenue, 4th Floor Suite 400J New York 10017 USA	Tel: (1) 212 599 6196 Fax: (1) 212 599 0797 Email: samoa@un.int
미사모아 American Samoa Mr. Auseugaefa Mafaituuga Vaasatia Poloma Komiti Samoa Consul	Samoa Consulate General P.O.Box 1313 Pago Pago	Tel: (684) 633 5919 Fax: (684) 633 5929
피지 FIJI(남태평양대학) Mrs. Matilda Bartley Student Counsellor	University of the South Pacific P.O. Box 13894 Suva FIJI	Tel: (679) 323 2597 Fax: (679) 323 1573

사모아가 명예대사를 두고 있는 지역(5개국)

아르헨티나 Argentina Mr. Manuel V. HELFRICH Honorary Consul	Tucuman 540, 10th floor, Suite H 1049 Buenos Aires ARGENTINE REPUBLIC	Tel/Fax: (5411) 4325 9648 Home: (5411) 4774 2200 Email: consuladogeneralsamoa @fibertel.com.ar
호주 Australia New South Wales Mr. John Mitchelli Honorary Consul General 호주 Australia Queensland	Suite 34, Level 7 88 Pitt Street Sydney, NSW 2000 AUSTRALIA Level 38, Central Plaza 1 345 Queen Street Brisbane, QLD 4000 (Postal - GPO Box 3124, Brisbane QLD 4001) AUSTRALIA	Tel: (612) 9221 0455 Fax: (612) 9221 0499 Tel: (617) 3258 6666 Fax: (617) 3258 6444

국가명/대사명	주소	연락처
사모아가 명예대사를 두고 있는 지역		
오스트리아 AUSTRIA Mr. Torben Mikael Roepstorff Consul General	Colloredogasse 31 A-1180 Vienna, Austria	Tel/Fax: (431) 470 0510
키프로스 Cyprus Mr. Dieter ROHDENBURG Honorary Consul	14, Eleni Avtonomou St., Ayia Phyia 3117 Limassol, Cyprus	Tel: (357)7000 7377 Fax: (357)2533 9670 Mobile: (357) 9961 9442 Email: drohdenburg@intership-cyprus.com /consul@samoa-consulate.com.cy
덴마크 Denmark Mr. Lasse TOFT Consul General	Euro Capital - Postboks 157 Holmevej 55 2860 Sobørg Denmark	Tel: (45) 7020 3250 Fax: (45) 7020 3251 Email: lassetoft@eurocapital.dk

다음은 사모아가 가입한 협정과 조약이다.

민간 항공 분야

- Chicago Convention on International Civil Aviation (ICAO Convention), 1994
- Protocol Relating to an Amendment on the Convention on International Civil Aviation October, 1990
- Convention on Offences and Certain Other Acts Committed on Board Aircraft, 1963
- Hague Convention for the Suppression of Unlawful Seizure of Aircraft, 1970
- Convention for the Suppression of Unlawful Acts Against the Safety of Civil Aviation, 1971
- Protocol for the Suppression of Unlawful Acts of Violence at Airports Serving International Civil Aviation, Supplementary to the Convention for the Suppression of Unlawful Acts Against the Safety of Civil Aviation, 1971
- Montreal Convention on Marking of Plastic Explosives for the Purpose of Detection, 1991
- Protocol Relating to an Amendment to Convention on International Civil Aviation, Montreal, 1989
- Convention for the Unification of Certain Rules Relating to International Carriage by Air, Warsaw December, 1929
- Pacific Islands Air Services Agreement(PIASA), 2003
- Pacific Islands Civil Aviation Safety and Security Treaty, 2004
- Multilateral Agreement on the Liberalisation of International Air Transport

민간 항공 분야 상호 협정

- Bilateral Air Services Agreement with Fiji
- Bilateral Air Services Agreement with Australia
- Bilateral Air Services Agreement with New Zealand
- Bilateral Air Services Agreement with Tonga
- Bilateral Air Services Agreement with Cook Islands
- Bilateral Air Services Agreement with Niue

노동-지적재산(Labour - Intellectual Property)

- 1967 Convention Establishing World Intellectual Property Organisation(WIPO)
- International Labour Organisation
- 1954 Convention for the Protection of Cultural Property in the Event of Armed Conflict
- 1961 Hague Convention Abolishing the Requirement of Legislation for Foreign Public Documents
- 1970 Convention on the Means of Prohibiting and Preventing the Illicit Import, Export and Transfer of Ownership of Cultural Property
- Berne Convention for the Protection of Literacy and Artistic works
- Forced Labour convention(No 29)
- Freedom of Association and Protection of the Right to Organize and Collective bargaining convention(No 8)
- Equal Renumeration convention(No 100)
- Abolition of Forced Labour Convention(No 105)
- Discrimination (Employment and Occupation) Convention(No 111)
- Minimum Age Convention(No 138)
- Worst Forms of Child Labour Convention(No 182)

인권

- Universal Declaration of Human Rights, 1992
- Convention on Elimination of All Forms of Discrimination Against Women(CEDAW),1971
- Convention on the Rights of the Child, 1989
- International Convention on Civil and Political Rights, 1966
- International Covenant on Economic Social and Cultural Rights, 1966

기상

- Agreement Establishing the World Meteorology Organisation(WMO), 1995

외교 및 자문 관계

- Vienna Convention on Diplomatic Relations, 1961
- Vienna Convention on Consular Relations, 1963

난민

- United Nations Convention Relating to the Status of Refugees, 1951
- Protocol Relating to the Status of Refugees, 1967

UN 보호

- 1994 UN Convention of Safety of UN and Associated Personnel

통신

- 1982 International Telecommunication Convention
- 1977 Agreement Establishing the Asia Pacific Institute for Broadcasting Development Amendments to the AIBD Agreement
- 1976 Constitution of the Asia-Pacific Telecommunity
- Asian Pacific Postal Union

경제/ 무역

- Cotonou Partnership Agreement(EU/ACP), 2000
- International Cocoa Agreement
- World Customs Organisation, 1952
- 1965 Convention on Settlement of Investment Disputes Between States and Nationals of Other States, 1965
- Pacific Agreement on Closer Economic Relations(PACER), 2002
- Pacific Island Countries Trade Agreement(PICTA), 2003
- Convention on the Settlement of Disputes between States and National of Other States, 1965
- International Cocoa Agreement, 1972, 1975, 1980, 1986
- Convention establishing the Multilateral Investment Guarantee Agency(MIGA)
- South Pacific Regional Trade and Economic Cooperation Agreement(SPARTECA), 1981
- Georgetown Agreement on the organization of the African, Caribbean and Pacific Group of States(ACP), 1975
- The Second ACP_EU Convention
- 3rd ACP_EU Convention
- 4th ACP_EU Convention
- International Wheat Agreement
- Protocol on the Accession of Samoa to the Marrakesh Agreement Establishing the World Trade Organisation,1994

무장해제(Disarmament)

- South Pacific Nuclear Free Zone Treaty, 1986
- Comprehensive Test Ban Treaty(CTBT)
- 1992 Convention on the Prohibition of the Development, Production, Stockpiling and Use of Chemical Weapons and their Destruction
- 1997 Convention on the Prohibition of the Use, Stockpiling, Production and Transfer of Anti Personnel Mines and their Destruction
- Convention on the Treaty on the Non-Proliferation of Nuclear Weapon(NPT), 1968
- Treaty Banning Nuclear Weapon Tests in the Atmosphere in Outer Space and Under Water, 1963
- Convention to Ban the Importation into Forum Island Countries of Hazardous and Radioactive Wastes and to Control the Trans-boundary Movement and Management of Hazardous Wastes within the South Pacific, 1995
- Convention on Cluster Munitions, 2008
- Hague code of Conduct Against Ballistic Missle Proliferation, 2002
- Arms Trade Treaty, 2014

해양/어업

- UN Convention on Law of the Sea, 1982
- Niue Treaty on Cooperation in Fisheries Surveillance and Law Enforcement in the South Pacific, 1992
- Convention for the Prohibition of Long Driftnets in the South Pacific, 1990
- Treaty on Fisheries Between the Governments of Certain Pacific Island States and the Government of the United States of America
- Convention on the Conservation and Management of Highly Migratory Fish Stocks in the Western and Central Pacific Ocean, 2000
- Agreement Relating to the implementation of Part XI of the UN Convention on the Law of the Sea, 1994
- Fish Stocks Agreements, 1995
- South Pacific Forum Fisheries Agency Convention, 1979
- Agreement on Port State Measures to Prevent Deter and Eliminate Illegal, Unreported and Unregulated Fishing, 2009
- Agreement Between USA & Samoa Concerning Operational Cooperation to Suppress Illicit Transnational Maritime Activity(Shiprider Agreement), 2012
- Niue Treaty Subsidiary Agreement, 2014

마약/환각제

- Convention Against the Illicit Traffic in Narcotics Drugs and Psychotropics Substances, 1988

전쟁/범죄

- Rome Statute of the International Criminal Court(ICC)
- Red Cross Conventions on Protection of War Victims, 1949
- Geneva Convention for Amelioration of the Condition of the Wounded, Sick and Shipwrecked Members of the Armed Forces at Sea, 1949
- Geneva Convention Relative to the Treatment of Prisoners of War, 1949
- Geneva Convention Relative to the Protection of Civilian Persons in Time of War, 1949

테러

- Convention for the Suppression of the Financing of Terrorism, 1999

태평양도서포럼

- Agreement Establishing the Pacific Islands Forum Secretariat, 2000

사모아는 경찰 병력 일부를 솔로몬 제도 지역지원단(RAMSI)에 배치한 적이 있고, 태평양도서포럼(PIF), 태평양위원회사무국(SPC), 태평양지역 환경 프로그램기구(SPREP)의 회원으로도 적극 활동 중이다. 태평양지역 환경프로그램 기구 및 유엔 식량농업기구(FAO)의 사무소를 유치하고 있고 2004년에는 제35회 태평양도서포럼을 개최하였으며, 2007년에는 남태평양 22개국이 출전한 남태평양 게임(South Pacific Games)을 주최하기도 했다.

한국과 사모아의 외교관계

한국과 사모아는 1972년 9월 15일 외교관계를 수립했다. 또한 북한과는 1978년 6월 28일 외교관계를 수립한 바 있으나 미얀마 아웅산 묘역 폭탄 테러 사건을 계기로 1983년 12월 23일 단교했다.

사모아는 1996년 국제해양법재판소 재판관을 선출할 때 한국 후보를 지지했으며, 1996년에는 한국이 유엔 경제사회이사회(ECOSOC)에 진출할 때도 지지했고, 1999년에는 유네스코(UNESCO)에 입후보할 때에도 지지한 바 있다.

2003년에는 선준영 대사의 유엔 행정예산 자문위원회(ACABQ) 입후보를 지지했다. 또 2005년 2월에는 아동권리위원회에서 한국 후보를 지지했으며, 같은 해 6월에는 국제해양법재판소 재판관 선거에서도 한국 후보를 지지했다. 2007년 6월에는 한국이 대륙붕한계위원회(CLCS) 위원에 진출하는 것을 지지했고, 2008년에는 2012여수박람회개최국 선거 시 한국을 지지했다.

2009년 1월에는 국제형사재판소(ICC) 예산 및 재정에 관한 위원회(CBF) 선거에서 한국 후보를 지지했으며, 같은 해 2월에는 아세아태평양우편연합(APPU) 사무국장 후보에서 한국을 지지했다. 이어 3월에는 국제해양법재판소 재판관 보궐선거에서 한국 후보를 지지했으며, 2009년에는 국제해사기구(IMO) 이사국 후보에서 한국을 지지했다. 2010년에는 국제민간항공기구(ICAO), 유엔 경제사회 이사회 이사국 등에서도 한국을 지지했다.

한국과 사모아의 무역관계

외국인 직접투자는 2000년 초반에 100~200만 달러에 그치는 등 미미했지만 최근 들어 크게 증가하여 2천만 달러에 육박하고 있다. 인구수와 GDP 증가와 더불어 시장성이 갈수록 개선될 것으로 보인다. 향후 몇 년간 외국인직접투자(FDI)는 지속적으로 증가할 것으로 예측된다. 한국의 대(對)사모아 주요 수출품은 플라스틱 제품, 자동차, 기타 기계류, 농산 가공품, 석유제품 등이며 점차 증가하고 있는 추세이다. 한국의 대사모아 주요 수입품으로는 반도체, 동제품, 플라스틱 제품, 기호식품 등이 있다. 2006년 사모아의 건설, 교통 및 인프라 장관이 방한하여 조선소를 방문하고 선박 관련 장비를 구입한 바 있다.

2010년을 기준으로 한국의 대사모아 주요 수출품은 플라스틱 제품(85만 5천 미국달러), 자동차(49만 4천 미국달러), 기타 기계류(43만 2천 미국달러), 농산 가공품(38만 1천 미국달러), 석유제품(34만 3천 미국달러)이다. 2010년을 기준으로 한국의 대사모아 주요 수입품은 반도체(77만 7천 미국달러), 동제품(52만 4천 미국달러), 플라스틱 제품(22만 6천 미국달러), 기호 식품(8만 7천 미국달러)이다.

(금액 단위: 천 달러)

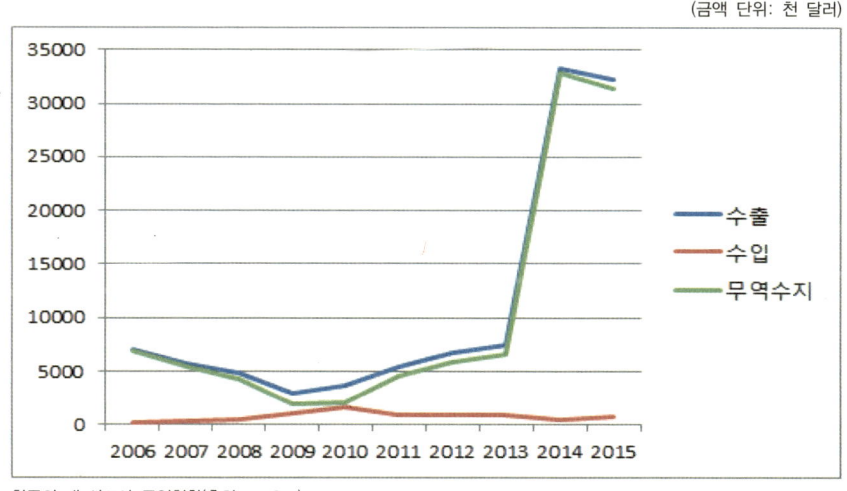

한국의 대 사모아 무역현황(출처: K-Stat)

04 사모아의 경제[201)202)203)204)205)206)207)208)]

경제 현황

2015년 기준 사모아의 국내총생산(GDP)은 약 7.61억 달러(한화 약 9천억 원)에 달했으며 1인당 국내총생산(GDP per capita)은 약 4천 달러(한화 약 470만원)로 집계되었다. 2000년대 들어 사모아 경제는 꾸준한 성장을 보였으나, 2009년 쓰나미 피해와 세계경제 침체로 마이너스 성장률을 기록했다.

사모아 경제는 2009년 5.1% 마이너스 성장률을 기록한 후 2010년 0.4%, 2011년 2.0%의 성장률을 기록하여 회복세에 들어섰지만, 2013년 2분기 들어 또다시 사이클론 이반(Evan)으로 GDP의 약 30%, 2억 달러(약 2천억 원) 가까이 피해를 입어 큰 타격을 받았다. 이때 세계은행은 태평양도서국들이 지리적으로 다른 경제권들과 떨어져 있는 데다가, 환경 문제를 가장 심각하게 겪고 있다는

---

201) Atlantic Research & Consulting(ARC), 2012. 사모아 사업 현황 조사 및 진출 방안, 적도태평양연구인프라구축사업(PE98841) 보고서, 한국해양과학기술원
202) Pacific Islands Report 2014(March 14), Foreign Aid and Hidden Costs of Corruption, http://www.pireport.org/articles/20 14/03/14/foreign-aid-and-hidden-costs-corruption
203) Strategy for the Development of Samoa 2012~2016, Economic Policy and Planning Division, Ministry of Finance, http://unstats.un.org/unsd/nationalaccount/workshops/2013/Samoa/Nat_SNA_1.pdf
204) Pacific Region Infrastructure Facility(PRIF), Samoa - National Infrastructure Strategic Plan, http://www.theprif.org/components/com_jomcomdev/files/2014/09/14-Samoa%20NISP%20Full%20Report.pdf
205) International Monetary Fund, IMF Country Report No. 12/250, Samoa - 2012 Article IV Consultation, http://www.imf.org/external/pubs/ft/scr/2012/cr12250.pdf
206) Samoa Demographic and Health Survey, 2009, http://dhsprogram.com/pubs/pdf/FR240/FR240.pdf
207) Samoa Government, 2016, Investment Guide, Ministry of Commerce, Industry & Labour, Industry Development and Investment Promotion Division, http://www.mcil.gov.ws
208) Samoa Government, 2011, Trade, commerce and Manufacturing(TCM) Sector Plan, First Draft

점을 들어 이들 국가의 경제 시스템을 대륙에 인접해 있는 다른 국가들과는 달리 기후 변화가 국가경제에 미치는 충격이 매우 큰 편이라고 지적한 바 있다.

사모아는 2012년에는 식품값이 크게 올라 6.2%의 높은 인플레이션을 겪었으나 2012년 4분기부터 감소하기 시작하여 2014년에는 -0.4%까지 떨어졌다. 2015년에는 다시 올라 0.9%가 되었으며, 2016년에는 1.19%를 예상하였고, 인플레이션은 인근 솔로몬 제도, 피지, 마셜 제도 등과 비슷한 수치로 태평양 소도서국 중 평균 정도에 미칠 것으로 전망한 바 있다.

사모아 시장의 특징은 ① 제한적인 내수시장, ② 대외 원조 및 송금에 높은 의존도, ③ 자연 재해 위험 노출이다. 사모아 시장규모의 주요 척도인 총 인구수는 1960년도 이후 지속적인 증가 추세를 보이고 있는데, 2016년 기준 전체 인구는 약 19만 9천 명이다. 인구밀도는 1㎢당 약 70명 정도이고 주로 외곽에 거주하고 있으며, 도회지역 거주 인구가 낮은 편이다.

현재 사모아 정부는 '모두를 위한 삶의 질 개선'이라는 장기 발전 비전 아래 2012년 7월 2012~2016 사모아 발전 전략(Strategy for the Development of Samoa, SDS)을 발표하고 네 가지 전략적 초점(focus)을 기반으로 세부 사업 방향을 제시한 바 있다.

향후, 정부가 주간하는 공공 인프라 개발 사업이 크게 늘어날 전망인데 사모아 정부는 인프라 구축 전략(Samoa National Infrastructure Strategic Plan)을 세워 향후 5~10년간, 그리고 2015~2020년까지 전략적 개발 방향을 설정했다. 사모아 성부가 정한 8개 주력 분야로는 에너지, 통신, 수자원, 쓰레기 처리, 교통, 항만, 공항 및 다분야 접근 등이 있다.

국제무역

사모아 무역규모는 1990년 후반부터 가파르게 증가하고 있는데 수입이 수출보다 약 2배 정도 많다. 2014년 기준 수출과 수입은 각각 5천2백6십만 달러와 4억5천8백만 달러로, 수입량이 수출량보다 8배 이상 많으며, 지속적인 무역적자를 기록하고 있다. 주요 수입품목은 미네랄 제품, 식품류, 가축, 기계 및 장비 등이며, 주요 수입국은 뉴질랜드, 호주, 미국, 싱가포르, 중국 등으로 뉴질랜드로부터의 수입이 약 27%로 큰 비중을 차지한다. 반면 주요 수출품목은 농수산물이나 식품류인데, 어류, 코코넛 제품, 맥주, 타로감자 등이 있다. 주요 재수출 품목은 자동차 부품이 포함된다. 최근 토켈라우와 미국령 사모아를 대상으로 한 원료 및 자동차 부품 재수출이 감소하는 바람에 총 수출이익은 감소했다. 주요 수출대상국은 호주, 뉴질랜드, 일본, 미국령 사모아, 미국 등이며 호주 수출이 무려 53%에 달하여 큰 비중을 차지하지만, 최근에는 미국, 중국과의 교역이 증가했다. 무역진흥을 위해 대외적으로는 EU와의 경제동반자협정(Economic Partnership Agreement, EPA), 긴밀한 경제관계에 관한 태평양 협정(Pacific Agreement on Closer Economic Relations Agreement, PACER) 및 태평양 도서국 무역협정(Pacific Island Countries Trade Agreement, PICTA)을 체결했고, WTO 가입을 추진(1998년 3월에 신청)하는 등 지역 및 국제기관을 통한 자유무역 촉진에 통상정책의 목표를 두고 있다.

사모아는 1962년 뉴질랜드에서 독립한 후 뉴질랜드와 국교를 맺었으며, 뉴질랜드로부터 많은 경제적 지원을 받고 무역을 활발히 하고 있다. 하지만 최근에는 중국의 투자 및 사업 진출이 확대되고 있으며, 이에 대한 반발로 지역 사업가들이 중심이 된 반중 시위가 나타나기도 했다. 사모아의 국제 개발 기금 및 투자기관과의 관계로는 우선 아시아개발은행(Asian Development Bank)의 2013~2015년 사모아 중점 기술 지원 분야는 민간 부문 개발 프로젝트, 사모아 해저 케이블 프로젝트, 공공부문 재정관리 지원, 재생 에너지 기술 지원, 인프라 개발 등이 있다. 세계은행[209]은 최근 3년간(2014~2016) 사모아 항공투자, 태평양 지역 연결프로그램, 태평양 복구프로그램, 사모아 재정경제 개혁 프로그램 등에 총 7,800만 달러를 지원했다. 2000년부터 2013년까지는 경제위기 극복융자, 쓰나미 복구 지원, 기후 변화 대응을 위한 프로그램, 도시 정비 개발, 농업 경쟁력 제고, 사모아 국가 개발정책 운영, 사이클론 대응 프로젝트, 도로 접근성 향상 프로젝트 등의 분야에 총 1억 3,400만 달러를 지원했다.

---

209) The World Bank, Projects & Operations - Samoa. http://www.worldbank.org/projects/search?lang=en&searchTerm=&countrycode_exact=WS

사모아의 주요 인프라

인적자원 인프라

2014년 발표된 통계청 자료[210]에 의하면, 15세 미만 인구는 전체 인구의 약 38.1%이며, 노동 가능 연령인 15~64세 인구는 56.3%, 65세 이상은 5.6%로 부양 계층과 피부양 계층이 절반 정도이다. 산업가용인구의 척도인 식자율(Literacy Rate)을 보면, 2015년 기준 남성인구의 99.1%, 여성인구의 98.8%이며, 지방거주 인구와 빈곤층의 남성인구 식자율도 98%이다.

노동고용법(Labour and Employment Act, 1972)에 의하여 고용과 관련된 제반 조건들이 보호되고 있다. 주로 임금 보장, 업무 내용, 고용 계약 종료, 연간 휴가 및 병가일수, 근무시간, 야근, 건강보고 등이 포함되어 있는데, 현재 최저 고용 가능 연령은 만 18세이다. 민간기업의 경우, 최저 임금이 넘는 선에서 근로자 지불 임금을 자유롭게 책정할 수 있고 고용자와 피고용자 모두 임금의 1%를 산재대비 기금으로, 임금의 5%를 사모아국립미래기금(Samoa National Provident Fund)으로 부담한다. 사모아 내에서 근로활동을 원하는 외국인은 이민국으로부터 노동허가와 입국허가를 모두 받아야 한다.

전력 인프라

사모아의 경우, 안정적이고 값싼 전력공급이 정부의 주요 개발 목표인 만큼, 해외 기업의 투자 진출 시 전력공급에 대한 이해가 필수적이다. 현재 전력 공급회사는 사모아전력사(Electric Power Corporation)로 원료 수입뿐만 아니라 재생에너지 발전과 공급을 담당하고 있다. ADB는 2015년에 1천만 달러 규모의 재생에너지 발전 프로젝트 지원을 승인한 바 있으며, 이를 통해 전력 수급 상황이 더 개선될 전망이다.

운송-교통 인프라

사모아는 교통 인프라가 체계적으로 구축되지 않아 경제 발전에 걸림돌로 작용한다. 2001년 집계된 포장도로의 비율은 14%에 불과했다. 2007년 조사된 바에 따르면,

---

210) Samoa Demographic and Health Survey. 2014. http://www.sbs.gov.ws/index.php/new-document-library?view=dow nload&fileId=1648

인구 1,000명당 오토바이 77대, 승용차 40대를 소지한 것으로 알려졌다. 섬나라인 사모아는 항공이 주요 운송수단이며 하와이, 뉴질랜드, 호주, 피지, 미국령 사모아로의 항공편이 운영 중이다. 해상 교통편으로는 아피아(Apia)와 아사우(Asau) 2개의 부두가 있으며 아피아 부두에서는 컨테이너를 비롯한 화물들을 원활하게 처리할 수 있다.

정보통신 인프라

정보통신의 인프라로는 크게 일반전화, 무선전화, 인터넷 등이 있다. 블루스카이 사모아(Bluesky Samoa)와 디지셀 사모아(Digicel Samoa) 두 개의 주요 통신사가 있는데 모두 외국자본 소유이다. 유선전화는 약 11%가 소지하고 있으나 무선전화의 보급과 함께 증가율이 정체되었다. 1990년대 후반 보급이 시작된 무선전화 가입자 수는 2007년 기준 약 47%가 소지하고 있는 것으로 조사되었다. 인터넷은 2000년대 초에 보급되기 시작했는데, 2016년 현재 사모아-아메리칸사모아(SAS) 해저케이블 혹은 *인텔샛(Intelsat) 위성으로 연결되어 있다. 하와이키 케이블사(Hawaiki Cable Ltd.)는 호주, 뉴질랜드, 미국 그리고 다른 태평양도서국들을 잇는 사모아의 두 번째 해저케이블을 설치할 계획이다. 사모아의 인터넷 사용자 수는 2014년 기준 인구대비 21.2%로 다른 태평양 도서국에 비하면 평균수준이지만, 세계적으로는 아직 열악한 상태이다.[211]

*인텔샛(Intelsat)은 국제통신 위성기구인 International Telecommunication Satellite의 약어이다. 우리나라는 지난 1967년 57번째 회원국으로 가입하여 인텔샛 위성을 사용하고 있다.(Naver 지식 백과)

금융 인프라

수도 아피아에 위치한 Central Bank of Samoa(CBS)는 사모아의 중앙은행으로서, 각종 외환 거래와 통화 안정에 관련된 업무를 담당한다. 이 외에 4개의 일반 상업 은행이 영업 중이다. 호주뉴질랜드은행[ANZ Bank (Samoa) Limited], 사모아국립은행(National Bank of Samoa, NBSL), 사모아산업은행(Samoa Commercial Bank, SCB), 남태평양사모아은행(Bank of South Pacific Samoa) 등이 있다. 외국인이 계좌개설을 하려면 자금세탁 목적이 없음을 입증하는 서류를 제출해야

---

211) The World Bank, World Development Indicators - Samoa. http://databank.worldbank.org/data/reports.aspx?source=2&country=WSM&series=&period=

한다. ANZ Bank Samoa와 Bank of South Pacific Samoa는 국제적 은행이며, 아피아 국제공항과 사바이(Savai'i) 섬에 위치한 살레롤로가(Salelologa)에 지점을 두고 있다. 사모아 국립은행과 사모아 산업은행도 환전업무를 담당하며, ATM기는 주로 아피아와 사바이 섬에 위치한다.

정책 인프라
사모아 정부는 해외투자 유치 및 동반 성장을 위해 내부 산업 및 제도 인프라를 재정비했으며, 2000년과 2011년 해외투자법을 제정했다. 또한 투자 위험 감소와 불확실성을 줄이고 해외 투자자들에 대한 보다 안정적인 정책 지원의 일환으로 세계투자촉진기구협회(World Association of Investment Promotion Agency, WAIPA)와 투자촉진기구 기관장협회(Head of Investment Promotion Agendy, HIPA)에 가입했다. 사업자 등록을 위해서는 상공산업노동부(Ministry of Commerce, Industry and Labor)의 기업법(Companies Act, 2001) 절차에 따라 사업자 등록 신청서와 이사회 동의서를 제출해야 한다. 사업자 등록 신청서와 양식은 온라인 웹사이트(http://www.mcil.gov.ws/index.php/en/ publication/forms)에서 다운로드 받을 수 있으며, 직접 제출하거나 우편으로 제출할 수 있다.

해외 투자자들의 외환 거래 편의를 위해서는 수익과 자본금의 본국 송환, 외화 대출금 상환과 이자 지불, 제3국에 대한 지적재산권 사용료 지불 등이 원활하도록 지원하고, 사모아 내에서의 사업활동을 수행하기 위해서는 사업자 등록과 더불어 사업 자격증을 취득해야 한다. 재무부(Ministry of Revenue)에 신청서를 제출하고 매년 갱신해야 하는데, 개인사업자는 220WST$(~10만원), 기업은 500WST$(~22만원)의 수수료를 지급해야 한다. 외국인 투자자일 경우와 기업이나 경제활동에 10% 이상의 지분을 소유하게 될 경우에는 사업 자격증 취득 전에 상공산업노동부로부터 외국인 투자 등록증을 발급받아야 한다.

사모아 정부가 선호하는 외국 기업활동의 성격

요인	선호 조건
경제적 측면	•국가 경제 발전에 실질적인 기여를 하는 기업활동(농업, 인프라 구축 사업) •현지 인력의 채용 및 고용 증대 효과를 유발하는 산업(서비스업) •사업의 모든 절차에 자국민 투입이 가능하고 이를 위한 교육 및 훈련 프로그램을 제공하는 산업 •수출 증대에 기여하는 산업(농업 가공, 수산물 가공) •수입 품목을 대체하는 제품을 개발·생산하는 산업(축산업, 육류 가공)
자원/환경적 측면	•자국의 천연자원 및 산업 리소스를 효과적으로 이용 가능한 산업(관광, 목재, 가구제조업) •국내 소외지역 개발에 기여하는 산업(관광산업)

세금 제도

사모아 내 기업을 운영할 경우 외국인 회사는 사모아 내에서 이루어진 기업활동으로 얻은 과세 가능한 소득에 대해서는 법인세 27%가 부과된다. 소득세는 모든 과세 대상자와 기업과세 대상자에 부과되며, 전년도 수입 기준으로 10~27%가 부과되고 소득이 12만WST$(~5천3백만원) 미만일 경우 면제된다. 부가가치세는 15%의 세율을 적용하며 세입부에 부가가치세 징수 대상으로 등록된 개인이나 사업자를 통해 징수되고 연간 총매출액이 7만8천WST$(~3천4백만원) 미만일 경우 면제된다.

주요 산업 현황

관광산업

사모아의 관광업은 꾸준히 성장해 왔으며, 사모아 경제에 매우 중요한 부분을 차지하고 있는데, 직·간접적으로 거두어들이는 수입 경제의 약 20%를 차지한다. 사모아 관광객은 휴가 목적과 친지방문 목적으로 구분된다. 호주와 뉴질랜드 관광객이 지속적으로 늘고 있다. 뉴질랜드, 호주, 미국령 사모아에 살고 있는 사모아인들의 애국심에 힘입어 태평양 연안의 소도서 국가 중 피지 다음으로 많은 관광객을 유치하고 있다. 사모아 관광산업의 주요 분야는 크게 레저 교육, 요식업, 레저 오락, 숙박업 등으로 분류되며 관광산업의 발전과 함께 점차 성장할 것으로 전망된다. 항공사 중에서는 버진사모아(전 폴리네시안 블루)사가 약 37%, 에어 뉴질랜드가 약 30%, 폴리네시안 에어라인이 약 15% 시장을 점유한다. 또한 다른 도서지역들과 마찬가지로 도서국이라는 특성에 따라 상당부분의 관광산업이 자연경관과 해양에 집중되어 있는 것을 관광청 자료를 보면 알 수 있다.

수산업

수산업은 오랫동안 사모아 경제의 주요 산업 역할을 해 왔으며, 현재도 농산품과 더불어 사모아의 주요 수출품이다. 참치 낚시용 밀크피시, 훈제 해산물, 양식 새우, 수출용 가공된 참치뱃살 등이 활발하다. 참치 종류 중 날개다랑어(albacore)가 69%, 황다랭이(yellowfin)가 17%, 눈다랑어(bigeye)가 4% 정도를 차지하고 수출되는 어류에는 92%가 냉동된 날개다랑어이다. 대부분 미국령 사모아를 비롯한 미국시장에 수출되고 있다.

최근에는 피지에서 수입한 틸라피아 양식도 증가하고 있으며, 현재 29개 틸라피아 양식장이 운영되고 있다. 이 중 20개가 우폴루 섬에, 9개가 사바이 섬에 위치해 있다. 틸라피아 양식은 잔챙이로 시작하여 시장에 출시될 때까지 7~8개월이 소요되고 생존율은 80% 정도인데, 다양한 요리, 피시버거, 가공식품 등에 쓰일 수 있어 유용하다.

정부에서는 참치어업 활성화를 위해 참치 개발 및 관리 전략 2011~2015을 세우고 사모아 경제 지구 내에 친환경적인 참치 및 참치류 수산업 발전을 도모하고 있다. 참치 시장이 매우 중요하지만 이에 대한 의존도를 낮추고 산업의 다각화를 위해 노력하고 있다. 호주 제임스 쿡(James Cook) 대학교의 해조류 전문가의 도움을 받아 해조류(seagrape) 바다 양식 신기술을 도입하였고 해안지역 선상에 해조류를 비롯하여 어패류 시장 개발을 기대하고 있다.

농·축산업

농·축산업은 사모아 경제에서 큰 비중을 차지하며 발전 가능성이 매우 높다. 현재 전체 토지 중 약 28% 정도가 농·축산업에 소요되는 것으로 집계되었다. 관광업, 수산업 등 다른 대표 산업을 고려할 때 농·축산업이 차지하는 비율이 높은 편이다. 농업 생산량은 점차 증가하는 반면, 관광산업 등 타 산업은 빠르게 발전하여 전체 GDP에 농업 생산이 차지하는 비중은 점차 감소할 전망이다. 또한, 과일과 채소 농업이 증가하고 있다. 이는 호텔, 식당, 슈퍼마켓 등 내수 시장의 수요가 꾸준히 상승세를 보이는 것이 주된 요인으로 보인다.

사모아의 비만율[212]이 증가함에 따라(1978년에는 25.5%에 불과했으나 2015년에는 54.1%) 정부 차원에서 식생활 개선과 건강에 유의하고 있으며, 채소와 과일 섭취를 적극 권장하는 등 여러 캠페인을 진행한 바 있고, 유기농, 건강, 웰빙 등이 키워드로 부상하고 있다.

---

212) MailOnline, How fat is your country - and which nations have the highest obesity rates? These new maps may surprise you... (23 January 2015). http://www.dailymail.co.uk/health/article-2920219/How-fat-country-nations-highest-obesity-rates-new-maps-surprise-you.html

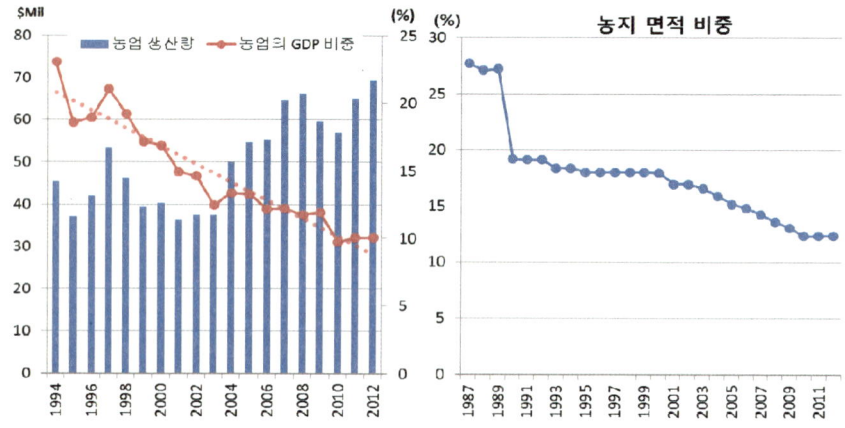

사모아 경제에서 농업이 차지하는 비율(좌) 및 농지면적비율(우)

    호주, 뉴질랜드, 쿡 제도, 미국령 사모아, 토켈라우 등 인근 시장에 수출을 겨냥하여 니치마켓을 개발하고, 유기농 과일과 채소, 특산물 건강 주스 등으로 태평양 시장을 공략하고 있다. 노니(Noni) 주스는 모린다 시트로폴리아(*Morinda citrifolia*)라는 열대식물 잎에서 추출해 만든 주스로, 2000년에는 사모아 전체 수출의 1%(19만 달러), 2005년에 30%(3억 8천만 달러)까지 달했다가[213] 다시 감소하여 2014년에는 13%(85만 달러)에 달했다.[214] 제품차별화 부족, 투자미비 등 아직 농업시장에 개선될 점은 많으나 이와 더불어 농업 선진화를 통해 다양한 수익 사업 창출 기회를 포착할 수 있을 것으로 추정된다. 예를 들어 채소나 청과류, 특히 유기농 생산품일 경우에는 빠르고 효율적인 유통이 매우 중요한데 체계적이고 간소화된 유통 서비스를 제공하여 시장접근이 용이하도록 지원이 필요한 부분이다.

---

213) Samoa *Morinda citrifolia*(Nonu) Case Study. 2009. http://www.fao.org/3/a-an428e.pdf
214) UN. Monitoring Report 2014 - Samoa. http://www.un.org/en/development/desa/policy/cdp/ldc2/2014-cdp-plen-samoa-monitoring.pdf

제조업

식품가공업은 경제 안정을 위하여 정부가 관심을 기울이는 분야 중 하나이다. 과일과 어패류 등의 가공식품들은 수출 유망 상품으로 미국령 사모아를 포함한 미국, 일본, 토켈라우, 통가, 피지, 호주, 뉴질랜드 등이 주요 수출시장이다. 웰빙 시장은 지속적으로 성장할 것으로 보고 있으며 건강음료나 보충식품 사업에 대한 투자가 필요한 부분이다.

목재 제조용 건조 가마가 설치되어 목재 가공 및 가구 제조업 분야 인프라가 구축되어 있다. 사모아는 넓은 숲 지대에 다양한 종류의 나무가 서식하고 있고 현재 1만여 헥타르가 묘목 이식에 사용 가능하며 대부분이 고급목재로 사용되는 마호가니로 이식된다. 유럽 시장에서 장인정신을 상품화하고 가구 주문 제작으로 부가가치를 높이는 것을 벤치마킹하여 사모아에서도 고급 목재인 마호가니 등을 이용하고 사모아 문화에서 영감을 얻은 독특한 문양과 디자인을 접목하여 브랜드 개발도 가능하다. 주문제작과 섬세한 운송까지 맞춤형 서비스를 제공하여 고부가가치 상품이 될 수 있으며, 고급 가구 시장을 목표로 사업개발 노력도 필요하다.

코코넛은 사모아의 풍부한 식품 자원으로, 다양한 방법으로 수익 창출이 가능하다. 상업용 코코넛 가공품인 코프라, 코코넛 오일 등은 국제상품시장에서 이미 인기를 얻고 있으며, 사모아 정부는 다양한 코코넛상품 개발을 도모하고자 노력하고 있다.

엔지니어링 및 장비 제작업

기술과 인프라 부족으로 기계, 설비제품 등이 수입의 대부분을 차지하는 것을 고려한다면 내수시장에서 수입을 대체할 기계 제작업에 대한 수요가 존재한다. 자동차 배기시스템 제작, 지류 재활용, 전기모터 수리, 알루미늄 낚시 보트제작 등 교통과 제조업에 필요한 기술도 필요하다. 이와 더불어 수산업, 농업의 효율을 높이고 친환경적인 생산과 관리를 돕는 기술도입에 대한 수요도 높다. 항공우주 및 방위 산업, 운송장비 산업, 건설 엔지니어링 산업 등의 규모가 다른 도서국에 비해 비교적 크고 건강관리 및 의료장비 역시 지속적으로 성장 중이다.

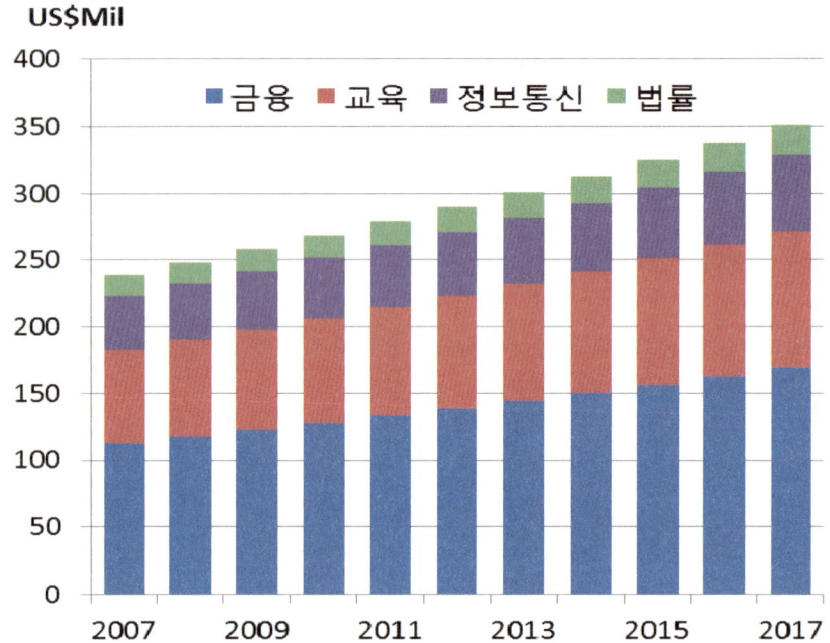

사모아 서비스업 시장 규모

서비스업

서비스업은 다양한 산업군에 접목될 수 있다. 사모아의 경우 대표적으로 관광업 수요가 매우 높고 이 외에도 수산업, 농·축산업, 제조업에 대한 기술 서비스, 역외 뱅킹 등 금융업이 가능성이 있는 서비스 시장이다. 산업다각화와 활성화가 계속되면서 서비스산업이 수익성은 물론 고용 창출로 사모아 경제에 기여할 것으로 기대하고 있다. 사모아는 다른 개발도상국에 비해 노동인구가 높은 교육을 받고 기술력을 갖추고 있다는 것이 큰 장점이다. 영어로 소통이 가능한 것도 해외기업이 사업을 진행하는 데 도움이 된다. 주요 서비스 산업은 주택, 금융, 교육, 건설/엔지니어링, 법률, 경영컨설팅이며 지속적인 성장세에 있다. 특히 금융, 주택, 교육 분야의 시장 확대가 두드러지고 향후 성장 전망도 좋은 편이다.

05 사모아의 역사와 문화

역사[215][216][217][218][219][220][221][222][223][224][225][226][227][228][229][230][231][232][233]

초창기의 사모아

다른 폴리네시아 지역들과 마찬가지로 사모아의 역사 또한 여러 계보가 얽혀 사모아 역사의 뼈대를 형성했다. 하지만 최근 들어서야 사모아의 역사가 수기 형태로 기록, 보존되기 시작하여 이전의 역사적 사건에 대해서는 정확한 시기를 알 수 없는 상황이다. 사모아의 역사는 대부분 고고학자들의 추측에 근거하고 있다. 고고학자들이 사모아의 역사를 파악하는 데 구전 사료가 큰 도움이 되었다고 밝히는 이유는 여기에 있다.

---

215) Tuvale, Te'o. An account of Samoan history up to 1918. Tidal Pools: Digitized Texts from Oceania for Samoan and Pacific Studies. http://nzetc.victoria.ac.nz/tm/scholarly/tei-TuvAcco.html
216) Stevenson, Robert Louis. A footnote to history. Eight years of trouble in Samoa. eBooks@Adelaide, The University of Adelaide. https://ebooks.adelaide.edu.au/s/stevenson/robert_louis/s848fh/index.html
217) 투이통가(Tui Tonga)는 950년경부터 1470년까지 통가왕국을 통치한 지도자의 직위 명칭이다. (Wikipedia. Tu'i Tonga. http://en.wikipedia.org/wiki/Tu%CA%BBi_Tonga)
218) Victoria. An Account of Samoan History up to 1918. Myths and Legends of Ancient Samoa. The http://nzetc.victoria.ac.nz/tm/scholarly/tei-TuvAcco-t1-body1-d48.html
219) Wikipedia. Jacob Roggeveen. https://en.wikipedia.org/wiki/Jacob_Roggeveen
220) Delaney, John. Strait Through: Magellan to Cook & the Pacific. Jacob Roggeveen. http://libweb5.princeton.edu/visual_materials/maps/websites/pacific/roggeveen/roggeveen.html
221) Wikipedia. Malietoa Laupepa. https://en.wikipedia.org/wiki/Malietoa_Laupepa
222) Wikipedia. Malietoa Talavou Tonumaipe'a. http://en.wikipedia.org/wiki/Malietoa_Talavou_Tonumaipe%E2%80%99a
223) Va'a, Unasa L.F. The rise and fall of the Samoan war god, Le Fe'e. http://samoanstudies.ws/wp-content/uploads/2016/02/4.10-The-rise-and-fall-of-the-Samoan-war-god-Le-Fee-Unasa-L.F.-V.compressed.pdf

역사학자들에 의하면 사모아는 최소 300년 이상 통가의 영향을 받은 것으로 보이는데, 통가는 사모아의 정치문화와 역사적 흐름에 큰 영향을 미친 것으로 여겨진다.

고대에 사모아에는 각 지역을 통치하는 족장들이 있었지만, 사모아 전체를 통솔하는 유일한 「왕」은 없었다. 통가인들이 사모아를 침략하기 전 사모아 전역에서 널리 인정받은 족장으로는 사모아 극동쪽에 위치한 마누아(Manu'a) 섬의 투이 마누아(Tu'i Manu'a)와 우폴루 섬에 위치한 아투아(Atua)의 투이 아투아(Tui Atua), 아나(A'ana)의 투이 아나(Tui A'ana)가 있었다. 구전에 의하면 투이 아투아와 투이 아나는 사모아에서 가장 오래된 직위로 알려졌다.

우폴루 섬과는 달리 사바이 섬의 정치적 기원에 대해서는 여러 구전이 있지만 이 지역 최초의 족장직위는 10세기경 탄생한 타갈로아(Tagaloa) 직위로 알려졌다. 사바이 섬에서 가장 용맹스러운 전사였던 푸네(Fune)는 타갈로아에 등극하며 자신의 영향력을 넓혔다. 그는 푸니에페아이(Funiefe'ai, 사나운 Fune) 라는 별명으로 불리기도 했다.

한편 사모아 동쪽에 위치한 마누아 제도를 근거지로 한 투이 마누아는 사모아 지역뿐만 아니라 쿡 제도, 피지 등의 작은 폴리네시아 군소 지역에서도 강력한 영향력을 구사한 것으로 알려졌으며, 통가제국의 투이 통가(Tui Tonga)와 정치적 연결고리를 형성했다. 투이 아투아와 투이 아나 역시 사바이 섬과 우폴루 섬 지역에서 영향력을 발휘했으나 투이 마누아가 그들보다 더 강력한 정치력을 지닌 족장으로 인정되었다. 하지만 무엇보다 사모아에서 큰 정치적 영향력을 가진 사람은 통가제국의 왕 투이 통가였다.

---

224) Revolvy. Malietoa Talavou Tonumaipe'a. https://www.revolvy.com/main/index.php?s=Malietoa%20Talavou%20Tonumaipe'a&item_type=topic
225) Revolvy. Malietoa Moli. https://www.revolvy.com/topic/Malietoa%20Moli&uid=1575
226) Wikipedia. Politics of Samoa. https://en.wikipedia.org/wiki/Politics_of_Samoa
227) Wikipedia. Fa'amatai. https://en.wikipedia.org/wiki/Fa%27amatai
228) Campbell, I.C. 2005. Resistance and colonial government: A comparative study of Samoa. *The Journal of Pacific History* 40(1):45–69. http://sp.rpcs.org/faculty/souserb/SiteAssets/Imperialism/Forms/AllItems/Colonial%20Resistance%20and%20Government%20in%20Samoa.pdf
229) Manuscripts and Pictorial Collection of the Alexander Turnbull Library. Samoa. http://mp.natlib.govt.nz/detail/?id=16861&recordNum=15&f=tapuhigroupref%24PAColl-3062&s=da&l=en
230) Wikipedia. Samoan Civil War. https://en.wikipedia.org/wiki/Samoan_Civil_War
231) Kohn, George C. 2006. *Dictionary of Wars*. Infobase Publishing. p. 263. http://books.google.co.kr/
232) Wikipedia. A footnote to history – eight years of trouble in Samoa. https://en.wikipedia.org/wiki/A_Footnote_to_History:_Eight_Years_of_Trouble_in_Samoa
233) MHN – Military History Now. Samoa. http://militaryhistorynow.com/?s=samoa

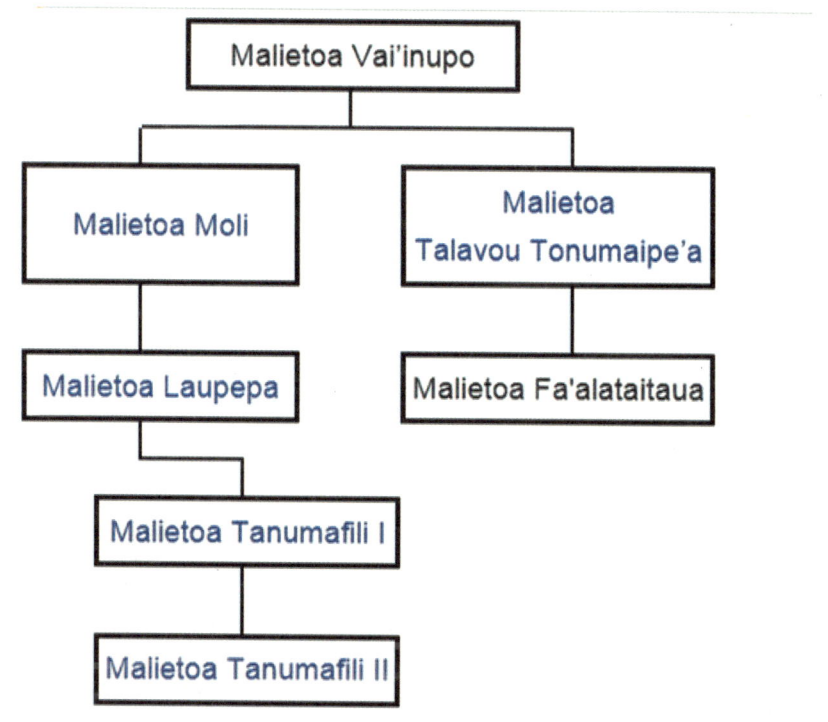

말리에토아(Malietoa) 가문의 계보
(출처: Tuimaleali'ifano, A. Morgan. 2008. O Tama A'Aiga. The politics of succession to Samoa's paramount titles)

  오래전부터 사모아는 통가왕국의 영향력 아래 놓여 있었는데, 투이 통가 탈라이페이(Talaaifei'i)가 군대를 이끌고 사모아 사바이 섬의 사토푸(Satofu)에 상륙해 그곳을 거점 삼아 사모아 제도에 대한 통치권을 선언했다. 그는 투나(Tuna)와 파타(Fata)가 주도한 독립전쟁에서 패배하여 섬을 떠나기 전까지 사모아에 머물렀다.
  통가의 통치 시기를 전후하여 사모아에는 말리에토아(Malietoa)라는 새로운 족장직위가 탄생했다. 이때 독립을 주도한 투나와 파타는 말리에토아 직위의 탄생과 매우 밀접한 연결고리를 가진다. 전설에 따르면 투이 통가는 사바이 섬에 도착하자마자 '모든 사모아인들은 왕을 위해 사토푸 동쪽의 마타우에아(Matauea) 곶 주위로 돌길을 만들어야 한다'는 명령을 내렸다. 사모아인들은 투이 통가 탈라이페이를 위해 궁전과 마타우에아 곶을 잇는 돌길을 만드는 노동에 투입되었다. 하지만 마타우에아 곶에 거대한 바위가 길을 내야 할 곳을 막고 있어 더 이상 작업을 진행할 수 없었다. 그러자 투이 통가 탈라이페이는 사모아에서 힘이 센 투나와 파타를 불러 "책임지고 길을 막은 거대한 바위를 치워라. 아니면 너희 둘을 죽이겠다"고 위협했다. 투나와 파타가 보았을 때, 바위가 너무 커서 뒤집는 것이 불가능해 보였다. 그들은 지혜를 모으기 위해 우폴루 팔레라타이(Falelatai)에 살고 있는 가족들과 이 문제에 대해 상의했다. 이 때 사촌 울루마수이(Ulumasui)가 그들을 돕기로 하고 함께 동참한다. 우폴루에서 다시 사바이 섬으로 돌아온 일행은 마타우투(Matautu)에서 사포투(Safotu)까지 걸어갔다. 사포투로 가는 길에 울루마수이는 마나세(Manase) 늪으로 들어가 뱀장어 두 마리와 진흙을 들고 와서 길을 막고 있는 거대한 바위 아래에 묻었다. 그러고는 바닷가로 가서 문어와 바닷물을 들고 와서 마찬가지로 바위 아래에 묻었다. 그리고 울루마수이와 투나, 파타[234]는 "뱀장어의 가문과 문어의 가문아! 바위를 뒤집어라!"라는 노래를 불렀다. 그러자 바위 아래에 묻힌 뱀장어와 문어가 바위를 뒤집는 데 성공했고, 이들은 목숨을 구할 수 있었다고 한다. 이 전설의 바위는 지금도 볼 수 있다고 한다.

 바위를 뒤집은 두 형제와 울루마수이는 고향 팔레라타이가 있는 우폴루 섬으로 돌아왔다. 얼마 뒤 사바이 섬에 머물고 있던 투이 통가 탈라이페이가 수행원을 데리고 우폴루 섬을 방문했다. 통가 왕 일행은 아나 지역의 사가필리(Sagafili)에 배를 정박시켰다. 투나와 파타는 배를 정박시키기 위해 묶어 둔 나무막대를 뽑아 버렸다. 이 나무막대는 토아(Toa) 나무로 만들어졌는데 그들은 이 막대로 몽둥이 2개를 만들어 고향 팔레라타이로 갔다. 그들은 제작한 몽둥이의 위력을 시험하기 위해 조금 더 떨어진 해변가로 갔다. 이 지역은 지금까지 아소 알아알아(Aso Alaala, 시험한 날)로 불리고 있다. 집으로 돌아간 형제는 몽둥이를 집에 걸어두었는데, 사람들이 이들이 만든 몽둥이를 보기 위해 몰려왔다. 너무 많은 사람이 몰려들어 형제는 "몽둥이를 보려면 앉으시오"라고 말했는데 바로 이 말에서 유래되어 사람들이 몽둥이를 본 장소에 마타노포(Matanofo, 앉아서 보다)라는 이름이 붙여졌다.

---

234) Tuna는 뱀장어라는 뜻을 지니고 있으며, Fata는 계단이라는 뜻을 지니고 있다

두 형제가 이런 일을 행한 이유는 통가로부터 사모아를 독립시키기 위해서였다. 두 형제는 통가 왕이 사모아 동쪽으로 향하고 있다는 소식을 듣고 통가 왕 일행을 뒤따르기 시작했다. 투이 통가 탈라이페이보다 앞질러서 알레이파타(Aleipata)에 다다른 그들은 그곳의 말라에(malae, 열린 공간이라는 의미로, 마을 회의나 행사에 활용되는 장소였다)에 몽둥이를 묻어 놓고, 울루마수이와 타풀로아(Tapuloa) 족장과 함께 다음날 통가 왕의 방문을 기념하는 축하행사가 열릴 때 통가 왕을 치기로 약속했다.

드디어 결전의 날이 밝았다. 통가왕과 일행은 이 행사가 기습공격으로 이어질 것이라는 것은 생각하지도 못한 채 즐겁게 축하공연을 즐겼다. 축제가 무르익어 갈 때, 한 무리의 무용수들이 나와서 "Matamatame, Matamatame, lue le ulu, sae le vae, ia tele le ta ia Tonga e(고개를 들고 일어서라, 통가인들을 맹렬하게 때려눕혀라)"라는 노래로 신호를 보냈다. 통가인들이 어리둥절하고 있을 때 순식간에 사모아인들이 몽둥이를 휘두르기 시작했다. 투나와 타푸보아(Tapuboa)는 북쪽 해변가를 따라 이동하며 통가인들을 공격했고, 파타와 울루마수이는 남쪽 해변가를 따라 이동하며 통가인들을 공격했다. 이들은 각각 계획한 대로 이동하면서 파투오소피아(Fatuosofia)에서 집결하기로 했는데, 투나와 타푸보아는 순조롭게 이동하여 파투오소피아에 도착한 반면 파타와 울루마수이는 무자비한 산 귀신 레마(Lema)에 의해 발이 묶였다.

파타와 울루마수이는 사에푸(Saefu)에서 하룻밤을 묵은 뒤 다음날 아침 산을 올라가기 시작했다. 이들이 정상에 올라갔을 때 해가 그들의 뒤에 있었기 때문에 그림자가 파타와 울루마수이 앞에 드리워졌다. 레마는 그림자를 파타와 울루마수이로 착각하고 그림자를 향해 몽둥이를 세게 휘둘렀다. 이 공격으로 산이 둘로 쪼개졌으나 파타와 울루마수이는 그림자 덕분에 무사할 수 있었다. 이때를 틈타 울루마수이는 레마의 뒤로 돌아가 귀신의 목을 베어 팔레라타이(Falelatai)에 던져 두었다. 지금도 그 흔적을 찾아볼 수 있다고 한다.

우여곡절 끝에 파타와 울루마수이가 파투소피아에 합류했을 때 통가인들은 바다까지 몰려났다. 이때 투이 통가 탈라이페이가 파투오소피아 반대쪽 바위에 서서 사모아인들을 향해 "말리에토아, 말리에타우(Malietoa, Malietau. 용맹스럽게 잘 싸웠다, 용사들이여)"라며 앞으로 사모아를 침략하지 않을 것이며, 사모아에 오더라도 방문객의 신분으로 오겠노라 약속했다. 이 약속은 지금까지 지켜지고 있고 통가 왕이 사모아인들에게 마지막 연설을 한 바위는 투라탈라(Tulatala)라고 명명되고 있다.

투이 통가가 사모아를 떠나자, 투나와 파타는 자신의 공로가 더 크다고 여겨 서로 '말리에토아(Malietoa)'라는 직위를 갖겠다고 다투기 시작했다. 감정이 격해진 그들은 몽둥이를 휘두르며 싸우다가 지쳐 쓰러졌다. 이때 투나와 파타의 형인 사베아(Savea)가 와서 의식을 회복할 수 있도록 도와주었다. 정신을 차린 투나와 파타는 자신들이 아닌 사베아를 초대 말리에토아(Malietoa Savea)로 추대하였다.

투나와 파타를 중심으로 벌어진 독립전쟁에서 패배한 투이 통가 탈라이페이가 사모아에서 떠나자 통가 세력과 밀접한 관계를 맺고 있던 투이 마누아의 우폴루섬에 대한 지배력이 약화된 반면, 통가인들에게 대항한 투나와 파타를 지지한 투이 아투아와 투이 아나는 정치력을 회복한다. 독립전쟁 이후 외부세력에 대해 단합하여 대항할 필요를 느낀 사모아인들의 목소리가 높아지면서 독립전쟁을 이끌었던 투나와 파타를 중심으로 탄생된 직위인 말리에토아(Malietoa),[235] 말라에토아 사베아(Malietoa Savea)의 정치 영향력이 점점 증대되었다. 말리에토아는 다른 가문들과 정략적 결혼을 통해 투아마사가(Tuamasaga) 지역의 수뇌족장 직위로 인식되었다.

서방세계와의 조우[236]

처음으로 기록된 자료에 따르면 사모아가 네덜란드 사람 야코프 로게벤(Jacob Roggeveen) 제독에 의해 발견된 것은 1722년이다. 그 후 1768년 프랑스 여행가 부갱빌(Louis-Antoine de Bougainville)이 항해자의 섬(Navigator Islands)이라는 이름을 붙였지만, 그때까지만 해도 사모아는 외지인들의 발길이 뜸한 곳이었다.

하지만 19세기 들어 영국, 미국 그리고 호주의 포경선들이 사모아 해역에 빈번하게 출몰하면서 사모아를 찾는 외지인들이 많아졌다.

---

235) Malietoa의 어원은 Malie Toa인데 이는 '용맹스러운 전사'라는 의미이다
236) Ganse, Alexander, History of Samoa, Samoa, 1830~1899, http://www.zum.de/whkmla/region/pacific/samoa183099.html

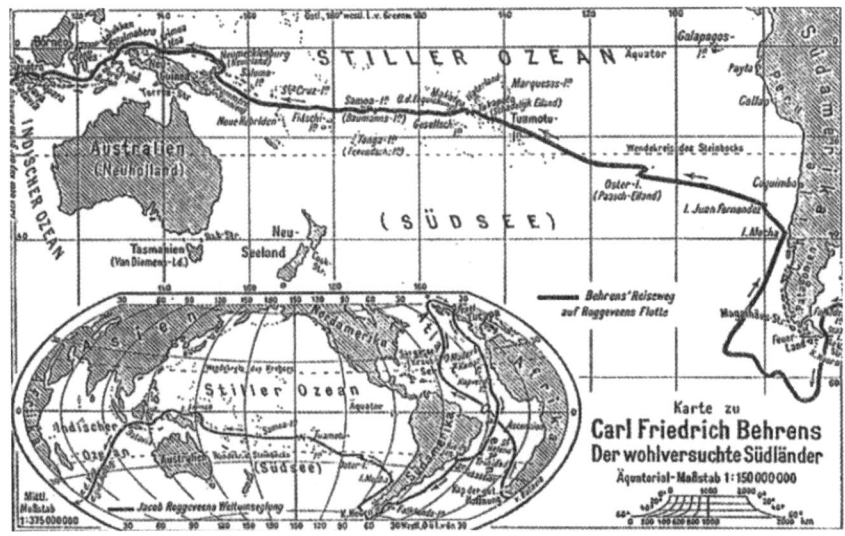

로게벤 제독의 여행일지(출처: Wikipedia)

그 뒤로 선교사들이 사모아에 정착하기 시작했다. 1830년 7월 18일 런던선교회(London Missionary Society)의 존 윌리엄스(John Williams) 목사가 사바이 섬의 사파팔리(Sāpapāli'i)에 라로통가(Rarotonga)와 라이아테아(Raiatea)에서 데리고 온 6명의 선교사와 함께 도착한 것을 시작으로 5년 뒤에는 웨슬리교파(감리교) 선교사들, 1845년에는 프랑스 가톨릭 신부들, 그리고 1863년에는 몰몬교 선교사들이 각각 정착했다. 선교사들의 사모아 정착은 서방세계가 사모아에 대해 갖고 있던 '외지인들에 대해서 매우 사나운' 사람들이라는 인식을 누그러뜨리는 데 결정적 계기가 되었다.[237] 1830년대 후반에 들어서자 선교사들 외에도 사모아에 정착하는 무역종사자들의 수도 크게 늘었다. 선교사들은 주색잡기로 얼룩진 그들의 방탕한 생활을 사모아인들이 보고 배울까 봐 두려워하기도 했다.

---

237) 이러한 인식은 1787년 투투일라(Tutuila)에서 프랑스 탐험가 르 페루즈(Le Perouse)와 사모아 사람들 간의 유혈사태로 생겨난 것이었다

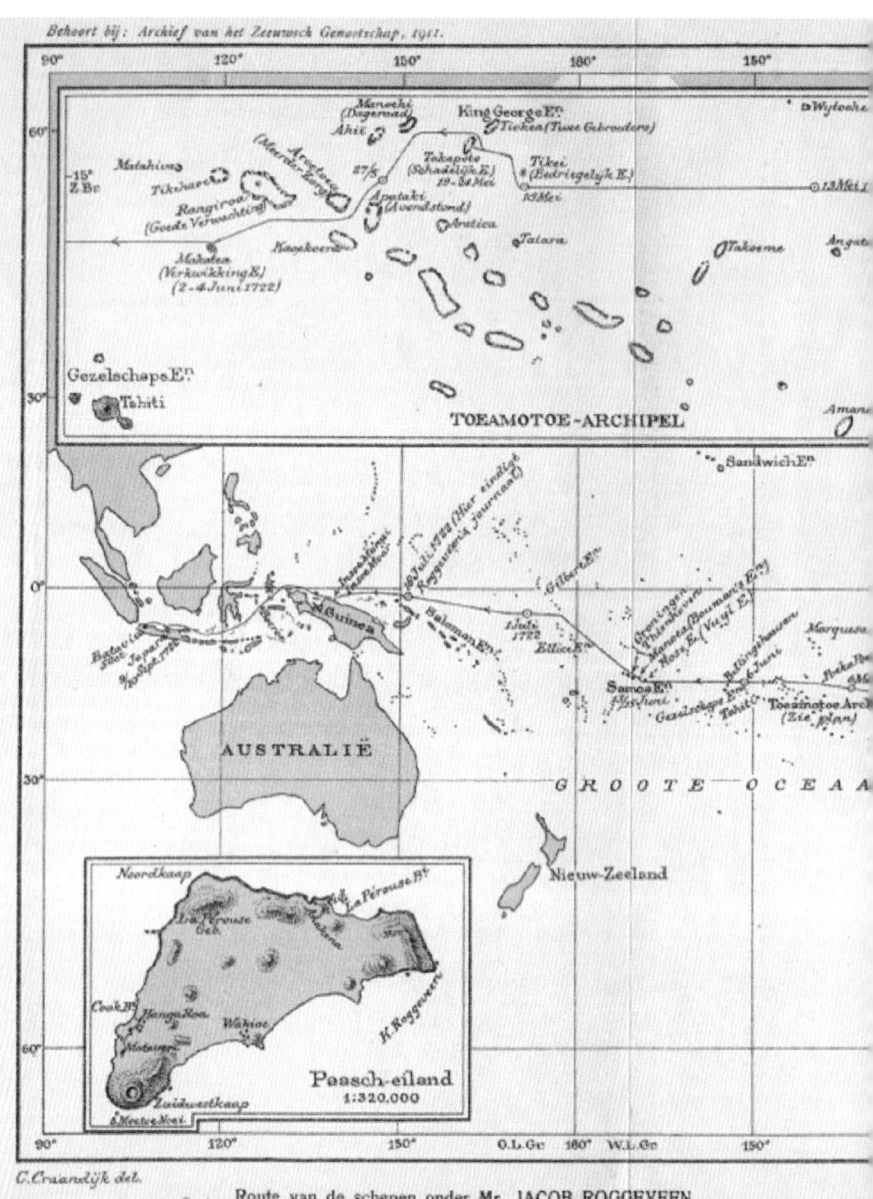

로게벤 제독의 네덜란드에서 바타비아까지의 여행항로
(출처: Delaney, John. http://libweb5.princeton.edu/visual_materials/maps/websites/pacific/roggeveen/map-roggeveen.jpg)

사모아

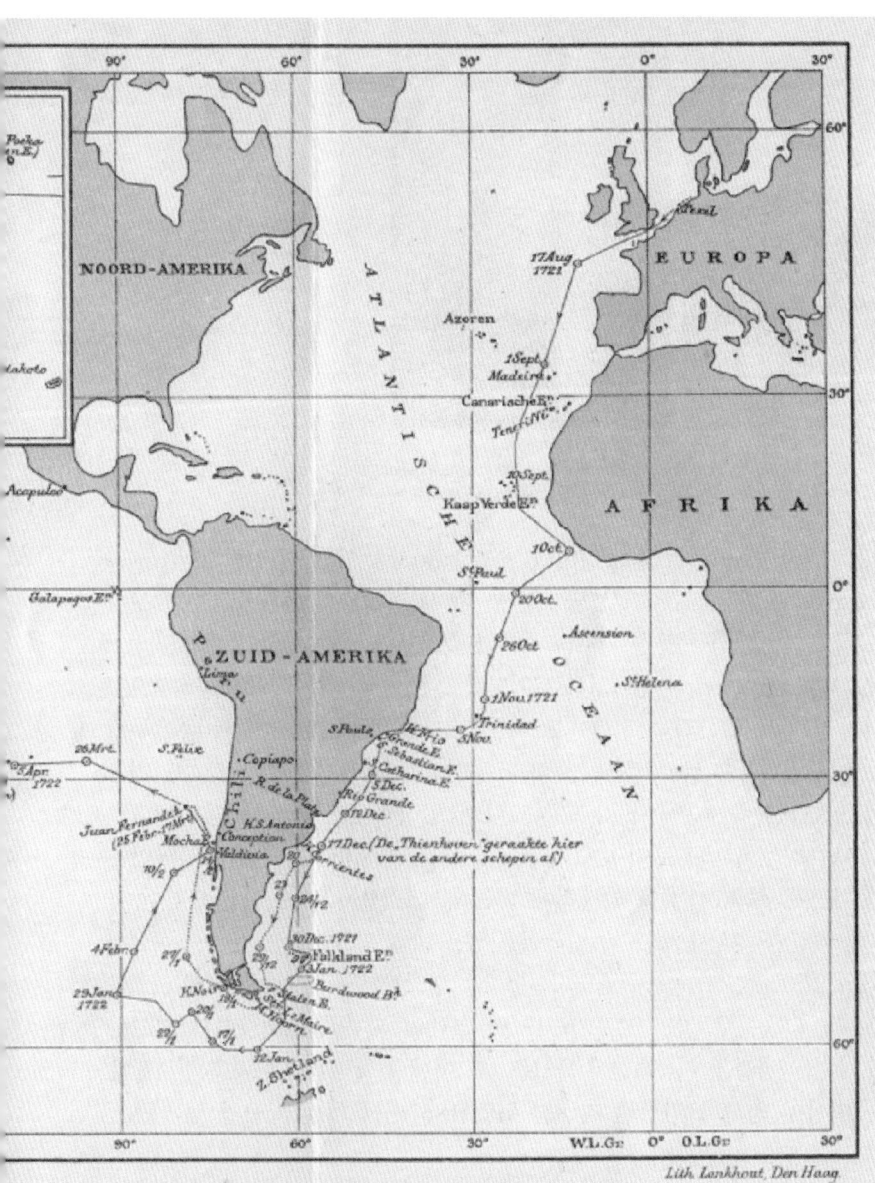

Route van de „Thienhoven" onder CORNELIS BOUMAN

  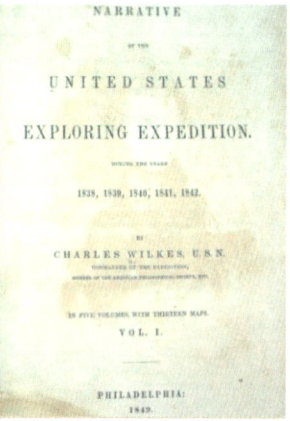

찰스 윌크스   미국 탐사팀 보고서
(출처: 좌: https://timeandnavigation.si.edu/multimedia-asset/charles-wilkes)[238]
    우: http://www.historygallery.com/books/1849wilkes/1849wilkes.htm[239])

한편 1839년에는 찰스 윌크스(Charles Wilkes)가 이끄는 미국 탐사팀(United States Exploring Expedition)이 사모아를 방문했다. 윌크스의 주된 목적은 사모아에서 미국 포경산업의 지분을 확보하기 위한 것이었다. 그는 영국인 존 윌리엄스(John C. Williams)를 미국 명예영사로 임명했으나, 미국 정부에 의해 공식적으로 확인되지 않아서 영사라는 직함에도 불구하고 윌리엄스는 단지 미국 상무관 정도로 여겨졌다. 존 윌크스는 사모아와 상업조약을 체결했으며, 1847년에는 영국이, 1853년에는 미국이 각각 사모아에 공식적으로 영사를 임명했다.

1855년 독일 고데프로이 손(J. C Godeffroy & Sohn)회사의 무역상인은 사모아 제도로 무역 사업을 확장하게 되는데, 이것을 시작으로 19세기 중반 이후부터 독일인들이 사모아로 유입되어 사업을 하게 되었다. 독일은 사모아에서 주로 대규모 코코넛·카카오 플랜테이션농장을 경영하거나 고무나무 재배 사업을 했는데, 특히 우폴루 섬의 코프라(코코넛 열매의 씨를 건조한 것)와 코코아 원두에 대한 독점권을 획득하면서 독일은 사모아에서 막강한 영향력을 발휘했다. 독일은 미국이 영사를 임명한 지 8년 뒤인 1861년에 독일 영사를 임명했다.

---

[238] Smithsonian, National Air and Space Museum/National Museum of American History, Time and Navigation, Charles Wilkes, https://timeandnavigation.si.edu/multimedia-asset/charles-wilkes
[239] History Gallery, Rare Books, http://www.historygallery.com/books/1849wilkes/1849wilkes.htm

한편 1872년 미국 해군의 내러갠섯(USS Narragansett) 선박의 미국 해군장교 리처드 미드(Richard W. Meade)는 현재 미국령 사모아의 파고파고(Paga Pago) 항구에 대한 전적인 권리를 획득할 수 있는 조약을 맺기 위해 파고파고로 향했다. 하와이 공사(Minister to Hawaii) 헨리 피어스(Henry Pearce)는 미드 사령관에게 파고파고가 남태평양 최고의 항구라면서 독일보다 먼저 그 곳을 차지해야 한다고 강력하게 주장했다. 그리하여 1877년, 미국은 투투일라(Tutuila)의 파고파고 항구에 해군기지를 설치했고 '미국과의 친선과 보호'를 조건으로 향후 미국령 사모아의 영토에 편입되는 투투일라와 마누아 섬의 정치세력과 동맹을 맺었다. 이 시기 영국·미국·독일 모두 사모아 곳곳에 자국 교역소를 건립하며 세력을 확장해 나갔는데, 3국의 세력 확장은 그때까지 자신들의 전통적인 정치질서를 지켜 온 사모아 토착세력들의 정치 균형을 무너뜨리는 결과를 낳게 된다.[240]

1869년 투아마사가(Tuamasaga) 지역에서 새로 탄생될 정부의 수장이 누가 될 것인가를 둘러싸고 첫 내전이 발생했다. 투아마사가 지역은 전통적으로 말리에토아(Malietoa) 직과 연결된 지역이었기에 말리에토아 직위를 가진 자가 수장으로 선출되는 것이 적합해 보였다. 하지만 말리에토아 직위의 승계를 두고 라우페파(Laupepa)와 탈라보우(Talavou)가 다툼을 벌이면서 문제가 복잡해졌다. 라우페파는 말루아(Malua) 신학대학에 진학하는 등 신실한 기독교 신자였기 때문에, 런던선교회로부터 지지를 받았다. 반면 탈라바우는 라우페파의 아버지인 말리에토아 몰리(Moli)의 배다른 형제였으며, 정착민들과 선교사들 사이에서 '호전적인 전통주의자'로 알려진 인물이었다.

정착민들과 런던선교회 측의 로비로 만들어진 결과라는 설이 있지만 말리에토아의 직위는 결국 라우페파가 계승하게 되었다. 1869년 말리에토아 라우페파는 아피아 지역의 마타우투(Matautu)에 위치한 투아마사가 정부청사에서 자신을 유일한 말리에토아이자 투아마사가 지역을 통치하는 「왕」으로 선언했다. 그러나 그때까지 사모아에는 '절대 군주'라는 개념이 없었기 때문에 말리에토아 직위를 갖고 있는 사람이 사모아 제도 전체를 통솔하는 것이 타당한 것인지에 대한 논쟁이 벌어졌다. 그리하여 말리에토아 직위와 밀접한 관계를 맺고 있는 라우페파

---

240) Anderson Stuart, Pacific Destiny and American Policy in Samoa, 1872~1899, https://evols.library.manoa.hawaii.edu/bitstream/10524/274/2/JL12053.pdf

지지세력과 이에 반대하는 사바이 섬, 마노노 섬 등이 탈라보우를 중심으로 동맹을 맺어 세력들 간에 전쟁이 벌어지고 말았다.[241] 전쟁은 1873년 5월 1일 사모아에 상주하고 있던 영사들과 영국선교회 선교사들 그리고 한 명의 웨슬리교파 (감리교) 선교사와 가톨릭 사제들의 중재로 중단되었으며, 탈라보우는 사바이 섬으로 가서 거주했다.

한편 이 시기에 미국인 앨버트 스타인버거(Albert Steinberger) 대령이 말리에토아 세력과 투푸아 세력이 순서를 돌아가며 사모아 왕위를 유지하는 것을 골자로 한 헌법 초안을 제안했다. 그는 자신이 미국 대통령 그랜트(Grant)의 특사라고 주장했는데 사모아인들은 미국이 자신들의 정부를 수립하는 것을 도와준다고 여기고 그를 1875년 5월 18일 새로 재정된 헌법에 의거하여 총리로 삼았다. 하지만 반대세력들이 스타인버거가 미국 대통령의 특사가 아니고, 오히려 독일의 상업적 이익을 위해 움직이고 있다고 폭로하는 바람에 1876년 그는 영국 함선을 이용해 사모아에서 추방되었다. 스타인버거는 독일 플랜테이션 회사 고데프로이와 손사와 연결된 것으로 알려졌다. 그가 언제 독일 측과 접촉하여 이익관계를 공유했는지에 대해서는 확인된 바가 없다. 확실한 것은 스타인 버거가 자신을 사모아의 실세로 여겼다는 점인데, 오히려 사모아 인들은 그가 지닌 권한이 제한적이라고 보았다.

말리에토아 라우페파는 미국과 영국 영사가 스타인버거를 체포하려 했을 때 "만일 스타인버거가 위법행위를 저질렀다면, 그것은 자신의 본뜻이 아니라 사모아 정부를 위해 근무하는 중에 불가피하게 그렇게 해야 할 일이 있어서일 것입니다. 우리 모두 그의 행동에 대한 잘못이 있으며, 우리는 그가 그의 직무에서 벗어나는 행동을 했다고 여기지 않습니다"라며 그를 옹호했지만 결국 여론에 굴복하여 그를 추방시켰다.

---

241) 이 전쟁은 O le faitasiga o le Tuamasaga, 즉, '투아마사가에 대항하는 동맹들의 연합'으로 불린다

말리에토아 라우페파(Malietoa Laupepa)
(출처: Wikipedia, http://en.wikipedia.org/wiki/File:Laupepa.jpg)

라우페파의 아버지인 말리에토아 몰리(Malietoa Moli)
(출처: Revolvy, https://www.revolvy.com/topic/Malietoa%20Moli&uid=1575)

사모아 초대「왕」: 말리에토아 라우페파(Malietoa Laupepa)

1881년 3월 독일과 영국 그리고 미국에 의해 말리에토아 라우페파가 사모아를 통치하는「왕(최고수뇌족장)」으로 세워졌다. 하지만 아투아와 아나는 라우페파를 왕으로 인정하지 않았으며, 레울루모에가(Leulumoega)에 투이 아투아 타푸아 타마세세 티티마에아(Tui Atua Tapua Tamasese Titimaea)를 왕으로 하는 정부를 수립했다. 또다시 타마세세를 지지하는 세력과 라우페파를 지지하는 세력 간의 전쟁이 선포되었으나 1881년 7월 12일 맺은 라카와나 협정(Lackawanna Agreement)으로 불편한 평화상태를 유지했다. 미국 해군의 길리스(J.H. Gillis)의 중재로 체결한 협정은 라우페파를 왕으로 유지하면서 티티마에아를 부왕(副王)으로, 마타파 이오세포(Mata'afa Iosefo)를 총리로 하는 것을 골자로 했다.

한편 라우페파 왕은 독일의 사모아 내정간섭이 심해지자 이에 항의하는 한편 사모아 정부는 1883년과 1884년 두 번에 걸쳐 영국의 빅토리아 여왕에게 '영국이 사모아를 보호해 달라'는 탄원서를 제출했다. 독일 영사 베버(Weber)는 사모아가 영국에 탄원서를 제출했다는 사실을 알게 되자 라우페파와 그의 족장들을 아피아에서 추방시키고 라우페파 대신 타마세세 티티마에아를 그 자리에 앉혔다. 이로 인해 1887년 말리에토아 세력과 투푸아 세력의 전쟁이 발발했다. 그러자 사모아에서 가장 큰 양대 축인 두 세력에 연관된 많은 족장들은 서로 중립을 유지하거나 대립했다. 1888년 8월 독일은 공식적으로 투푸아 타마세세 티티마에아를 사모아의 왕으로 공포했다. 동시에 타마세세는 자신이 말리에토아 직위를 보유할 것이며 이로써 자신은 타파이파(Tafa'ifa)가 된다고 선언했다. 말리에토아 가문들은 그가 직위를 계승할 자격이 없는데 가로챘다고 비판했다. 하지만 말리에토아 세력은 라우페파의 후임으로 자신들을 대표할 말리에토아가 누가 될 것인가를 두고 갈라졌다. 일부는 타마세세가 말리에토아가 되는 것에 문제가 없다는 의견을 보이는 한편, 과거 라우페파와의 말리에토아 경쟁에서 제거된 탈라보우의 아들 파알라타이타우아(Fa'alataitaua)가 적합하다고 주장하는 등 다양한 의견을 제시했다. 하지만 결국 말리에토아의 직위를 차지한 것은 마타파 이오세포(Mata'afa Iosefo)였다.

마타파는 팔라보우 측의 지지를 얻어 말리에토아의 직위를 차지할 수 있었다. 그는 1888년 8월 말리에토아 동맹세력을 결집해 타마세세 티티마에아 왕에게 대항했다. 마타파 지지세력은 티티마에아 왕을 사모아의 지도자로 인정하지 않는데, 마노노와 아폴리마 지역 세력들이 특히 심하게 반발했다. 마타파가 '사모아의 왕'임을 선언하기 3일 전인 1888년 9월 5일, 티티마에아왕의 편에 있던 독일은 이에 대한 보복으로 군함 SMS 아들러(Adler)를 파견하여 아폴리마 섬과 마노노 섬을 공격했다. 9월 중순 마타파의 세력은 타마세세의 세력들을 투아마사가(Tuamasaga)와 바이마우가(Vaimauga) 지역에서 몰아내는 데 성공했으며, 사바이 섬의 사투파이테아(Satupa'itea)에서 파견된 병사들은 아나 지역의 수도인 레울루모에가도 공격하여 이 지역의 타마세세 세력을 초토화시켰다. 마타파 동맹세력은 점점 늘어났으며, 1889년 2월에는 마타파의 사병들만 6,000명에 달했다.

전쟁에서의 패배가 짙어지고, 사모아 각지에서 마타파를 왕으로 인정하게 되었음에도 불구하고, 타마세세 왕의 배후에 있던 독일은 마타파 이오세포를 왕으로 인정하길 거절했다. 대신 독일은 영국과 미국과 함께 1889년 6월 14일 베를린 일반의정서(General Act of Berlin)에 서명하는데 이 조약은 추방된

라우페파를 다시 사모아의 왕으로 인정한다는 내용을 담고 있었다. 또 사모아가 중립지역임을 규정했다.

1889년 11월 8일 사모아로 돌아온 라우페파 왕은 전쟁을 통해 마타파가 얻은 직위에 대한 권리를 인정하면서 사모아에 잠시 평화가 찾아온다. 라우페파와 마타파 두 사람 모두 국민들로부터 말리에토아 직위의 보유자이자 사모아의 지도자로 인정받았다. 하지만 라우페파 옹호세력들이 라우페파만이 베를린 일반의정서에 의해 보장된 유일한 사모아 왕이라는 점을 들어 그를 부추겼다. 1889년 12월 4일 레페아(Lepea)에서 개최된 포노에서 라우페파 지지파는 그를 사모아의 유일한 왕으로 선언했다. 이를 시작으로 라우페파는 마타파 세력을 몰아냈다. 1893년 전쟁에서 패배한 마타파와 마타파의 유력지지 세력들은 추방을 명령받았다. 1898년 다시 사모아로 돌아올 때까지, 그들은 마샬 제도의 잘루이트(Jaluit) 섬에서 거주했다.

1차 및 2차 사모아 내전[242]

1차 사모아 내전

첫 번째 사모아 전쟁은 대략 1886~1894년 사이에 벌어진 무력충돌을 의미한다. 말리에토아 세력에서 마타파 이오세포를 중심으로 결집하여 독일이 세운 왕 타마세세를 타도하기 위해 결집했다. 독일은 타마세세를 옹위하기 위해 사태에 개입했다. 미국과 영국 역시 사태에 개입했는데, 3척의 미국 군함(USS Vandalia, USS Trenton, USS Nipsic)과 3척의 독일 군함(SMS Adler, SMS Olga, SMS Eber)이 아피아 항구에 집결하여 대치하면서 일촉즉발의 전운이 감돌았다(영국의 HMS Calliope는 상태를 관망하고 있었다). 그러나 1889년 3월 15일 거대한 폭풍우로 인해 아피아 항구에 집결한 미국과 독일의 군함들이 파손되면서 한 차례 군사 위기를 넘긴다. 사모아의 1차 및 2차 내전은 3국이 1899년 삼자 협약(Tripartite Convention of 1899)을 체결할 때까지 지속되었다.

1889년 로버트 루이스 스티븐슨(Robert Louise Stevenson)이 사모아로 건너와 바일리마(Vailima)에 거주할 저택을 지었다. 스티븐슨이 도착했을 당시 그의 눈에 비친 사모아는 '사모아를 얻기 위한 영국·미국·독일과 자신들의 정치질서를 지키려는 토착세력들 간의 투쟁'이 벌어지는 현장이었다. 그는 사모아에서 벌어지고 있는 일련의 사태에 대해 흥미를 느꼈다. 스티븐슨에게 정치 자문을 구하던 사모아인들을 통해 그의 정치적 영향력은 빠르게 확대되었다. 그는 사모아를 통치하려는 서방세계의 대리인들을 무능하다고 여겼다. 그리고 이 문제를 해결하기 위해 노력하던 중, 1882~1892년에 사모아의 정세를 다룬 *A footnote to history*라는 책을 저술했다. (출처: Stevenson, Robert Louis, A footnote to history. Eight years of trouble in Samoa. eBooks@Adelaide, The University of Adelaide. https://ebooks.adelaide.edu.au/s/stevenson/robert_louis/s848fh/index.html)

---

242) Wikipedia, Second Samoan Civil War, https://en.wikipedia.org/wiki/Second_Samoan_Civil_War

아피아 항에서 대치 중인 3국 군함들
(출처: http://mp.natlib.govt.nz/detail/?id=16861&recordNum=15&f=tapuhigroupref%24PAColl-3062&s=da&l=en)

폭풍우로 인해 파손된 군함들
(출처: http://www.history.navy.mil/)

2차 사모아 내전[243]

(Wikipedia. Second Samoan Civil War. https://en.wikipedia.org/wiki/Second_Samoan_Civil_War)

두 번째 사모아 내전은 1898년 독일과 영국 그리고 미국이 사모아 섬의 주도권을 두고 서로 경쟁하면서 벌어졌다. 2차 사모아 내전 당시 펼쳐진 전투 중 유명한 전투는 아피아 전투(Battle of Apia)와 바일레레 전투(Battle of Vailele)이다. 아피아 전투는 1899년 3월 마타파 이오세포를 지지하는 세력들이 말리에토아 타누마필리 1세(Malietoa Tanumafili I)의 세력을 아피아에서 포위하자, 타누마필리를 지지하는 미국과 영국의 병력들이 상륙해 마타파의 세력들을 물리친 전투를 말한다.

2차 사모아 내전 발생지(영국과 미국이 관여한 전쟁지)
(출처: https://en.wikipedia.org/wiki/Second_Samoan_Civil_War)

이후 1899년 4월 1일, 마타파의 세력은 바일레레에서 미국, 영국, 타누마필리 연합군을 물리쳤다. 당시 전투를 보도한 『오클랜드 스타(Auckland Star)』지에 따르면, 미국군과 영국군의 시신이 참수된 채 버려지는 등 참혹한 광경이 펼쳐졌다고 한다. 이후 독일과 영국 그리고 미국은 전쟁을 중단하기 위해 '1899년 삼자 협약'을 체결한다. 그 결과, 독일은 사모아의 서쪽을, 미국은 동쪽을, 영국은 사모아에 대한 주도권을 포기하는 대신 솔로몬 제도에 대한 지배권을 인정받았다.

미국 · 독일의 분할통치[244]

1898년 영국과 미국은 레우페파 왕의 아들인 말리에토아 타누마필리 1세(Malietoa Tanumafili I)를 「왕」으로 옹위한다. 그러자 독일을 비롯한 아투아-아나의 투무아(Tumua), 사바이 섬 풀레(Pule) 그리고 투아마사가는 1898년 사모아로 돌아온 마타파 이오세포를 왕으로 지지했다. 당시 사모아에서 큰 영향력을 미치고 있던 기독교계의 의견 역시 둘로 갈라져 런던선교회는 타누마필리를 지지한 반면, 대다수의 사모아 기독교인들은 마타파를 지지했다. 한편 사바이 섬 출신의 유명한 연설 족장 마모에(Mamoe)는 타누마필리가 어린 데다가 경험이 없어 왕으로는 부적격하다고 주장하는 한편, 그의 말리에토아 직위가

---

243) Wikipedia. Second Samoan Civil War. https://en.wikipedia.org/wiki/Second_Samoan_Civil_War
244) Wikipedia. Tripartite Convention. https://en.wikipedia.org/wiki/Tripartite_Convention

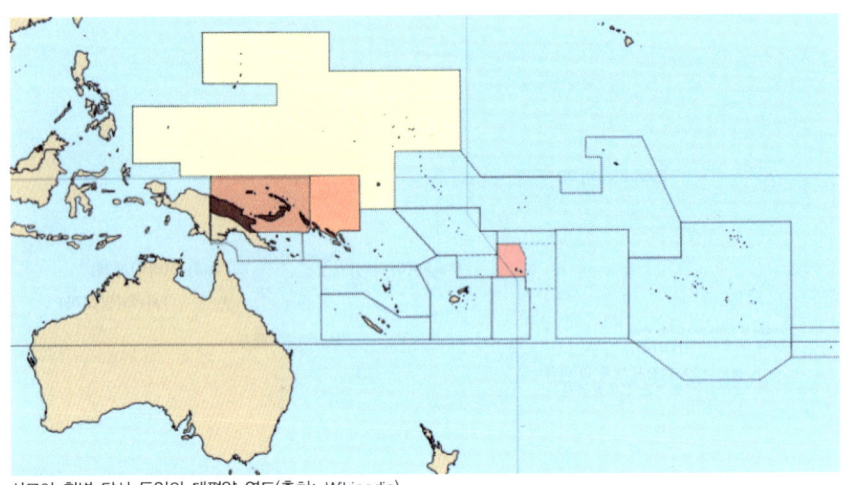

사모아 합병 당시 독일의 태평양 영토(출처: Wikipedia)
갈색: 독일 뉴기니/ 황색: 독일 보호령/ 적색: 독일 사모아/ 오렌지: 북솔로몬

사모아 전통에 따라 계승된 것이 아니기 때문에 유효하지 않다고 했다. 이러한 정치적 혼란 속에서 독일을 제외한 외국 세력들은 '말리에토아 타누마필리 1세'를 사모아의 왕으로 지지했으며, 레울루모에가에서 열린 포노는 '마타파 이오세포'를 왕으로 선포했다.

영국과 미국 그리고 말리에토아 타누마필리 1세는 포노의 주장을 거부했다. 그러자 또다시 왕위계승을 둘러싼 동족상잔이 벌어졌다. 마타파군의 공격을 받은 타누마필리 1세 지지세력은 영국 군함 'Porpoise'에 지원을 요청했다. 이에 영국 해병이 참전하여 마타파군을 제압했다. 한편 왕위를 둘러싼 무력분쟁이 격화되자 타누마필리 1세와 부왕 타마세세 레알로피(Tamasese Lealofi)는 암살당할 것을 우려해 영국 군함에 승선하여 2개월간 생활하기도 했다. 전쟁 중에도 양측은 마타파가 '모든 족장들의 우두머리'라는 선언과 타누마필리 1세가 '사모아의 진정한 왕'이라는 선언을 하며 공방전을 펼쳤지만, 결국 전쟁은 미국과 영국의 군사지원을 받은 타누마필리 1세 세력의 우세 속에서 전개되었다.

1899년 5월 20일, 타누마필리 1세 측과 마타파 세력의 지도자들과 3국 영사들이 한자리에 모였다. 마타파 측의 고위 대표단으로 이오세포, 말리에토아 팔라타(Fa'alata)와 라우아키 나물라울루 마모에(Lauaki Namulau'ulu Mamoe)가 참석했다. 타누마필리 1세 측의 고위 대표단으로는 투푸아 타마세세 티티마에아(Tupua Tamasese Titimaea)와 말리에토아 라우페파가 참석했다. 하지만 사모아인들이 자체적으로 정치질서를 확립하는 자리가 아니라, 영국·미국·독일 공동위원회의 주도하에 새로운 정치질서가 형성되기 시작했다. 세 나라는 길고 긴 협상 끝에 1899년 11월 7일, 사모아 족장들이나 지도층의 동의 없이 미국 워싱턴에서 독일이 서쪽에 위치한 우폴루 섬과 사바이 섬, 그리고 기타 부속도서를 통치하고, 미국은 투투일라 섬과 마누아 섬을 통치하는 데 합의했다. 영국은 사모아에 대한 권리를 포기하는 대신 솔로몬 제도와 서아프리카 국가들에 대한 통치를 인정받았다. 동시에 사모아의 왕위 역시 폐지되었다.

이 소식을 접한 사모아 국민들은 외국 세력에 의한 지배체제를 부인하며 '우리는 우리의 정부를 설립하길 원한다. 우리는 어떠한 열강국가에게도 개인적 권리를 넘겨준 적이 없으며, 넘겨줄 의사가 없다'고 주장하는 한편, 말리에토아 타누마필리 1세는 미국과 독일의 사모아 분할통치에도 강하게 반대했다. 하지만 결국 독일 황제(Kaiser)가 독일령 사모아의 수뇌국왕(Tupu Sili)의 자리를 차지했으며, 자리를 잃은 타누마필리 1세는 영국령 피지로 건너가 대학교 교육을 수료했다.

독일령 사모아[245][246]

사모아는 독일의 코코넛 자원의 허브였다. 따라서 독일의 사모아 통치 목적은 독일이 운영하고 있는 플랜테이션이나 무역회사의 상업적 이익을 도모하기 위한 것에 비중을 두었다. 1900년 3월, 독일 황제는 38세인 빌헬름 솔프(Wilhelm Solf)를 파견해 사모아를 통치했다. 솔프는 유럽 영사들이 무시해 온 사모아의 고유 정치 시스템을 이해하고 있는 몇 안 되는 사람 중 하나였다. 그는 대다수의 사모아인이 마타파 이오세포를 지지했다는 사실을 잊지 않고, 마타파 이오세포를 수뇌족장(Ali'i Sili)의 자리에 앉혔다. 소프는 마을과 지역 중심으로 발달해 온 사모아의 권력 시스템을 중앙으로 집결시키기를 원했다. 마타파의 조언하에,

---

245) Moses, John A. 1969. The Solf Regime in Western Samoa – Ideal and Reality. ANZAAS conference. Adelaide. http://www.nzjh.auckland.ac.nz/docs/1972/NZJH_06_1_04.pdf
246) Wikipedia. Wihelm Solf. https://en.wikipedia.org/wiki/Wilhelm_Solf

사모아에 파견된 빌헬름 솔프(출처: Wikipedia)

투푸아 타마세세(Tupua Tamasese), 투이말레알리파노(Tuimaleali'ifano), 사이파이아(Saipa'ia)와 팔라타(Fa'alata)에게 타이무아(ta'imua)의 직위가 부여되었다.
　식민지 시대 전의 타이무아가 상원 역할을 담당하였다면, 솔프는 타이무아들에게 자문 역할을 맡겼다. 솔프의 타이무아는 말리에토아, 마타파, 투푸아 타마세세와 투이말레알리파노 직위의 후손들을 대표했다. 이 세력들은 19세기 권력다툼에서 핵심 역할을 했으며, 솔프와 마타파는 이들에게 직위를 내려줌으로써 이들 세력의 가문들과 지역을 달래려고 했다. 또한 그의 통치 아래 사모아의 플랜테이션과 농업이 장려되었기 때문에 세금 수익이 증가했다. 공립학교 시스템이 구축되고 병원도 설립되었다. 독일 통치 기간 동안 사모아에는 플랜테이션을 위해서 중국인 노동자들이 사모아에 많이 유입되기도 했다.
　1912년 마타파 이오세포가 사망하자, 솔프는 수뇌족장 직위를 없애고 자문 직위인 파우투아(fautua)를 신설했다. 사모아로 돌아온 말리에토아 타누마필리 1세와 투푸아 타마세세 레알로피 1세를 이 직위에 공동으로 임명했다. 이는 전통적으로 권력을 지니고 있던 파파(pāpā) 직위와 타파이파(tafa'ifā)의 권위를 퇴색시켰다. 솔프는 전통적 정치 시스템과 현대 정치 시스템을 적절히 활용해가면서 19세기에 벌어졌던 대혼란을 피하는 동시에 서서히 사모아의 전통 정치질서를 약화시켰다. 솔프가 본국으로 돌아간 뒤에는 에리히 슐츠(Erich Schultz)가 총독으로 부임했다.

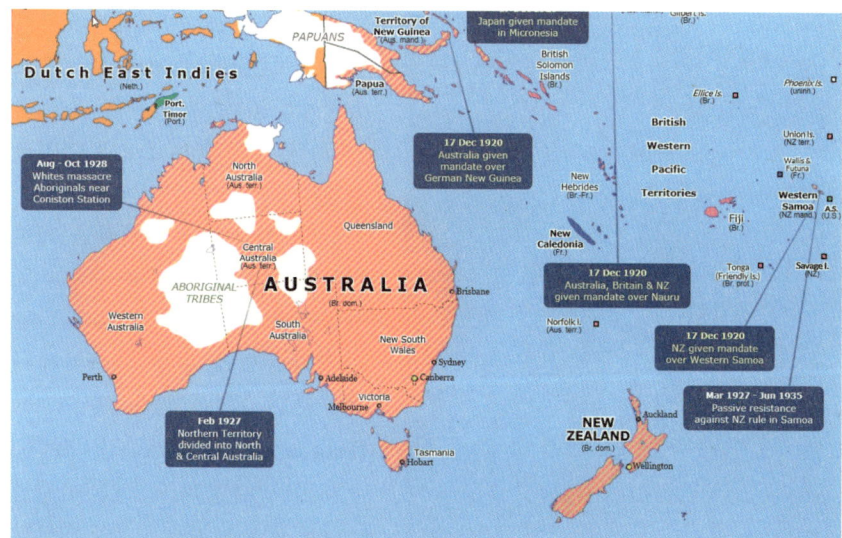

국제연맹(League of Nations)의 태평양 위임통치(출처: Omniatlas)

뉴질랜드령 사모아[247][248][249]

1914년 제1차 세계대전이 발발하자 뉴질랜드군은 독일령 사모아를 점령했다. 뉴질랜드의 사모아 통치기간은 총 47년간으로 군사통치(1914~1919), 위임통치 (1920~1945), 신탁통치(1945~1961) 총 3 단계로 구분된다. 1914년 전쟁이 발발한 뒤 48시간 후 영국은 뉴질랜드에게 '중요하고 긴급한 명령'이라면서 독일령 사모아를 점령할 것을 지시했다. 그리하여 1914년 8월 29일 뉴질랜드군은 사모아로 진군한다. 당시 사모아에는 자치 경찰을 제외하고는 아무런 병력이 없었기 때문에 뉴질랜드는 사모아로 무혈 입성할 수 있었다.

하지만 '사모아를 확보하라'는 명령만 받았을 뿐 '어떻게 관리하라'는 명령을 받지 않은 뉴질랜드 병력들은 일단 다음날인 8월 30일 물리누(Mulinu'u)에서 영국 국기를 게양한 뒤 독일이 사모아에 구축한 체제를 그대로 유지하되 정부

---

247) New Zealand History. New Zealand in Samoa. http://nzhistory.govt.nz/politics/samoa/colonial-administration
248) Wikipedia. Mau movement. https://en.wikipedia.org/wiki/Mau_movement
249) The Encyclopedia of New Zealand. Story - Pacific Islands and New Zealand. http://www.teara.govt.nz/en/pacific-islands-and-new-zealand/page-4

로버트 로건(Robert Logan)
(출처: http://www.nzhistory.net.nz/)

수장을 뉴질랜드 병력의 지도자인 로버트 로건(Robert Logan) 대령으로 교체시켜 통치했다. 뉴질랜드 통치자들은 새 정부가 사모아의 이익을 대변할 것이라며 사모아인들을 안심시켰다. 사모아의 첫 은행을 개설하고 독일 국민 대부분을 추방한 뒤, 뉴질랜드 정부는 말리에토아 타누마필리 1세와 투푸아 타마세세 레알로피 2세를 공동 파우투아(Fautua, 자문직위)로 임명했다.

1918년에서 1919년에는 유행성 독감이 발생해 전체 사모아 인구의 22% 수준인 7,500명의 국민이 사망하는 사태가 벌어졌다. 첫 사망자가 발생한 뒤 뉴질랜드 정부가 질병을 통제하거나 감염자를 격리하지 않아 일주일 만에 독감이 사모아 전역으로 퍼졌다. 하지만 대조적으로 수많은 사상자를 낳은 뉴질랜드 사모아와는 달리 미국령 사모아에서는 적절한 격리조치와 예방조치가 시행되어 사망자가 발생하지 않았다. 서사모아에서 유행성 독감 때문에 큰 피해가 발생하고 있다는 것을 알게 된 미국은 서사모아에 대한 권한이 있는 로건 대령에게 지원을 해 주겠다고 제안했다. 미국은 대규모 의료지원팀을 갖추고 있어서 만일 적절한 지원이 이루어진다면 사태가 악화되는 것을 막을 수 있었을 것이다. 하지만 영국에서 태어난 로건은 미국인을 싫어해 끝내 미국의 지원을 거절했다.

한편, 왕립조사위원회는 1919년 진행된 역학조사를 통해 1918년 11월 7일 오클랜드(Auckland)에서 파견된 SS Talune호(여객선 및 화물선 역할을 한 스팀선박(Steamship))가 들어온 뒤 우폴루 지역부터 독감이 유행하기 시작했다고 결론지었다.

SS Talune호(출처: http://www.nzhistory.net.nz/)

1919년 6월 29일 독일과 평화조약을 체결한 국제연맹(League of Nations)은 1920년 12월 17일 영국에게 사모아에 대한 통치를 위임했다. 뉴질랜드 정부는 영국을 대신해 사모아를 통치했다. 이에 따라 영국 왕 조지 5세(King George V)가 명목상으로 사모아의 왕이 되었으며, 뉴질랜드 정부는 사모아 통치가 확정되자 사모아 법 1921(Samoa Act, 1921)을 제정해 사모아에 대한 행정체계를 수립했으며, 이 법은 1962년까지 존속되었다.

마우운동에 참여한 사모아인들(출처: http://www.nzhistory.net.nz/)

마우(Mau) 운동[250)251)252)]

뉴질랜드의 사모아 통치기간 동안, 사모아에는 비폭력 저항운동인 마우(Mau) 운동이 벌어졌다. 사모아어 '마우(Mau)'는 '의견(opinion)', '확고한(unwavering)' 등의 의미를 갖고 있다. 이를 종합해보면 마우(Mau)란 '사모아의 확고한 의지'를 의미하는 것이고, 이는 식민통치세력에 대한 저항을 의미하기도 한다. 그러한 목적을 반영하듯 마우운동의 슬로건은 '사모아를 위한 사모아(Samoa Samoa, Samoa for the Samoans)'였다.

사모아인들이 최초로 식민통치세력에 반발한 것은 독일 점령기 때였다. 1908년 사모아를 점령 통치하던 독일 행정부와 사모아 족장위원회(Malo o Samoa)가 사모아인들이 경영하는 코프라 사업소의 설립을 두고 대립하는 과정에 전개되었다. 이 운동을 주도한 사람은 빌헬름 솔프에 의해 퇴출된 라우아키 나물라울루 마모에(Lauaki Namulau'ulu Mamoe)와 몇몇 족장위원회 멤버들이

---

250) Wikipedia. Mau movement. http://en.wikipedia.org/wiki/Mau_movement
251) Campbell, I.C. 1999. New Zealand and the Mau in Samoa. *New Zealand Journal of History* 33(1):92. http://www.nzjh.auckland.ac.nz/docs/1999/NZJH_33_1_06.pdf
252) Global Nonviolent Action Database. Mau opposition to New Zealand rule in Samoa, 1927~1933. http://nvdatabase.swarthmore.edu/content/mau-opposition-new-zealand-rule-samoa-1927-1933

라우아키(Lauaki Namulau'ulu Mamoe)(뒷줄 맨 중앙)와 함께 유배된 지도자들(1909)
(출처: http://natlib.govt.nz/records/23156773)

었다. 솔프는 독일 군함 2척을 불러 이들을 무력으로 제압하려 했다. 군대가 개입하자 마우운동에 참가한 세력들이 갈라지는 바람에 결국 라우아키는 독일 측에 항복했다. 1909년, 라우아키를 비롯한 마우 아 풀레(Mau a pule)의 족장들은 독일령 마리아나(Marianas), 즉 사이판(Saipan)으로 추방되어 1914년 뉴질랜드군이 사모아를 탈환하기 전까지 머무른다. 추방당한 사람들의 대부분은 사모아로 돌아오기 전 이방 땅에서 죽음을 맞았다. 최초로 마우운동을 전개한 라우아키 역시 1915년 사모아로 귀국하는 도중 사망했다.

　뉴질랜드가 통치한 지 얼마 되지 않아 사모아인들은 뉴질랜드 식민통치자들에게 불만을 표출했다. 1918년부터 1919년에 유행성 독감이 돌 때, 당국이 아무런 조치를 취하지 않아 수많은 사람이 숨지는 일이 발생하자, 사모아인들은 뉴질랜드 정부에 대해 무능함을 느끼고 불신했다. 또 사모아에 대한 어설픈 통치와 사모아의 전통사회 구조를 의도적으로 붕괴시키며 사모아인들의 문화를 존중하지 않았던 뉴질랜드 통치자들의 모습은 사모아인들이 다시 통치자들에게 저항할 계기를 제공했다.

사모아에서 가장 큰 정치력을 발휘했던 4개 세력은 식민통치 정부에 대하여 각기 다른 의견을 갖고 있었다. 마타파 살로나(Mata'afa Salona)와 말리에토아 타누마필리 1세는 뉴질랜드 행정부에 복종하는 모습을 보여 준 반면, 투푸아 타마세세 레알로피 3세(Tupua Tamasese Lealofi III)와 투이말레알리이파노 시우(Tuimaleali'ifano Si'u)는 사모아의 독립을 지지하는 측에 속했다.

또 마우운동을 주도한 핵심 유럽인으로는 올라프 넬슨(Olaf Nelson)을 꼽을 수 있다. 스웨덴계 사모아인인 넬슨은 장사를 하여 큰 이윤을 남겼고, 당시 사모아에서 제일가는 재력가였으며, 여러 군데를 여행하며 견문을 넓혔다. 그는 식민정부가 현지인들과 혼혈 사모아인들을 정치에서 배제하는 것에 대해 크게 실망했다. 1919년에는 유행한 독감으로 가족을 잃기도 했다. 유럽계로 분류되었음에도 불구하고 올라프는 자신이 '혈통적으로나 정서적으로나' 사모아인이라고 주장했다.

올라프 넬슨(중앙) 1933(출처: http://www.natlib.govt.nz/)

1926년 넬슨은 뉴질랜드 정부에게 사모아의 자치통치 문제를 로비하기 위해 뉴질랜드의 수도 웰링턴(Wellington)을 방문했다. 그는 외무부 장관 윌리엄 노스워시(William Nosworthy)로부터 사모아를 방문하여 직접 둘러보고 현황을 파악하겠다는 약속을 받아냈지만, 노스워시 장관이 차일피일 방문을 미루자, 1926년 10월과 11월 두 번에 걸쳐 아피아에서 열린 공청회를 조직했다. 이 자리에 모인 사모아인들과 사모아에 거주하고 있던 유럽인들은 자신들의 불만을 문서로 작성해 뉴질랜드 정부에 공식적으로 제출하려는 움직임을 보였다.

당시 사모아를 통치하고 있던 조지 리처드슨(George Richardson) 정부는 사모아 인들이 유럽 선동가들에 의해 선동되고 있다고 여겼기 때문에 이들이 요청한 뉴질랜드 외무부 장관과의 면담을 막았다. 이러한 움직임 속에서 1927년 3월, 시민위원회는 사모아 연합(League of Samoa)이라는 조직 강령을 발표했다. 이는 사모아의 강한 주장(O Le Mau a Samoa, the firm opinion of Samoa) 운동으로 번졌다.

마우운동에서 핵심 역할을 한 투푸아 타마세세 레알로피 3세의 지도 하에 중앙위원회는 아피아에서 조금 떨어진 바이모소(Vaimoso)에 지도부를 설립했다. 뉴질랜드 정부는 이들을 지지하는 세력이 전체 인구의 2/3 정도 수준이라고 추측한 반면 마우 운동가들은 90%가 넘는 국민이 자신들을 지지한다고 보았다.[253] 마우운동이 심해지자 리처드슨 총독은 마우운동 주동자들에게 즉시 해산할 것을 명령하는 한편, 사모아 내정에 개입하고 있는 비(非)사모아인들을 추방할 것이라고 밝혔다. 이로 인해 사모아 내 거주하는 유럽인들이 정치에 소극적으로 가담하게 되면서 마우 운동은 사모아 인들의 주도하에 진행되었다.

사모아인들은 행정구역위원회나 마을위원회 그리고 여성복지위원회의 회의를 중단하는가 하면, 마을들은 뉴질랜드 행정 관료들의 방문을 무시했다. 아이들은 공립학교를 퇴학했고, 코코아나 바나나 플랜테이션은 방치되기 시작했다. 사모아 인들은 뉴질랜드 당국에 출생신고와 사망신고 역시 하지 않았으며, 세금을 내는 대신 마우운동을 위한 자금을 모금하는 등 마우운동은 뉴질랜드 행정부에 대한 조직적인 저항으로 전개되었다.

---

253) New Zealand History, New Zealand in Samoa, The rise of the Mau movement, 'Samoa mo Samoa', http://www.nzhistory.net.nz/politics/samoa/rise-of-mau

ON THE TRAIL OF TAMASESE

Sidelights On Coates Government's Samoan Burlesque

What is the true position of affairs in Samoa to-day? The Prime Minister has stated that notwithstanding the activities of the Mau, there does not appear to be any present danger of a breach of the peace. Most reassuring!

WHILE deprecating the alarmist reports circulated from unofficial sources—obviously inspired propaganda on behalf of the Administration—Gordon Coates announced on March 19 that the Government was not in a position to make a full statement as to the position or of the action to be taken to bring about a satisfactory ending to the unpleasant situation.

"N.Z. Truth" is now in a position to give the public some particularly interesting sidelights on the Samoan muddle as received from a New Zealander, who, though sent to Samoa recently in an official capacity, has had no previous association with the Administration and is in no way interested either politically or commercially.

His statement of plain, unvarnished facts is one which warrants the assertion that in Samoa the Government of New Zealand has staged a comic opera on the crumbling crater-edge of a volcano.

"The position," he states, "is ridiculous and disgusting in the extreme, as you will gather from my brief outline of the happenings since my arrival.

"I believe that ninety-five per cent. of the native population, ably assisted by many unscrupulous Europeans, are members of

"On February 27 the 400 Mau were tried collectively, found guilty and sentenced to six months' imprisonment.

"The Administrator met the Mau at a fono at Mulinuu on February 29 and talked to them for some hours."

From what "Truth" can gather, the Administrator indulged in what is colloquially termed "kidding" and then repealed the sentence on condition that prisoners returned to their occupations in their respective villages and ceased to break the law.

The Mau asked for a few days to consider the proposition! Three times the Administrator went for their answer and on each occasion "kidded" them still more.

"The Mau put forward all sorts of ridiculous requests through their big chief, Tamasese," states our correspondent, "one demand being that the Samoan flag replace the Union Jack and that Samoa be governed by the Samoans.

"It makes one mad to listen, at these daily fonos, to the Administrator and the Crown Prosecutor, who is at present acting Inspector of Police. They are always giving way to these grinning Mau, who are losing nothing, while the Government is losing its prestige each hour.

마우운동에 대해 보도한 New Zealand Truth(타블로이드 신문, 1928년 3월 29일 기사)
(출처: http://www.nzhistory.net.nz/media/photo/nz-truth-report-mau-resistance-1928)

1927년 뉴질랜드는 왕립위원회를 구성해 사모아 행정과 관련된 불만사항을 들어 보기로 했다. 하지만 150명의 증인으로부터 사모아 통치에 대한 의견을 들었음에도 불구하고 왕립위원회는 조지 리처드슨 총독의 정책과 행동을 지지하는 견해를 보였다. 또 마우운동을 현지에 거주하는 유럽인들이 사모아 동료들과 함께 벌인 대중선동으로 여겼다. 1928년 마우운동의 핵심 인물 중 하나였던 올라프 넬슨은 뉴질랜드로 추방되었다. 넬슨은 오클랜드(Auckland)에서도 왕성한 저항활동을 펼쳤다. 그는 뉴질랜드 정부에 탄원서를 제출하는 한편, 야당인 노동당(Labour Party)의 지지도 받았다. 1928년 그는 『사모아에 대한 진실(Truth about Samoa)』을 발간했으며, 사모아에서 출간이 금지된 신문 '사모아 가디언(The Samoa Guardian)'도 '뉴질랜드 사모아 가디언(New Zealand Samoa Guardian)'이란 이름으로 재창간했다. 또한 당해 넬슨은 제네바의 국제연맹에 탄원서를 제출하여 뉴질랜드 정부가 사모아를 억압하고 있다고 호소했다. 9,300명의 성인 사모아인 중 8,000명이 그 탄원서에 서명했지만, 결국 탄원서는 받아들여지지 않았다.

　한편 사모아에서 마우운동은 더욱더 조직적으로 전개되었다. 넬슨의 추방 이후에도 마우운동의 열기는 사그라지지 않았다. 그들은 시민들의 조직적인 불복종운동을 뉴질랜드에 대한 저항 수단으로 활용했다. 마우운동에 참여한 사람들은 수입품을 보이콧했고, 세금 내기도 거부하는 한편 자치적으로 '경찰'을 조직했다. 분홍색 라바라바(lavalava) 바탕에 흰색 선이 그어진 복장을 입고 아피아의 유럽인 상점들을 폐쇄해 나갔다. 하지만 그들은 사모아를 통치하고 있는 외국 세력에 대해 적대적이고 위협적인 태도를 취하기보다 때로는 뉴질랜드 측 경찰 세력들과 어울려 농담하고 웃는 모습을 보이는 등 다소 친근한 모습으로 활동하기도 했다.

　사모아인들이 조직적으로 뉴질랜드 식민통치에 대해 저항하자, 리처드슨 총독 역시 조치를 취해야 했다. 1928년 2월 그는 뉴질랜드 해군 소속 HMS Dunedin과 Diomede를 지원해 달라고 요청하였고, 함정에 소속된 해군 병력들이 마우운동가들을 잡아들였다. 이로 인해 400명이 넘는 사람이 감옥에 갇혔다. 이것을 본 100명의 마우운동가들이 자발적으로 자수하여 투옥되었다. 500명이 넘는 죄수를 수용할 공간이 없게 되자, 리처드슨 총독은 이들을 풀어 줄 수밖에 없었다. 리처드슨 총독은 얼마 뒤인 1928년 4월 사모아를 떠났다.

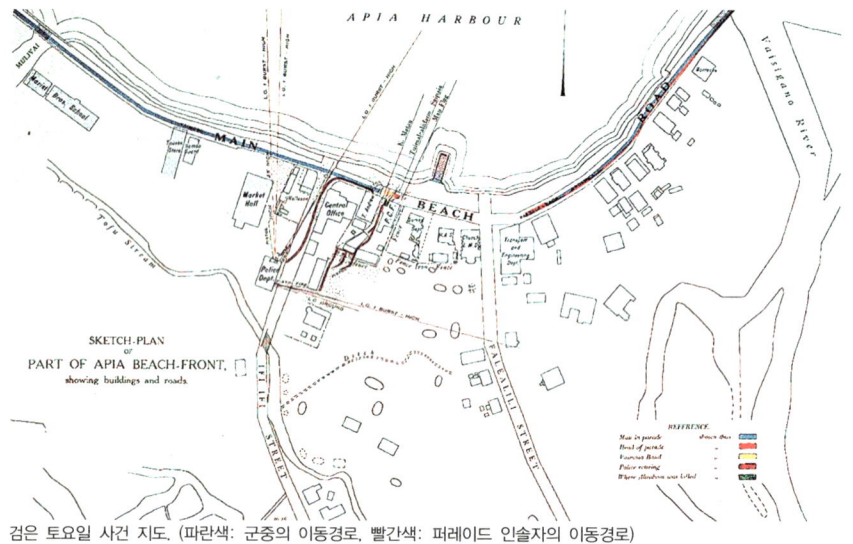

검은 토요일 사건 지도. (파란색: 군중의 이동경로, 빨간색: 퍼레이드 인솔자의 이동경로)
(출처: https://www.flickr.com/photos/michaelfield/4538960473/)

검은 토요일[254]

후임 총독으로 부임한 스티븐 앨런(Stephen Allen)은 강압적인 경찰력을 활용하여 마우운동을 뿌리 뽑을 수 있을 것이라 생각했다. 그리하여 총독이 바뀐 지 얼마 되지 않아 1928년 한 해에만 두 차례에 걸친 유혈 충돌사태가 벌어졌다. 11월에 발생한 충돌사태에서 투푸아 타마세세 레알로피 3세가 경찰에 체포되어 세금 미납세 등의 죄목으로 약 6개월간 뉴질랜드에서 수감생활을 하기도 했다.

하지만 최악의 사태는 1929년 12월 28일에 발생했다. 사모아에서 추방당한 유럽인 마우운동 지도자 스미스(A.G. Smyth)가 뉴질랜드에서 복귀하는 기념으로 아피아 해안가에서 마우 퍼레이드 행사가 열렸다. 경찰은 퍼레이드가 벌어지기 전에 '수배자'들이 행진에 참여할 경우 즉각 체포하겠다고 공언했다.

---

254) New Zealand History, New Zealand in Samoa, Black Saturday, http://www.nzhistory.net.nz/politics/samoa/black-saturday

레알로피 3세의 장례식(출처: http://www.nzhistory.net.nz/media/photo/tupua-tamasese-lying-state)

거기에 도발이라도 하듯 수배 명단에 올라와 있던 마우운동 총무가 퍼레이드에 참가하여 행진에 참여하자, 경찰은 단호하게 그를 체포하려 했고 이 과정에서 언쟁이 벌어졌다. 체포를 거부하는 사모아인들과 모여든 경찰로 인해 분위기는 순식간에 일촉즉발 상태가 되었다. 잇달아 사모아인들이 경찰서로 접근하자 경찰들이 발포를 하여 유혈사태로 확대되었다. 이날의 사태는 '검은 토요일(Black Saturday)'이라고 불리며, 뉴질랜드 측은 사모아인들의 저항이 사태를 확대시켰다고 주장하고, 반면 사모아 측은 뉴질랜드가 무고한 사모아 독립운동가들을 향해 폭력을 가했다고 주장했다.

한편 사태 당시 투푸아 타마세세 레알로피 3세는 군중들 앞으로 달려가 흥분한 사람들을 말리려고 노력했지만, 경찰이 쏜 총에 맞아 쓰러지고 말았다. 그는 쓰러져 죽어 가면서도 "나의 피는 사모아를 위해 흘려졌습니다. 나의 피를 사모아를 위해 쏟을 수 있어 자랑스럽습니다. (뉴질랜드 통치자들에게)복수는 생각조차 하지 말아야 합니다. 나의 피는 평화 속에서 흘려졌기 때문입니다.

만일 내가 죽는다 해도 어떠한 대가를 치러서라도 평화는 반드시 지켜내야 합니다"라는 유언으로 남기면서 사모아인들에게 마우운동이 '비폭력적'으로 전개되기를 희망했다. 이날 사고로 총 8명이 사망하고, 50명 정도가 부상을 입었다.

'검은 토요일' 사태로 인해 마우가 지도자를 잃게 되자, 앨런 총독은 더욱 더 적극적인 공세를 펼쳐 마우 조직을 와해시키려 했다. 1930년 1월 13일 그는 마우운동을 반정부적 민중 선동조직으로 규정하고 마우운동에 사용된 유니폼의 착용을 금지시켰다. 마우운동이 뉴질랜드 당국에 의해 핍박받자 최대 1,500명 가량의 마우운동가들이 벽지로 흩어져 숨어서 저항했다. 하지만 뉴질랜드는 150명의 뉴질랜드 해병대와 HMS Dunedin호에 승선한 해군들, 그리고 50명의 헌병을 동원해 그들을 추격했다. 뉴질랜드 해병대는 마우운동가들에 대한 현지인들의 협력을 저지하기 위해 한밤중에 마을들을 급습하는 작전을 펼쳤다. 그럼에도 불구하고 사모아인들은 마우운동가들에게 보금자리와 먹을 것을 제공하는 한편 뉴질랜드 군병력의 작전 현황을 알려 주며 이들을 도왔다. 1930년 2월 중순 양측 모두 지친 기색이 역력해졌다. 마우운동가들은 1930년 3월 현지 유럽인들과 선교사들의 도움으로 뉴질랜드 국방부 장관을 만났고, 결국 해산하는 데 동의했다. 1931년에는 허버트 하트 준장이 앨런 총독의 후임으로 부임했는데, 사모아인들과 뉴질랜드 통치세력들 사이의 불안한 교착상태가 계속되었다. 마우운동을 지지하는 남성들이 체포되자 여성들이 마우운동을 지지하는 집회를 조직하여 운영하기 시작했다.

사모아의 독립[255)256)]

1935년 뉴질랜드에서 치른 총선에서 노동당(Labour Party)이 집권여당인 통합/개혁 연합당(United/Reform Coalition)을 누르고 여당이 되자 사모아를 둘러싼 정치환경도 변화하기 시작했다. 노동당 정부는 사모아에 대해서 보다 유화적이고 온건한 입장을 보였다. 1936년 6월 아피아에 도착한 '친선사절단(Goodwill mission)'은 마우를 적법한 정치 조직으로 인정하였고 사모아 범법자 조항이

---

255) New Zealand History. New Zealand in Samoa. Towards Independence. http://www.nzhistory.net.nz/politics/samoa/towards-independence
256) Wikipedia. Politics of Samoa. https://en.wikipedia.org/wiki/Politics_of_Samoa

폐지되면서 마우운동을 열정적으로 이끌었던 지도자 올라프 넬슨의 추방조치도 철회되었다. 또한 1946년 신탁통치가 결정된 직후 이들이 유엔에 사모아 전역에 걸친 자치권을 요구하는 청원을 제출하자, 1947년 '사모아 개혁법(Samoa Amendment Act)'을 통과시켜 사모아인에게 상당한 자치권을 부여했다. 뒤이어 1948년 식민의회가, 그리고 1953년 자치정부 구성을 위한 행정위원회(Executive Council)가 구성되면서 사모아인들의 직접적인 정치참여 통로가 열리자, 사모아 독립에 대한 열기가 뜨거워졌다. 이러한 과정에서 1960년 구성된 헌정협의회(Constitutional Convention)가 독립을 위한 본격적 준비에 착수해 10월 28일 독립헌법(The Constitution of the Independent State of Samoa)을 확정했다. 1961년 유엔이 관리한 국민투표에서 족장과 일반국민을 포함한 사모아인의 80%가 독립에 대해 압도적으로 찬성하자 1962년 1월 1일 주권국가 사모아가 새롭게 탄생했다.

사모아의 국가 수장으로는 레알로피 3세의 아들인 투푸아 타마세세 마에올레(Tupua Tamasese Maeole)가 과거 식민지 시절 파우투아 직위를 수행했던 말리에토아 타누마필리 1세의 아들인 말리에토아 타누마필리 2세(Malietoa Tanumafili II)와 함께 국가의 공동 수장이 되었다. 그 후 마우 지도자 마타파 파우무이나 피아메 물리누 1세(Mata'afa Faumuina Fiame Mulinu'u I)의 아들 마타파 파우무이나 물리누 2세(Mata'afa Faumuina Mulinu'u II)는 사모아 총리직에 오른다. 독립 당시 '서사모아'라는 이름으로 출범한 사모아는 1997년 7월 헌법 개정을 통해 '사모아'로 국명을 변경하고, 공식 국명을 '사모아 독립국(Independent State of Samoa)'으로 정했다.

2002년 뉴질랜드 총리인 헬렌 클라크(Helen Clark)는 '사모아 독립 40주년' 행사 참석 차 사모아를 방문하여 "저는 오늘 뉴질랜드 정부를 대신하여, 식민지 시절 뉴질랜드 총독부가 저지른 부당한 행위들에 대해 사모아 국민들에게 공식 사과 드립니다"라면서 식민지 시절 뉴질랜드가 사모아 국민들에게 준 고통과 슬픔에 대해 사과했다.[257]

---

257) BBC News, Apology to Samoa surprises New Zealand(04 June 2002), http://news.bbc.co.uk/2/hi/asia-pacific/2025041.stm

헬렌 클라크 총리의 사과문(원문)[258]

Rt. Hon Helen Clark, Prime Minister
Address to state luncheon, Samoa
12.00 noon Monday 3 June 2002 (Samoa Time)
11.00 am Tuesday 4 June 2002 (New Zealand Time)

Ou te fa'a talofa atu, i le paia maualuga ole aso.

It is a pleasure to be in Samoa for this important fortieth anniversary of Samoan independence.

On behalf of all the international guests here today, thank you to the Head of State and to the government and people of Samoa for your warm welcome to us.

The links between New Zealand and Samoa go back a very long way. Samoans and Maori are distant relatives, with Maori travelling down to Aotearoa by waka from their ancestral Polynesian homeland many centuries ago.

European colonisation reached New Zealand just as it reached Samoa. New administrators from afar replaced the local rulers. In New Zealand it was the British, and in Samoa it was the Germans and later the New Zealanders who came. This week we celebrate the fact that forty years ago Samoa regained its independence, and became the first Pacific island nation to do so.

Samoa today is acknowledged as a leader in the South Pacific. It is a nation which New Zealand is proud to call a friend. We work with Samoa in the United Nations, the Commonwealth, and the Pacific Islands Forum. We support Samoa's development through our overseas aid programme. And many of our citizens are also the sons and daughters of Samoa.

In my time as Prime Minister, I have seen my government and the Government of Samoa work together on a number of critical issues.

Only two weeks ago, Prime Minister Tuilaepa Sailele was together with me and other leaders in East Timor to celebrate that new nation's independence. Samoa has sent a number of its police to help East Timor and their contribution has been greatly appreciated.

The Government of Samoa has also been a strong advocate for upholding the principles of the Pacific Islands Forum and of the Commonwealth; principles to which my government is also strongly committed.

---

258) New Zealand Herald. Full text: Helen Clark's apology to Samoa. http://www.nzherald.co.nz/nz/news/article.cfm?c_id=1&objectid=2044857

Samoa's voice has also been heard on the need to manage the Pacific's fisheries; to provide sanctuaries for the great whales which roam our oceans; to act against the global warming which could have catastrophic effects for some of our neighbours; and to keep our region nuclear-free.

New Zealand is pleased to back Samoa's development with support particularly for the education and health systems. We work closely with Samoa to ensure that what we do meets Samoa's needs.

For many decades now, people from Samoa have come to settle in New Zealand. More than 115,000 people in our country identify as Samoans.

The early migrants came to work in our industries which were crying out for labour. They were hardworking and good citizens. They created communities and families in New Zealand. They contributed to our economy and laid the foundations for the vibrant Samoan community in New Zealand today.

Now we see their children and grandchildren in all walks of life in New Zealand.

Samoans are to be found in our Parliament, our public service, and in the professions, business, and the church. Only a few months ago we were proud to appoint New Zealand's first Samoan judge.

Samoans have also made an amazing contribution to our sporting life and to the arts and culture of New Zealand. Samoan painters, poets and writers, dancers, musicians, and fashion designers are helping create a new Pacific style in New Zealand.

Now, by supporting capacity building programmes in the Samoan and other Pacific communities in New Zealand, we are working to enable many more to participate at all levels of our social and economic life and to make their unique contribution to our country.

Today we come to celebrate Samoa and its people, its culture and heritage, and the beauty of its lands and its seas. We know how dear to Samoans their sacred links to the land, the sea, and their villages are.

We come to acknowledge the contribution of independent Samoa to the wider regional and international communities of which we are part. We come to say thank you to Samoa for the gift to New Zealand of its people and for the part they are playing in our society.

But before coming today I have also been troubled by some unfinished business. There are events in our past which have been little known in New Zealand, although they are well known in Samoa.

Those events relate to the inept and incompetent early administration of Samoa by New Zealand. In recent weeks as we have been preparing to come to Samoa, there has been a focus on those historic events, and the news has been a revelation to many New Zealanders.

That focus has come about because my government believes that reconciliation is important in building strong relationships. It is important to us to acknowledge tragic events which caused great pain and sorrow in Samoa.

In particular we acknowledge with regret the decision taken by the New Zealand authorities in 1918 to allow the ship Talune, carrying passengers with influenza, to dock in Apia. As the flu spread, some twenty two per cent of the Samoan population died. It is judged to be one of the worst epidemics recorded in the world, and was preventable.

There were also the shootings in Apia in December 1929 of non-violent protestors by New Zealand police. At least nine people died, including Tupua Tamasese Lealofioaana III, and fifty were injured.

The early colonial administration also banished Samoan leaders and stripped some of chiefly titles. These actions split families apart and many families lost their titles forever.

On behalf of the New Zealand Government, I wish to offer today a formal apology to the people of Samoa for the injustices arising from New Zealand's administration of Samoa in its earlier years, and to express sorrow and regret for those injustices.

It is our hope that this apology will enable us to build an even stronger relationship and friendship for the future on the basis of a firmer foundation. New Zealand and Samoa are bound together by our geography, our history, our cultural and family links, and today by our trade and diplomacy. It is important that we are also bound by our mutual respect for each other.

Today as a symbol of our relationship we present to Samoa a waka huia, used to hold precious taonga. The taonga we treasure today is our relationship with the people of Samoa. May it go from strength to strength.

Ia ola Samoa.

사모아의 식민지 역사

1860 ~ 1889	마타이(Matai)에 의해 국정 운영, 미국 지시, 영국 및 독일 협의
1889 ~ 1899	베를린에서 채택한 3자협의(three power pact)에 따른 공동 국정 운영
1889 ~ 1914	(서)사모아는 독일 식민지화, 동사모아는 미국 영토(territory)화, 중국인 노동자 대거 유입
1914 ~ 1920	제1차 세계대전 시작과 함께 (서)사모아가 뉴질랜드의 원정군대에 의해 통치
1920 ~ 1946	국제연맹통치령에 따라 뉴질랜드가 서사모아의 행정권을 행사
1946 ~ 1962	유엔신탁통치이사회에 의해 뉴질랜드가 행정권을 행사
1953~	뉴질랜드가 서사모아의 독립을 위해 전진적 계획을 제의하고 최초로 집행이사회를 설치
1956~	새로운 집행위원회가 설치. Fono of Faipule는 해체됨. 입법위원회 재구성 확대
1958~	뉴질랜드보상자산회(NZ Reparation Estates)는 사모아 권한으로 이전되었으며, 서사모아신탁자산(Western Samoan Trust Estates Corporation)으로 수정
1960~	헌법회의(Constitutional Convention)가 대표 174명이 참석한 가운데 독립절차를 위해 개최
1961~	사모아의 성인들이 유엔 감독 아래 대부분이 독립을 위해 투표에 참여
1962.01.01	서사모아가 독립국으로 선포

사모아의 식민지 최고통치자 및 독립 후 국가원수

재임 기간	최고 통치자 및 국가 원수	비 고
German Samoa(독일)		
Archipelago annexed by German Empire (except for the part that is to become American Samoa)		
1900.03.01. ~ 1911.12.19	Wilhelm Heinrich Solf, Governor	
1911.12.19. ~ 1914.08.29	Erich Schultz-Ewerth, Governor	1912년 6월 19일까지 대리운영
Occupation of German Samoa by New Zealand(뉴질랜드)		
1914.08.29. ~ 1919.01.28	Robert Logan, Administrator	
1919.01.28. ~ 1920.12.17	Robert Ward Tate, Administrator	
Western Samoa(뉴질랜드 신탁통치)		
League of Nations Mandate (administered by New Zealand)		
1920.12.17. ~ 1923.03.16	Robert Ward Tate, Administrator	
1923.03.16. ~ 1928.04.08	George Spafford Richardson, Administrator	1925년 6월 3일부터는 George Spafford Richardson 경이 운영
1928.05.05. ~ 1931.04.03	Stephen Shepherd Allen, Administrator	
1931.04.18. ~ 1935	Herbert Ernest Hart, Administrator	
1935.07.25. ~ 1946	Alfred Clarke Turnbull, Administrator	1942년부터는 Alfred Clarke Turnbull 경이 운영; 1943년까지 대리운영
1946 ~ 1947.01.25	Francis William Voelcker, Administrator	
United Nations Trust Territory(administered by New Zealand)(뉴질랜드 신탁통치)		
1947.01.25. ~ 1948	Francis William Voelcker, Administrator	
1948 ~ 1949	Francis William Voelcker, High Commissioner	
1949.03. ~ 1960.02	Guy Richardson Powles, High Commissioner	
1960.02 ~ 1961.12.31	John Bird Wright, High Commissioner	
1962.01.01	서사모아국가로 독립	
O le Ao o le Malo 직위(Chieftain of the Government/Head of State) *실질적 국정 운영은 총리가 수행함(정치 시스템 부분 참조)		
1962.01.01	2007.05.11	Malietoa Tanumafili II	공동선출(평생 직분)
	1963.04.05	Tupua Tamasese Mea'ole	
2007.05.11. ~ 2007.06.20	Tufuga Efi	공동대리운영(Council of Deputies의 위원들임)
	Va'aletoa Sualauvi II	
2007.06.20. ~ 연임	Tufuga Efi	Tupua Tamasese Mea'ole의 아들이며 2007년에 당선되었고 2012년에 연임됨

사회문화 [259)260)261)262)]

직위(Titles) [263)264)265)]

사모아 토착사회의 기본단위는 몇 개의 아이가(aiga, 대가족)로 구성된 누(Nu'u, 마을)였다. 각 아이가를 대표하는 족장들이 집단 통치 시스템인 포노(fono)를 구성해 공동으로 부족을 관리했다. 따라서 사모아 사회는 족장들에 의한 통치체제가 구축되었으며, 사모아 지역 내 거주하고 있는 가족들과 마을들을 대표하는 다양한 족장과 그 직위가 존재해 왔다. 사모아인들에게 직위는 변함없는 관심거리다. 그들은 지위가 높은 사람에게 사용해야 할 정교한 의례적 언어를 창안했고, 각 직위에 따른 복잡한 예법도 갖추고 있었다.

> 사모아인은 여러 아이가(aiga, 대가족)에 속한다. 그 이유는 사모아 여자들이 다른 가계(부족)로 시집을 가면 자기의 자손들이 자기의 모든 혈통을 물려받기 때문이다. 사모아는 남자혈통 외에도 여자혈통도 함께 포함한다.

족장들이 보유한 직위는 토지와 마찬가지로 가족의 유산으로 인식되며, 가족을 대표하는 사람으로 선출된 자에게 계승되는 것이 특징이다. 족장으로 추대된 사람은 시조의 이름에서 유래된 직위를 계승하게 되며 매 세대마다 이 이름은 그 사람의 성격을 드러내는 신분으로 작용하게 된다. 직위가 없는 개인은 가족 혹은 마을 내 회의에서 발언권이 없다.

직위는 가족과 가문의 땅, 그리고 마을 공공재산에 대한 권리를 포함하며 직위의 계승과 함께 후계자에게 그 권한이 양도된다. 직위 수여식은 성대한

---

259) Gratton, F.J.H. 1948. An introduction to Samoan custom. Southern Bookbinding. Tidal Pools: Digitized Texts from Oceania for Samoan and Pacific Studies. Victoria University of Wellington. http://nzetc.victoria.ac.nz/tm/scholarly/tei-Graintr-c2.html
260) World Statesmen.Org. Samoa. http://www.worldstatesmen.org/Samoa.html
261) McHenry, Mariesa J. The Samoan Way(Rough Draft). http://www.daviddfriedman.com/Academic/Course_Pages/Legal_Systems_Very_Different_13/LegalSysPapers2Discuss13/McHenry_The_Samoan_Way.htm
262) Jane's Samoa Home Page. Samoa. http://www.janeresture.com/samoahome/
263) One Samoa. Matai – The path to becoming a Samoan chief. http://1samoana.com/matai-the-path-to-becoming-a-samoan-chief-part-1/
264) One Samoa. Matai: A complicated system of chiefs. http://1samoana.com/matai-a-complicated-system-of-chiefs/
265) Wikipedia. Fa'amatai. https://en.wikipedia.org/wiki/Fa%27amatai

선물 교환에서부터 간단한 다과회까지 다양하다. 통상 높은 직위의 경우 전자의 방식으로 수여식이 이루어지며 평범한 직위의 경우 후자의 방식으로 진행된다. 보통 가족들이 마을위원회와 협의하여 직위수여 대상자의 수여식(Saofa'iga) 일정을 정한다.

만일 직위와 관련되어 분쟁이 발생되었을 경우, 토지와 관련된 모든 권리는 위협받게 되고 토지 개발에 대한 소정의 인센티브만 지급된다. 최근 들어 인구가 증가하고 직위를 둘러싼 경쟁이 치열해지는 만큼 이러한 분쟁들이 잦아지는 양상을 보인다. 대략 마을 의원과 같이 중요한 직책을 담당하는 직위 보유자는 해당 지역의 80% 정도를 통치한다고 볼 수 있다.

하지만 옛 전통사회에서는 직위를 둘러싸고 가계들 사이에서 분쟁이 심화될 경우, 직위 분쟁은 전쟁으로 확대되었다. 1900년 사모아를 식민지 삼은 독일은 사모아에 토지 및 직위 위원회(Land and Titles Commission, 후에 법원으로 승격)를 설립하여 직위 승계를 둘러싼 무력 분쟁을 효율적으로 중재했다. 물론, 분쟁 그 자체를 모두 막지는 못했지만, 분쟁 문제를 법원으로 끌어들여 해결하려고 한 점에서는 큰 의의를 갖는다. 1962년 사모아가 독립국으로 출발한 뒤 직위와 관련된 분쟁은 더욱더 심화되었다. 이러한 일을 처리하는 데 소비되는 시간 역시 크게 늘어났다.

직위는 크게 알리(ali'i, 족장)와 툴라팔레(tulāfale) 또는 파일라우가(failauga, 대변자) 두 가지로 나뉘어진다.[266] 보다 세부적으로 알리는 '대족장(high chief)'의 의미를 지닌다. 툴라팔레는 '연설족장(talking chief 혹은 orator chief)으로 알려져 있다. 하지만 단순히 알리라는 단어로 대족장을 통합하여 부르는 것보다 알리(ali'i, 여기서는 족장이라는 의미), 하이 알리(high ali'i, 대족장), 파라마운트 알리(paramount ali'i, 수뇌족장)의 개념으로 세분화하여 부르는 것이 사모아 내에 존재하는 다양하고 세분화된 직위들의 성격을 본래 의미에 훨씬 가깝게 표현할 수 있다. 모든 족장 관련 계층과 직위들은 통합적으로 '마타이(matai)'라는 명칭으로 불리는데, 이때 마타이는 족장이라는 의미로도 사용된다. 하지만 일부에서는 폴리네시아 지역에서의 마타이라는 명칭은 '족장'의 의미보다 '전문가'의 의미에 가깝다고

---

266) 이 두 직위의 중간격인 툴라팔레-알리(tulāfale-ali'i)가가 존재하지만 최근에 생겨난 직위인 데다가 많이 알려진 직위가 아니므로 논외로 한다

주장하기도 한다.

역사적으로 알리(족장)와 툴라팔레(대변자)는 서로 보완적이면서도 완전히 다른 직위와 역할을 갖고 있다. 알리는 신의 후예라고 여겨진 만큼, 그들의 혈통은 신성한 것으로 여겨졌다. 알리는 정치 혈통과 거대한 혈연 네트워크를 대표하는 상징적 존재로서의 의미가 있다. 한편 툴라팔레는 알리를 대표하여 활동하는 정치인들을 의미했다. 이들은 포노에서 아이가의 이익을 대변하고 보호하는 역할을 수행하였다.

하지만 사모아에 기독교가 전래되면서 사모아가 유지해 온 전통질서도 변화되기 시작하였다. 무엇보다 '하나님 앞에 만민은 평등하다'라는 가르침으로 인해 혈통의 신성함에 대해 비관적으로 바라보는 시각이 생겨났다. 따라서 기독교 전래 이후 일부 높은 직위가 사라지거나, 특권들이 축소되는 경향을 보였다. 이러한 과정 속에서 기독교 신앙은 사모아가 유지하고 있던 전통적 계급 시스템을 수평화했으나, 알리들이 보유하고 있던 전통적인 특권과 제의적인 기능은 기독교 성직자들에게 이전되었다. 오늘날 성직자들은 높은 직위로 인식되고 있으며, 이들은 좋은 집과 최고의 음식을 대접받고 있다. 오늘날 교회신도들 사이에서 성직자를 위해 자동차를 선물해주고 은퇴 후 생활을 위해 인근의 땅을 사 주는 것을 종종 볼 수 있는데 사모아에서는 특이한 일이 아니다. 성직자들은 과거 알리들에게 직위가 부여된 것과 같이 수수가(susuga, 개신교 목사)와 아피오가(afioga, 가톨릭 신부)라는 직위로 불리고 있다.

한편 최고의 혈통들은 서로 연관된 다수의 마타이, 특히 일부 지역에서 강력한 영향력을 미치는 수뇌족장(paramount chief)으로 구성되어 있기 때문에 사모아에서 '정치 가문'으로 인식되고 있다. 이 가문의 영향력은 사모아 내 각기 다른 마을 및 지역과 연결되어 있고 혈통을 중시하기 때문에 가문의 후계자에게 직위를 계승하는 경향을 보인다. 하지만 보통 왕족들이나 기타 귀족들이 '장자계승(primogeniture)'의 원칙에 따라 직위를 넘겨주는 것에 비해 사모아의 정치 가문들은 이러한 제도가 정착되어 있지는 않다. 따라서 가문 내에서 높은 직위의 계승과 관련된 합의가 이루어지지 않을 경우 토지 및 직위 법원에 회부되기도 한다.

18세기 사모아가 서구사회와 접촉하던 시기에는 투이 아나(Tui A'ana),

투이 아투아(Tui Atua), 가토아이텔레(Gatoa'itele)와 타마소알리(Tamasoali'i)/ 또는 지역에 따라 베타마소알리(Vetamasoalii) 등 4개의 수뇌족장 직위가 있었다. 이 직위들은 파파(pāpā)라고 지칭되었는데, 우폴루 지역을 기반으로 형성되었다. 한 사람이 파파 직위를 모두 보유했을 때에는 타파이파(tafa'ifa)[267]의 자격을 얻었으며 투푸(tupu)로 지칭되었다. 사모아와 접촉한 서구인들은 이를 '군주'의 개념으로 오해했지만, 사모아에서는 직위가 지닌 정치적 영향력이 18세기 하와이나 19세기 통가와 같이 중앙집권화의 형태로는 발전하지 않았다. 족장의 영향력은 어디까지나 누(nu'u, 마을)의 수준에 머물렀으며, 마을들은 높은 직위의 족장의 통솔 혹은 동맹에 의해 이투 말로(itū mālō)를 조직하여 지방자치를 실현했다.

사모아에 대한 첫 수기 보고서에 의하면, 사모아 군도는 11개의 주요 이투 말로(itū mālō, 동맹) 또는 이투 바이바이(itū vaivai)가 형성되어 있었다. 각각의 동맹에는 자신들만의 수뇌족장이 있었지만 4개의 파파 직위만 사모아 전체에서 인정받았다. 파파직은 사바이 섬의 아오(ao) 직위들과 함께 사모아 직위 시스템에서 최상위층에 속했다. 이들의 정치력은 세속적인 정치적 카리스마를 기반으로 발휘되기보다 혈통을 통해 부여된 전통적 카리스마를 기반으로 발휘되었다. 파파는 위에서 언급한 바와 같이 장자계승과 같은 방법을 통해 자동적으로 승계된 것이 아니기 때문에, 직위계승은 다양한 갈등들과 다툼으로 얼룩져 있었다. 파파 직위의 후보들은 사람들의 환심을 얻기 위해 강한 지지기반을 마련해야 했다. 직위자가 서거하면 형제들과 친척들 사이에서 오랜 시간에 걸쳐 협상을 벌였다. 또 직위 쟁탈전에서 패배한 자들은 호시탐탐 직위를 얻기 위한 기회를 엿보았다.

직위계승에서 사바이 섬을 기반으로 한 풀레(pule)와 우폴루 섬을 기반으로 한 투무아(tumua)가 주요 역할을 했다. 풀레는 사바이 섬 6개 지역의 족장들과 마노노 섬, 아폴리마 섬에 기반을 둔 소규모 족장연합으로 구성되었다. 반면, 투무아는 투이 아투아, 투이 아나 2개의 파파를 보유한 아투아 및 아나 지역 족장들과 나머지 2개의 파파인 타마소알리와 가토아이텔레를 보유한 우폴루 섬 족장들로 구성되었다.

---

267) tafa'ifa는 '네 개의 직위를 모두 보유한 사람'이라는 뜻이다

가족(Aiga, 대가족)[268)269)270)271)]

사모아의 마을은 30~40가구 정도로 구성된다. 각 가구는 마타이라고 불리는 족장들이 통솔한다. 마타이들은 족장의 직위나 연설족장의 직위를 보유하고 있으며, 연설족장은 공식연사로서 족장의 대변인이자 특사이다. 마타이들은 공식적인 마을의회에서 한 자리씩 차지하며, 자기 가구의 모든 성원을 대표하고 책임진다. 한 명의 공동 마타이 권위와 그 보호 아래 사는 개인들은 모두 함께 지내는 시간과는 관계없이 그 가구의 구성원이 된다. 가구의 구성은 부모와 자녀만으로 이루어진 생물학적 가족에서부터 혈연이나 인척, 입양관계로 연결되어 있는 15명~20명의 성원으로 이루어진 가구까지 매우 다양하며, 이 가운데 지정된 한 사람을 마타이를 인정하는 사람들로 구성된다.

과부나 홀아비들은 자녀가 없을 경우 보통 자신의 혈연 가족으로 돌아가지만, 결혼한 부부는 양쪽 중 어느 쪽이든 상관없이 친척과 살아도 된다. 이러한 가구는 반드시 밀접한 하나의 거주단위를 이루지 않고, 서너 집으로 나뉘어 마을에 흩어져 살 수도 있다. 다른 마을에 영구적으로 사는 사람은 지역을 기반으로 하는 단위인 가구의 성원으로 여기지 않는다. 가구는 경제적으로도 하나의 단위인데, 농장(플랜테이션) 일은 모두 마타이의 감독하에 이뤄지며 마타이가 가구의 성원들에게 음식과 기타 필수품을 분배한다. 마타이는 부모를 포함하여 그의 보호 아래 있는 모든 사람에게 명목상의 권위를 행사한다. 통상적으로는 실질적 권위도 행사한다. 그럴 때마다 가구원들은 그의 권위를 인정해 주고 존중해 준다.

---

268) Wikipedia. Samoan Culture. https://en.wikipedia.org/wiki/Samoan_culture
269) Grattan, F.J.H. 1948. An introduction to Samoan custom. Southern Booking, Tidal Pools. Digitized Texts from Oceania for Samoan and Pacific Studies. Victoria University of Wellington. http://nzetc.victoria.ac.nz/tm/scholarly/tei-GraIntr-c2.html
270) Wikipedia. Aiga. https://en.wikipedia.org/wiki/%E2%80%98aiga
271) Wikipepdia. Fa'amatai. https://en.wikipedia.org/wiki/Fa%27amatai

아폴리마 섬의 마을(1890~1910년경)(출처: http://collections.tepapa.govt.nz/)

한편 사모아인들이 친척을 분류할 때 가장 우선시하는 원칙은 성과 연령이다. 관계용어는 호칭으로 사용하지 않고 부모에게도 이름이나 애칭을 사용한다. 동갑이나 한두 살 아래서부터 다섯 살에서 열 살 위까지의 친척은 같은 세대로 분류된다. 이와 더불어 상대방이 동성인지 이성인지로 분류된다. 따라서 여성은 비슷한 나이의 언니, 여동생, 아주머니, 조카, 여자사촌을 모두 우소(uso)라고 부른다. 남성도 비슷한 나이의 형, 남동생, 아저씨, 조카, 남자사촌을 모두 우소라고 부른다. 같은 또래면서 성별이 다른 친척을 가리키는 용어는 두 가지이다. 투아파피네(tuafafine)는 남자 쪽에서 같은 또래 여자친척을 가리킬 때 쓰는 용어이고, 투아가네(tuagane)는 여자 쪽에서 같은 또래 남자친척을 가리킬 때 사용되는 용어이다.

언어[272)273)274)275)276)]

사모아어(Samoan)는 가가나 사모아(Gagana Samoa)라고도 한다. 1834년 선교사들이 사모아로 건너와 사모아어를 기록으로 남기기 전까지 사모아어는 구어체 형태로만 존재해 왔다. 선교사들은 사모아어를 라틴문자로 표기할 수 있도록 했다. 그러다가 1834년에 표기법이 완성되어 런던선교회(London Missionary Society)에 의해 발간(1839)되었다. 사모아어로 된 첫 성경(Tusi Pa'ai, Sacred Book)은 1862년에 발행되었다. 폴리네시아 지역에서 사모아와 같이 구어 형식으로 유지되어 온 언어가 기록될 수 있었던 데에는 선교사들의 역할이 컸다. 파견된 선교사들은 자신들이 머무르는 지역을 기독교화하기 위해 해당 지역의 언어를 연구했다. 이들은 각 지역의 언어를 알파벳으로 변환하여 성경이나 찬송을 출판했을 뿐만 아니라 현지 주민들이 자신들의 언어를 읽고 쓸 수 있도록 교육시켰다. 이러한 과정을 거쳐 폴리네시아 지역의 선교사들에 의해 현지 언어가 기록으로 남을 수 있었으며, 학교와 마을에서 교육도 할 수 있었다.

숫자	사모아어	영어
0	noa, selo(영어에서 차용)	zero
1	tasi	one
2	lua	two
3	tolu	three
4	fa	four
5	lima	five
6	ono	six
7	fitu	seven
8	valu	eight
9	iva	nine
10	sefulu	ten

---

272) Wikipedia. Samoan Language. http://en.wikipedia.org/wiki/Samoan_language
273) UCLA Language Material Project. Samoan. http://www.lmp.ucla.edu/Profile.aspx?menu=004&LangID=96
274) Campbell, G.L. 2000. *Compendium of the World's Language*. Vol. 2, Ladakhi to Zuni. Second edition. First published 1991. Routledge. London and New York
275) Lewis, Paul M., Simons, Gary F. and Fenning, Charles D.(eds.). 2016. *Ethnologue: Languages of the World*, Nineteenth edition. Dallas, Texas: SIL International. Online version: http://www.ethnologue.com
276) OLAC resources in and about the Samoan language. http://www.language-archives.org/language/smo

숫자	사모아어	영어
11	sefulu ma le tasi, sefulu tasi	eleven
12	sefulu ma le lua, sefulu lua	twelve
20	luafulu, lua sefulu	twenty
30	tolugafulu, tolu sefulu	thirty
40	fagafulu, fa sefulu	fourty
50	limagafulu, lima sefulu	fifty
60	onogafulu, ono sefulu	sixty
70	fitugafulu, fitu sefulu	seventy
80	valugafulu, valu sefulu	eighty
90	ivagafulu, iva sefulu	ninety
100	selau, lau	one hundred
200	lua lau, lua selau	two hundred
300	tolugalau, tolu selau	three hundred
1,000	afe	one thousand
2,000	lua afe	two thousand
10,000	mano, sefulu afe	ten thousand
100,000	selau afe	one hundred thousand
1,000,000	miliona(영어에서 차용)	one million

사모아어는 사모아 독립국과 미국령 사모아에서 영어와 함께 공용어로 사용되고 있다. 사모아어는 폴리네시아어 계통으로, 전 세계적으로 약 43~47만명 가량이 사용하고 있는 것으로 추정된다. 이 중 50%가 사모아 제도에 거주하는 주민들이다. 그 다음으로는 뉴질랜드가 사모아어를 제일 많이 사용하는 지역이다. 뉴질랜드에서는 영어와 마오리족어 다음으로 사모아어를 많이 사용한다. 2006년 뉴질랜드 인구조사 결과에 의하면, 14만 1,103명이 사모아인이며 9만 5,428명이 사모아어를 사용한다고 하였다. Lewis 등(2016)에 의하면 전세계적으로 약 43만 677명이 사모아어를 사용하고 있다고 한다.

사모아 언어는 오스트로네시아(Austronesian) 언어 그룹에 속하는데 세계에서 가장 많이 사용되는 언어 그룹 중 하나이다. 사모아 언어와 오스트로네시아 언어 그룹 간의 연계성은 19세기 초반에 알려졌다. 분류 형태는 세 가지로 나뉠 수 있다.

형태 1. Samoan<Western<Polynesian<Malayo-Polynesian<Austronesian
형태 2. Samoan<Samoic-Outlier<Nuclear<Polynesian<East Fijian-Polynesian<Central Pacific
<Remote Oceanic<Central-Eastern Oceanic<Oceanic<Eastern Malayo-Polynesian<
Central-Eastern<Malayo-Polynesian<Austronesian
형태 3. Samoan<Samoic-Outlier<Core-Polynesian<Polynesian<Oceanic<Austronesian

사모아 언어에는 일반적으로 지역 방언이 없다. 그러나 사회구조적 차원에서의 방언(경어)은 큰 차이를 보인다. 즉, 부족장의 언어, 하급직위를 가진 일반인의 언어 등이다. 사모아 언어의 글자는 1834년 기독교 선교사들이 소개한 영어(Latin Script)를 사용하고, 간단히 소리나는 대로 적으며, 대부분 cf, a, e, i, o, u, f, g, [ŋ], l, m, n, p, s, t, v 등 16개의 글자를 사용한다. 여기에서 cf와 [ŋ]을 제외하면 알파벳은 14자로 구성되어 있다. H, K, R 등은 영어에서 빌려온 차용어이며 사모아 알파벳에는 포함되어 있지 않지만 결국은 총 17자가 사용된다. <'>(koma liliu 혹은 'okina)는 성문 폐쇄음으로 사용된다.

Aa, Aā	Ee, Eē	Ii, Iī	Oo, Oō	Uu, Uū	Ff	Gg	Ll	Mm	Nn	Pp	Ss	Tt	Vv	(Hh)	(Kk)	(Rr)	'
/a/, /a:/	/ɛ/, /e:/	/ɪ/, /i:/	/o/, /ɔ:/	/ŏ, w/, /u:/	/f/	/ŋ/	/l, r/	/m/	/n, ŋ/	/p/	/s/	/t, k/	/v/	(/h/)	(/k/)	(/r/)	/ʔ/

사모아어에서 모음의 길이는 음소를 의미한다. 사모아어에서 사용되는 5개 모음 모두 장음기호로 장단이 구분되어 있고, 알파벳이 같더라도 장음기호에 의해 뜻이 달라지는 경우가 있다. 예를 들어, tama는 '남자아이, 어린이'를 뜻하는 반면, tamā는 '아버지'를 뜻한다. 이중모음으로는 /au ao ai ae ei ou ue/가 있다. u 뒤에 붙는 모음은 영어의 w와 같은 음을 낸다. 뉴스 보도나 예배와 같이 공식적인 장소에서 사용되는 사모아어에서는 자음 /t n ŋ/가 사용된다. 하지만 구어체에서 /n ŋ/은 [ŋ]으로 합쳐지고 /t/는 [k]로 발음된다. 성문 폐쇄음

/ʔ/은 사모아에서 음소기호로 사용된다. 성문 폐쇄음 역시 표기의 유무에 따라 알파벳이 같더라도 뜻이 달라지는 경우가 있다. 예를 들어, mai는 '~로 부터'라는 뜻을 갖고 있으며, ma'i는 '병·질병'의 의미를 지닌다.

다른 나라의 식민지이기도 했던 사모아는 영어나 다른 언어권의 영향력을 받았으며, 다른 언어에서 차용해 온 단어들도 사모아어에 사용하고 있다.

/k/는 발음과 표기가 동일하게 유지되지만(예를 들어, Christ='Keriso', club='kalapu', coffee='kofe'), 아주 드문 경우로 [t]로 표기된다(사모아어 'se totini'는 영어의 'stocking 을 의미한다).

/ɹ/은 때때로 [r]로 사용되거나(예를 들어, Christ = 'Keriso', January='Ianuari', number='numera'), [l]로 사용된다.(예를 들어, January='Ianuali', herring='elegi').

/d/는 [t]가 된다(예를 들어, David='Tavita', diamond='taimane').

/g/는 일부의 경우 [k]로 사용되며(예를 들어, gas='kesi'), /dʒ/와 /tʃ/는 대부분의 경우 [s]로 표기된다(예를 들어, George='Siaosi', Charlotte='Salata', James='Semisi').

/h/는 이름의 경우나(예를 들어, Herod='Herota') 통가, 하와이어를 표기할 때 [h]로 사용되지만(예를 들어, 'halu', 'hula', 'Hawai'i'), 때때로 [s]로 표기되기도 한다(예를 들어, hammer='samala')

/z/는 [s]로 사용된다(예를 들어, Zachariah='Sakaria')

/w/는 [u]로 사용되지만(예를 들어, William='Uiliamu', wire='uaea'), 독일어의 경우 [v]로 사용된다(예를 들어, Wilhelm='Viliamu').

/b/는 [p]로 사용된다(예를 들어, Britain='Peretania', butter='pata').

사모아인들은 공식적 발언을 하거나 자신보다 높은 직위에 있는 사람들과 대화할 때, 혹은 타인을 높일 때 경어를 사용한다.

English	Common term	In relation to a "High Chief"	In relation to a "Talking Chief"	In relation to a "Tufuga" artisan/builder
house	fale	māota	laoa	apisā
wife	to'alua, avā	faletua, masiofo	tausi	meana'i
dog	maile	ta'ifau	'uli	–
you	'oe	lau susuga, lau afioga	lau tofā	mataisau, agaiotupu
welcome, greeting	tālofa, mālo	susu mai, afio mai	maliu mai, sosopo mai	–
to sit	nofo	afio	alāla	–
to eat	'ai	tausami, talisua, talialo	taumafa	–
to drink	inu	taute	taumafa	–
to bathe	tā'ele	'au'au, fa'amalu, penapena	fa'amalu, 'au'au	–
pillow, headrest	'ali	lalago	āluga	–
grave, tomb	tu'ugamau, tia	loa, lagi, lagomau, 'oli'olisaga	alālafagamau	–
kava	'ava	agatonu, fanua, uta, lupesina, lātasi	agatonu, fanua, uta, lupesina, lātasi	–
garden, plantation	fa'ato'aga	fa'ele'eleaga	velevelega	–
to meet, to receive a guest	feiloa'i	fesilafa'i	fetapa'i	–
speech, sermon	lauga	malelega, saunoaga, tuleiga, tānoa	fetalaiga, lafolafoga, moe, tu'u	–
to die	oti, mate, maliu	tu'umalo	usufono	–
to look, to see	va'ai	silasila, silafaga	māimoa	taga'i

예를 들어, 어느 엄마가 다른 여성의 아이를 칭찬할 때 자신의 아이를 '우이(ui, 돼지새끼)'라고 표현함으로써 상대의 아이를 높이고 자신을 낮추는 겸손함을 보인다. 또한 너무 과시하는 인상을 주지 않기 위해 자신이 입은 옷이나 물건을

낮추어 표현하기도 한다. 가령 최상급 타파(tapa) 옷을 입고 있는 사람은 자신의 옷을 발라(vala, 일반 옷)로 낮추어 불렀다. 최상급 매트를 만드는 사람은 자신의 매트를 '라우니우(launiu, 코코넛 잎)'이나 '라(lā, 돛천)'이라고 낮추어 불렀다. 사모아 언어문화에서 자신보다 높은 직위나 계급을 무시하는 것은 큰 모욕으로 여겨졌으므로, 타인과 대화를 할 때에는 언제나 상황과 예절에 맞는 언어를 표현하기 위해 단어선택에 신중한 편이다.

의복과 장신구 [277)278)279)280)281)282)283)284]

사모아 여성들이 만드는 시아포(siapo 또는 tapa)는 사모아에서 가장 오래된 전통 예술 중 하나이다. 평상복 외에도 수의, 침대 커버, 포장용 장식이나 기타 장식용 아이템으로 활용되기도 한다. 시아포에는 크게 두 종류가 있다. 시아포 엘레이(siapo 'elei, 탁본 방식)와 시아포 마마누(siapo mamanu, 손으로 그리는 방식)이다.

시아포를 제작하기 위해서는 먼저 뽕나무 껍질을 부드럽게 다져야 한다. 이렇게 제작된 의복을 우아(u'a)라고 부르는데, 우아를 만들기 위해서는 재료를 채집하여 분류하고 껍질을 벗겨 내어 다지는 과정을 거쳐야 한다. 가장 이상적인 재료는 10~14개월 정도 된 뽕나무나 지름이 1~2인치(약 2.5~5.0cm)인 뽕나무다. 재료가 채집되면 날카로운 칼로 껍질을 벗겨 낸다(stripping). 뽕나무 껍질을 벗긴 뒤에는 껍질이 없게 나무결을 깎아 내는데(scraping), 여기에는 세 종류의 각기 다른 조개껍질이 사용되고, 이들을 피피(pipi), 파에(pae), 아시('asi)로 부른다.

---

277) Siapo.Com. About Siapo. http://www.siapo.com/about-siapo.html
278) Wikipedia. Tapa Cloth. https://en.wikipedia.org/wiki/Tapa_cloth
279) ABC Media. People - Siapo - the Samoan cloth made from bark. http://www.abc.net.au/ra/pacific/people/tapa.htm
280) National Park Service. Lesson Plan. Siapo: The traditional fabric of the Samoa Islands. https://www.nps.gov/npsa/learn/education/siapo-the-traditional-fabric-of-the-samoan-islands.htm
281) Kaeppler, Adrienne L. 2010. Animal designs on Samoan Siapo and other thoughts on West Polynesian barkcloth design. http://www.jps.auckland.ac.nz/docs/Volume114/jps_v114_no3_2005/1%20Animal%20designs%20on%20Samoan%20Siapo.pdf
282) Samoa Observer. 2016. Top United Nations officials visit. http://www.samoaobserver.ws/en/31_05_2016/local/6843/Top-United-Nations-officials-visit.htm
283) Barber, Chanel. The art of Pago Pago - Siapo designs. http://cbarber.aiwsites.com/imd110/design.htm
284) Hioki, Kazuko. 2015. JPN 405 UKY. The processes of making Tapa and Washi. https://jpn405uky.wordpress.com/friley-friley-body/

사모아 여인이 시아포(Siapo) 또는 타파(Tapa)를 만드는 모습과 과정
(출처: https://jpn405uky.files.wordpress.com/2015/11/making-tapa.jpg)

깎아 낸 나무를 다지는데 이에(i'e)라는 도구와 나무모루인 투투아(tutua)가 사용된다. 이에는 네모난 모양으로 2개의 부드러운 면과 2개의 홈이 파진 면으로 구성되어 있다. 투투아는 몇 명이 사용하느냐에 따라 그 길이가 다르다. 보통 한 명이 사용할 경우 3피트(약 92㎝), 두세 명이 사용할 경우 6피트(약 183㎝)의 길이의 투투아를 사용한다.

모든 처리과정이 끝나면 우아를 건조한 후 무늬를 새겨 넣는 공정이 시작된다. 시아포를 위해 사용되는 염료의 재료 역시 자연에서 채취하며, 염료로는 오아(o'a), 라마(lama), 로아(loa), 아고(ago)와 소아(soa'a)가 있다. 오아는 갈색 염료로, 다른 색상의 염료를 제조하는 데 사용되는 기본 색상이다. 오아는 용혈수나무(blood tree)의 껍질에서 채취한다. 보다 더 깊은 갈색을 표현하기 위해서는 숙성된 오아 염료를 사용한다. 라마(lama)는 검은색 염료로, 쿠쿠이나무(candlenut, 캔들넛나무)를 태운 뒤 타고 남은 숯을 오아와 섞어 만든다. 로이는 빨간색 연료로, 립스틱나무(lipstick tree, 아치오테나무)로 제조한다. 이 나무는 꽃을

시아포 그림 디자인을 하고 있는 사모아 여성
(출처: http://www.samoaobserver.ws/en/31_05_2016/local/6843/Top-United-Nations-officials-visit.htm)

피운 후 씨앗이 생성되는데, 이 씨를 오아와 섞어서 로아를 만든다. 아고는 노란색 염료로, 울금의 뿌리에서 채취하는데, 울금 뿌리의 껍질을 벗겨서 간 다음 그 즙을 염료로 사용한다. 소아는 보라색 염료로 바나나 나무에서 채취한다. 성숙한 바나나 나무의 몸통 아래를 잘라 수액이 흘러나오게 한 다음 그 액을 받아서 염료로 사용한다.

    시아포에 그리는 무늬들은 사모아인들의 삶 속에서 흔히 볼 수 있는 물건들이나 자연환경들을 묘사한 것들이 대부분이다. 시아포에는 전통적 시아포 무늬들이 있다. 그 예는 다음과 같다.(그림출처: http://cbarber.aiwsites.com/imd110/design.htm)

Fa'a 'au'upega / 그물
그물은 사모아인들이 비둘기를 잡거나 거북이를 잡을 때 사용하는 생활과 아주 밀접한 도구이다.

Tusili'i / 작은 선들 혹은 물결모양의 선들
작은 선들은 코코넛 잎의 주맥(主脈)을 의미하고, 물결 모양의 선들은 손으로 짠 밧줄(코코넛 섬유로 짠)을 나타낸다.

Fa'a 'ali'ao / 고둥
사모아에서 찾아볼 수 있는 고둥의 모양을 형상화한 무늬이다.

Fa'a sigago / 판다누스(Pandanus) 꽃
판다누스 나무의 길고 좁은 꽃잎과 그 뾰족한 끝을 형상화한 무늬이다.

Fa'a lau paogo / 판다누스 잎
파오고(paogo)는 사모아어로 판다누스 잎을 지칭하는 말이다.

Fa'a lau ulu / 빵나무(Breadfruit Leaf)
빵나무 잎에서 볼 수 있는 패턴은 주로 시아포의 끝단을 표현할 때 사용하지만 종종 시아포 전체를 디자인하는 데도 쓰인다.

Fa'a tuli / 도요새, Fa'a gogo / 제비갈매기,
Fa'a vae tuli / 도요새의 발자국
사모아에서 흔히 볼 수 있는 새들인데, 이러한 새들을 묘사한 패턴이나 그림은 뛰어난 창의력이 필요하다.

Fa'a 'aveau / 불가사리
불가사리 모양은 태양으로 잘못 오인되기도 했다.

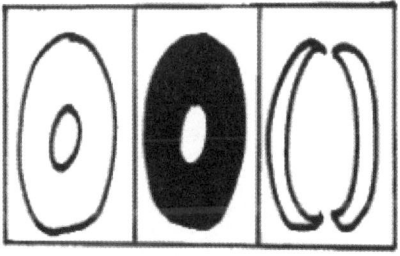

Fa'a tumoa 혹은 Fa'a moa fai / 바나나
껍질을 벗긴 형태의 바나나와 껍질을 벗기지 않은 바나나 형태가 묘사된 무늬이다.

Fa'a masina / 돌돌 말린 판다누스 잎
이 무늬는 '달'의 형태를 묘사한 것으로 오인되기도 했다.

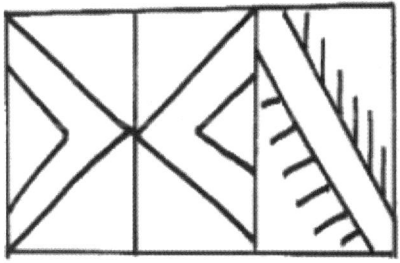

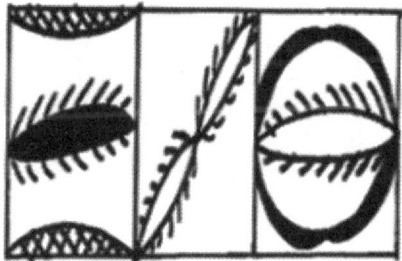

Fa'a 'anufe / 지렁이
초창기에 제작된 시아포에서만 발견할 수 있는 무늬이다.
이 무늬는 현재 거의 사용되지 않는다.

Fa'a atualoa / 지네
지네 무늬 역시 지렁이 무늬와 함께 현재 거의 사용되지 않는 무늬 중 하나이다.

시아포를 착용한 사모아 여성
(출처: https://jpn405uky.files.wordpress.com/2015/11/samoan-women1.jpg)

 한편 사모아 여성들이 즐겨 착용하는 장신구와 귀금속 그리고 헤어 액세서리는 사모아에서 흔히 볼 수 있는 조개껍질, 코코넛, 종려나무 같은 천연재료로 만들어진다.

'Ava Ceremony [285][286][287][288][289][290][291]

카바 의식('Ava Ceremony)은 사모아에서 중요하게 여기는 풍습 중 하나이다. 카바 의식은 근엄하게 진행되는 행사이며 카바 음료를 함께 나누어 마시는 순간을 가장 중요한 의식으로 여긴다. 카바는 피지, 사모아를 비롯한 태평양 대부분의 섬에서 의식에 사용되는 주요 음료이다. 카바 의식은 행사에 참여하는 구성원과 목적에 따라 조금씩 다르게 전개되기도 하지만, 여기에는 반드시 연설과 카바음료를 마시는 의식이 포함된다. 카바는 정해진 우선순위에 따라 돌린다.

카바('ava)는 폴리네시안 관목(Piper methysticum)[292]의 건조된 뿌리가 원료이며, 나무뿌리를 갈거나 찧어 그 즙이나 가루를 물에 타서 음용한다. 카바카바의 뿌리는 태양건조 방식으로 건조시키며, 틸리아세우스무궁화(Hibiscus tiliaceus)의 껍질로 즙을 짜서 나무 섬유를 걸러 낸다.

카바의 주 성분인 Piper methistycum
(출처: https://paopow24.wordpress.com/2013/12/08/ava-ceremony/)

---

[285] 'Ava라는 단어는 Kava라고도 하는데 태평양도서국에서는 일반적으로 카바의식에 만들어 마시는 음료를 뜻한다. 그러나 이 Ava란 단어에는 다른 뜻도 있고 다른 형태로도 사용되고 있다. Ava의 뜻 중에는 a beard(수염), the wife of a common man(일반인의 아내), to show respect(존중을 표하다), to be wide apart(서로 넓게 떨어져 있다), an opening in coral roof(산호초의 열린 통로), a boat passage to lagoon(라군에서 보트가 들어갈 수 있는 통로), an anchorage for ships(선박계류), name of a scaly fish(비늘이 있는 어류의 이름), to strain(여과한다), the name of a plant from which a narcotic drink is made(마약성 음료를 만드는 식물의 이름), other islands named 'kava'(도서의 이름), a drink or beverage(음료), a food to partake(섭취해야 하는 음식), food to cause thoughtfulness(ava a finagalo)(생각에 잠기게 하는 음식) 등이 있다

[286] Auckland Museum. The Samoan 'ava ceremony. http://www.aucklandmuseum.com/collections-research/collections/explore-highlights/samoan-ava-ceremony

[287] Wikipedia. Samoa 'ava ceremony. http://en.wikipedia.org/wiki/Samoa_%27ava_ceremony

[288] Jane's Oceania Home Page. Oceania Kava Ceremonies. http://www.janeresture.com/oceania_kava/index.htm

[289] Paopow. The Samoan Culture – 'Ava Ceremony. https://paopow24.wordpress.com/2013/12/08/ava-ceremony/

[290] Gratton, F.J.H. 1984. An Introduction to Samoan Custom. Southern Bookbinding. Tidal Pools: Digitized Texts from Oceania for Samoan and Pacific Studies. Victoria University of Wellington. http://nzetc.victoria.ac.nz/tm/scholarly/tei-Gralntr.html

[291] WikiVisually. Samoa 'Ava ceremony. http://wikivisually.com/wiki/Drinking_in_Samoa/wiki_ph_id_0

[292] 식품의약품안전처에서 발행한 식약청 건강기능식품 사용불가원료(2011)는 카바카바의 성분이 ① Kavalactones 3.5%(Kavapyrons), 카바카바의 주요 약리성분, ② Kawain(kavain)($C_{14}H_{14}O_3$), ③ di-Hydrokawain, ④ Methysticin($C_{15}H_{14}O_5$), ⑤ di-Hydro methysticin, ⑥ Yangonin($C_{15}H_{14}O_4$)라고 밝히고 있으며, 섭취 시 피부건조, 황달, 혈소판 억제, 시력의 순응장애, 안구운동 균형장애, 탈모, 수족의 운동실조, 식욕감퇴, 간 손상 등의 독성증상이 나타날 수 있다고 한다. 한국 외에도 미국과 독일, 그리고 영국에서 사용이 금지되어 있다

카바 행사에 사용되는 타노아(tanoa)와 이푸 타우 아바(ipu tau 'ava)
(출처: http://www.natlib.govt.nz/)

푸아티노 포나이바오 수아파이아(Fuatino Ponaivao Su'apa'ia). 사모아에서 신성한 카바의식을 위해 카바를 나눠주고있는 타우포우(taupou)라고 불리는 마을 카바의식 행사 아가씨(village maid of honour). 일반적으로 족장의 딸이 이 역할을 수행한다
(출처: http://www.janeresture.com/oceania_kava/index.htm)

카바음료는 타노아(tanoa) 혹은 라우라우(laulau)라는 사발에 담아 제공한다. 라우라우보다는 타노아라는 단어를 더 많이 사용한다. 사발의 깊이는 최대 6인치(약 15㎝)이며, 크기는 12~30인치(약 30~76㎝)에 이르기까지 다양하다. 최소 4개에서 최대 24개에 이르는 발이 타노아를 받친다.

타노아는 주로 멀바우나무(*intsia bijuga*, ifilele tree)로 만들어진다. 제작된 사발은 냄새를 없애기 위해 담수에 오랫동안 담구어 둔다. 또한 타노아에 카바를 무한정으로 채워 에나멜로 칠하는 효과를 얻는다. 이때 생기는 광택을 타네(tane)라고 한다. 일반적으로 카바 의식에는 행사가 열리는 집의 타노아를 사용한다. 한편 타노아와 함께 카바 의식에 사용되는 잔은 이푸 타우 아바(ipu tau 'ava) 혹은 타우아우(tauau)라고 하며, 이 잔은 잘 익은 코코넛 열매를 반으로 쪼개어 가공한다. 이푸 타우 아바는 다양한 디자인으로 장식된다. 초창기 유럽인들이 사모아인들과 접촉할 때에는 은으로 세공한 디자인의 잔을 사용했다고 전해진다.

카바 의식은 직위 임명 등 중요한 일이 있을 때, 손님을 환영하거나 작별할 때, 그리고 중요한 회의나 부족이 모일 때 열린다. 행사에 참여한 사람들은 바닥에 둥글게 앉았는데 야외 장소(malae)에서 열릴 경우에는 맨땅에 앉았다.

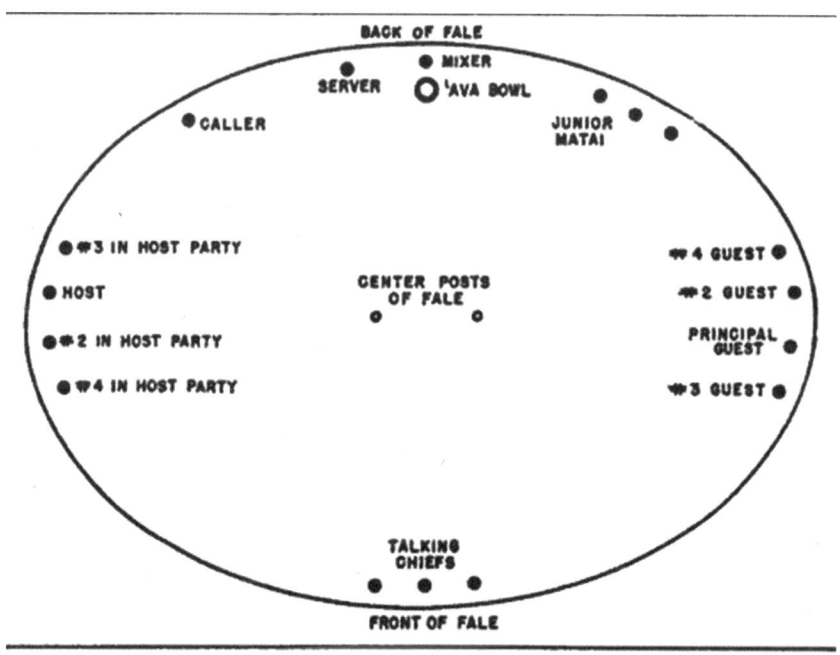

Diagram of 'ava ceremony.

카바 의식 좌석 배치도(출처: https://paopow24.wordpress.com/2013/12/08/ava-ceremony/)

이때 앉는 자리는 직위와 나이 등에 따라 정해진 위치에 앉는다. 사모아인들은 건물의 큰길과 가까운 쪽을 '앞'으로, 큰길에서 먼 쪽을 '뒤'로 인식했다. 야외에서 열릴 경우에도 길과 가까운 쪽을 '앞'으로, 길과 먼 쪽을 '뒤'로 인식하여 자리를 배정했다. 앞과 뒤가 정해지면 뒤쪽에는 카바를 제조하는 사람과 그를 돕는 사람들이 자리하고, 그 맞은편인 앞쪽에는 연설족장 등의 주요 인사들이 자리를 잡는다.

보통 카바 의식은 참여 인원은 주최 측과 방문 측으로 구분하여 진행하며, 이 외에도 위에서 언급한 카바 제조자들이나 다음과 같은 역할을 맡는 사람들이 참여한다.

투파바(Tufa'ava)

카바를 분배해 주는 사람을 의미한다. 보통 연설족장들이 이 역할을 담당한다. 연설족장은 카바음료를 마시는 순서에 따라 이름을 호명하는데, 직위가 있을 경우 이름 대신 그 직위를 호명한다. 투파바(tufa'ava)는 실질적으로 행사를 주관하는 사회자(master of ceremony, MC) 역할을 하며, 참석한 사람들의 이름과 직위를 정확하게 숙지하는 것을 행사 진행의 에티켓으로 여겼다. 투파바는 수피아바(sufi'ava), 풀레아바(pule'ava), 폴라폴라바(folafola'ava)라고도 한다.

아우마가('Aumaga)

카바를 제조하는 사람을 의미하며, '원형' 대형의 맨 뒤쪽에 앉는다. 카바를 만드는 사람(여성 혹은 남성)은 타노아 뒤편에 자리 잡고, 그 옆에는 그를 보조하는 사람들이 자리한다. 이들은 '아우아가이(auagai, 조수)'나 '아우타우시(autausi, 돌보는 사람)'로 불린다. '아우마가'('aumaga)'는 카바를 만드는 사람들을 뜻하기도 하지만 보통 마을의 모든 젊은이와 직위가 없는 남성들을 지칭하는 표현으로도 사용된다. 아우마가는 오늘날 사모아의 카바 행사에서 카바를 제조하는 사람들을 형식적으로 지칭하는 단어로 사용되지만, 과거에는 카바를 제조하기 위해 엄선된 사람들을 지칭하는 단어였다. 행사에 사용될 카바를 준비하기 위해 젊은 여성이나 젊은 남성 혹은 한 명이나 다수의 젊은 여성 또는 남성이 참여했다. 모든 족장의 딸들은 카바 제조법을 숙지하고 있어야 한다. 만일 젊은 여성이 카바를 만드는 사람으로 선정될 경우, 전통적으로 족장의 딸 중 미혼 여성이 카바를 만드는 역할을 맡았다.

선교사들에 의해 금지되어 사라졌지만, 과거에 아우마가들은 마른 카바 뿌리를 씹는 습관이 있었다. 이는 카바를 섞는 작업을 맡은 사람들은 깨끗한 입과 건강한 치아를 가지고 있어야 했기 때문이다. 이들은 임무를 시작하기 전에도 철저하게 입을 헹구어 입안을 정결한 상태로 유지해야 했다. 카바 뿌리를 다 씹으면 이들은 그 잔여물을 바나나잎이나 빵나무잎, 혹은 타로잎에 싸서 버렸다.

팔루아바(Palu'ava)

카바를 섞는 사람(남자 혹은 여자)을 전문적으로 지칭하는 단어이며, 타노아 바로 뒤에 자리한다. 팔루아바(palu'ava)는 수이아바(sui'ava)가 물을 부어 주면 말린 카바 뿌리가 담긴 체를 사발에 푹 담궜다가 짜내는 형식으로 카바를 만들었다. 물을 부어 주는 동작 또한 앞에서 부어 주는 것이 아니라 옆에서 조심스럽게 부어야 한다. 어느 정도 때가 지나면 팔루아바는 체를 짜서 반으로 접은 다음 옆에 대기하고 있는 타파우(tāfau)에게 건넨다. 타파우는 건네받은 체에서 즙이 다 나와서 말라 버린 카바를 치운 뒤, 다시 팔루아바에게 건넨다. 카바를 제조하는 과정에서 나타나는 양식화된 행동과 진중한 집중력은 카바 행사가 지니고 있는 의식적인 측면을 드러낸다.

수이아바(Sui'ava)

카바를 섞는 사람의 오른쪽에 앉아 카바 제조에 필요한 분량의 물을 부어 준다. 아가이아바('agai'ava')라고도 불린다.

타파우(Tāfau)

보통 카바를 섞는 사람의 뒤에 앉아서 카바 즙을 짜내는 데 필요한 파우(fau)를 건네주는 역할을 맡는다.

타우투아바(Tautu'ava)

카바를 서빙하는 사람을 지칭하며, 솔리아리(soliali'i)라고도 불린다. 타우투아바(tautu'ava)는 카바 사발과 카바 제조자와 함께 나란히 위치하다가 완성된 카바 음료를 대상자에게 전달해 주는 역할을 담당한다. 타우투아바(tautu'ava)는 투파바(tufa'ava)가 누구를 호명하는지 귀 기울여 듣다가 호명된 사람에게 음료를 전한다. 투파바가 이름이나 직위를 부르면, 타우투아바는 호명된 사람에게 걸어가 컵을 전해 주는데, 음료를 중요한 직위를 가진 사람에게 전달할 경우 컵을 머리 위로 들어 이동하다가 가까이 갔을 때 팔뚝 안쪽을 가볍게 쓸어내리는 동작을 취하며 존경심을 표시한다. 카바가 만들어지고 있을 때나 카바 제조가 모두 끝났을 때, 방문객을 위한 행사일 때는 주최 측의 연설족장은 다음과 같은 말로 행사의 시작을 알린다.

O le agatonu lena o le fesilafaiga I le afio mai o le malaga fesilafa'i e lenei nu'u ua usi nei o le a faasoa a e tula'i se Tautu.

이 행사는 우리가 방문객들을 위해 펼치는 카바 환영식입니다 – 카바음료가 곧 전달될 예정이오니, 카바음료 전달자는 일어서 주시기 바랍니다.

    연설족장 개개인의 성향이나 목적, 혹은 상황에 따라 시작하는 말은 다 다를 수 있지만, 연설족장의 발언이 끝나면 모두 크게 그러나 천천히 손뼉을 친다. 그다음 타우투아바가 일어서서 카바음료를 호명된 사람들에게 전달한다. 참여자들에게는 단 한 차례의 음료만 제공된다. 보통 참여자들의 호명순서는 방문 측에서 가장 높은 직위의 족장에서 주최 측이나 마을에서 가장 높은 직위의 족장으로 이어지고 그다음 방문 측의 연설족장과 마을의 연설족장 순으로 이어진다. 만일 카바행사 때 마타이 직이 수여되는 경우 새로 임명된 마타이가 제일 먼저 잔을 받는다. 호명되는 순서가 뒤바뀔 경우, 원래 받아야 할 사람에게 큰 모욕으로 비춰져 큰 분쟁으로 이어질 수도 있다. 그렇기 때문에 카바를 순서대로 전달해 주기 위해서는 각 당사자들에 대한 정확한 이해와 카바 행사 분위기를 읽는 요령과 기술이 필요하다.

    카바 잔이 족장들에게 전달되면 족장들은 오른손으로 잔을 받아 잠시 멈추고, 자신의 오른쪽으로 카바를 몇 방울 흘린 뒤 낮은 톤으로 답사를 한다. 오늘날 이 답사는 기독교적인 의미를 담고 있지만, 과거에는 다양한 신들에게 기도하는 형식으로 이루어졌다. 답사가 끝난 뒤 그는 잔을 위로 들고 이아 마누이아 (ia manuia, '행복' 혹은 '번영'의 의미)를 외친 뒤, 카바를 마시고 어깨너머로 잔을 턴다. 잔을 터는 행동은 불운한 일이 생기더라도 이처럼 사라져 버리길 기원한다는 의미를 뜻한다. 잔을 든 사람이 '이아 마누이아'를 외치면 참가자들은 '이아 마누이아'나 '소이푸야'를 외쳤는데, 소이푸아는 사모아어로 '장수하소서'라는 뜻을 갖고 있다. 다 마신 잔은 타우투아바가 수거해 간 뒤 다시 다음 사람을 위해 채워진다. 이 때 카바를 마시는 것을 원하지 않는 사람은 카바를 입에 머금고 있다가 뱉거나, 잔만 들고 있다가 답사를 하고 '이아 마누이아'를 외친다.

사모아의 카바 행사(출처: http://wikivisually.com/wiki/Drinking_in_Samoa/wiki_ph_id_0)

카바가 다 전달되면, 행사의 주관자인 타우투아바는 다음과 같은 말을 하면서 행사의 끝을 알린다.

Ua moto le ava, mativa le fau, papa'u le tanoa, faasoa i tua nei ena tee.	카바가 얼마 남지 않았군요 – 남은 카바는 집 뒤의 사람들에게 배분하겠습니다.

만일 행사가 끝나기도 전에 카바가 다 떨어져서 직위가 낮은 사람이나 직위가 없는 사람이 마실 수 없는 경우에는 카바를 다시 만들지 않지만, 중요한 직위의 족장이 마시기도 전에 이런 일이 발생하면, 카바를 다시 만들어 채워 넣은 뒤 행사를 진행한다.

푸(fu, 연설가의 권위봉)
(출처: http://www.aucklandmuseum.com/collections-research/collections/explore-highlights/samoan-ava-ceremony)

전통춤 [293)294)295)296)297)]

사모아에서 음악과 춤은 사모아 문화의 중요한 요소이다. 전통적 의식에서부터 버스나 자동차 등에서 나오는 음악이나 춤사위는 사모아인들의 열정적인 면모를 엿보게 하는 부분이다. 사모아인들은 노래를 부르는 것도 좋아하지만 노래를 만들기도 좋아한다. 사모아의 춤은 많은 다른 문명사회들과의 조우에서 사모아의 주체성을 유지하게 하는 중요한 사회적 요소이다. 남자는 일반적으로 라발라바(lavalava)라는 전통의복을, 여자들은 풀레타시(puletasi)라고 하는 전통의복을 입고 춤을 춘다.

사모아의 전통춤은 시바(siva)와 사사(sasa)춤이 있다. 일반적으로 시바춤이 더 우아하고 덜 딱딱하다. 시바춤은 어느 곳에서든지 출 수 있고, 혼자 또는 그룹으로도 출 수 있다. 시바춤은 대선들의 손과 몸짓으로 이야기를 풀어 나가는 것이 일상적이다. 여성이 추는 시바춤은 음악에 따라 손과 발을 부드럽게 움직이는 동작으로 구성된다.

단체로 드럼의 리듬에 맞추어 추는 춤을 사사춤이라고 한다. 사사춤은 그룹이 추는 조금은 격렬하고 각이 잡힌 춤이라고 할 수 있으며 격렬한 북을 치는 소리에 춤사위를 한다. 또한 사사춤은 빠른 발동작, 발꿈치가 엉덩이에 닿을 듯한 빠르고 힘찬 걸음, 갑자기 바뀌는 방향 등 역동적인 춤이다. 또한 춤에 대한 춤사위는 그룹 리더가 정해서 명령한다. 그의 명령에 따라 춤을 추고 잇달아

---

293) Samoa, travel, Siva – Samoan dance, http://www.samoa.travel/about/a11/Siva——Dance
294) Auckland Museum, Pacific Pathways Education Kit, https://www.aucklandmuseum.com/getmedia/4f0c23f1-e2f7-4b83-9322-bd2774515bf1/auckland-museum-education-pacific-pathways-y1-10
295) Jane's Samoa Home Page, Samoa Music, http://www.janeresture.com/samoa_music/index.htm
296) Wikipedia, Siva Tau, https://en.wikipedia.org/wiki/Siva_Tau
297) Wikipedia, Samoan Dance, https://en.wikipedia.org/wiki/Samoan_dance

시바춤을 추는 사모아 여성들(출처: http://www.samoa.travel/about/a11/Siva---Dance)

춤사위가 진행된다. 이러한 역동적인 춤을 추는 그룹 외곽에는 광대춤꾼이 같이 있게 되는데, 가끔 이 광대춤꾼이 춤의 중앙을 차지하면서 관객들을 웃기기도 한다. 광대춤은 태평양도서국의 춤과 율동 또는 연극에 자주 등장하기도 한다.

그 밖에도 마울루울루(maulu'ulu)는 여성만 출 수 있는 단체 군무를 뜻한다. 마을의 지도자(manaia)나 마을의 여성족장(혹은 족장의 아내, taupou)이 추는 춤을 타우알루가(taualuga)라고 부른다.

한편 사모아 남성들은 전통적으로 악기 없이 군무 형태로 전통무용의복인 라발라바를 입고 파타우파티(fa'ataupati, slap dance) 춤을 추고, 시바아피(siva afi, 불칼춤)라는 춤을 춘다. 시바아피춤은 사모아 남성들이 추는 춤 중 가장 널리 알려져 있다. 이 춤은 나무드럼의 박자에 맞추어서 사모아 청년 혹은 남성이 양쪽 끝에 불이 붙여진 칼을 목이나 다리, 겨드랑이 아래로 돌려가며 추는 춤이다. 서구문명과 접촉하기 전까지 사모아의 전통춤은 그 형태를 비교적 잘 유지하면서 대대로 이어져 내려왔다. 근래에 들어서는 젊은 층들을 중심으로 전통과 현대가 같이 전달되는 춤이 급속도로 유행하고 있다.

시바아피를 추는 사모아 남성(출처: Wikipedia)

　마누 시바 타우(manu siva tau) 춤은 사모아의 전쟁춤이다. 이 춤은 현대사회에서는 사모아의 스포츠팀들이 게임을 하기 전에 많이 춘다. 특히 사모아의 럭비팀들이 전쟁춤사위 중 하나인 '마울루울루 모아(maulu'ulu moa)' 춤을 추기도 한다. 1991년 럭비 월드컵 경기 전에 '마누(manu)' 춤을 통해 전쟁 주문을 읊기도 했다.

"시바 타우(Siva Tau)" 주문

Leader: Samoa!	Samoa!
Tatou o e tau le taua!	Let's go to the war!
Tau e matua tau!	Fight fiercely!
Fai ia mafai!	Work to achieve!
Le Manu!	The Manu!
Team: Saunia!	Ready!
Le Manu Samoa e ua malo ona fai o le faiva	The Manu Samoa, may you succeed in your mission
Le Manu Samoa e ua malo ona fai o le faiva	The Manu Samoa, may you succeed in your mission
Le Manu Samoa lenei ua ou sau	The Manu Samoa here we have come
Leai se isi Manu oi le atu laulau	There is no other Manu (team) anywhere
	Here I come completely prepared
Ua ou sau nei ma le mea atoa	My strength is at its peak
O lou malosi ua atoatoa	Make way and move aside
Ia e faatafa ma e soso ese	Because this Manu is unique
Leaga o lenei manu e uiga ese	The Manu Samoa
Le Manu Samoa	The Manu Samoa
Le Manu Samoa	The Manu Samoa reigns from Samoa
Le Manu Samoa e o mai I Samoa T	The Manu!
Le Manu!	

사모아여, 전쟁을 하러 가자, 용감하게 싸워라, 그리고 승리하라. 마누(사모아 럭비팀)들이여, 준비하라. 마누 사모아여, 주어진 임무를 완수하길 바란다. 마누사모아여, 주어진 임무를 완수하길 바란다. 여기까지 온 마누 사모아여, 여기에만 있는 마누사모아여, 나는 모든 준비가 되어 여기에 있다. 나의 힘은 최고치에 있으니 모두 옆으로 비켜라. 이 마누사모아는 세상에서 둘도 없기 때문이다. 마누사모아, 마누사모아, 마누사모아가 사모아에서 군림하기 위해 왔다. 마누!

경기 전 시바타우춤을 추고 있는 사모아 럭비팀(출처: Wikipedia)

사모아의 종교 시설들(출처: Wikipedia)
맨 위 왼쪽부터 시계방향: 풀라 신학대학교의 감리교 예배당, 아피아의 성당, 바하이교 신전, 몰몬교 신전

종교[298)299)]

사모아에는 다양한 종교가 존재한다. 그러나 98%에 가까운 국민이 '기독교'를 믿고 있다. 2011년 통계자료에 의하면 기독교인들은 다음과 같이 세분화 된다. 회중교회교(Congregational Christian) 32%, 로마 천주교(Roman Catholic) 19%, 몰몬교인 예수그리스도 후기성도 교회(Church of Jesus Christ of Latterday Saints, 몰몬교) 15%, 감리교(Methodist) 14%, 하느님의 성회(Assemblies of God) 8%, 제7일 안식일 재림파(Seventh-Day Adventist) 4% 등이다.

---

298) Wikipedia. Religion in Samoa. http://en.wikipedia.org/wiki/Religion_in_Samoa
299) Jane's Oceania Home Page. Samoan religion. http://www.janesoceania.com/samoa_religion/index.htm

또한 사모아에는 언급한 기독교 외에도 다양한 종류의 계파와 종교가 있다. 공식적인 통계는 없지만 아피아를 중심으로 드물게 여호와의 증인, 나사렛교, 침례교, 힌두교, 불교, 유대교 등을 믿는 신자도 존재한다. 또한 작은 이슬람교 커뮤니티와 함께 이들이 예배를 드리는 하나의 모스크(mosque)도 있으며, 또한 사모아에는 세계 8대 바하이교 신전 중 하나가 위치한다.[300]

사모아는 헌법과 기타 법령들, 정책들을 통해 종교의 자유를 보장하고 있다. 사모아 헌법에 의하면 종교의 선택과 종교 행위의 시행, 그리고 종교의 변경은 국민 스스로의 선택에 의해 이루어진다. 또한 법률은 종교 차별 혹은 박해 행위로부터 국민들을 보호한다.

한편 헌법의 서문은 '기독교 원칙과 사모아 전통 및 풍습에 따라 세워진 독립국'이라고 기록되어 있어 사모아가 기독교를 중시하는 국가임을 나타내지만 헌법이 기독교 원칙을 중시하고, 공공 행사가 기독교식 기도로 시작되더라도 사모아의 공식 국교는 존재하지 않는다. 또한 정부는 종교집단의 등록을 요구하지 않는다. 헌법은 학교에서 행해질 수 있는 불필요한 종교 교육에 대한 자유와 각각의 종교가 학교를 건립할 수 있는 권리를 보장한다. 하지만 2010년부터 강화·시행된 교육정책은 모든 공립학교에서 기독교 수업(christian instruction)을 의무적으로 할 것을 권장[301]하고 있다. 이는 헌법상 보장된 자유를 해치는 것으로 여겨지지만, 한편으로 기독교 신앙을 학교에서 가르치겠다는 정부의 강한 의지를 엿볼 수 있는 정책이다. 현재까지 사모아 내에서 종교탄압이나 차별로 인한 피해는 접수된 바 없다. 정부는 다음의 종교 휴일들을 국가 공휴일로 규정하고 있다: 성 금요일(Good Friday), 부활절 월요일(Easter Monday), 화이트 선데이/어린이날(White Sunday/Children's Day)와 크리스마스(Christmas) 등이다.

---

300) 사모아에 기록된 종교는 다음과 같다. Congregational Christian, Roman Catholic, Latter-day Saints, Methodist (14 percent), Assemblies of God (8 percent) and Seventh-day Adventist (4 percent), 기타 5% 미만의 종교는 다음을 포함한다. Baha'i, Jehovah's Witnesses, Congregational Church of Jesus, Nazarene, nondenominational Protestant, Baptist, Worship Centre, Peace Chapel, Samoa Evangelism, Elim Church, Anglican, Hindus, Buddhists, Muslim, and Jews
301) 공립 중등학교에서는 선택적으로 기독교 교육을 시행할 수 있다

현대 사모아인들은 거의 100%가 종교 생활을 하는 것으로 알려져 있다. 런던선교회(London Missionary Society)가 1830년에 존 윌리엄스(John Williams)와 찰스 바프(Charles Barff)를 사모아에 보내면서 기독교가 전파되기 시작했다고 볼 수 있다. 이 시기에 타히티 선교사들이 많이 도왔다. 사모아에서 세운 첫 교회는 이러한 타히티 사람들을 기려 로투 타히티(Lotu Taiti, 타히티교회)라는 이름을 붙였다. 최근 이와 관련된 몇 명의 목회자와 교인이 런던선교회에서 분리하면서 로투 파포토포토가(Lotu Faapotopotoga, 의회교회)라는 사모아의 자치계파를 만들었다.

로마 천주교단은 1846년에 사제들이 사바이에 도착하면서 레알라텔레(Lealatele) 마을의 주민들이 개종했다. 천주교 신부 가베(Gavet)가 마리아회(Society of Mary)의 신부가 되었으며 우폴루 모아모아(Moamoa)에 성당을 지었고 로마교황(pope)의 직위를 따서 로투 포프(Lotu Pope)라고 했다. 1828년에는 감리교 선교사들도 통가를 거쳐 사모아에 도착했지만, 정확한 날짜에 대한 논쟁은 아직도 해결되지 않은 상태이다. 이로 인해서 런던선교회가 사모아에 가장 먼저 선교한 것으로 되어 있다. 그러나 통가목회자들의 헌신으로 전파된 감리교는 첫 감리교 교회를 로투 통가(Lotu Tonga, 통가교회) 또는 로투 메토티시(Lotu Metotisi, 감리교회)라고 이름 붙였다. 이곳 감리교의 중심지는 우폴루의 루필루피(Lufilufi) 마을이다. 몰몬교도는 1888년에, 제7일 안식일 재림파는 독일식민지 시절에 유입되었으며, 최근에는 그 외 다양한 종교가 사모아로 유입되었다.

스포츠

사모아 사람들이 즐기는 스포츠는 럭비 유니언(한 팀이 15명으로 이뤄지는 럭비 경기)과 사모아 크리켓(kirikiti)이다. 럭비 유니언 국가대표팀은 1991년 이후 모든 럭비 월드컵에 출전했으며, 1991, 1995, 1999년에는 준준결승까지 진출한 바 있다. 또 미국령 사모아인이 대다수이긴 하지만 약 30명가량의 사모아인이 미국의 미식축구리그(NFL)에서 활약하고 있다. 축구 또한 인기가 있는 스포츠 중 하나이다. 사모아 국가대표팀은 현재(2016년 7월) 피파랭킹 178위[302]이며,

---

302) Fifa.Com, 2016 Fifa/Coca-Cola World Ranking - Men's Ranking(14 July 2016), http://www.fifa.com/worldranking/rankingtable/

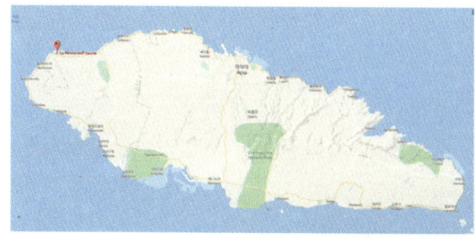

사모아 골프코스(Le Penina Golf Course)(출처: 구글지도)

2006 FIFA 독일월드컵 때 일본을 상대로 역전골을 넣은 호주의 유명 축구스타 팀 케이힐(Tim Cahill)도 바로 사모아 혼혈 태생이다.

사모아에서는 럭비 외에 테니스, 네트볼,[303] 수영 등도 인기 있는 운동항목이다. 2010년에는 2010 SIFA Samoa Masters International Golf Tournament 경기대회를 우폴루의 사모아 국제공항 옆 쉐라톤호텔 레 페니나 골프 코스(Le Penina Golf Course)에서 개최한 바 있다. 그러나 최근 사이클론 등의 여파로 골프코스 복원과 관리가 잘 이루어지지 않고 있다는 평이다.[304] 사모아에는 로열 사모아 골프 코스(Royal Samoa Golf Course)가 사모아 수도 아피아 근처에 있으며, 투아나이마토 스포츠 복합 센터(Tuanaimato Sports Complex) 내에 팔레아타 골프 코스(Faleata Golf Course)가 있다.

---

303) 네트볼(Netball): 7명이 한 팀을 이루어 행하는 농구와 비슷한 경기이며 여성들도 많이 애호하는 운동이다
304) Tripadvisor, The Penina Golf Club(Faleolo Strip 77, Faleolo, Upolu 0100, Samoa). https://www.tripadvisor.com.au/Attraction_Review-g1120032-d1127724-Reviews-The_Penina_Golf_Club-Faleolo_Upolu.html

투아나이마토 스포츠 복합 센터(Tuanaimato Sports Complex)(출처: 사모아 관광청/구글)

우폴루 투아나이마토 스포츠 복합 센터에는 사모아 럭비유니온(Samoa Rugby Union) 시설과 사모아 수영센터(Samoa Aquatic Center), 사모아 승마경기클럽(Samoa Horse Racing Club) 등이 있다. 이곳에서 2015년 사모아 국가체전(Samoa Commonwealth Youth Games 2015)가 개최되기도 했다.

사모아에는 아피아 공원 복합 센터(Apia Park Sport Complex)도 있다. 이와 함께 투아나이마토 종합운동장 소재 사모아 수상센터(Samoa Aquatic Center)는 최근 중국이 리모델링하여 2015년에 사모아에 인계했다. 사모아 정부는 스포츠를 활용한 관광객 유치에도 많은 노력을 기울이고 있다.

선물 교환 풍습 [305][306][307][308]

사모아어로 선물은 '메알로파(meaalofa)'라고 한다. 메알로파는 '애정이 담긴 물건'이라는 뜻이다. 사모아인들은 감사, 존경, 사랑, 존중 그리고 특수한 관계를 확인할 때 선물을 징표로 사용한다. 사모아인들은 선물교환을 하면서 서로에 대한 마음이 물질을 통해 표현된다고 여긴다. 이러한 문화적 바탕이 깔려 있는 사모아 문화에서 가장 중요한 풍습 중 하나로 파알로알로가(fa'aaloaloga)를 꼽을 수 있다. 이 풍습은 선물 교환을 의미하는데, 주로 결혼, 족장 임명식, 장례식, 집들이 혹은 사모아인들이 참여하는 모든 공공 모임에서 흔히 볼 수 있다. 선물 교환식에는 다음과 같은 원칙이 적용된다.

1. 투명성(Transparency): 이아 마니오 마 이아 말라말라마(Ia Manio Ma Ia Malamalama), 선물 교환식은 공개적으로 사람들이 있는 곳에서 진행한다. 젊은 청년들은 선물이 누구에게서 왔고, 누구에게 전달되며, 선물이 무엇이며, 어떠한 이유로 전달되었는지를 큰 소리로 외치고 선포한다(Folafola).
2. 분명한 목적(Clear Purpose): 아우투(Autu). 선물에는 어떠한 이유에서 누가, 어떤 사람에게 주는지가 명확히 드러나게 한다. 이를 통해 선물을 주는 사람과 받는 사람은 특별한 관계가 성립되었음을 확인한다.
3. 권위(Mana): 파이아 마 마말루(Paia Ma Mamalu). 선물 교환 후 선물 교환과 관계된 모든 사람의 권위와 품위는 존중되고 강화되어야 한다. 따라서 선물을 받은 뒤 발언자는 참석한 사람들에게 명예를 표시한다.
4. 역할(Role): 모든 족장과 연설족장은 선물 교환식 때 자신이 맡은 역할을 인지한다.
5. 언어(Language): 선물 교환식 때에는 가가나 팔로알로(Gagana Fa'aaloalo)라는 서로를 존중하는 격식이 높은 언어를 사용한다.
6. 복장(Attire): 선물 교환식 때에는 사모아 전통 복장을 착용해야 하며, 의전상 부적절한 복장은 입지 않는 것이 예의이다.

---

305) Wikipedia, Samoan Culture. https://en.wikipedia.org/wiki/Samoan_culture
306) Gift Canyon. Samoan Gift Giving 101: traditions and etiquette. http://giftcanyon.com/samoan-gift-giving-101/
307) Tcherkezoff, Serge. 2012. More on Polynesian gift-giving. HAU Journal of Ethnographic Theory 2(2):313-324
308) Living on Cloud 9(Blog). A Thing If Love: Samoan gift giving 101. http://www.cloud9living.com/blog/thing-love-samoan-gift-giving-101/

7. 착석(Seating): 노포아가(Nofoaga). 모든 족장, 연설족장, 직위자들, 젊은 이들, 그리고 어린아이들은 자신이 행사에서 어디에 앉아야 하며, 어디에서 있어야 하고, 어떻게 말하고 어떻게 걸어야 하는지 등을 숙지하고 있어야 한다.
8. 가족(Family): 아이가 포토포토(Aiga potopoto). 선물 교환식과 같은 행사들은 가족 간 유대감을 유지하고 강화하거나, 계보상의 관계들을 강화하거나 확인하는데 주 목적이 있다.
9. 영성(Spirituality): 파무아무아 레 아투아(Faamuamua Le Atua). 사모아인들은 처음 혹은 최고의 선물은 신이나 그의 대리인에게 속한다고 생각한다. 또 사모아인들은 선물을 베푸는 사람은 하늘로부터 큰 축복을 받는다고 믿는다. 따라서 사모아인들은 서로 선물을 주고받는 행위가 자신에게 유익하다고 여긴다.

선물 교환식에서는 주로 다음과 같은 선물을 주고받는다. 몇몇 부족은 선물 교환식에서 옛 풍습을 지키고 싶어 하는 반면, 일부는 구태의연한 의식에 얽매이기보다 좀 더 실용적인 선물을 주고받고 싶어 하기 때문에 행사의 목적이나 다른 문화적 요소를 고려하여 다른 형태의 수아(sua)가 제공될 수 있다.

수아(sua): 이 선물은 높은 직위의 족장이나 그룹의 지도자에게 수여되는 선물이다. 수아(sua)를 구성하는 전통 선물은 다음과 같다.

① Sua Talisua(Niu, Siapo, Taisi, Faailoaao)(전통 의복)
② Tofa(높은 직위의 족장에게 수여되는 최고급 매트)
③ Sua Taute(음식 선물)
④ Pasese(여행하는 쪽의 이동을 도울 수 있는 선물로 구성)
⑤ Faaoso(여행하는 쪽의 가족들이나 마을이 먹을 수 있는 음식물로 구성)
⑥ Le o le Malo(최고급 매트)
⑦ Lafo(연설족장에게 수여되는 최고급 매트)

사모아에서 선물을 주고받는 특별한 날과 일반적 에티켓은 다음과 같다.
1. 선물 포장 및 선물 선사 형식: 전통적으로는 수세공의 나무껍질 시아포 (siapo) 로 만든 포장지 등을 활용하였으나 지금은 일반 포장지로 포장하여 선사한다.
2. 에티켓: 절대 선물을 거절하지 않는다.
3. 가장 일반적인 선물: 전통 매트(mat)이다. 가장 일반적이면서도 가장 소중하게 여기는 선물이기도 하며, 거의 대부분 의식행사에 사용되는 선물용품이다. 그러나 의식행사에 많이 사용되는 선물이기 때문에 다른 일반인들 간의 선물로는 현금 혹은 많은 음식 등도 주고 받는다. 즉, 통구이돼지, 소고기 다리 전체 한쪽, 등 요리된 다량의 음식도 많이 주고 받는다.
4. 비즈니스 선물: 일반적으로 비지너스 선물도 당연시 된다. 이들 선물은 존중의 의미로 주고받는다. 만일 선물을 주는 쪽이 다른 국가에서 온 것이면 그 국가를 상징하는 선물을 사모아 비즈니스 파트너에게 주는 것이 현지 비즈니스의 기본이다.
5. 선물을 주고받는 기념일: 대부분의 사모아인들이 기독교인이라고 자부하고 있기 때문에 선물을 주고받는 것은 기독교 사상과 일치한다고 주장한다. 그러나 일반적으로 사모아인들은 전통적 관습과 제식적 행위를 현대 기독교 사상에 접목하여 선물 교환 의식을 진행하면서 일반적으로 알려진 기독교 기념일 외에 다른 '재미있는' 기념일을 정해서 선물 교환을 하기도 한다.

- 새해: 사모아인들은 새해를 거대하게 경축한다. 집을 장식품과 꽃으로 꾸미고, 가족과 친한 친구들이 모두 모여서 잔치를 열어 춤도 추면서 작은 선물들을 주고받는다.
- 생일: 생일선물은 일반적이지는 않으나 특별한 생일에는 선물을 주고받는다. 즉, 21세, 40세, 50세, 60세, 70세, 75세 생일 등이다. 이러한 생일에는 축제를 열어 선물과 현금을 생일 당사자에게 준다. 특히 21세 생일은 거울열쇠를 주는데 이는 어른이 되어 주어지는 자유를 상징한다.
- 호스테스(hostess): 호스테스(주인) 선물은 아주 전통적인 관습에서 내려오는 선물이다. 물론 최근에는 현지 호스테스에게 선물을 주지 않아도 무례하다고 보지는 않지만 선물을 주는 것이 훨씬 우호적인 처사로 본다.
- 화이트 선데이(White Sunday): 사모아에만 존재하는 특별한 기념일이다. 10월 두 번째 일요일이며 우리나라의 어린이날과도 같은 명절로, 어린 자녀들을 머리에서 발끝까지 흰색으로 단장시킨다. 부모들도 하얀 옷과 하얀 모자로 단장한다. 그리고 손에 손잡고 교회에서 특별 예배를 본다.

- 결혼일: 전통적 사모아 결혼식 행사에는 신부와 신랑보다는 신부의 가족과 손님들에게 대부분의 선물이 주어진다. 결혼식 행사는 신부의 가족들이 그 비용을 감당하는데, 일반적으로 만만치 않은 비용이 든다. 사모아의 전통관습 상 신부의 가족에게 결혼은 재정적으로 부담이 되는 부분이다. 전통적으로 신랑 가족에게는 전통매트를 주고, 신분이 높은 손님들에게는 신부의 가족이 선물을 준다. 대부분 현금을 주는 것이 결혼식의 전통이다.
- 장례식: 상을 당한 직계가족에서 선물을 주는 것이 관습이다. 매트나 현금을 준다.
- 감사의 예: 사모아인들은 주는 쪽이 받는 쪽보다 더 많은 영적 축복을 받는다는 것을 믿는다. 감사의 뜻으로 항상 선물을 주는 것은 사모아의 전통이며 문화이다.
- 카바 의식: 사모아에서의 가장 공식적인 의식이다. 즉, 족장의 칭호가 주어질 때, 아주 중요한 주요 인사가 방문할 때 행하는 의식이다. 이때 잔치와 매트가 주어진다.
- 공식사과: 전통적으로 사과(apologies)할 때는 선물과 함께 주어진다. 가장 흔한 선물은 전통 매트로, 줄 수 있는 최고의 선물로 여겨진다.
- 크리스마스: 크리스마스는 다른 일반 국가에서 진행되는 크리스마스와 유사하다. 크리스마스는 사모아에서 가장 더운 계절이다.

문신(Pe'a) [309][310][311][312][313][314][315]

페아(pe'a)는 지난 2,000여 년 동안 사모아 남성들에게 행하는 전통문신(tatau, tattoo)을 의미한다. 전통문신은 상위계급 간의 단어인 말로피에(malofie)라고도 한다. 현대문명에서 일반적으로 사용하는 문신의 영어단어인 tattoo가 폴리네시아 단어인 타타우(tatau)에서 유래되었다고도 한다. 다른 페아는 남성의 허리부터 무릎까지 행해지는데, 페아 시술은 극심한 통증을 유발하며, 반드시 투푸가 타 타타우(tufuga ta tatau, 숙련된 문신 기술자)로부터 시술을 받아야 한다.

---

309) Museum of New Zealand. Topic: Samoan tatau(tattooing). http://collections.tepapa.govt.nz/topic/1560
310) Wikipedia. Pe'a. https://en.wikipedia.org/wiki/Pe'a
311) Pasifika. Tatau Samoa Introduction. http://www.pasefika.com/culture/article/15/sa/tatau-samoa-intro
312) One Samoana. The Truth about the Samoan Tattoo(Tatau). http://1samoana.com/the-truth-about-the-samoan-tattoo-tatau/
313) Encyclopedia of New Zeland. Story - Samoans(Cultures and identity). http://www.teara.govt.nz/en/photograph/1573/pea-tattooing
314) Oceania Tattoo Home Page. Polynesia. Samoa Tattoos. http://www.janeresture.com/oceania_tattoos/index2.htm
315) Samoa Tourism Authority. Age old Samoan tattooing centre stage in Shanghai. http://www.samoa.travel/newsitem/age-old-samoan-tattooing-centre-stage-in-shanghai

전통문신은 남성만 받는 것은 아니다. 여성도 페아 문신을 시술받기도 하는데, 남성의 문신에 비해 디자인이 훨씬 단순한 것이 특징이다. 여성의 페아 문신은 남성과는 달리 의식적인 측면이 전혀 없다. 일반적으로 여자들에게 시술되는 문신은 줄세공이 대부분이며 섬세한 장식물 같은 느낌을 준다. 전통적인 여성 문신을 말루라고 하며, 허벅지 윗부분에서부터 무릎까지 시술하는데, 주로 사춘기를 보낸 여자아이들이 이 시술을 받았다.

사모아에서는 페아와 말루는 전통적 문화의 자랑이자, 어른이라는 상징, 즉 여성성과 남성성을 드러내는 특징으로 여긴다. 또한 문신은 사모아인으로서의 동일성과 주체성을 유지하게 하는 전통이라고 할 수 있다.

페아는 전통 사모아 방식으로 시술하는데, 투푸가 타 타타우(tufuga ta tatau)라고 하는 전통방식으로 제조된 도구들을 사용해 문신을 시술한다. 이 도구 세트에는 작은 거북이 등껍질에 끈으로 단단히 부착된 톱니 모양의 뼈빗(아우, au), 빗을 살 속으로 침투시키기 위해 사용되는 두드리는 망치(sausau), 문신에 사용될 잉크(lama)를 담을 코코넛 껍질로 만든 컵(ipuniu), 작업과정 중 흘러나오는 피를 닦거나 도구를 닦을 타파 천(tapa cloth, solo) 등이 있다. 도구 세트는 '투누마(tunuma)'라는 나무로 만든 둥근 원형 실린더에 저장되며, 파손을 방지하기 위해 뼈빗은 원의 중앙을 향하게 해 수직으로 세워서 보관한다. 아우는 선을 긋거나 점을 찍을 용도로 사용되고, 크기가 다양한 것이 특징이다.

페아 시술 도구(좌)와 페아 시술 모습(우)
(출처: 좌: Museum of New Zealand, http://collections.tepapa.govt.nz/topic/1560
　　　우: Wikipedia, https://en.wikipedia.org/)

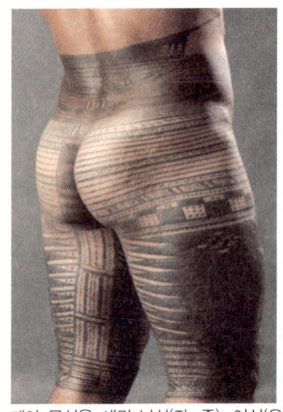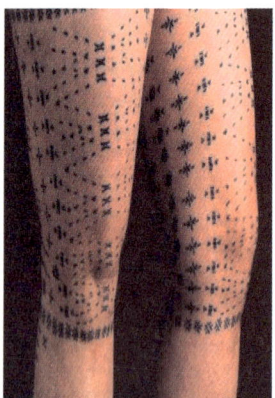

페아 문신을 새긴 남성(좌, 중), 여성(우)
(출처: 좌: http://en.wikipedia.org/wiki/File:Traditional_Samoan_Tattoo_-_back.jpg
　　　중: http://www.teara.govt.nz/en/photograph/1573/pea-tattooing
　　　우: http://1samoana.com/the-truth-about-the-samoan-tattoo-tatau/)

　　페아는 전통의식이자 문화여서 시술받는 사람에게도 커다란 의미가 부여된다. 문신 시술자(tufuga ta tatau)는 하나 혹은 둘 정도의 보조사와 함께 일한다. 문신 시술자의 보조사를 칭하는 솔로(solo)는 사모아어로 '피부로부터 피를 닦다'란 의미이다. 이들은 문신 시술자가 작업하기 쉽도록 피부를 팽팽하게 당겨 주거나 흘러내리는 잉크를 닦는 역할을 한다.
　　문신을 새기는 작업은 다음과 같이 진행된다. 시술받는 사람이 바닥에 누우면, 문신 시술자와 그 보조자들이 곁에 앉는다. 이때 시술받는 사람의 가족들이 떨어진 거리에서 작업과정을 지켜보며 격려의 말을 해 주거나 노래를 불러준다. 페아는 넓은 범위에 정교하게 문신을 새기는 작업이며, 짧게는 일주일에서 길게는 수년에 걸쳐 작업된다.
　　문신에 사용되는 잉크의 색깔은 검은색이다. 전통적인 방식으로 잉크는 쿠쿠이나무 열매(candlenut)의 껍질을 벗겨 기름진 부위인 씨앗을 추출하여 태운 뒤, 타고 남은 숯을 채취해 제조한다. 하지만 근래 들어서는 전통적인 방식보다 국제 문신 규정에 따르거나 지역의 건강 보건 규정에 맞게 제조된 잉크를 사용한다. 문신은 신체의 뒷부분에서 시작해 배꼽에서 끝난다. 전체적으로 문신의 모양은 긴 선으로 구성되어 있고, 허벅지 쪽은 검은색 면들로 꾸며지기도 한다. 몇몇 예술 전문가는 사모아의 문신 모양을 타파 천(tapa cloth)이나 라피타 도기에 새겨진 문양들과 비교하기도 한다.

Pese o le Tatau 노래(문신 시술 작업 시 부르는 노래)
* 국문 내용은 페아(Pe'a)에 대한 전설 참조

사모아어	영어 해석
O le mafuaaga lenei ua iloa	This is the known origin
O le taaga o le tatau i Samoa	Of the tattooing of the tatau in Samoa
O le malaga a teine to'alua	A journey by two maidens
Na feausi mai Fiti le vasa loloa	Who swam from Fiji across the open sea
Na la aumai ai o le atoau	They brought the tattooing kit
ma sia la pese e tutumau	And recited their unchanging chant
Fai mai e tata o fafine	That said women were to be tattooed
Ae le tata o tane	But men were not to be tattooed
A o le ala ua tata ai tane	Thus the reason why men are now tattooed
Ina ua sese sia la pese	Is because of the confusion of the maidens' chant
Taunuu i gatai o Falealupo	Arriving at the coast of Falealupo
Ua vaaia loa o se faisua ua tele	They spotted a giant clam
Totofu loa lava o fafine	As the maidens dived
Ma ua sui ai sia la pese	Their chant was reversed
Fai mai e tata o tane	To say that men were to be tattooed
Ae le tata o fafine	And not women
Talofa i si tama ua taatia	Pity the youth now lying
O le tufuga lea ua amatalia	While the tufuga starts
Talofa ua tagi aueue	Alas he is crying loudly
Ua oti'otisolo le au tapulutele	As the tattooing tool cuts all over
Sole Sole, ai loto tele	Young fellow, young fellow, be brave
O le taaloga a tama tane	This is the sport of male heirs
E ui lava ina tiga tele	Despite the enormous pain
Ae mulimuli ana ua a fefete	Afterwards you will swell with pride
O atu motu uma o le Pasefika	Of all the countries in the Pacific
Ua sili Samoa le ta'taua	Samoa is the most famous
O le soga'imiti ua savalivali mai	The sogaimiti walking towards you
Ua fepulafi mai ana faaila	With his fa'aila glistening
Aso faaifo, faamulialiao	Curved lines, motifs like ali
Faaatualoa, selu faalaufao	Like centipedes, combs like wild bananas
O le sigano faapea faaulutao	Like sigano and spearheads
Ua ova i le vasalaolao	The greatest in the whole world!

문신에 사용되는 패턴의 종류들
(출처: The Arts of PagoPago - Siapo designs, http://cbarber.aiwsites.com/imd110/design.htm)

페아의 시술 작업을 완성하는 데는 수 주일에서 수년의 시간이 걸려 매우 큰 고통이 따른다. 따라서 시술받는 사람에게는 시련이 될 수 있다. 지금은 많이 퇴색되었지만, 과거 페아 문신은 마타이 직위를 획득하기 위한 필수조건 중 하나였다. 그러나 아이가를 위해 헌신하겠다는 목적으로 시술되기도 했다. 직위가 없는 평민이 마타이(족장)를 위해 헌신(서비스)하기를 원할 때에도 페아 시술 후에 가능했다. 다만, 이것은 일시적인 것이 아니라 평생의 헌신을 뜻한다. 문신을 새기는 작업에는 거액의 돈이 들며, 문신 시술자는 많게는 700개의 최고급 매트를 받기도 했다. 일반적으로 족장이 되기 위해서 페아가 시작되면 6명 정도의 소년이 같이 페아 시술을 받는다. 이러한 시술에는 문신 시술자도 네 명 이상이 필요하다.

문신을 시술받은 남성들은 소가이미티(soga'imiti)라고 불리며, 그들의 용기는 타인들로부터 존중받았다. 반면 문신을 하지 않은 남성들은 구어체로 텔레푸아(telefua 혹은 telenoa)라고 불렸다. 말 그대로 '벌거숭이'라는 뜻이다. 한편 문신을 시술받는 도중에 극심한 고통 혹은 드문 경우이긴 하지만 시술자에게 돈을 지불하지 못해서 시술을 포기한 사람들은 페아 무투(pe'a mutu)라고 불렸다. 이 단어는 '수치스러운 흔적'이라는 뜻을 내포한다.

전통적으로 문신 시술자는 권위 있는 직업으로 여겨졌는데, 고대 시절 높은 사회적 지위와 부를 누렸다. 또한 사모아뿐만 아니라 통가와 피지의 수뇌족장 가족들에게 페아 문신을 시술하기도 했다. 문신 시술은 선교사들이 사모아로 진출하기 시작한 1830년대에 들어서면서 금지되었지만, 식민지 시대의 풍습이 다시 부활하여 지금까지 이어지고 있다. 사모아인이 아닌 외국인이 페아 문신을 시술받는 경우는 매우 드물었다. 1800년대 초창기에는 외부에서 온 불량배(비치코머, beach commer)들이나 탈주한 선원들이 페아 문신을 시술받기도 했다. 최초로 페아 문신을 시술받은 비폴리네시아계 외국인은 미국인 미키 나이트(Mickey Knight)로 알려졌다. 사모아가 독일령이 되었을 때에는 영국인 아서 핑크(Arthur Pink)와 마지막 독일 총독 에릭 슐츠(Erich Schultz)를 비롯해 몇몇 유럽인이 페아 의식에 참여하기도 했다.

페아(Pe'a) 전설

폴리네시아에서는 문신의 기원에 대한 여러 이야기가 전해진다. 사모아는 페아 시술이 피지에서 왔다고 하고, 피지는 사모아에서 전해졌다고 한다. 뉴질랜드의 마오리족은 저승에서 전해졌다고 믿는다.

사모아의 전설에 의하면 쌍둥이 자매 틸라피가(Tilafiga)와 타에마(Taema)가 피지에서 사모아로 수영해서 왔는데 문신도구를 광주리에 담아 가지고 왔다고 한다. 또한 이 쌍둥이 자매가 바다를 건너올 때 노래를 부르면서 수영을 했고, 여자만 문신을 한다는 내용이었다(Women are tattooed and men are not). 그러나 쌍둥이 자매가 사바이 섬의 팔레알루포(Falealupo) 마을에 가까이 오면서 바다속에서 조개(clam)를 발견한 뒤 조개를 캐기 위해 수중으로 내려갔다. 쌍둥이 자매가 다시 모습을 보였을 때는 너무 힘들어서 노래도 바뀌어 있었다. 남자만 문신을 받는다는 노래였다(Men are tattooed and women are not). 이 노래의 제목은 "Pese o le Pe'a" 또는 "Pese o le Tatau"이다. 사바이에 도착한 자매는 수뇌족장 집에 손님으로 가서 왕족처럼 대우받으면서 원기를 회복했다. 그 후 자매는 계속 수영을 하면서 마누아(Manu'a)로 가기 전에 족장들과 사바이 섬의 주민들에게 문신도구를 선물로 주었다. 사바이 주민들은 자신들이 들은 노래처럼 젊은 청년들에게 문신을 하기 시작했다. 그러나 마누아(Manu'a)에서는 왕의 명령으로 이러한 문신은 금지되었다.

여기서 타타우(tatau)란 단어에는 많은 뜻이 담겨 있다. 타(Ta)란 단어에는 '일격을 가하다'라는 뜻이 담겨 있다. 이는 문신 시술 시 사용하는 나무도구가 문신을 새기면서 내는 톡톡(tap, tap) 하는 소리를 나타내기도 한다. 타우(tau)는 '끝에 도달하다', '완료하다'라는 뜻과 함께 '전쟁(war)', '전투(battle)'의 뜻도 있다. 또한 타타우(tatau)란 단어는 '진실', '공정', '균형', '조화'를 뜻하기도 하다.

최근에는 2010년 상하이 엑스포에서 사모아 전통문신이 많은 관심을 받기도 했다. 럭비 스타인 사모아 출신 로저 워런(Roger Warren)의 페아 시술 최종 마무리 작업을 상하이 엑스포에서 1주일에 걸쳐 완료했다. 또한 레전드급 럭비 스타인 리마(Muliagataele Brian Lima)의 페아도 수천 명이 지켜보는 가운데

상하이 엑스포에서 완성한 바 있다. 또한 사모아에서는 문신전통을 기념하여 국제 문신 축제(International Tatau Festival)를 개최하기도 한다.

전설과 신화[316)317)318)319)320)321)322)323)324)325)326)]

사모아에는 다양한 전설과 신화가 많다. 또한 사모아에 대한 연구도 많이 이루어져 이에 대한 기록도 많다. 사모아에는 크게 두 종류의 전설적인 신이 있으며, 대부분의 전설과 신화는 이를 기반으로 한다. 아투아(atua)라는 인적 형태를 원래부터 가지고 있지 않은 신과 아이투(aitu)라고 하는 사람의 기원인 신이다.

창조신화: 타갈로아(Tagaloa) 1

현재 사모아에 대대로 전해지는 창조신화는 여러 개가 있다. 그 중 몇 개를 소개한다.

태초에는 하늘과 땅을 뒤덮은 물만 존재했다. 신 타갈로아(Tagaloa)는 하늘에서 땅을 내려다보며 자신이 서 있을 만한 육지를 만들어야겠다는 생각을 했다. 그래서 타갈로아는 마누아텔레(Manu'atele)라는 바위를 만들어 물로 뒤덮인 땅 위에 발을 딛고 쉴 만한 장소를 만들었다. 타갈로아는 자신이 해낸 일을 매우 기뻐하며 "또 다른 쉴 만한 장소를 만들면 좋겠구나"라고 말했다. 그는

---

316) Lichtenberg, Samantha. 2011. Experiencing Samoa Through Stories: Myths and Legends of a People and Place. Independent Study Project(ISP) collection. Paper 1057. http://digitalcollections.sit.edu/cgi/viewcontent.cgi?article=2085&context=isp_collection
317) National Park Service. The Samoan Creation Legend. http://www.nps.gov/npsa/historyculture/legendpo.htm
318) Turtle & Shark Lodge. The legend of the turtle & shark. http://www.turtleandshark.com/the-legend-of-the-turtle-and-shark
319) Jane's Samoa Home Page. The original mythology of Samoa - Creation myths. http://www.janeresture.com/samoa_myths1/index.htm
320) National Park Service. Nafanua, The Guardian. http://www.nps.gov/npsa/historyculture/nafanua.htm
321) Te'o Tuvale. 1968. An Account of Samoan History up to 1918. Digitized Texts from Oceania for Samoan and Pacific Studies. http://nzetc.victoria.ac.nz/tm/scholarly/tei-TuvAcco-t1-body1-d48.html
322) One Samoana. Samoan Legend: Vaea and Apaula. http://1samoana.com/samoan-legend-vaea-and-apaula/
323) Flood, B.E., Strong, B. and Flood, W. *Pacific Island Legends - Tales from Micronesia, Melanesia, Polynesia, and Australia*. Chief's Day Ends. The Bess Press. p. 155-159
324) An Account of Samoan History up to 1918 - Myths and Legends of Ancient Samoa. Te'o Tuvale. http://nzetc.victoria.ac.nz/tm/scholarly/tei-TuvAcco-t1-body1-d48.html
325) Flood, B.E., Strong, B. and Flood, W. *Pacific Island Legends - Tales from Micronesia, Melanesia, Polynesia, and Australia*. Turtule and Shark. The Bess Press. p. 160-165
326) Flood, B.E., Strong, B. and Flood, W. *Pacific Island Legends - Tales from Micronesia, Melanesia, Polynesia, and Australia*. Rescue with Fruit Bats. The Bess Press. p. 166-171

마누아텔레를 나누어 바다에 뿌려서 그가 발을 디딜 만한 공간을 만들었는데, 이 바위들이 사바이, 우폴루, 통가, 피지 및 태평양의 여러 도서지역이 되었다.

바위를 쪼개어 발을 딛을 만한 공간을 확보한 타갈로아는 다시 사모아로 돌아왔다. 이번에는 사바이와 마누아(Manua, 지금의 미국령 사모아) 섬 사이의 공간을 재어 보니 그 둘의 간격이 너무 떨어져 있었다. 그래서 그는 그 사이에 바위들을 놓은 뒤 족장들이 쉬는 공간으로 삼았다. 그가 마지막으로 놓은 바위를 투투일라(Tutuila, 지금의 미국령 사모아)라고 불렀다.

그 후 타갈로아는 포도나무 줄기가 바위들 사이로 퍼지도록 했다. 이 덩굴식물의 잎들이 떨어져서 썩자 애벌레들이 자라났다. 타갈로아는 그 잎에서 탄생한 벌레들이 머리도 다리도 없고, 숨도 쉬지 않는 것을 보았다. 그래서 타갈로아는 땅으로 내려와 애벌레들에게 머리와 다리, 팔, 그리고 뛰는 심장을 만들어 주었다. 그리하여 인류는 애벌레로부터 탄생되었다.

타갈로아는 만들어진 인류를 남자와 여자로 구분하여 자신이 만든 여러 섬에 살도록 했다. 남자 사(Sa)와, 여자 바이(Vaï'i)가 사는 섬은 사바이(Savaï'i), 남자 우(U)와 여자 폴루(Polu)가 사는 섬은 우폴루(Upolu), 투투(Tutu)와 일라(Ila)가 사는 섬은 투투일라(Tutuila)가 되었다. 토(To)와 가(ga)는 조금 떨어진 섬으로 가서 살았는데, 이들이 사는 섬은 토가(Toga)가 되었고, 통가(Tonga)라는 나라로 발전했다. 피(Fi)와 티(Ti) 역시 조금 떨어진 섬으로 가서 살았는데, 이들이 사는 섬 역시 피티(Fiti), 지금의 피지(Fiji)가 되었다.

타갈로아는 사람들이 정착한 각기 다른 섬을 다스릴 지도자가 있어야 한다는 생각을 하게 되었다. 그리하여 그는 투이(Tui, 「왕」)라는 직위를 만들었다. 그는 투이아가에(Tuiaga'e), 투이아우(Tuia'u), 투이오푸(Tuiofu), 투이올로세가(Tuiolosega), 투이아투아(Tuiatua), 투이아나(Tuia'ana), 투이토가(Tuitoga)와 투이비티(Tuifiti)의 직위를 만들어 섬들을 다스리게 했다. 왕을 만든 뒤, 신은 다른 왕들을 통치할 '대왕'이 있어야 한다고 여겨 마누아텔레(Manu'atele)에 머물렀다. 그는 포(Po, 밤)와 아오(Ao, 낮)의 아이들 가운데서 왕 중의 왕을 선택했다. 아이들의 탯줄은 엄마의 자궁과 단단하게 연결되어 있어서 사티아레모아토아(Satia I le Moaatoa, 탯줄이 붙어 있다)라는 이름으로 불렸다. 그가 통치하는 땅은 '신성한 태'라는 의미에서 사모아(Samoa)라고 불렀다.

창조신화: 타갈로아(Tagaloa) 2

또 다른 전설에 따르면, 타갈로아는 광활한 공간(expanse)이라는 곳에 존재하였다고 전해진다. 그곳에는 아무것도 없었고, 그가 모든 것을 만들고 오로지 그 혼자만 존재했다. 아무것도 없는 곳에서 그가 서 있던 곳에만 암석이 생겨났으며 그래서 타갈로아파투투푸누(Tagaloa-fa'atutupu-nu'u, 창조자)라고 불렸다. 타갈로아는 암석을 보고 갈라지라고 말했고, 파파타오토(Papa-ta'oto, 누워 있는 암석)라고 했다. 그 후 파파소솔로(Papa-sosolo, 기어 돌아다니는 암석, creeping rock); 파파라우아우(Papa-lau-a'au, 산호암석, reef rock); 파파아노아노(Papa-'ano-'ano, 두꺼운 암석, thick rock); 파파엘레(Papa-'ele, 흙암석, clay rock); 파파투(Papa-tu, 서 있는 암석, standing rock); 파파아무아무(Papa-'amu-'amu, 산호암석, coral rock)와 그들의 자식들이 순차적으로 생겨났다.

타갈로아가 서쪽을 바라보며 암석에게 말하면서 오른손으로 치자 암석은 오른쪽으로 갈라졌다. 그 후 지구(earth)가 나타났는데, 이것이 모든 인간들의 조상이다. 그리고 다음으로 바다(sea)가 나타났다. 그 후, 바다는 파파소솔로(Papa-sosolo)를 뒤덮었다. 그 후 타갈로아가 오른쪽으로 향하자 그 때 생수(담수)가 솟구쳤다. 그리고 타갈로아가 암석에게 말했을 때, 하늘(Sky)이 생성되었고, 다시 암석에게 말하자 투이테에라기(Tui-te'e-lagi, sky proper)가 나타났다. 곧, 일루(Ilu, 방대함(Immensity)), 마마오(Mamao, 우주공간(space, 여자였음)), 니우아오(Niuao, 구름(cloud))가 계속 만들어졌다. 그 후 루아아오(Lua-ao, 구름 2개(two clouds))라는 남자아이(a boy)가 나타났고, 루아바이(Lua-vai, 물구덩이(water hole))라는 여자아이(a girl)가 나타났다. 타갈로아는 이 두 명을 사투아라기(Sa-tua-lagi, 하늘의 뒤쪽(behind the sky))로 임명했다.

타갈로아는 계속 말했다. 그러자 아오아랄라(Aoa-lala, 토종나무 가지(a native tree branch))라는 남자아이가 태어났고, 그 다음은 아오가오레타이(Ao-gao-le-tai, 공해(open sea))라는 여자아이가 태어났다. 그 후 남자어른이 나왔고, 그 후에는 영혼(spirit), 마음, 심장(heart) 그리고 그다음에는 의지(will), 생각(thought)이 잇달아 태어났다. 이것이 타갈로아의 창조활동의 마지막 노력이었다. 그러나 이렇게 창조된 모든 것은 바다에 흘러다니는 바람에 한 곳에 고정되지 못하였다. 타갈로아는 암석들에게 규칙을 내렸다. 첫째, 영혼과 심장,

마음, 그리고 의지(will)와 생각 (thought)은 사람(man) 안에 들어가 하나가 되라고 했다. 그 후 지적인 살아 있는 사람이 되었다. 그리고 이 사람은 엘레엘레('ele-ele', 지구/토지)와 하나가 되었다. 이는 한 쌍이 되었고 파투마레엘레엘레(Fatu-ma-le-'Ele-'ele, 마음/심장과 지구/토지)라고 불렸으며, 파투(Fatu)는 남자, 엘레엘레(Ele-ele)는 여자가 되었다. 둘째, 타갈로아가 Immensity와 Space에게 둘이 하늘에서 아들 니우아오(Niuao)와 합치라고 명하자 그들이 하늘로 올라갔다. 세 번째로 루아아오(Lua-ao)와 루아바이(Lua-vai)에게 명하기를 담수/생수가 있는 곳에 사람들이 있어야 한다고 했다. 네 번째로는 아오아랄라(Aoa-lala)와 가오가오레타이(Gao-gao-le-tai)를 바다쪽에 임명했고, 그 바다에 사람이 많아져야 한다고 했다. 다섯 번째는 레파투(Le-fatu)와 레엘레엘레(Le-'Ele-'ele)에게 이쪽에도 사람들이 번성해야 한다고 했다. 라절크(Lagirk)를 다시 잉태하였는데 그것이 바로 하늘이다.

9개의 하늘 생성

Immensity와 Space는 그 자식들을 데리고 왔다. 밤과 낮인 포(Po)와 아오(Ao)였다. 이들은 타갈로아로부터 명령을 받아 태양 즉, 하늘의 눈(eye of the sky-Sun)을 만들어야 했다. Immensity와 Space는 다시 레라기(Le-lagi, 하늘)을 데리고 와서 두 번째 하늘을 만들었다. 투이테라기(Tui-te'e-lagi)가 앞으로 나가자 세 번째 하늘이 만들어졌고, Immensity와 Space가 사람을 가득 채웠다. 투이테라기(Tui-te'e-lagi)가 앞으로 나아가면서 일루(Ilu)와 마마오(Mamao)에 의해 사람이 채워졌다. 그리고 라기(Lagi)가 다시 한 번 앞으로 나와 여덟 번째 하늘이 되었고, 투이테라기(Tui-te'e-lagi)가 하늘을 다시 만들었으며, 일루(Ilu)와 마마오(Mamao)가 사람을 만들었다. 라기(Lagi)가 다시 나타났으며, 이는 아홉 번째 하늘이 되었다.

나파누아(Nafanua) 이야기

나파누아는 '전쟁의 여신' 직위를 받은 여성이었다. 그녀가 이 직위를 받은 것은 그녀 자신의 가족과 마을이 의지할 수 있었고 사람들로부터 큰 존경을 받았기 때문이다. 나파누아는 전쟁의 여신으로서 적들로부터 가족과 마을을 지켜야 했다. 나파누아의 고향은 사바이 섬의 서쪽에 위치해 있었다.

그녀가 살던 시기에 사바이 섬은 동과 서로 나뉘어 섬 전체의 통치권과 영토를 갖기 위해 경쟁하고 있었다. 거주할 곳보다 사람들이 더 많았기 때문에 사모아 문화에서 '토지'는 매우 중요한 것으로 인식되었다. 한 가문이 많은 토지를 소유하고 있을 경우 명망 있는 집안으로 여겨졌으며, 그 집안의 구성원들은 높은 직위를 물려받았다(특히 남성들). 이러한 전통 때문에 사바이 동쪽의 수뇌족장 릴로마이아바(Lilomai'ava)는 사바이 섬 전체를 지배하고 싶어 했다. 릴로바이아바 족장은 동쪽 지역에서 서쪽 지역 사람들을 잡으면 머리를 아래로 하고 거꾸로 야자수 나무를 올라가게 하는 등 모욕을 주었다. 이렇게 함으로써 자신이 동쪽뿐만 아니라 사바이 섬 전체에 위엄을 떨칠 인물이라는 것을 과시하고 싶었다.

하루는 릴로바이아바 마을 사람이 나파누아의 삼촌인 타이(Ta'ii)와 사베아시울레오(Saveasi'uleo)의 맏형을 붙잡았다. 타이는 야자수 나무에 거꾸로 올라가는 처벌을 받았다. 하지만 거꾸로 야자수 나무를 오르는 도중에 점점 힘들어진 타이는 큰 한숨을 내쉬었다. 사베아시울레오와 나파누아는 그가 릴로마이아바에게 당하는 모욕에 화가 났다. 사베시울레오는 나파누아에게 토아나무(toa tree)를 자르자고 했다. 그리고 나무로 무기를 만들어 릴로마이아바와 그 군대를 몰아내자고 했다.

사베시울레오의 제안을 받은 나파누아는 즉시 나무를 잘랐다. 그리고 무기를 만들기 위해 며칠 동안 그대로 건조시켰다.[327] 그리고 나파누아는 나무로부터 4개의 무기[328]를 만들었다.

사바이 섬의 주도권을 잡기 위한 길고 긴 싸움이 시작되었다. 하지만 전쟁 중 나파누아의 상의가 바람에 날아가면서 그녀의 가슴이 노출되어 병사들이 그녀가 여자임을 알게 되었다. 병사들은 자신들보다 훌륭하게 싸운 여자가 있었다는 사실을 부끄럽게 여겨 전쟁은 종식되었고, 이윽고 사바이 섬에 평화가 찾아왔다.

---

327) 전설에 의하면, 얼마 후 나파누아가 나무를 자른 곳에 가니, 수많은 참소라(seashell)가 나무에 달라붙어 있었다. 나파누아가 나무를 보고 'E gase toa ae ola pule.'라는 말을 했는데 이를 말 그대로 해석하면 '나무는 죽었지만 참소라들은 살았구나'라는 뜻이 되지만, 은유적으로 해석하면 '사람으로서 우리에게는 강력한 능력과 힘이 있지만, 정확한 결정을 내릴 수 있는 지혜가 없다면 성공할 수 없구나'라는 뜻을 담고 있다

328) National Park of American Samoa, Nafanua – The guardian, http://www.nps.gov/npsa/historyculture/nafanua.htm

나무로 만든 4개의 무기:

1. 타 페시아파이(Ta Fesiafa'i)

넓은 고리 모양으로 생겼으며, 한쪽 면에 3~4개의 뾰족한 이빨이 있다. 전쟁 때에는 그림과 같이 장식되지 않고 민무늬로 사용되었다. 이 무기는 나파누아가 나무로 만든 첫 번째 무기이다. 전쟁 기간 중 주로 사용된 무기였다.

2. 파우리우리토(Fa'auli'ulito)

둥글고 두꺼운 막대 모양의 이 무기는 경찰 곤봉과 같은 형태이다. 나파누아는 양부모님인 마투나(Matuna)에게 적진 한가운데에서 무기처럼 보이지 않는 무기를 제작해 달라고 부탁해서 만들어진 무기다.

3. 울리마사오(Ulimasao)

카누의 노처럼 생긴 이 무기는 끝이 카드의 스페이드 모양을 닮았다. 이 무기는 전쟁 종결을 위해 예비로 준비한 무기이다. 현재 사모아어로 울리마사오(Ulimasao)는 '조심히 운전하라'는 뜻으로 사용되기도 한다.

4. 파마테가타우아(Fa'amategataua)

이 무기는 창 모양을 하고 있으며, 타 페시아파이(Ta Fesiafa'i)에서 볼 수 있듯이 양쪽에 5~7개의 톱니가 달려 있다. 이 무기는 전쟁을 위해 만들어진 두 번째 예비 무기였는데, 너무 강력해서 '죽음의 무기'라고 불렸으며, 한 번 사용하면 가족들까지 모두 죽일 수 있어 사용되지 않았다.

통가인의 사모아 발견

통가 왕은 자신의 아내와 간통을 저지른 뒤, 복수를 피해 통가를 떠난 동생을 찾기 위해 카누를 타고 태평양 섬들을 돌아다녔다. 이 과정에서 통가 왕은 우연히 사모아 섬을 발견했고, 당시 아투아 왕인 레우텔레레이테(Leutele-le-iite)를 만났다. 왕은 사모아 섬에 대해 매우 좋은 인상을 받았다. 통가 왕은 사모아와 전쟁을 벌여 섬을 차지할 계획을 세웠다.

생명의 나무("다친 박쥐를 구해준 사모아 공주이야기" 참조)

물리아갈라파이타가타(Muliagalapaitagata)와 포울리오파타(Pouliofata)의 딸인 레우토기투파이테아(Leutogitupaitea)라는 이름의 사모아 여성이 통가 왕과 결혼했다. 통가 왕에게는 또 다른 통가 출신의 왕비가 있었는데, 그녀에게는 통가 왕 사이에서 낳은 아들이 있었던 반면, 레우토기투파이테아와 통가 왕 사이에는 자식이 없었다. 하루는 통가인 왕비가 바다로 나가 목욕을 하고 싶어 했다. 이에 레우토기투파이테아는 자식을 대신 돌봐 줄 것이니 다녀오라고 말했다.

하지만 레우토기투파이테아는 통가인 아내와 통가 왕 사이에 자식이 있다는 사실을 질투한 나머지 통가인 왕비의 아이를 죽였다. 목욕을 마치고 돌아온 왕비는 레우토기투파이테아가 아이를 죽였다고 왕에게 말했다. 왕은 레우토기투파이테아를 페타우나무(fetau tree) 가지에 매달아 태워 죽이라고 명했다. 불이 붙어 그녀가 화형식에 처해지는 순간 수천 마리의 큰 박쥐(flying fox)들이 날아와 불 위에 오줌을 누어 불을 껐다. 이것을 본 왕은 그녀를 풀어 주라고 명한 뒤, "여자의 목숨을 살린 이 나무의 가지를 생명의 가지라고 부르겠다"고 말했다. 하지만 레우토기투파이테아는 목숨을 부지하긴 했지만 왕의 아들을 죽였다는 이유로 사막으로 추방당해 굶어 죽는 처벌을 받았고, 누투푸아(Nuutuufua) 섬으로 이송되었다.

어느 날 밤잠을 자는데 큰 박쥐들이 나타나 나뭇조각과 과일을 레우토기투파이테아 앞에 내려놓고 갔다. 때문에 그녀는 그 섬에서 음식을 먹을 수 있었다. 이후 투이아우아(Tuioua)가 섬을 방문한 뒤 그녀를 아내로 삼았다. 레우토기투파이테아와 투이아우아 사이에서 두 아이가 태어났다. 아이들의 이름은 토누마이페아(Tonumaipea)와 타우일리일리(Tauiliili)였다.[329]

타갈로아라기와 통치권

타갈로아라기(Tagaloalagi)와 그의 아내 울루이푸가(Uluifuga)는 하늘 위에 살고 있었다. 아무아무이아(Amuamuia)와 피나텔레(Finatele)는 그들의 자식인 바에아이(Vaea'i)를 하늘로 올려 보내 타갈로아라기로부터 물과 나라를 통치할 수 있는 권한을 달라고 간청했다.

바에아이가 하늘에 도착했을 때, 울루이푸가는 그에게 천국에 온 이유가 무엇인지를 물었다. 이에 소년은 부모님이 자신을 보낸 목적을 말했다. 울루이푸가는 타갈로아라기가 그의 플랜테이션에서 돌아올 텐데, 아무 말도 하지 말고 조용히 있으라고 당부했다. 집으로 돌아온 타갈로아라기는 웬 아이가 서 있음을 알고 왜 왔는지 물었다. 울루이푸가는 아이가 부모님의 일 때문에 왔다고 대답해주었다. 타갈로아라기는 그 '일'이 무엇인지 물었다. 울루이푸가는 아이의 부모가 땅에 심을 타로 씨를 구하고 있다고 대답했다. 타갈로아라기는 나중에 자신의 아들들을 통해 직접 타로 씨를 가져다주겠다고 약속했다. 바에아이는 다시 집으로 돌아갔지만, 타갈로아라기는 자신의 아내에게 왠지 아이가 하늘을 찾아온 이유가 타로 씨 때문이 아니라 지상의 권력을 요구하기 위해 올라온 것 같다고 말했다. 울루이푸가는 만일 그 아이가 그렇게 말했다면 당신이 그의 소원대로 해 줄 것이냐고 물었고, 이에 타갈로아라기는 그렇게 하겠노라 대답했다. 타갈로아라기는 자신의 아들들을 시켜 물을 내려주라고 했다. 그리고 사람들이 땅을 통치할 권한을 요구할 때 그에게 그 권한을 내려주었다.

팔레리마(Falelima)의 이빨이 긴 악마

팔레리마 마을에는 긴 이빨을 가진 힘쎈 악마가 살고 있었다. 이 악마는 긴 이빨을 갖고 있어서 니폴로아(Nifoloa)라고 불렸다. 악마가 죽은 뒤에도 이빨이 계속 자라나 이웃 섬 우폴루에 이를 정도로 자랐다. 많은 사람들이 이 이빨에 물렸고 물린 자국은 아주 심각한 상처가 남아서 상처가 아물어도 흔적이 그대로 남아있었다. 사람들은 이 이빨에 물린 사람을 '니폴로아'라고 불렀다.

---

329) 다른 버전의 전설에서는 그녀가 낳은 아이의 이름은 파세가(Faasega)였으며, 이 아이의 이름이 토누마이페아 혹은 타우일리일리로 불렸다고 전한다

사모아 사포투(Safotu) 지역의 마타우에아(Matauea) 곶의 길을 가로막은 돌 이야기
통가 국왕이 사모아를 통치하고 있을 때, 사베아(Savea), 투나(Tuna), 파타(Fata), 베아타우이아(Veatauia), 레이물리(Leimuli), 레알라일리(Lealaili) 등 6명의 형제가 살고 있었다. 그들은 아티오기에(Atiogie)와 타우아이우폴루(Tauaiupolu) 사이에서 태어난 자식들이었다. 통가 왕은 이들 형제에게 사포투 지역 마타우에아 곶의 길에 있는 큰 돌을 굴리라고 명령했다. 옮기지 못할 시에는 형제들을 죽이겠다고 했다. 첫 번째 시도가 실패하자, 레알라일리는 누군가 우폴루에 가서 울루마시우(Ulumasiu)에게 부탁하자고 했다. 그는 팔레라타이(Falelatai) 지역의 타갈로아(Tagaloa)의 아들이다. 울루마시우는 이 얘기를 듣고 사바이에 가서 이 돌의 속이 뚫려 있다는 것을 알았다. 그러자 그는 마나세(Manase)에 있는 개울가로 가서 장어 몇 마리를 잡아왔다. 그리고 갑오징어와 바다뱀 몇 마리도 잡아서 진흙 속에 모아 놓았다. 그런 후 그 큰 돌의 뚫린 부분에 잡은 물고기들과 진흙을 같이 넣은 다음 6명의 형제를 불러 모으고 "오 장어와 바다뱀, 갑오징어들아, 이 돌을 굴려다오" 라는 노래를 부르며 돌을 굴리도록 했다. 그러자 돌이 구르기 시작했다. 결국 형제들은 목숨을 구했다.

왕의 날(식인풍습이 금지되게 된 전설)
'왕의 날!' 어린 왕자는 이날에 대해서 이해하지 못했다. 그의 친구들은 하루 종일 두려움에 떨며 숨었다. 왜 왕의 날에 이들은 두려움에 떨까? 그들은 어망을 던지거나 코코넛 나무에 오르기를 거절했고, 나무에 올라 코코넛을 떨어뜨리는 것도 거절했다. 그들은 왕실 내 연못에서 수영하지도 않았다. 대신 하루 종일 이날이 지나가기를 숨어서 기다렸다.
　폴루아의 어린 왕자인 폴루아레울리가나(Polua-le-uli-gana)는 슬펐다. 그는 왕의 날에 왜 친구들이 숨어 있는지 알지 못했다. 하인에게 물어봐도 대답이 없었다. 폴루아의 왕자는 바다에서 떨어진 내륙의 큰 마을에 사모아 왕족 투알라기와 같이 살았다. 마을의 한쪽은 아파가(Afaga) 지역이고, 다른 쪽은 말리에(Malie) 지역이었다. 왕족 마을로 향하는 길은 많았다. 많은 사람들은 이 길을 이용하여 왕자의 아버지인 말리에토아 리우라마투투(Malietoa Liulamatutu) 왕에게 선물과 음식을 가져오고, 새로운 소식도 전했다. 또한 왕의 명을 받은 사람들도 이 길을

이용했다.

    왕자는 이런 모든 소음에 지치고 외로웠다. 다음날 왕의 날이 되었을 때 그의 모든 친구들은 여느 때와 다름없이 숨었다. 사람들은 바쁘게 움직였고, 슬프거나 근심이 많아 보였다. 왕자의 눈에는 이들이 축제를 위한 준비보다 장례식을 위한 준비를 하는 것처럼 보였다. 그는 집에서 나와 걷기 시작했다. 이윽고 해가 바다에 저무는 것을 보게 되었을 때 파티투(Fatitu)에 도착했다. 이곳은 그가 가장 좋아하는 장소였다. 이곳에서는 무엇이든 보이지만 다른 곳에 있는 사람들은 이곳을 볼 수 없는 곳이다. 그는 절벽에서 떨어져 나온 평평한 바위에 다다를 때까지 올라갔다. 여기서는 위로는 하늘을, 아래로는 바다를 볼 수 있고, 바람이 아래로 불어 쉴 수 있었다.

    왕자가 어떤 소리에 잠을 깼을 때는 밤이었다. 바다의 잔물결에 비친 환한 보름달이 떴는데도 으스스했다. 그는 두려움에 떨었다. 이때 어린 소년의 목소리가 들려왔다. "죽기 전에 소원 하나가 있다면 뭐니?" 왕자는 "산호를 등지고 군함새를 보러 바다에 갈 거야. 아주 통통하고 맛있는 생선을 잡아서 먹고 난 후 햇빛을 쬐며 낮잠을 자고 싶어" 그 어린 소년이 다시 말했다. "내일이 왕의 날인데 음식 얘기를 하다니…… 그만해! 오늘 밤은 내일에 대해 생각하고 싶지 않아. 난 죽기 싫어. 잡아먹히기도 싫어!" 그러고는 아무 말이 없었다. 한 목소리는 울고 있었고, 다른 목소리는 진정시키느라 애를 쓰고 있었다.

    갑자기 왕자는 깨달았다. 그의 다리는 떨리고, 속은 뒤틀리기 시작했으며, 그의 심장은 요동치기 시작했다. 왕의 날마다 친구들 중 한 명이 사라졌다는 것을 깨달았다. 이날은 그의 아버지인 왕을 위한 축제의 날이다. 이날에는 사모아 왕국의 모든 요리사가 모였다. 그리고. 특별한 동물을 구워 사모아 국왕에게는 목 뒷부분과 달콤한 육즙이 많은 심장 부위를 주었다. 모든 사실을 알게 된 왕자는 "구워진 동물이 자기와 같은 어린이들이었! 그래서 내 친구들이 숨은 거야. 그래서 아무도 내 질문에 답하지 않았던 거야. 어떻게 해서든 이런 잔인한 축제를 없애야 해!"라고 말했다.

    왕자가 소리쳤다. "용감한 여행자들이여 들어라! 말할 것이 있도다!" 갑자기 밤의 소리가 멈췄다. 고요함이 어둠을 가득 메웠고, 왕자의 귀에 어떤 작은 소리만 들려왔다. "나는 사모아 왕의 아들 폴루아리울가나이다. 해치지 않을 테니

누군지 말해다오" 두 명의 젊은 여행객은 아무 말도 하지 않았다. 왕자는 다시 "나에게 말해다오. 내가 너희들의 목숨을 살릴 수도 있을 테니" 그 중 젊은 남자가 다른 일행에게 귓속말로 "우리는 아무것도 잃을 것이 없어. 만약 이것이 함정이라면 우리는 죽을지도 몰라. 그냥 우리는 내일 왕의 부엌에서 죽는 걸로 하자"라고 말했다. 그리고 그들 중 한 명이 "우리는 사바이에서 왔다. 우리는 왕에게 선택되었다. 내일 우리는 우리의 여정을 끝낼 것이다. 우리 가족을 위해 기꺼이 우리의 목숨을 바칠 것이다"라고 말했다.

이 말을 들은 왕자는 슬픔에 잠겼다. 그리고 위험한 계획을 세웠다. 그의 삶을 잃을 수도 있지만 많은 다른 이들의 목숨을 구할 것이다. 왕자는 한 걸음 나아가서 이상한 명을 내렸다. "해안가와 바다 사이에 있는 이 코코넛 나무 위에 올라가 아주 튼튼한 나뭇가지를 부러뜨려라, 빨리. 벌써 동이 트려 한다" 두 남자는 나무로 달려갔다. 몇 분 후 그들은 큰 야자수 잎을 가지고 돌아왔. "이 잎을 이용해서 매트를 만들어라. 잠깐. 내가 그 가운데에 눕겠다" 다시 그들은 왕자의 명에 복종했고, 그를 야자수 잎으로 감싸 마치 그가 신선한 고기처럼 보이게 했다. "좋다. 난 준비가 됐다" 왕자의 목소리는 단호하고 명쾌했다. "나를 왕에게 데려다다오. 서둘러라. 수탉이 울기 시작한다" 두 남자는 왕자의 말대로 했다. 왕에게 인사를 한 후, 왕자가 들어있는 짐을 왕의 발밑에 내려놓았다. 말리에토아 왕은 그의 요리사들을 불렀다. "여기 우리의 축제를 빛낼 싱싱한 먹이가 있다. 이를 언제나처럼 잘 손질해다오. 이것이 모두를 불러 모은 후 내가 이것의 심장을 도려내고 목 부위를 먹을 것이다. 나머지는 너희들이 나눠 먹도록 해라"

왕실 요리사들이 그 짐을 풀어보고는 공포에 사로잡혀 빠르게 엎드렸다. 왕은 고함쳤다. "내 명에 불복종하는 것이냐! 고기를 불에 구우라고 하지 않았느냐!" 그러자 요리사들이 대답했다. "이걸 보십시오. 이건 고기가 아닙니다. 이것은 당신의 아들, 폴루아리울리가나 왕자입니다!" 왕의 안색이 창백해졌다. 왕은 아들을 쳐다보았다. 왕자는 앉아서 머리를 숙인 후 아무 말도 하지 않았다. 그리고 왕을 올려다보았다. 그제서야 왕은 그 동안 왕자의 슬픔과 고뇌를 이해했다.

왕은 왕자의 숙인 머리를 보며 명을 내릴 가장 적합한 때를 기다렸다. 그리고 "기뻐해라! 이날을 새로운 축제로 다시 시작하자. 내 아들은 자신의 인생을 걸고 위험을 무릅썼다. 오늘부터 어린이를 잡아먹는 것을 금지해라!"라고 명한 후 요리사들에게 돌아서서 "이제부터는 생선뿐만 아니라 닭, 돼지도 모두 제물로 쓰거라!"라고 했다.

그 후 말리에토아 왕은 자신의 말을 지켰고, 그의 아들과 손자도 그를 따라 관례를 지켰다. 결국 용감한 폴루아 왕자의 행동으로 사모아에서의 식인풍습은 막을 내렸다.

거북이와 상어

말리에토아 파이가(Malietoa Faiga) 왕은 사모아 우폴루 섬을 오랫동안 지배한 왕이다. 이 왕은 잔인함으로 악명이 자자했다. 특히 그는 인육을 아주 좋아했다. 그가 먹고 싶은 사람이면 누구든 그의 희생양이 되었다. 법원도 이를 불법으로 금지시키지 못했다.

사바이 섬 남쪽 끝에 한 남자와 그의 아내, 포누에아(Fonuea)가 함께 살고 있었다. 그들은 서로에게 헌신적이었으며, 평범한 생활을 하고 있었다. 남편은 바다에 나가 크고 맛있는 생선을 잡아 마을 요리사에게 갖다 주었고, 그의 아내는 매트를 정교하게 짰다. 그녀는 아무 불평 없이 자신의 기술을 마을 여인들과 공유했다. 포누에아와 그녀의 남편은 더 이상 바라는 게 없었다. 그들은 늘 기쁜 마음으로 살았지만, 이는 오래가지 못했다.

왕이 이들의 행복에 대해 듣게 되었다. 그는 그들의 행복한 심장을 먹고 싶어 했다. "이 심장들을 먹으면 내 위가 아픈 것도 나을 거야. 가스도 제거될 수 있어. 난 꼭 이들의 심장을 먹어야겠어!" 그는 바다로 전달자를 보내 얼른 이들을 데려오라고 시켰다. 전달자는 먹지도 자지도 않고 사바이 섬에 도착했다. 그는 곧장 팔레(fale)로 가서 포누에아와 그의 남편에게 이 끔찍한 소식을 전했다.

포누에아는 무릎을 꿇고 앉아 남편에게 간청했다. "우리 도망가요. 바다로 나가서 다른 섬이나 어디로든 가요. 숨어서 지내야 한다면 그렇게 해서라도 도망쳐요." 그녀의 남편은 슬프게 고개를 가로저으며, "안 돼요, 부인. 우리가 왕의 명에 복종하지 않으면 왕은 마을의 모든 사람에게 벌을 내릴 거예요.

어린이들에게까지도 그가 내 심장을 먹기로 결심했으면, 그는 반드시 먹어야만 해요" 그러고 나서 그는 포누에아의 짙고 검은 눈을 보며 슬픔을 참으면서 말했다. "나는 제물로 선택되었어요. 당신은 우리를 위해 꼭 살아야만 해요. 우리를 위해 매일 기쁘게 살아 줘요" 포누에아는 남편의 다리를 끌어당기며 말했다. "당신이 나와 함께 도망치지 않을 거라면 마지막으로 우폴루로 같이 여행을 가요" 그는 알겠다고 했다.

그들은 사바이에서 나와 자그마한 카누를 타고 갔다. 전달자는 그들을 가까이 쫓아다녔다. 그들이 왕궁에 다다르자 돌풍이 생겼고 큰 파도가 일기 시작했다. 이상하게 조용했던 바람이 태풍으로 변하여 그들의 카누를 멀리 보냈다. 그들은 며칠 동안 이름도 모르는 바다에 표류했다. 포누에아는 판다누스로 만든 돛을 찢어 빗물을 받았다. 그녀는 거북이처럼 침착하고 조용했다. 그녀의 남편은 바다에서 음식을 구해 왔다. 그는 상어처럼 빨랐고, 많은 물고기를 잡았다.

마침내 그들의 카누가 투투일라(Tutuila) 섬에 다다랐다. 이곳의 족장이 친절하게 그들을 맞이했다. 그들은 자초지종을 설명했다. 족장은 투투일라 섬이 한때 족장 형제들의 자식들을 잡아먹던 곳이었음을 떠올렸다. 그는 이들을 보고 사람들은 서로 잡아먹는 존재가 아닌, 좋은 친구나 이웃이 되어야 한다는 계시로 받아들였다. "환영합니다. 당신들이 이곳에 무사히 도착한 것은 축복입니다. 신들께서도 기뻐할 것입니다. 우리도 기쁩니다. 여기서 계속 지내십시오"

포누에아와 남편은 기쁨에 사로잡혀 울었다. 그들은 수년 동안 투투일라 섬의 바이통기(Vaitongi) 마을에서 살았다. 새벽이 오기 전까지 그들은 매일 감사하며 살았다. 그들은 이와 같은 자비로움에 어떻게 보답해야 할까 생각했다. 어느 날 아침, 파도가 부딪치고 요동치는 것을 보고 그들은 서로 마주 보았다. 그들은 거품이 이는 바다를 다시 봤고 서로 고개를 끄덕였다.

그들은 곧장 왕궁으로 가서 왕 앞에 무릎을 꿇고 절을 했다. 포누에아가 말했다. "지혜롭고 자비로우신 일리일리(Iliili)의 레툴리(Letuli) 왕이시여! 저희들의 조급함을 용서해 주십시오. 저희와 함께 바이통기의 절벽 끝으로 가 주십시오. 저희는 전하의 친절함을 널리널리 알리고 싶습니다" 족장은 어떻게 말해야 할지 몰랐다. 그는 그들이 사바이 섬에 있는 고향으로 보내 주기를 요청하는 줄 알았다. 그는 그들에게 "못 들었느냐. 말리에토아 왕이 오늘 부로 식인풍습을 금하도록 명했다! 그의 아들이 자신을 코코넛 잎으로 감아서 아버지인 왕에게 바쳤다. 그러자 왕이 그의 이기적인 식성의 잔혹함을 깨달았다!" 족장은 그들에게 웃으며 "나의 친절한 방문객들이여, 당신들의 행동은 내 국민들에게 큰 영감을 주었다. 이것으로 나에 대한 선물은 충분하다. 고향으로 안전하게 돌아가라. 내 왕실 카누를 주겠다"고 말했다. 포누에아의 남편이 천천히 일어섰다. 그가 고개를 흔들며 "감사합니다, 족장님. 저희들의 이야기는 대대로 전해질 것입니다. 그들은 족장님의 친절함을 기억할 것입니다"

그들은 족장이 내어준 길을 따라 바이통기로 걸어갔다. 마을 주민들은 보통 때와 다른 행렬에 호기심을 보였다. 어린이들이 가리키며 소리쳤다. 포누에아는 그들을 불러 모았으며 요란하고 큰 행렬이 만들어졌다. 그러고 나서 고요함이 찾아왔다. 크고 작은 바닷새들의 날카로운 울음소리도 멈췄다. 어린이들은 족장과 포누에아 부부를 둘러쌌다. 부부는 절벽 끝으로 갔다. 그들은 손을 잡고 뒤를 한 번 보고 서로를 마주 보며 웃었다. 그리고 뛰어내렸다. 그들의 몸은 저 아래에 있는 검은 바위에 으깨어졌다. 하지만 전혀 피가 나지 않았다. 포누에아의 검은 머리카락이 휘감겨 원을 만들었다. 햇빛이 이를 비췄고, 그 원은 거북이의 등껍질로 보이기 시작했다. 아무도 말을 하지 않았다. 마을 주민들은 서로를 마주보며 자신들이 본 광경을 인정하기 두려워했다. 그리고나서 아이들이 가리키며 소리쳤다. "보세요! 상어예요. 상어 지느러미예요. 상어가 거북이를 쫓아가요"

정말로 상어가 거북이를 향해 헤엄쳤다. 거북이의 검은 머리가 물 밖으로 나와 아이들을 보고 주춤하더니 다시 물 안으로 헤엄쳐 가기 시작했다. 수면 위에 멈춰 있던 거북이의 황금빛 갈색 등껍질이 사라지기 시작했다. 족장이 파도 속에서 노래가 들리기 시작한다고 말했다. "아이들아, 우리의 귀향을 위해 노래해다오. 우리의 이야기를 잊지 말아다오. 기쁨과 연민을 가지고 우리와 함께 노래해다오..."

다친 박쥐를 구해 준 사모아 공주 이야기("생명의 나무" 참조)
"만지지마세요!" "안돼. 죽어 가고 있어. 봐봐, 거의 숨을 못 쉬고 있잖아" 사모아 공주 리우토기(Leutogi)가 바위 아래에 누워 있는 작은 갈색 생물체에 손을 뻗었다. "새끼 박쥐야. 내가 도와주지 않으면 죽을 거야" 그 박쥐는 새끼 고양이만한 크기에 여우같이 털이 많았다. 박쥐는 큰 갈색 눈으로 공주를 올려다보았다.
"죽게 놔 두세요!" 왕의 신하가 겁에 질려 소리쳤다. "통가인들은 박쥐를 만지면 안 돼요! 특히 아픈 박쥐는!" 리우토기 사모아 공주의 완전한 이름은 리우토기투파테아(Leutogitupa'tea)이다. 그녀는 통가 왕의 두 번째 부인이 되기 위해 약혼한 상태였다. 통가 왕 투이토가(Tuitoga)는 리우토기 공주가 통가 왕비로서의 행실을 하지 않고 정글을 배회하는 것에 불만을 가지고 있었다. 통가 왕은 통가의 가장 큰 적인 사모아와 정략결혼을 맺어 평화를 지키고자 리우토기 공주와 약혼한 것이다. 불행히도 이 이웃 국가들은 전시상태였다. 사모아인들과 통가인들은 서로를 무척 싫어하고 불신했다.
리우토기 공주는 어깨너머로 그 신하를 쏘아 보았다. 공주는 이 신하가 궁전으로 돌아가자마자 박쥐에 관한 일을 왕비에게 모두 전할 것을 알았다. 그러면 왕비는 왕에게 말할 것이고, 또 통가의 왕실 전체가 그녀를 조롱할 것이다. 이 가여운 작은 생명체는 바위 아래 깊숙이 들어가 몸을 숨기고 떨기 시작했다. 리우토기 공주는 "가여운 것. 도와주고 싶구나. 아무도 도와주지 않고 얼마나 무서울지 난 잘 알아"라고 말했다. 신하는 격앙된 목소리로 "만지지 마세요! 이 더러운 생명체에게 물리기라도 하면 어떡해요!"라며 공주와 박쥐를 모두 놀라게 했다. 박쥐는 재빨리 숨으려 했고, 날아가려 했다.
"봐봐! 저 연약한 날개들을… 하나는 부러졌어. 안 돼. 날려고 하면 상처가 더 심해질 거야. 가만히 있어봐 박쥐야. 해치지 않을게" 리우토기가 겁에 질려 있는 박쥐에게 다가가 조심스럽게 날개가 달린 팔을 포갰다. "저리 가 이 박쥐야! 퉷!" 신하가 다친 박쥐에게 침을 뱉으며 말했다. "날개가 달린 동물, 악마 같은 너 같은 동물은 단 한 가지만 좋아. 잡아먹을 때. 박쥐 날개를 코코넛크림에 넣고 끓이면 맛있지! 그런데 너처럼 아픈 박쥐는 먹지도 못해. 그냥 내버려 둬요 이 바보 같은 공주님아. 들쥐들이 먹게 놔 둬요. 들쥐들이 이 악마의 검은 피를 먹고 미치게 놔 둬요!"

그러나 리우토기는 말을 듣지 않았다. 그녀는 바나나 나무에서 부드럽고 둥글게 말린 잎을 따서 떨고 있는 박쥐를 감쌌다. "마음껏 괴롭히라 해. 내가 너를 지켜 줄게"라고 하면서 리우토기는 박쥐를 그녀의 오두막에 숨겼다. 매일 아침 여왕을 기다려야 할 때마다 모든 신하는 그녀를 놀려 댔다. 매번 끼니때마다 그녀는 판다누스 매트에 혼자 앉았다. 그녀는 파파야, 망고, 구아바의 몇 조각을 박쥐를 위해 남겨 두었다. 밤에도 그녀는 오두막 밖에 앉아 무릎에 박쥐를 놓고 먹이를 주었다. 그녀는 자신이 자라 온 섬이 있는 북쪽을 보면서 그녀의 친구를 위해 얘기를 들려주었다.

박쥐는 게걸스럽게 먹었다. 그의 날개는 빨리 회복되었다. 리우토기는 박쥐를 놓아 줄 때가 왔음을 느꼈다. 그녀는 박쥐를 잡고 그의 코를 톡 쳤다. 박쥐는 크고 둥근 눈으로 그녀를 올려다 보았다. 그의 귀는 그녀의 이야기를 기다리는 것처럼 그녀의 얼굴을 향해 돌았다. "오늘 밤에는 이야기를 안 할 거야. 너는 숲으로 돌아갈 준비가 되었어" 리우토기는 횃불이 꺼지기를 기다렸다. 요리하는 모닥불도 꺼져 갔고, 여자들은 잠들었으며, 남자들은 어떤 남자의 집에 모여 마을 정치에 대해 논쟁하기 시작했다. 리우토기는 어둠 속을 자세히 들여다보고 발걸음을 뗐다. 그녀는 서둘러 바다로 갔고, 화산으로 만들어진 절벽에서 튀어나온 바위에 서서 손을 높게 뻗어 손을 펼쳤다. "날아가렴 박쥐야. 이제 너는 자유야" 그러자 박쥐는 날개를 펴고 날아갔다.

다음날 아침 리우토기는 새로운 명을 받았다. 여왕의 아들을 하루 종일 돌보라는 것이었다. 이 아이는 버릇없고 다루기 힘들었다. 리우토기는 하루 종일 아이에게 이것저것 갖다 주고 새로운 장난감을 주느라 정신이 없었다. 리우토기가 쉴 수 있는 유일한 시간은 밤뿐이었다. 하루는 아이가 잠들자, 그녀는 재빨리 바다로 향해 두꺼운 빵열매 나뭇가지 아래에 숨었다. 북쪽을 바라보며 별들도 보고 사모아 노래를 불렀다. 그녀의 모국어로 된 노래는 유일한 쉼터였다.

갑자기 그녀의 주변에 어떤 물체가 다가온 것을 느꼈다. 볼 수는 없지만 숨소리는 들을 수 있었다. "누구세요? 왜 오신 거죠?" 그러자 "쉿!" 하는 소리만 들려왔다. "박쥐구나! 너무 보고 싶었어! 가까이 오렴. 들려줄 이야기가 있어" 그 이후로 리우토기는 아이가 잠들 때마다 오두막을 빠져나왔다. 양손에 과일을 가득 쥐고 빵열매 나무 밑에서 그의 날개 달린 친구를 기다렸다. 그러자 바로 다른 박쥐들도 왔다. 많은 박쥐들이 나뭇가지마다 대롱대롱 거꾸로 매달렸다. 그녀는 애기를 들려주며 그들에게 달콤한 파파야 조각을 나누어 주었다. 그녀는 박쥐들의 날개 달린 팔이나 갈고리같이 생긴 손가락들을 무서워하지 않았다. 그러자 박쥐들도 그녀를 무서워하지 않았다.

어느 날 밤, 그녀는 서둘러 마을로 돌아갔다. 비명소리가 들렸기 때문이다. 횃불이 밝혀졌다. 사람들은 그녀의 오두막으로부터 사방팔방 도망쳤다. 무슨 일이지? 그녀는 왕비가 소리치는 것을 듣게 됐다. "왕자가 죽었다!" 리우토기는 면책을 당할 것이다. 하지만 그녀는 도망칠 곳이 없었다.

리우토기는 사형선고를 받았다. 그녀는 마을의 변두리로 끌려가 나무에 묶였다. 그녀를 둘러싼 나무땔감들이 마구잡이로 쌓였다. 남녀노소 할 것 없이 모든 사람이 이를 보고 기억하라는 명이 내려졌다. 아이들이 엄마 옆에서 숨죽이며 서 있었다. 리우토기는 노래를 불렀다. 그녀의 목소리는 차분했다. 왕이 고함을 치며 명을 내렸다. 왕실 신하들은 행렬을 맞추며 활활 타는 횃불을 가져왔다.

불이 붙여졌다. 모든 사람이 화염으로부터 도망쳤고, 고통에 몸부림치는 끔찍한 소리가 들릴 때까지 기다렸다. 그러나 아무 소리도 들리지 않았다. 그들은 예상치 못한 고요함 속에 몸을 떨며 쳐다보았다. 날개로 드리워진 그림자가 하늘을 어둡게 만들었다. 박쥐들이 떼를 지어 날면서 오줌으로 불길을 잡았다. 아이들은 웃기 시작했고, 코를 막고 리우토기가 있는 나무 뒤로 도망갔다. 마침내 불이 꺼졌다.

왕은 격분했다. "리우토기가 불로 죽을 수 없다면, 굶어 죽게 하리라!"라고 소리쳤다. 그녀는 카누에 묶여 무인도에 실려 갔다. 아무것도 자라지 않는 척박한 화산섬이다. 왕의 신하는 리우토기가 죽었는지 매일 알아보러 갔다. 그러나 항상 그녀는 배고프거나 목마른 낌새 없이 행복하게 살고 있었다. 역겹게도 그 신하는 그녀 앞에 침을 뱉었다. 리우토기는 이 무례한 신하에게 사모아어로 예의 있게 인사하고 나서 신하에게 파파야 조각을 건넸다. 신하는 또다시 침을 뱉으며 소리쳤다. "넌 분명 악마임에 틀림없어! 이런 황량한 섬에 어디서 음식을 구한 게야!" 리우토기는 웃으며 하늘을 가리켰다. 다시 한 번 그녀는 달콤한 과일을 건넸다. 신하는 부르르 떨며 서둘러 돌아갔다. 그가 시야에서 사라지자 하늘이 어두워졌다. 하늘은 박쥐의 날갯짓으로 가득 찼고 그녀에게 음식을 주었다. 그녀는 고마워하면서 새로운 노래를 부르기 시작했다. 그것은 자신과 박쥐의 이야기였다.

사사바이물리(Sasavaimuli)의 악령
200년 전에 사람들은 사사바이물리 마을을 버렸다. 이 마을은 바일루타이(Vailuutai) 내륙에 위치하고 있었다. 푸아(Pua)로 불리는 땅이 있었는데, 그 땅에는 거대한 푸아나무가 자라고 있었다. 그리고 이 나무는 강력한 영혼들의 집이었다. 몇몇 영혼은 낮에는 사모아 각지를 돌아다니다가 밤이 되면 나무로 돌아와 휴식을 취했다. 이곳은 사사바이물리 사람들에게 두려움의 장소였으며, 사람들은 푸아 땅의 플랜테이션에서 일할 때에는 영혼들을 마주치지 않기 위해 밤이 되기 전에 얼른 돌아왔다.

　수 세대에 걸쳐 마을 사람들은 푸아나무에 머무는 악령들을 두려워했다. 어느 날 사람들은 푸아나무를 잘라서 악령들이 돌아올 곳을 없애 버리자는 제안을 진지하게 고민하게 된다. 몇몇 사람이 나무를 자르는 작업을 위해 선택되었다. 작업을 약속한 날 오후, 사람들이 나무를 내려치자 피가 솟구치면서 나무가 쓰러졌다. 저녁이 되어 푸아 땅으로 돌아온 악령들은 나무가 파괴된 것을 보았다. 악령들은 분개하며 누가 이런 일을 저질렀는지 알아내어 죽이기로 하고, 이 일의 주동자를 냄새를 맡아 찾기로 했다. 이 일이 발생하자, 사사바이물리 마을 사람들은 겁에 질려 모이지도 않았다. 귀신들에 의해 죽지 않은 사람들은 재빨리 마을을 떠나 근처 혹은 멀리 있는 친척집에 머물렀다.

　몇몇 사람은 이바(Iva), 살레라발루(Salelavalu) 및 사바이 섬의 다른 마을로 도망갔고, 또 다른 사람들은 팔레알릴리(Falealili), 바일루타이, 팔레아티우(Faleatiu)와 파시투타이(Fasitootai) 및 우폴루 섬의 다른 마을로 도망갔다. 현재 바일루타이와 팔레아티우, 파시투타이에 살고 있는 사람들은 사사바이물리 마을의 후손들이라고 알려졌다.

물고기와 새들의 싸움
신이 새와 물고기를 만든 뒤 새들이 물고기를 사냥하기 시작했다. 물고기들은 이것이 불공정한 처사라고 생각하고 새들에게 불만을 토로했다. 새들은 물고기들이 해변가와 강가로 가까이 오는 것이 싫다고 말했다. 이 논쟁은 오랫동안 지속되다가 마침내 해변가와 강의 지배권을 두고 싸우게 되었다.

새들은 바다로 몰려가서 물고기들을 사냥하기 시작했다. 물고기들 역시 반격하여 고고(Gogo)라는 새와 싸웠다. 고고와 싸운 물고기는 푸가(Fuga)였다. 물고기의 머리에는 고고의 머리에 있는 뼈와 같은 모양의 뼈가 있어서 서로 싸울 수 있었다. 이 둘의 싸움은 오랫동안 지속되었고, 전황 또한 계속 뒤집혀 새들과 물고기들은 강과 해변가를 서로 점령하기도 하고 빼앗기기도 했다.

최종적으로 새들이 전쟁에서 지자, 이들은 물고기들과 평화협정을 맺으려고 했다. 물고기들은 고고만이 조그마한 고기를 낚을 수 있도록 했다. 사실 고고는 푸가와의 싸움에 져서 죽은 새였다. 어쨌든 새들은 물고기들이 강과 개울가로 올라올 수 있도록 협의했다. 이가가(Igaga)를 물고기 측의 대표로 인정해 주었다. 이가가는 매우 용맹스러운 물고기로, 거센 조류를 거슬러 올라갈 수 있는 힘을 가진 유일한 물고기였다. 이 물고기는 때로는 수원지까지 거슬러 올라가기도 했다.

티길라우(Tigilau)와 세이아(Seia)[330]

티길라우가 사바바우(Savavau)를 통치하던 시기였다. 티길라우는 태어난 아이들 중 남자아이는 죽이고 여자아이는 살리라는 명을 내린다. 이러한 명을 내린 이유는 티길라우가 자기보다 더 잘생긴 남자아이가 태어나 자신의 자리를 위협할 것이라는 두려움 때문이었다.

이 법이 시행된 지 얼마 지나지 않아서, 사바바우의 한 부부가 남자아이를 낳았고, 티길라우는 이 아이를 죽였다. 이 부부는 티길라우를 피해 살기로 결정하고, 근처 해변가에 숨어 살았다. 부부는 두번째 남자아이를 얻었는데, 이 아이가 성장할 때까지 해변가에 살며 아이를 키웠다. 아이의 이름은 세이아(Seia)였다. 아이는 성장하면서 잘생긴 외모를 자랑했다. 세이아에 대한 소문이 티길라우의 귀에 들어가자, 티길라우는 매우 화를 내며 아이를 죽일 계획을 세웠다. 세이아가 사는 곳을 알아낸 티길라우는 전령을 보내 '티길라우가 세이아를 보고 이야기

---

330) 티길라우(Tigilau) 혹은 티닐라우(Tinilau)라고 불리는 인물과 관련된 전설은 폴리네시아에서 다양한 버전으로 각색되어 대대로 전해졌다. 이 버전은 수많은 티길라우와 관련된 이야기 중 하나이다

하기를 원하니 아침이 오면 티길라우에게 가서 알현하라'는 메시지를 전하였다. 세이아는 전령에게 그렇게 하겠다고 말을 했지만, 세이아의 부모는 티길라우가 과거 세이아의 형을 죽였던 것처럼 그를 죽일 것이라는 것을 알고 슬피 울었다.
　다음날 아침이 되자 세이아는 티길라우가 머무는 곳의 야외광장(malae)으로 가서 티길라우의 이름을 불렀다. 하지만 티길라우는 이를 모른 채 잠을 잤다. 세이아의 목소리에 아우아루암(Aualuam, 미혼 여성)을 비롯하여 모두가 잠에서 깼다. 그리고 무슨 일이 벌어지는지 보기 위해 커튼을 걷고 집 밖을 내다보았다. 그들은 아침이 되면서 은은하게 떠오르는 태양빛 아래 타파옷에 장신구를 한 멋진 남자가 서서 티길라우를 부르고 있는 광경을 보았다. 일어난 티길라우는 그를 보고 '내가 너를 부른 이유는 다름이 아니라 내 집 앞을 가로막고 있는 토아나무(Toa Tree)의 뿌리와 덩굴을 정리하게 하려고 부른 것이다'라고 에둘러 말했다. 세이아는 알겠다고 말하고 단숨에 달려가 토아나무(toa tree)를 치워버렸다. 그의 놀라운 괴력에 사람들은 놀랐고, 티길라우는 더더욱 속으로 세이아를 죽여야겠다고 마음먹었다.
　이틀이 지난 뒤, 그는 또다시 세이아에게 전령을 보내, 긴히 해야 할 일이 있으니 자신에게 와 달라는 메시지를 전달했다. 세이아는 그 다음날 아침 티길라우에게 달려갔다. 티길라우는 사바바우의 포노를 위해 빵나무 열매(breadfruit)를 따와야 하는데, 티길라우가 따고 싶은 빵나무에 식인을 하는 악령이 깃들어 있어서 빵나무 열매에 손을 댄 사람을 죽이기 때문에 쉽게 딸 수가 없으니 세이아가 빵나무 열매를 따오는 것을 도와달라고 부탁했다. 세이아는 손을 대지 않고 열매를 따기 위해 나무에 올라 가지들을 흔들어 빵나무 열매를 땄다. 티길라우는 세이아가 식인 악령을 피해 갈 수 없으리라 생각했지만, 세이아가 지혜를 발휘해 열매를 따내자 더욱 화가 났다.
　세이아를 죽이기 위해 세 번째 방책을 생각해 낸 티길라우는 세이아를 다시 불러, 사바바우의 포노를 위해 타니파(tanifa, 거대한 상어)를 잡아 달라고 부탁했다. 세이아는 큰 바위들이 돌출된 해변가로 가서 돌 위에 앉았다. 이때 세이아가 과연 흉악한 타니파를 어떻게 잡을지 구경하기 위해 사람들이 몰려들었다. 해가 뜨면서 바닷속 돌 위에 앉은 세이아의 그림자가 비쳤고 그때 타니파가 나타났다. 세이아의 그림자를 본 타니파는 물 위로 튀어 올랐는데, 세이아는 놀라운 힘으로 타니파의 목을 낚아채 해변가에 있는 바위 위로 상어의 머리를 찍었다. 사람들은 그의 활약에 열광했고, 티길라우는 또다시 세이아를 죽일 비책이 실패하자 신경이 곤두섰다.

비책을 마련한 티길라우는 다시 세이아에게 전령을 보내, 포노를 위해 인근 미개간지에서 카바를 채취해 달라고 부탁했다. 티길라우는 그 지역에 카바가 아니라 식인부족들이 살고 있다는 사실을 알고 있었으며, 세이아가 식인부족들에 의해 죽기를 바랐다. 티길라우의 명을 받든 세이아는 카바를 찾기 위해서 미개간지로 들어갔는데, 그곳에서 그는 불빛을 발견하고 그 불빛을 따라갔다. 불빛을 따라간 세이아는 팔레(fale, 사모아 전통가옥)를 발견하는데, 이 집은 식인종이 살고 있는 집이었다. 마침 집에 식인종은 없고, 식인종의 아내인 시나(Sina)가 있었다. 세이아를 발견한 시나는 펄쩍 뛰며 어떻게 이곳까지 오게 되었느냐고 물었다.

자초지종을 설명한 세이아에게 시나는 이곳에 카바는 없으며, 식인종인 남편 울루이바(Uluiva)가 오기 전까지 도망가라고 재촉했지만 세이아는 식인종과 결투를 벌일 것이라며 집에 남았다. 집에 돌아온 울루이바는 낯선 이방인의 냄새를 맡고 시나를 불러 '집에 다른 사람을 들여보냈냐'며 추궁했다. 이때 세이아가 울루비아 앞에 등장해 결투를 신청하는데, 싸움에 불리해진 울루비아는 세이아에게 '살려 주면 비밀을 털어놓겠다'며 살려 달라고 애원했다. 비밀이 무엇인지 물어보는 세이아에게 울루비아는 '자신에게 날 수 있는 바퀴가 있다'고 털어놓았지만, 세이아는 그를 죽인 뒤, 시나와 함께 울루비아가 알려 준 바퀴를 타고 그곳을 떠났다.

시나는 매우 아름다운 여성이었다. 세이아가 시나가 함께 마을로 돌아오는 것을 본 마을 사람들은 세이아의 이름을 부르며 환호했다. 세이아는 시나를 아내로 삼아 해변가에서 함께 살았다. 세이아의 부모님은 매우 기뻐했지만, 자신의 계획이 실패한 것을 안 티길라우는 목숨을 건 마지막 도박을 시도했다. 티길라우는 마지막으로 전령을 보내어, 자신이 서쪽에 사는 여자를 아내로 맞이하기 위해 가는데, 여행길에 함께 동행해 달라고 부탁했다. 서쪽 여인은 당시 사람들의 입에 오르내리는 유명한 여자였는데, 그 여자는 자신에게 구혼한 남자가 마음에 들지 않으면 불살라 버렸다. 세이아는 (시나와 결혼을 했기 때문에) 이번만큼은 여자를 데려올 수 없어서 티길라우와 함께 동행은 하겠지만,

여자의 마음을 얻는 것은 티길라우에게 달려 있는 것이라고 전령에게 말했다.

세이아가 티길라우와 함께 출항하기 전, 시나는 세이아의 옷을 만들고, 향유를 그에게 발라 주는 한편 목걸이를 만들어 그의 목에 걸어 주었다. 마침내 저녁 무렵 여인이 사는 곳에 도착한 티길라우와 그 일행은 그녀를 찾았다. 그들은 서쪽 여인이 그날 밤은 하늘에 있는 거처에서 자고 있다는 사실을 몰랐던 것이다. 결국 티길라우는 새벽녘 닭이 울 때까지 그녀를 찾으려고 노력했지만, 발견할 수 없었다.

티길라우는 자신이 실패했으니 이제 다음날 밤에는 세이아가 가서 여인을 찾아올 차례라고 말했다. 세이아는 마을의 전통상, 격일마다 여인 주위에 경비가 배치되는데, 티길라우가 갔을 때에 경비가 없었으니 자신이 가는 날 밤에는 경비가 배치될 것이라는 것을 알았다. 그는 낚시꾼으로 변장해 여인이 사는 곳으로 잠입했다. 경비와 마주친 그는 '족장을 위해 고기를 잡고 있다'고 둘러댔고, 경비는 족장을 위한 그의 충성심을 칭찬하며 그를 의심하지 않았다.

여인이 사는 숙소까지 온 세이아는 그녀를 데리고 오는 데 성공하지만, 서쪽 여인은 티길라우가 아니라 자신을 데리고 온 세이아를 더 마음에 들어했다. 티길라우는 여인이 자신을 마음에 들어하지 않아 죽일 것이라는 것을 직감하고, 바다로 뛰어들어 자결하고 만다. 이렇게 해서 세이아는 티길라우의 계략을 모두 이겨 내고, 마을 사람들의 환호를 받으며 고향으로 돌아갔다.

왜 사모아의 집의 끝은 원형인가?[331]
타갈로아라기의 시기에 사모아의 집은 모양이 다 제각각이어서 정해진 규칙에 따라 집을 만들고 싶어 하는 사람들은 어려움을 겪었다. 특히 목수들은 저마다 특정한 한 가지 모양으로 집을 짓는 데 능숙했기 때문에, 제각각 다른 형태의 집을 요구하는 상황에서 목수들은 자신이 원하는 작업을 할 수 없었다.

---

331) Wikipedia, Architecture of Samoa, https://en.wikipedia.org/wiki/Architecture_of_Samoa

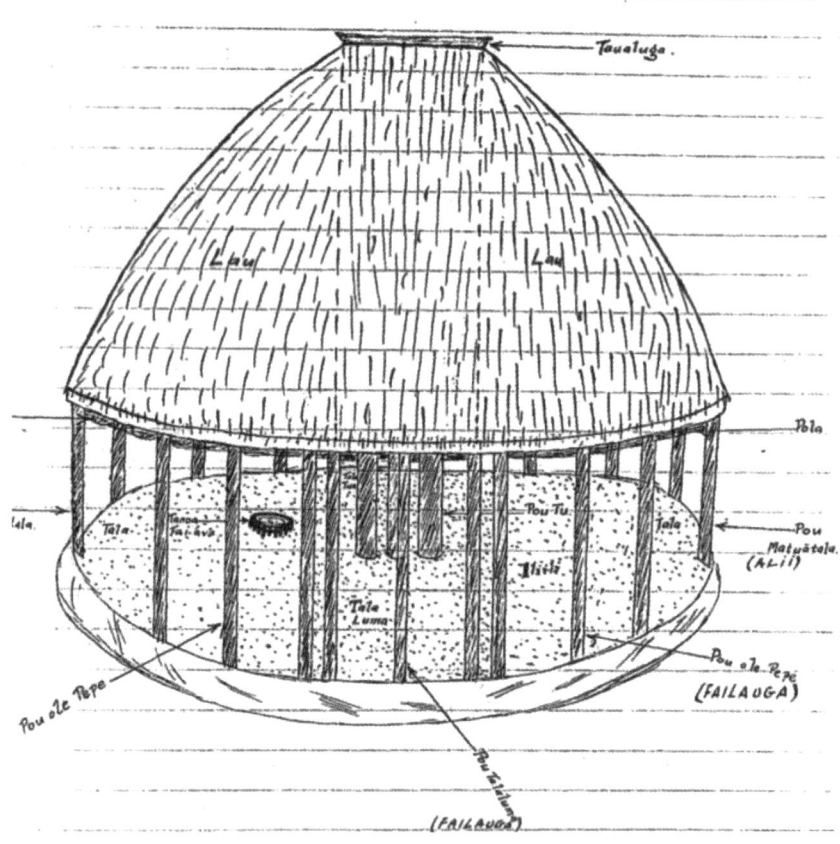

사모아 전통가옥 도해(출처: Te'o Tuvule)

    따라서 전국의 목수들이 한자리에 모여 회의를 했다. 그들은 각각의 모양을 하나로 통일할 필요가 있다고 주장했다. 회의는 매우 열정적으로 진행되었지만 뾰족한 수는 없었다. 이에 타갈로아라기는 원형인 하늘과 수평선을 가리키며, 모든 집은 이러한 모습으로 지어져야 한다고 말했다. 이후로 사모아의 집은 하늘의 모양을 본떠 둥근 원형 지붕이 지평선을 향해 내려오는 모습으로 만들어졌다.

사모아의 건축물[332)333)334)335)336)]

사모아의 건축물은 개방적이라는 특징을 지니고 있다. 이는 사모아인들의 문화와 삶을 잘 보여 주는 것이다. 사모아의 건축물들은 사모아어로 팔레(fale)라고 하는데, 이는 사모아의 모든 집을 일컫는 말로 사용된다. 일반적으로 사모아의 건축물은 타원이나 둥근 형태를 띠는데, 나무로 만든 기둥들이 둥근 지붕을 받치고 있는 형태이다. 건물에 벽이 없기 때문에 뼈대로만 구성되어 있는 것이 특징이다. 유럽인들이 도래하기 전까지 사모아인들은 팔레 건축 시 어떠한 금속 재료를 사용하지 않았으며 오직 나무로 건물을 지었다.

사모아 전통 팔레(출처: http://unesdoc.unesco.org/)

---

332) Wikipedia. Architecture of Samoa. http://en.wikipedia.org/wiki/Samoan_architecture
333) Safari the Globe - Cultural Information. Architecture of Samoa. http://www.safaritheglobe.com/samoa/culture/architecture/
334) UNESCO. Office for the Pacific States. The Samoan Fale. http://unesdoc.unesco.org/images/0013/001398/139897eo.pdf
335) Polynesian Cultural Center. Samoan House. http://www.polynesia.com/polynesian_culture/samoa/samoan-houses.html#.WDJAIHmtSUk
336) James Schollum Design. Traditional Western - Samoan architecture. http://www.jamesschollum.com/samoan-architecture/

아파 패턴
(출처: http://en.wikipedia.org/wiki/File:Magimagi_-_Diags.jpg)

아파 제작에 사용되는 코코넛(출처: Wikipedia)

    가장 간단한 형태의 팔레는 팔레오(faleo'o)라고 불린다. 자연친화적이면서 건설하는데 비용이 적게 들어 사모아를 찾는 관광객들이 머무는 숙소로 큰 인기를 끌고 있다. 그리고 사모아 내 모든 공동체는 팔레 텔레(fale tele)라고 불리는 거대한 집회장소를 갖고 있으며 이곳에서 사모아의 전통풍습들이 진행되기도 한다. 또한 팔레는 다른 단어와 결합되어 사회적인 그룹이나 특수한 목적성을 띤 건물을 의미하기도 한다. 특정 지역에서 사용되는 '팔레이바(faleiva)'는 9명의 집이라는 뜻으로 연설족장 집단을 의미하며, 병원을 지칭하는 단어인 '팔레마이(falema'i)'는 병든 사람들의 집이라는 의미를 지닌다.

아파(A'fa)로 묶기

팔레의 나무 기둥들은 아파(a'fa)라고 불리는 밧줄로 꽁꽁 묶어 고정시킨다. 아파는 코코넛의 겉껍질에서 섬유를 채취하여 말려서 만든 밧줄이다. 아파를 만드는 과정은 다음과 같다. 4~5주가량 물에 불린 겉껍질을 나무망치로 두들겨 섬유를 뽑아낸다. 그런 후 섬유성분을 물에 씻어 찌꺼기를 털어 버린 다음, 섬유를 묶어 태양에 말린다. 말리는 과정까지 마치면 섬유를 꼬아서 땋아 줄을 만드는데, 이 과정은 보통 마을의 어른들이나 족장들이 담당한다.

    아파는 팔레의 목재 연결부위를 단단히 고정시킬 뿐만 아니라 나무틀을 꾸미기 위한 용도로 사용되기도 하는데, 팔레에 사용될 아파 제작에는 한 달 정도의 시간이 걸리며, 약 9~15㎞ 길이의 아파가 사용된다. 또 이와 유사한 방식으로 배를 건조하거나 아파기둥들을 묶어 목재를 고정시키는 방법이 사용된다.

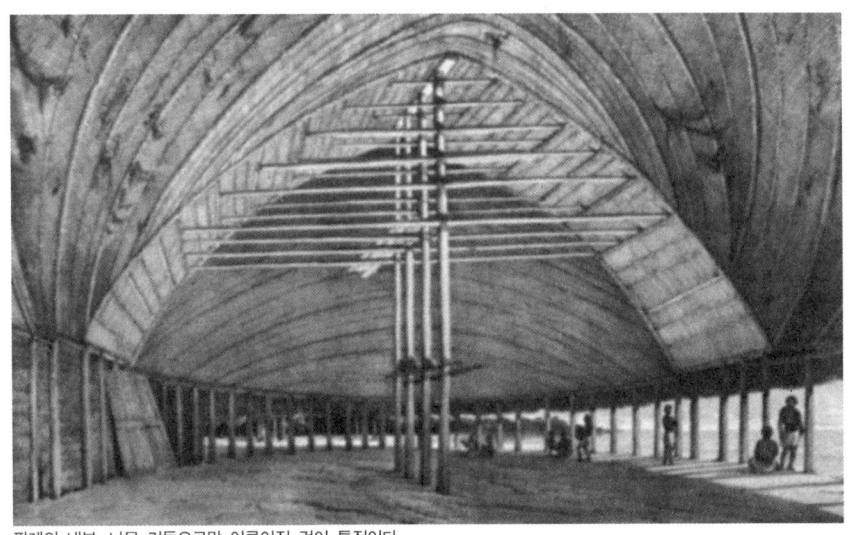

팔레의 내부. 나무 기둥으로만 이루어진 것이 특징이다
(출처: http://en.wikipedia.org/wiki/File:Urville-Apia-public.jpg)

문화 공간

회의 등의 목적으로 거대한 집회장소(meeting house)로 사용되는 팔레에서는 사모아인들의 사회문화적 풍습이 펼쳐진다. 족장들의 모임인 '포노'에 모인 사람들은 반드시 매트를 깔고 책상다리를 한 채 팔레의 모양대로 둥글게 앉는데, 무작위로 앉는 것이 아니라 정해진 서열에 따라 배정받은 지정석에 앉게 된다. 또한 벽이 없이 넓게 트인 공간을 활용하여 카바 행사나 선물 교환 같은 전통행사가 벌어진다.

둥근 모양의 팔레도 '앞과 뒤'를 구분하는 방법이 있다. 마을에 나 있는 주 도로와 가까이 있는 곳은 탈라 루마(tala luma, 앞쪽), 그 반대쪽은 탈라 투아(tala tua, 뒷쪽), 그리고 양쪽 사이드는 탈라(tala, 측면)라고 부른다. 팔레 중앙에 세워진 기둥은 마투아 탈라(matua tala)라고 하는데 이곳은 중요한 직위인 족장의 자리로 예비되며, 앞쪽의 기둥은 포우 오 레 페페(pou o le pepe)라고 부르며 이 자리에는 연설족장이 앉는다. 한편 뒤쪽의 기둥은 탈라투아(talatua)라고 하는데, 이 자리에는 주로 카바 예식 때 카바를 만드는 사람이 자리하거나 모임에서 서빙을 담당하는 사람들이 자리한다. 한편 팔레 외부에는 별도의 건물 없이 잔디나 모래사장이 펼쳐져 있는데, 이 곳은 말라에(malae)로 불리며, 야외행사가 펼쳐진다.

투푸가 파우 팔레(Tufuga Fau Fale)

사모아에서 건축가들은 옛부터 이어 내려온 건축 마스터들의 협회인 투푸가 파우 팔레(Tufuga Fau Fale)에 소속되어 있다. 투푸가(tufuga)는 주로 전통 예술 분야에서 최고의 수준을 선보이는 장인을 일컫는 말이고, 파우 팔레(fau-fale)는 사모아어로 '집 짓는 사람'이라는 의미이다.[337]

팔레의 종류: 팔레 텔레(fale tele)

사모아 생활 공동체에서 가장 중요하게 여겨진 건물은 팔레 텔레(fale tele)이다. 이 건물은 여느 팔레와 같이 둥근 모양을 띠고 있으며, 주로 마타이, 즉 족장들의 회의(포노)와 부족 회의, 장례식 혹은 족장 직위 수여식 등이 거행될 때 모이는 장소로 활용된다. 팔레 텔레는 마을 건물 중 맨 앞(마을을 관통하는 도로와 가장 가까운 곳)에 위치한다. 팔레 텔레 뒤쪽에 건설된 집들은 생활공간으로 활용되는데, 생활공간 맨 뒤쪽에는 야외 주방이 구성되어 있다. 팔레 텔레의 앞에 트인 공간은 말라에라고 한다. 이곳은 손님을 맞이하는 장소로 사용되거나 야외 의식을 거행할 때 사용되는 중요한 공간이다.

팔레의 종류: 아폴라우(afolau) / 팔레오(faleo'o)

팔레 텔레가 원형 형태를 유지하고 있었다면, 타원 형태로 길게 늘어진 아폴라우(afolau, 긴 집)는 주거용 시설이나 게스트 하우스의 용도로 사용되었다. 팔레오(faleo'o, 작은 집)는 길게 늘어진 모양을 하고 있는 작은 건물을 지칭하는데, 본래 그 자체로 건물의 역할을 하는 것이 아니라 건축의 몸체에 추가되는 부속 건물의 용도로 사용되었기 때문에 본 건물의 뒤쪽에 지어졌다. 하지만 오늘날 팔레오는 작거나 단순한 팔레를 지칭하는 용어로 사용되고 있으며 주로 해변가에 마련된 방갈로 형태의 휴식 공간을 의미한다.

---

[337] 투푸가(Tufuga)의 칭호를 사용하는 사람들은 Tufuga Fau Va'a(항해의 장인), Tufuga ta tatau(문신의 장인)가 있다

사모아의 화로, 우무(umu)(출처: Wikipedia)

팔레의 종류: 투노아/우무쿠카(tunoa/umukuka)
투노아(tunoa, 주방 건물)는 위에 언급된 건물들에 비하면 아주 자그마한 규모를 갖고 있으며 팔레의 형태로 여겨지지는 않는다. 현대에 들어서 우무쿠카(umukuka)라고 불리는 주방 시설이 가족 주거지의 뒤편에 위치하게 되었는데, 우무(umu)란 땅을 파고 돌을 넣은 뒤 그 위에 불을 피워 바나나 잎으로 감싼 식재료를 조리하는 화로를 뜻한다.

팔레의 건축
팔레를 건축할 때, 특히 크고 중요한 팔레 텔레를 건축할 때는 종종 부족의 모든 인력이 투입되기도 한다. 건축 장인인 투푸가 파이 팔레(Tufuga fai fale)는 전체적인 건축 상황을 감시, 감독하는 역할을 맡는다. 건물을 짓기 전, 부족은 건물이 지어질 위치를 준비하며 이 과정에서 화강암이나 석회석과 같은 돌이나 모래 재질의 재료가 사용된다. 본격적으로 건물 건축 작업이 시작되면 투푸가 파이 팔레와 그를 돕는 아우투푸가(autufuga), 그리고 부족의 남자들은 숲에서 목재를 잘라 운반해 온다.

처음에는 건축할 팔레의 크기와 모양에 따라 지붕을 지탱할 지지대를 세운다. 보통 지지대의 높이는 16~25피트(4.8~7.6m)사이인데, 4피트(1.2m) 정도가 땅 속으로 들어간다. 지름은 6~12인치(15.2~30.5cm) 정도이다. 이 지지대는 사모아어로 포우투(poutu)라고 하며, 팔레의 정중앙에 세워져 중앙 기둥을 형성한다. 세워진 포우투를 중심으로 다른 나무 자재들이 연결되어 건물의 지붕을 견고하게 지탱하게 된다.

팔레 건축에 사용되는 대부분의 목재는 부족들이 자신들의 토지에서 자란 나무를 사용한다. 잘려진 목재는 마을의 건설현장으로 운반된다. 목재를 운반하는 일은 매우 험하고 힘든 일이기 때문에 부족원들이나 마을 사람들의 도움이 필요하다. 팔레의 골격을 형성하기 위해 사용되는 나무는 울루(ulu, 빵나무)를 사용하는데, 그렇지 못할 경우 이피 렐레(ifi lele) 혹은 포우 물리(pou muli)를 사용한다. 하지만 서까래로 사용되는 목재는 유연성이 있어야 하므로 니우(niu, 코코넛나무)가 사용된다.

골격이 완성된 뒤에는 초가지붕을 덮는다. 초가지붕을 만드는 작업은 사모아의 여성들이 담당한다. 가장 좋은 품질의 초가지붕은 마른 사탕수수잎으로 엮은 것인데, 만일 사탕수수잎을 확보할 수 없는 경우에는 야자수나무 잎으로 지붕을 엮었다. 지붕은 아랫부분부터 시작해서 맨 위쪽으로 엮으며 두 겹으로 짜서 팔레를 덮었다. 보통 한번 만들어 놓은 지붕의 수명은 7년 정도다. 또한 태양빛과 바람, 비를 막거나 사생활 보호를 목적으로 '폴라(pola)'라고 하는 가리개(블라인드)를 야자수 나뭇잎으로 만들어 설치하기도 했다. 팔레의 기초는 석회석이나 모래로 다졌기 때문에 배수에 탁월한 점을 보이며, 팔레의 바닥은 부드러운 조약돌로 꾸몄다. 현재 바닥재로는 콘크리트가 사용된다. 사모아 사람들은 대부분 팔레의 바닥에 사모아 전통매트를 깔고 그 위에서 생활한다.

사모아 남쪽연안 해변(출처: Wikipedia)

사모아 연안해변 풍경(출처: Wikipedia)

별첨 1.
사모아 경제 현황
(한국해양과학기술원 내부과제보고서 중 경제분석 분야 자료 인용. 관련 참고자료는 해당 보고서 참조)[338]

주요 경제 현황 및 구조[339]

1인당 GNI(Gross National Income: 국민 총소득)는 2014년 기준 5,610달러(구매력 평가지수, Purchasing Power Parity, PPP)로 1994년 1,890 달러(PPP) 이후 지속적으로 상승하고 있다.[340]

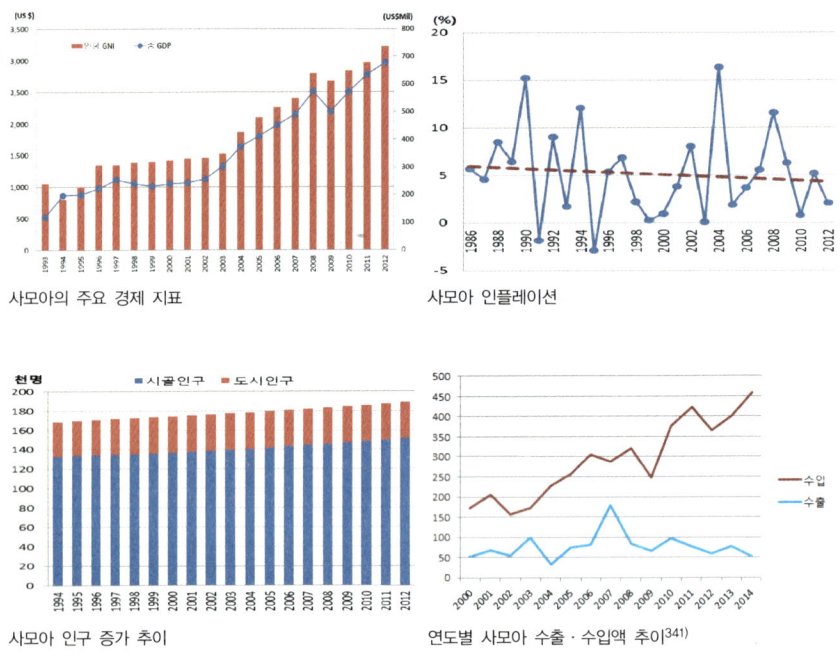

사모아의 주요 경제 지표

사모아 인플레이션

사모아 인구 증가 추이

연도별 사모아 수출·수입액 추이[341]

---

338) Atlantic Research & Consulting(ARC). 2013. 사모아 사업 현황 조사 및 진출 방안. 적도태평양연구인프라구축사업(PE98841) 보고서. 한국해양과학기술원
339) The World Bank. World Development Indicators. Samoa. http://data.worldbank.org/country/samoa
340) The World Bank. World Development Indicators. Samoa Report. http://databank.worldbank.org/data/reports.aspx?source=2&country=WSM&series=&period=
341) Observatory of Economic Complexity. Samoa. What is the trade balance for Samoa?(1995-2014). http://atlas.media.mit.edu/en/visualize/line/hs92/show/wsm/all/all/1995.2014/

한국과의 무역관계는 우리나라가 2006년 사모아의 건설, 교통 및 인프라 장관이 방한하여 조선소를 방문하고 선박 관련 장비를 구입한 바 있다. 한국의 대사모아 주요 수출품으로는 플라스틱제품(86만 달러), 자동차(50만 달러), 기타 기계류(43만 달러), 농산가공품(38만 달러), 석유제품(34만 달러) 등으로 점차 증가하는 추세이다. 한국의 대사모아 주요 수입품으로는 반도체(78만 달러), 동제품(52만 달러), 플라스틱제품(22만 달러), 기호식품(8만 달러) 등이 있다.

사모아의 외국인 직접투자(Foreign Direct Investment, FDI) 현황은 변동 폭이 굉장히 심하다. 아래 그래프를 살펴보면, 2000년 초반에는 100~200만 달러에 그치는 등 미미했지만 2008년에 크게 증가하여 5,000만 달러에 육박했다. 그러나 2009년에 다시 하락하여 2010년에는 100만 달러가 되었고, 그 이후에 다시 올라 2013년에는 2,800만 달러가 되었다.

인구수와 GDP 증가와 더불어 시장성이 개선될 것으로 보이며, 향후 몇 년간 FDI가 지속적으로 증가할 것으로 보고 있다.

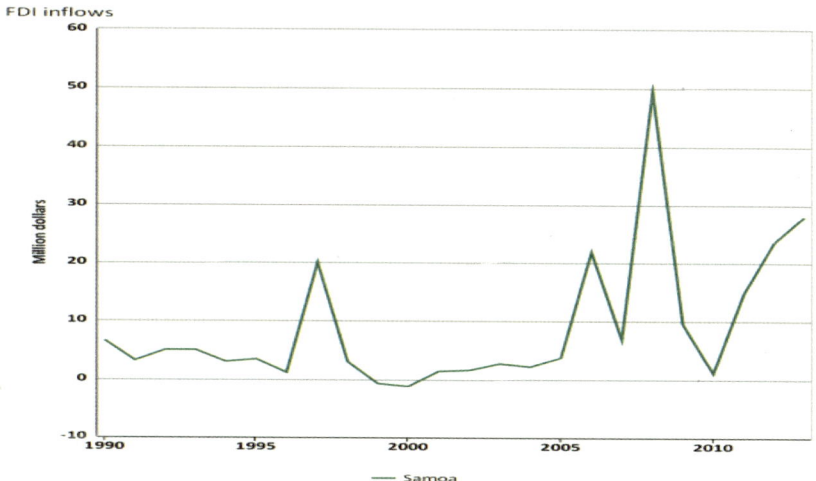

사모아 외국인 직접투자 현황(1990~2013)[342]

---

[342] Knoema, World Investment Report, 2014, FDI inflows - Samoa, 2016, https://knoema.com/WINVR2014/world-investment-report-2014?tsId=1030260

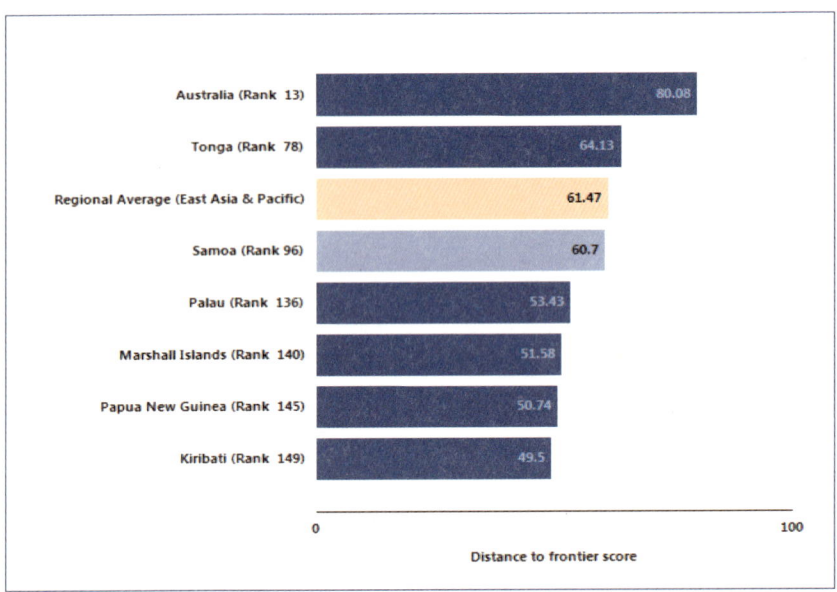

태평양도서국과 비교한 사모아 창업여건 순위[343]

　세계은행(World Bank)은 매년 세계 각국을 대상으로 사업 및 창업 여건 조사 통계를 발표했다. 2016년 랭킹에 따르면, 사모아는 189개국 중 96위에 평가되어 전년 대비 4위 하락했다. 사모아 정부의 적극적인 장려정책으로, 해외기업이 사모아에서 사업을 수행하기 위한 여건은 나쁘지 않은 것으로 평가되지만, 다수의 뉴질랜드 및 현지 미디어를 통해 부패한 정부 관리에 대한 소송과 구속사건도 보도되고 있어 대형 프로젝트의 경우 주의가 필요하다. 세계은행은 2014~2016년 동안 사모아 항공, 태평양지역 연결프로그램, 태평양 복구프로그램, 사모아 재정경제개혁 프로그램 등에 총 7,800만 달러를 지원했다.
　IMF[344]는 최근 사모아에 대해서 국가 재정 정상화의 시급성을 강조했다. 2015년 부채 비율은 기준치인 GDP 약 54.4% 정도이며 2017년까지 증가하다가 감소할 것으로 보고 있다.[345]

---

343) A World Bank Group Flagship Report 13th Edition, Doing Business 2016, Samoa, http://www.doingbusiness.org/data/exploreeconomies/samoa/~/media/giawb/doing%20business/documents/profiles/country/WSM.pdf
344) International Monetary Fund(IMF), IMF Country Report No. 10/215, Samoa: Selected Issues, 2010, http://www.imf.org/external/pubs/ft/scr/2010/cr10215.pdf
345) International Monetary Fund(IMF), IMF Country Report No. 15/191, Samoa: 2015 Article IV Consultation — Press Release; Staff Report; and statement by the executive director for Samoa, http://www.imf.org/external/pubs/ft/scr/2015/cr15191.pdf

사모아 산업 진출 전략

산업 진출 분야

정부 지원으로 사업수행이 용이하고 투자대비 안정된 수익을 얻을 수 있는 분야는 관광업, 부동산 개발, 농산업, 농업 관련 산업, 고부가가치 유기농업, 재생에너지사업, 보건업을 꼽을 수 있다. 관광업의 경우 쓰나미 피해에도 불구하고 비교적 빠른 시일 내에 복구되어 정상화되었고, 인근 국가와 사모아인들의 방문이 지속적으로 늘어나 시장 수요가 안정적이라고 볼 수 있어 리조트, 레저시설 등의 개발이 필요하다. 건축에 있어서도 건축자재, 빛을 차단하는 특수 유리, 보온기능이 있는 페인트, 재수활용 시스템 등 친환경적인 요소를 도입한 건축사업은 초기 비용은 많이 들지만 장기적으로 정부 지원을 받거나 브랜드 특화를 위해서 플러스 요인이 될 것으로 예측하고 있다. 뉴질랜드, 호주, 미국령 사모아 등은 사모아의 주요 수출 대상 국가로 시장 수요가 높은 참치, 어패류, 유기농 농산품 등의 사업이 유망하다. 사모아 정부는 친환경적이고 지속 가능한 수산업과 농·축산업 방법에 관심이 높아 소규모라도 친환경적인 요소를 부각시켜 사업에 진출하는 것이 사모아 시장에 효과적일 수 있다고 보고 있다.

정부 발전 전략

사모아 정부와의 긴밀한 협조를 통한 관련 사업의 추진을 위해서는 사모아 정부의 주요 전략 사업의 이해가 중요하다. 사모아 정부는 "모두를 위한 삶의 질 개선"이라는 장기 발전 비전 아래 2012년 7월 2012~2016 사모아 발전 전략(Strategy for the Development of Samoa, SDS)을 발표하고 네 가지 전략적 포커스를 기반으로 세부 사업 방향을 제시했다.[346] 향후, 정부가 주관하는 공공 인프라 개발사업이 크게 늘어날 전망(Infrastructure Development Plan 참조, SDS와 긴밀히 연계되어 있음)이며, 이와 같은 정부 사업은 재정적 차원에서 안정도가 높고 성공 가능성과 수익성이 사모아 민간부문 사업에 비해 상대적으로 높은 사업이므로 참여를 고려해 볼 수 있다. 또한 인프라 구축 전략(Samoa National Infrastructure Strategic Plan)[347]을 세우고 향후 5~10년간 그리고 2015~2020년까지 전략적인 개발 방향까지 포괄하고 있으며, 8개 주력 분야로는 에너지, 통신, 수자원, 쓰레기 처리, 교통, 항만, 공항 등이 있다.[348]

---

346) Ministry of Finace. 2012. Economic Policy and Planning Division, "Strategy for the Development of Samoa 2012-2016"
347) Ministry of Finance. 2016. "Samoa National Infrastructure Strategic Plan"
348) International Business Publications. "Samoa Economic & Development Strategy Handbook". 2013

협력 가능 사업 - 에너지 사업
현재 사모아 섬 가구 중 96%가 전기를 공급받는 등 전력 공급은 원활한 편이나 에너지 사용 효율성을 높이고자 노력을 기울이고 있으며, 전력 그리드 사업과 신재생에너지 사업에 대한 수요가 높다. 에너지 효율을 높여 극한 날씨 변화 또는 자연재해 시 피해를 최소화하고 GDP의 10%를 육박하는 원료 수입에 대한 의존도를 낮추고자 한다.

협력 가능 사업 - 인프라 구축 사업
사모아 인프라 구축 전략(Samoa National Infrastructure Strategic Plan)과 사모아 발전 전략(Strategy for the Development of Samoa)에 의해, 경제 인프라 구축을 위한 건설 및 도로, 공항, 항만 토목 공사가 진행 중이다. 향후에도 지속적인 수요가 발생할 것으로 예상된다. 쓰나미와 태풍으로 인한 재해복구 사업이 우선시되어 국제 금융 기관과 지원국의 지원 중 많은 부분에 투자되고 있어 상대적으로 사업 기회가 많다.

주요 산업 진출 전략-관광산업
하와이의 경우 파인애플 농장, 수수농장 방문 체험을 상품화하여 인기를 얻고 있다. 이를 벤치마킹하여 코코넛 재배, 공예, 액세서리, 비누, 향수, 미용제품, 제과, 음료 만들기 등 다양한 체험상품을 만들 수 있다. 사모아인들의 춤, 노래, 불쇼 등 문화 코드를 활용하여 디너쇼, 바닷가 공연, 관객 참여, 보트쇼, 불꽃놀이 등 다양한 패키지와 민속 옷, 음식, 장식품 등 관련 기념품을 만들어 낼 수도 있다. 숙박시설을 이용하는 방문객 중 75%가 중고가 시설을 이용하는 것을 고려할 때, 저가보다는 고급 스파, 개인 리조트 시장이 승산 가능성이 비교적 높다. 리조트에서 바닷가, 수영, 스파 등 휴식뿐만 아니라 문화체험이나 디너쇼 같은 옵션을 포함하여 다채로운 패키지를 만들어 냄으로써 여러 고객층을 수용할 수도 있을 듯하다.

아피아항 (출처 : KIOST)

별첨 2.
사모아 방문정보 및 주의사항[349]

항목	내용
교통정보	• 뉴질랜드항공, 버진항공 • 도로사정은 외곽으로 나갈 때 열악한 편이며, 대중교통으로는 버스와 택시가 있고 렌트카도 있다 • 뉴질랜드와 동일한 좌측 차선 운행제도를 시행 중이다
주의 지역	• 특정 유의지역은 없으나 일반 촌락 방문 시에는 촌장의 허락을 받기를 권장한다
기후 및 자연재해	• 기후는 해안가는 열대성 기후로 건기(5~10월)와 우기(11~4월)로 구분되며 연평균 섭씨 22~30도 정도로 온화한 편이다 - 사모아 방문 시에는 간편한 여름 복장을 준비한다. 저녁에는 서늘하므로 가디건이나 스웨터를 별도로 준비할 것을 권장한다 • 사이클론(Cyclone): 11~4월 • 뎅기열(Dengue fever)과 장티푸스(Typhoid Fever) 주의 • 지진, 쓰나미 등 발생 가능
기본 에티켓	• 팁 제도가 보편화되어 있지 않아 따로 팁을 기대하지는 않으며, 특별한 서비스에 대한 감사 표시로 팁을 주는 것은 무방하다 • 종교는 기독교, 천주교가 대부분이다
주 뉴질랜드 한국대사관 연락처 (사모아는 주 뉴질랜드 대사관이 겸임)	• 주소: Level 11, ASB Bank Tower, 2 Hunter St. Wellington, New Zealand • 홈페이지: nzl-wellington.mofa.go.kr • Email: info-nz@mofa.go.kr • 전화번호: +64-4-473-9073 • 영사핫라인: +64-21-0269-3271 / +64-22-390-8213 • 근무시간: 09:00~17:00(월~금)

사모아 관광청	• 사모아 관광청(Samoa Tourism Authority)
	  - 주소: Beach Road, Apia, Samoa
	  - 업무시간: 09:00~17:00(월~금), 08:00~12:00(토)
	  - 전화: (685) 63-500
	  - Email: info@visitsamoa.ws
	  - 홈페이지: http://www.samoa.travel

긴급상황 시 연락처	• 경찰: 995, 화재: 994, 응급환자: 996 • Jerry Brunt(현지 명예영사) (685) 30-627 • 국립병원: (685) 21-212

---

349) 외교부, 국가별 기본정보 - 사모아(Samoa), https://www.0404.go.kr/dev/country_view.mofa?idx=112

별첨 3.
사모아 정부 관련 주요 인터넷 사이트

부 / 청	웹사이트	전화번호/팩스/이메일
Government Homepage	http://www.govt.ws	
Samoa Tourism Twitter	http://twitter.com/samoatourism	
Samoa Tourism Homepage	http://www.samoa.travel/	
Ministry of Agriculture and Fisheries	http://www.maf.gov.ws/	(685) 22561 (685) 24576 fono@maf.gov.ws
Ministry of Commerce, Industry and Labour	http://www.mcil.gov.ws/	auelua@mcil.gov.ws
Ministry of Communication and Informtion Technology	http://www.mcit.gov.ws/	
Ministry of Education, Sports and Culture	http://www.mesc.gov.ws/	t.aiafi@mesc.gov.ws
Ministry of Foreign Affairs and Trade	http://www.mfat.gov.ws/	(685) 21171 (685) 21504 mfat@mfat.gov.ws
Ministry of Justice, and Courts Administration	http://www.mjca.gov.ws/	(685) 22671 (685) 21050 info@mjca.gov.ws
Ministry of Natural Resources and Environment	http://www.mnre.gov.ws/	(685) 67200
Ministry of Finance	http://www.mof.gov.ws/	(685) 34333 (685) 21312 infoservices@revenue.gov.ws
Ministry of Health		
Ministry of Revenue	http://www.revenue.gov.ws/	(685) 20411 (685) 20414 infoservices@revenue.gov.ws
Ministry of Prime Minister and Cabinet	http://www.mpmc.gov.ws/	(685) 22940 (685) 21339 galulolo.elisaia@mpmc.gov.ws
Ministry of Women, Community and Social Development	http://www.mwcsd.gov.ws/	(685) 20854 (685) 23665 tolofua@lesamoa.net
Ministry of Works, Transport and Infrastructure	http://www.mwti.gov.ws/	(685) 21611 (685) 21990 enquiries@mwti.gov.ws
Electric Power Corporation	http://www.epc.ws/	(685) 65400

부 / 청	웹사이트	전화번호/팩스/이메일
Land Transport Authority	http://www.lta.gov.ws/	(685) 26740 (685) 26739 info@lta.gov.ws
Samoa National Provident Fund	http://www.npf.ws/	
Samoa Port Authority	http://www.samoaportsauthority.ws/	(685) 64400 (685) 25870
Samoa Sports Facilities Authority	http://www.ssfa.ws/	
Samoa Water Authority	http://www.swa.gov.ws/	
Samoa Post	http://www.samoapost.ws/	
Samoa Bureau of Statistics	http://www.sbs.gov.ws/	

사모아 연안전경(출처: KIOST)

별첨 4.
일본과의 관계

개요[350]

- 정치관계
    - 1980년 6월 주교(교토) 서사모아(1997년부터 사모아로 국명 변경) 명예총영사관 개설. 2007년 1월부터 개관
    - 1997년 2월 주아피아 명예총영사 임명
    - 2007년 5월 고(故) 말리에토아 타누마필리(Malietoa Tanumafili) 2세의 국장 참가를 위해 하마다 특파 대사(외무대신정무관)를 파견
    - 2009년 7월 주교(교토)사모아대사관 개설
    - 2013년 1월 주사모아 일본대사관 개설
    - 2016년 3월 주후쿠시마 사모아 명예영사관 개설

- 경제관계(무역액, 2015년 재무성 무역 통계)
    - 사모아로 수출 17억 엔(200억 원), 사모아로부터 수입 1억 엔(10억 원)
    - 일본으로부터의 직접투자 15건, 80억 엔(800억 원, 1989~2006 누적통계)
    - 일본 수출기업 수 3개(2014년 기준)

주일본 사모아대사관[351]
(Embassy of the Independent State of Samoa in Japan)
- 대사: Mrs. Faalavaau Perina Jacqueline SILA-TUALAULELEI
- 주소: Seiko Bldg, 3rd Floor 2-7-4, Irifune, Chuo-Ku, Tokyo 104-0042 JAPAN
- 전화: +81 03 6228 3692 / 팩스: +81 03 6228 3693
- 운영시간: 9:00~17:00(월~금, 토 · 일 · 공휴일 휴관)
- 홈페이지: http://www.samoaembassy.jp/index.html

---

350) 外務省. サモア独立国. 基礎データ. 二国間関係. http://www.mofa.go.jp/mofaj/area/samoa/data.html#section5
351) 外務省. 駐日外国公館. サモア独立国大使館. http://www.mofa.go.jp/mofaj/link/emblist/pacific.html#12

주후쿠시마 사모아 명예영사관352)
(Honorary Consulate of the Independent State of Samoa in Fukushima)
- 명예영사 : Mr. Naomi Inoue
- 주소: Headquarters of Joban Kosan Co., LTD, 50, Warabidaira, Fujiwara-Machi, Joban, Iwaki City, Fukushima Prefecture 972-8555 JAPAN
- 전화: +81 02 4644 0818
- 운영시간: 9:00~17:00, 점심시간 12:00~13:00(월~금, 토·일·공휴일 휴관)
- 홈페이지: http://www.joban-kosan.com/samoa/

주사모아 일본대사관(주뉴질랜드 일본대사관이 겸임)
- 대사: Mr. Kazumasa Shibuta
- 주소: S.N.P.F. Plaza B, 2F, Savalalo, Apia, Samoa (P.O.Box 1375 Apia Samoa)
- 전화: +685 21187 / 팩스: +685 21196
- 운영시간: 08:30~17:15, 점심시간 12:00~13:00 (월~금, 토·일·공휴일 휴관)
- 주뉴질랜드 일본대사관 주소: Level 18, The Majestic Centre, 100 Willis Street, Wellington 6011, New Zealand
- 전화: +04 473 1540 / 팩스: +04 471 2951
- 홈페이지: http://www.nz.emb-japan.go.jp/samoa/

2016년 휴관일

1월 1일	New Year's Day
1월 4일	New Year Holiday
1월 25일	Wellington Anniversary Day
2월 8일	Waitangi Day
3월 25일	Good Friday
3월 28일	Easter Monday
4월 25일	ANZAC Day
6월 6일	Queen's Birthday
7월 18일	Marine Day*
8월 11일	Mountain Day*
9월 19일	Respect for the Aged Day*

---

352) 外務省. 駐日外国公館. 在福島サモア独立国名誉領事館. http://www.mofa.go.jp/mofaj/link/emblist/pacific.html#12

10월 10일	Health-Sports Day*
10월 24일	Labour Day
12월 23일	Emperor's Birthday*
12월 26일	Boxing Day
12월 27일	Christmas Day Observance
12월 29일	Year End Holiday*
12월 30일	Year End Holiday*

*일본 공휴일

사모아 – 일본 간 고위급 상호방문 현황

일본에서 사모아 방문[353]

연도	방문자 이름
1996	State Secretary for Agriculture, Forestry and Fisheries Tadamasa Kodaira
1996	Ambassador of Japan to Australia, Mr. Hasegawa
1998	Ambassador of Japan to Fiji, Mr. Horimoto
2003	Their Imperial Highnesses Prince and Princess Akishino
2004	State Secretary for Foreign Affairs, Mr. Masatoshi Abe
2007	Ambassador on Special Mission (Vice Minister for Foreign Affairs), Mr. Masayoshi Hamada
2010	Parliamentary Vice-Minister for Foreign Affairs, Ms. Chinami Nishimura
2012	Parliamentary Vice-Minister for Foreign Affairs, Mr. Jo Nakano
2013	Parliamentary Vice-Minister for Foreign Affairs, Mr. Minoru Kiuchi

사모아에서 일본 방문

연도	방문자 이름
1988	Malietoa Tanumafili II (The Chief Magistrate)
1990	Prime Minister, Hon. Tofilau Eti Alesana Malietoa Tanumafili II (The Chief Magistrate)
1992	Prime Minister, Hon. Tofilau Eti Alesana
1993	Prime Minister, Hon. Tofilau Eti Alesana
1994	Deputy Prime Minister, Hon. Tuilaepa ,Lupasoliai Sailele Malielegaoi
1997	Deputy Prime Minister, Hon. Tuilaepa ,Lupasoliai Sailele Malielegaoi
1999	Prime Minister, Hon. Tuilaepa. Lupasoliai Sailele Malielegaoi
2000	Prime Minister, Hon. Tuilaepa. Lupasoliai Sailele Malielegaoi
2003	Prime Minister, Hon. Tuilaepa. Lupasoliai Sailele Malielegaoi
2005	Prime Minister, Hon. Tuilaepa. Lupasoliai Sailele Malielegaoi
2005	Minister of Tourism, Hon. Hans Joachim Keil
2006	Prime Minister, Hon. Tuilaepa. Lupasoliai Sailele Malielegaoi

---

353) Ministry of Foreign Affairs of Japan, Japan-Samoa Relations(Basic Data), VIP Visits, From Japan to Samoa(08 June 2015). http://www.mofa.go.jp/region/asia-paci/samoa/data.html

연도	방문자 이름
2007	Minister of Works, Transport, and Infrastructure, Hon. Tulsugaletaua Sofara Aveau
2009	Prime Minister, Hon. Tuilaepa, Lupasoliai Sailele Malielegaoi
2010	Minister of Works, Transport, and Infrastructure, Hon. Tulsugaletaua Sofara Aveau
2010	Minister of Natural Resources and Environment, Hon. Faumuina Tia Tia Liuga
2011	Minister of Communication & Information Technology, Hon. Tuisugaletaua Sotora
2012	Prime Minister, Hon. Tuilaepa, Lupasoliai Sailele Malielegaoi
2014	Minister of Natural Resources and Environment, Hon. Fa'amoetauloa Ulaitino Fa'ale Tuma'ali'i
2015	Prime Minister, Hon. Tuilaepa, Lupasoliai Sailele Malielegaoi

원조 현황

대사모아 일본 원조 형태별 실적(OECD/DAC 보고기준)[354]

(지출순액기준, 단위: 백만 달러)

연도	유상협력	무상협력	기술협력	합계
2010	5.94	17.27	3.81	27.02
2011	12.63	0.66	4.21	17.49
2012	9.89	1.91	4.12	15.92
2013	3.54	0.89	2.95	7.38
2014	2.32	8.62	3.65	14.60

대사모아 주요 지원국가별 경제협력실적(ODA)[355]

(지출순액기준, 단위: 백만 달러)

연도	1위	2위	3위	4위	5위	합계
2009	호주 (17.81)	일본 (15.97)	뉴질랜드 (10.34)	미국 (1.48)	캐나다 (0.36)	46.59
2010	호주 (42.76)	일본 (27.02)	뉴질랜드 (17.76)	미국 (1.42)	영국 (27.02)	89.38
2011	호주 (29.02)	일본 (17.49)	뉴질랜드 (11.71)	미국 (1.42)	캐나다 (0.52)	61.52
2012	호주 (51.49)	뉴질랜드 (17.78)	일본 (15.92)	미국 (0.73)	독일 (0.08)	86.05
2013	호주 (35.76)	뉴질랜드 (22.04)	일본 (7.38)	미국 (1.30)	한국 (0.29)	67.26

---

354) 外務省. ODA (政府開発援助). サモア. 国別データブック(PDF). 表-3 我が国の対サモア援助形態別実績(OECD/DAC 報告基準). http://www.mofa.go.jp/mofaj/gaiko/oda/files/000142140.pdf

355) 外務省. ODA (政府開発援助). サモア. 国別データブック(PDF). 表-4 主要ドナーの対サモア経済協力実績 http://www.mofa.go.jp/mofaj/gaiko/oda/files/000142140.pdf

최근 현황

PALM 7 회의 개요(The 7th Pacific Islands Leaders Meeting)
- 일정: 2015년 5월 22~23일
- 장소: 후쿠시마 현 이와키 시(福島県いわき市)
- 참가국: 일본, 쿡 제도, 마이크로네시아 연방국, 피지, 키리바시, 마셜 제도, 나우루, 니우에, 팔라우, 파푸아뉴기니, 사모아, 솔로몬 제도, 통가, 투발루, 바누아투, 호주, 뉴질랜드 등 총 17개국
- 회의 소개: PALM은 1997년부터 3년마다 개최되는 태평양도서국의 정상회의로서, 각국 정상들이 태평양도서국들의 다양한 이슈에 대해 토의하고 더욱 강력한 협력관계를 형성하며 일본과 태평양도서국 간의 우호적인 관계를 더욱 돈독히 하기 위한 이슈들에 대해 토의하는 회의이다.

- 이번 회의에서는 태평양도서국의 우선과제에 대응하기 위한 지속적이고 일관된 정책이 필요하며, 앞으로 3년간 ① 재해방지, ② 기후변동, ③ 환경, ④ 인적 교류, ⑤ 지속 가능한 개발, ⑥ 해양·어업, ⑦ 무역·투자·관광 등 7개 분야에 초점을 맞춰 협력을 진행하기로 결정했다. 또한 아베 총리는 태평양도서국의 자립적 발전을 촉진하기 위한 협력의 일환으로 앞으로 3년간 550억 엔(약 6천억 원) 이상을 지원하는 것과 동시에 4,000명의 인재 양성, 교류 지원도 할 것임을 표명했다. 태평양도서국의 기후변동 대책능력 강화와 일본과의 비즈니스 교류를 한층 더 강화할 것임도 밝혔다.

  (1) 재해방지: 일본은 태평양도서국이 재해에 강한 사회를 구축하도록 태평양 조기재해 경보 시스템 강화 및 태평양 자연재해 위험보험 확충을 위한 지원을 하기로 했다. 후쿠시마 제1원자력 발전소와 관련해서는 앞으로도 국제사회에 정보를 제공하는 데 힘쓸 것이며 근거 없는 소문에 휘말리지 않고 일본의 대응에 꾸준한 지지를 보내 줄 것을 부탁했다. 또한 아베 총리는 쓰나미의 위협과 대책에 관한 이해와 관심을 높이기 위해 11월 5일을 '세계 쓰나미의 날'로 정하는 것을 제안했다.

  (2) 환경·기후 변동
   - '적응 이니셔티브' 착상에 기초한 태평양도서국과 같은 약소국가의 대처 능력 향상 지원
   - GCF(Green Climate Fund)에 15억 달러(약 1조 원) 지출
   - 태평양지역환경프로그램기구(SPREP)의 기후변동센터의 정비, 인재 육성 등
   - 에너지 안전보장 향상을 위한 재생가능에너지 도입이나 디젤 발전효율화 지원

(3) 해양·어업: 아베 총리는 태평양을 공유하는 해양 국가로서 해양 분야에서의 협력 추진에 대한 중요성을 강조했고, 어업대책을 포함하여 어업자원의 적절한 보존관리 등 해양자원의 지속 가능한 이용을 위해 협력할 것을 확인했다. 그리고 태평양 지역의 일본 어선에 대한 안정적인 조업 배려도 요청했다. 또한 아베 총리는 해양국가로서 '열린 안정된 해양'을 확보하기 위해 유엔 해양법 등과 같은 국제법의 원칙을 기초로 삼아 해양질서 유지의 중요성을 재확인하고 다른 정상들도 이를 지지했다. 각국이 긴장을 고조시키는 일방적인 행동은 삼가하고 '법의 지배'를 원칙으로 행동하는 것이 중요하다고 강조했다.

(4) 인적 교류: 아베 총리는 인재의 중요성을 강조하면서 인적 교류·인재 육성을 추진하는 계획을 밝힘에 따라 태평양도서국은 청소년 교류, 비즈니스 교류 등 폭넓은 인적 교류를 하고 싶다는 뜻을 표명했다.

(5) 무역·투자 촉진: 아베 총리는 정보교환과 비즈니스·매칭 등의 비즈니스 교류를 촉진하고 싶다는 의사도 밝혔으며, 앞으로 연 1회 정도로 태평양도서국의 무역 촉진 워크숍 개최와 경제 미션의 파견을 겸한 프로그램을 진행하려는 의사도 밝혔다. 또한 관광교류의 촉진은 상호이해를 증진하고 우호관계를 강화하는 것이라며 일본과 태평양도서국의 관광 촉진을 지원하고자 일본에서 진행하는 태평양 도서국 관광장관회의 개최를 소개했다.

(6) 지속 가능한 개발: 아베 총리는 인프라 정비, 사회 서비스의 향상, 여성과 청소년에 대한 지원과 같은 인간 중심의 지원을 수행하고 태평양도서국의 장래를 책임지고 있는 젊은 세대를 대상으로 장기 인재육성 프로그램(Pacific-LEADS) 수립 계획을 밝혔다.

JENESYS 일본 방문

JENESYS 2015 태평양도서국 제3차 방일[356]

2016년 1월 16일부터 23일까지 'JENESYS 2015 일본 방문 프로그램'의 일환으로 일본어·일본문화 및 관광정책을 주제로 피지, 파푸아뉴기니, 사모아, 솔로몬 제도에서 38명의 청소년이 일본을 방문했다. 도쿄도 내에서 전통문화와 최신첨단기술을 소개하는 센터를 시찰했다. 이들은 이와테 현을 방문하여 일본어수업체험, 도노(遠野) 시의 관광정책 강의를 들었다.

JENESYS 2015 태평양도서국 제4차 방일[357]

2016년 1월 20일부터 28일까지 'JENESYS 2015 일본 방문 프로그램'의 일환으로 일본어·일본문화, 재해를 주제로 키리바시, 피지, 마이크로네시아, 사모아, 통가, 바누아투에서 42명의 청소년이 일본을 방문했다. 방재관계시설을 방문하고 와카야마(和歌山) 현을 방문한 바 있고, 이때 와카야마(和歌山) 현 국제교류센터 방문 및 방재대책강의 수강 등이 진행되었다.

도노 시 관광정책 강의

와카야마 대학 방문

---

356) 外務省. 報道発表. JENESYS2015 太平洋島嶼国第3陣の訪日(対象国：フィジー, パプアニューギニア, サモア, ソロモン諸島 テーマ：日本語·日本文化, 観光政策). http://www.mofa.go.jp/mofaj/press/release/press4_002850.html

357) 外務省. 報道発表. JENESYS2015 太平洋島嶼国第4陣の訪日(対象国：フィジー, キリバス, ミクロネシア, サモア, トンガ, バヌアツ, テーマ：日本語·日本文化, 防災). http://www.mofa.go.jp/mofaj/press/release/press4_002861.html

별첨 5.
중국과의 관계[358]

중국은 피지 국교체결 이틀 후인 1975년에 사모아와 국교를 맺었고, 그 후 10년 동안 의료 지원, 장학금, 각종 원조를 태평양도서포럼(PIF)을 통해 사모아에 지원했다. 1989년 사모아 수상이었던 토필라우 에리(Tofilau Eri)가 중국을 방문했고, 이때 중국은 사모아 정부건물을 짓는 데 쓰일 1,200만 달러를 지원하기로 약속했다. 그리고 그 후 중국은 다른 건물들을 짓는 데에도 자금을 지원했으며, 2007년 남태평양게임을 위한 새로운 스포츠종합센터와 도로 개설에도 힘썼다. 2006년 중국은 그동안 사모아가 중국에 빚진 1,150만 달러를 청산해 주었다. 중국의 이러한 원조는 사모아와 친선관계를 유지시켰으며, 중국의 많은 외교정책 문제를 완화하는 데 힘이 됐었고, 중국-대만 인식 문제에서 중국에 유리하게 작용했다. 또한 2008년 티베트 독립운동 때 사모아는 공식적으로 중국 내 이슈에 관여하지 않을 것이라 말했다. 중국은 계속해서 사모아에 투자를 했다. 그러나 그중 자오이리(Zhao YiLi) 베이징 투자회사가 3만 명의 중국인 노동자를 이용해 사모아에 호텔과 카지노를 짓는다는 프로젝트는 거절당했다. 그 외 다른 프로젝트들은 계속 진행되었고, 2012년에는 무역액이 89% 증가했다. 중국의 원조로 총 2억5천만 달러가 2013년까지 보건, 교육, 스포츠, 농업, 인프라에 사용되었다. 2015년 초에는 사모아의 주요 공항시설을 업그레이드하는 데 투자할 것이라 발표했다.

주사모아 중국 대사관[359]	주중국 사모아 대사관[360]
대사: Mr. Wang Xuefeng 주소: Vailima, Apia, The independent State of Samoa 전화: +685 22474 / 팩스: +685 21115 Email: TCE@samoa.net 홈페이지: http://ws.china-embassy.org/eng/ 운영시간: 08:30~12:00, 14:00~16:30(월~금) *영사부 주요 업무: 비자, 영사인증, 교민보호 전화: +685 28935 / 팩스: +685 21115 Email: consulate_wsm@mfa.gov.sf 운영시간: 08:30~12:00 (월~금)	대사: Mr. Tapusalaia Terry Toomata 주소: 2-7-2 Tayyan Diplomatic Office Building, 　　　No.14 Liang Mahe Nan Lu, Chanoyang District, 　　　CHINA 전화: +86 10 6532 1673 팩스: +86 10 6532 1642 Email: info@samoaembassy.cn 홈페이지: www.samoaembassy.cn 운영시간: 09:00~17:00(월~금) *위치는 지도의 ⑧ 萨摩亚驻华大使馆 참고

---

358) Copper, John F. 2016. *China's Foreign Aid and Investment Diplomacy*, Volume III: Strategy Beyond Asia and Challenges to the United States and the International Order. Palgrave Macmillan. p. 133-134
359) 中华人民共和国驻萨摩亚大使馆. 使馆概况. http://ws.china-embassy.org/chn/zjsg/sggk/
360) 萨摩亚驻华大使馆. 关于大使馆. 联系我们. http://www.samoaembassy.cn/?thread-864-1.html

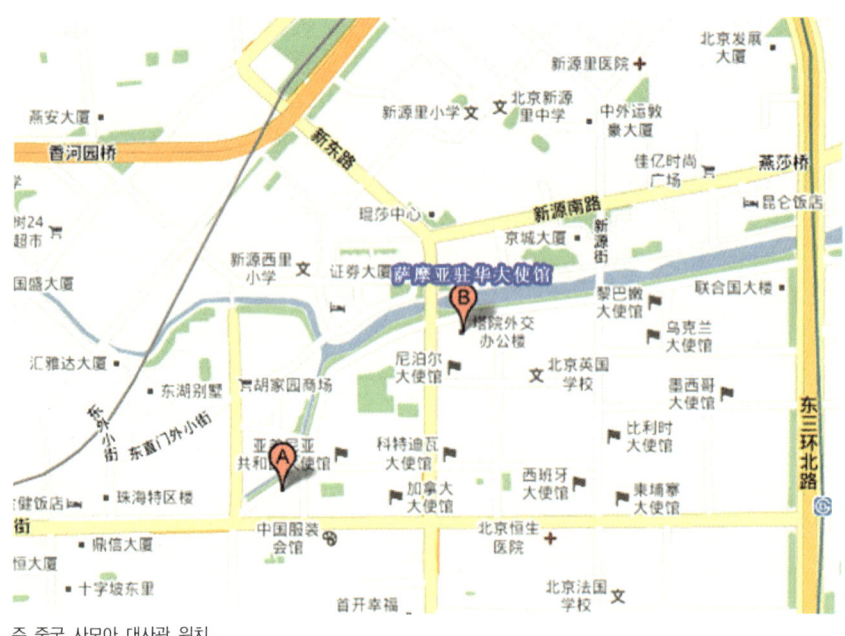

주 중국 사모아 대사관 위치

사모아 랄로만(Lalomann) 마을 연안 산호초(출처: KIOST)

별첨 6.
사모아 현지 숙박시설(요금은 2016.09.07. 기준)[361]

리조트 및 5성급 호텔

Sheraton Samoa Aggie Grey's Resort
- 우폴루 섬에 위치, 1박 US$ 250~425
- 주소: Entrance Road, Mulifanua, Samoa
- 홈페이지: http://www.sheratonsamoaaggiegreysresort.com/
- Tel: +685 45611

Sheraton Samoa Aggie Grey's Resort

Saletoga Sands Resort & Spa
- 사바이이 섬에 위치. 1박 US$ 143~252
- 주소: Faga, Savai'i, Samoa
- Tel: +685 53518 / Fax: +685 53535
- 홈페이지: http://www.amoaresort.com/

Saletoga Sands Resort & Spa

Le Vasa Resort
- 우폴루 섬에 위치. 1박 US$ 162~251
- 주소: Apia, Cape Fatuosofia, Upolu, Samoa
- Tel: +685 46028 / Fax: +685 46098
- 홈페이지: http://www.levasaresort.com/

Le Vasa Resort

---

361) Samoa - Treasured Islands of the South Pacific. Accommodation. http://www.samoa.travel/

Amoa Resort
- 우폴루 섬에 위치. 1박 US$ 350~620
- 주소: Main South Coast Road, Samoa
- Tel: +685 41212 / Fax: +685 41213
- 홈페이지: http://saletogasands.com/

Amoa Resort

Le Lagoto Resort & Spa
- 사바이이 섬에 위치. 1박 US$ 175~350
- 주소: Fagamalo, Savai'i, Samoa
- Tel: +685 58189 / Fax: +685 54266
- 홈페이지: http://www.lelagoto.ws/

Le Lagoto Resort & Spa

Sinalei Reef Resort and Spa
- 우폴루 섬에 위치. 1박 US$ 338~634
- 주소: Siumu Village, Samoa
- Tel: +685 25191
- 홈페이지: http://www.sinalei.com/

Sinalei Reef Resort & Spa

Seabreeze Resort
- 우폴루 섬에 위치. 1박 US$ 307~545
- Tel: +685 41391 / Fax: +685 41384 /
- Mobile: +685 7770014
- 홈페이지: http://www.seabreezesamoa.com/

Seabreeze Resort

Tanoa Tusitala Hotel
- 95개의 객실, 1박 US$ 275~450
- 주소: Beach Road, Sogi, Apia, Samoa
- Tel: +685 21122
- 홈페이지: http://www.tanoatusitala.com/

Tanoa Tusitala Hotel

Aga Reef Resort & Spa
- 우폴루 섬에 위치. 1박 US$ 550~1,040
- 주소: South East Coast of Upolu, Samoa
- Tel: +685 47800
- 홈페이지: http://www.agareefresort.com/

Aga Reef Resort & Spa

Taumeasina Island Resort
- 80개의 객실, 1박 US$ 216~752
- 주소: Taumeasina Island, Beach Road, Apia, Samoa
- Tel: +685 61000
- 홈페이지: http://www.taumeasinaislandresortsamoa.com/

Taumeasina Island Resort

Return To Paradise Resort
- 우폴루 섬에 위치. 1박 US$ 259~888
- 주소: Lefaga, Matautu, Samoa
- Tel: +685 35055
- 홈페이지: http://returntoparadiseresort.com/

Return To Paradise Resort

Coconuts Beach Club, Resort & Spa
- 1박 US$ 390~804
- 주소: Siumu Village, Upolu Island, Apia, Samoa
- Tel: +685 24849
- 홈페이지: http://cbcsamoa.com/

Coconuts Beach Club, Resort & Spa

4성급 호텔

Le Alaimoana Hotel
- 1박 US$ 86~197
- 주소: Main East Coast Road, Apia, Samoa
- Tel: +685 20392 / Fax: +685 23926 /
- Mobile: +685 7771495
- 홈페이지: http://www.alaimoana.ws/contact-us/

Le Alaimoana Hotel

Savai'i Lagoon Resort
- 1박 US$ 137~197
- 주소: N Coast Road, Fagamalo, Samoa
- Tel: +685 54168
- 홈페이지: http://www.Savaiilagoon.co.nz/

Savai'i Lagoon Resort

Le Uaina Resort
- 1박 US$ 135
- 주소: The Cross Island Road, Apia, Samoa
- Tel: +685 27755
- 홈페이지: http://www.manumearesort.com/

Le Uaina Resort

Orator Hotel
- 1박 US$ 130~186
- 주소: Tanumapua Village Alafaalava Road, Alafa'alava Rd, Aleisa, Samoa
- Tel: +685 29136
- 홈페이지: http://www.oratorhotel.com/

Orator Hotel

Ifiele'ele Plantation
- 1박 US$ 179~219
- 주소: 2295 Fasitoouta, Samoa
- Tel: +685 42554
- 홈페이지: http://www.ifieleele.com/

Ifiele'ele Plantation

Jet Over Hotel
- 1박 US$ 117~190
- 주소: Salelologa, Samoa
- Tel: +685 51565 / Fax: +685 51581
- 홈페이지: http://jetoverhotel.com/

Jet Over Hotel

3성급 호텔

St. Therese Retreat
- 1박 US$ 84~99
- 주소: Tofamamao, Le'auva'a, Samoa
- Tel: +685 42412
- 홈페이지: http://www.sttheresesamoa.com/

St. Therese Retreat

Lupe Sina Treesort
· 나무 위에 지어진 집. 1박 US$ 185~259
· 주소: Cross Island Road, Tuamasaga, Tiavi, Samoa
· Tel: +685 77 35875 / Mobile: +685 77 35845
· 홈페이지: http://www.lupesinatreesort.net/

Lupa Sina Treesort

Salani Surf Resort
· 주소: South Coast, Upolu, Samoa
· Tel: +685 41069
· 홈페이지: http://www.salanisurfresort.com/

Salani Surf Resort

Moanalisa Hotel
· 1박 US$ 120~155
· 주소: Main North Coast Road, Main West Coast Road, Vaitele, Samoa
· Tel: +685 21421

Moanalisa Hotel

Samoa Tradition Resort
· 1박 US$ 91~122
· 주소: Ululola Heights, Apia, Samoa
· Tel: +685 25699
· 홈페이지: http://traditionresort.com/

Samoa Tradition Resort

별첨 7.
사모아의 주요 음식점[362)]

쿠지나 레스토랑(Kusina Restaurant)
- 필리핀 식당. US$ 2~3의 저렴한 식사 가능
- 위치: Macdonald Building, Savalalo 34 Apia, Samoa
- Tel: +685 28333
- 운영시간: 11:00~15:00, 18:00~20:30(월~금) / 11:00~3:00(토)

Kusina Restaurant

코코바나나 바 & 그릴(Kokobanana Bar & Grill)
- 랍스터 요리, 다양한 칵테일 등
- 위치: Cross Island Road, Apia, Samoa
- Tel: +685 26880
- 운영시간: 11:00~14:00 (수~금) / 17:00~22:00 (월~토)

Kokobanana Bar & Grill

팔루사미 레스토랑 & 바(Palusami Restaurant & Bar)
사모아 현지 요리
- 위치: Beach Road, Matautu, Samoa
- Tel: +685 840 5339, +685 771 3177
- 운영시간: 11:00~00:00(자정)(화~금) / 16:30~00:00(토)
- 결제수단: 현금만 가능
- 홈페이지: http://www.palusami.biz/

Palusami Restaurant & Bar

---
362) Samoa-Treasured Islands of the South Pacific. Where To Eat. http://www.samoa.travel/dir/where-to-eat

이지스(Izzy's)
미국, 하와이언, 태평양 요리
- 위치: Savalalo, Apia, Samoa
- Tel: +685 34047
- 운영시간: 7:30~16:00(월~금)/
  7:30~14:00(토)

Izzy's

지오르다노 피제리아 & 가든 레스토랑(Giordano's Pizzeria & Garden Restaurant)
피잣집. US$ 12~22
- 위치: Salenesa road 510 Apia, Samoa
- Tel: +685 25985
- 운영시간: 15:00~22:00(화~토)/
  17:00~22:00(일)
- 결제수단: Visa, Mastercard, 현금

Giordano's Pizzeria & Garden Restaurant

스칼리니스 레스토랑(Scalinis Restaurant)
해산물 요리
- 위치: Cross Island Road, Moto'otua, Apia, Samoa
- Tel: +685 36720, +685 777 8242
- 운영시간: 12:00~14:30(월~금)/
  17:30~(월~토)
- 결제수단: Visa, Mastercard, 현금
- 홈페이지: http://www.scalinissamoa.com/#_=_

Scalinis Restaurant

티파이모아나 인도 레스토랑(Tifaimoana Indian Restaurant)

인도 음식점
- 위치: Fugalei St. Apia, Samoa
- Tel: +685 29604
- 운영시간: 7:00~9:00, 11:00~15:00, 17:00~22:00(월~토)

Tifaimoana Indian Restaurant

로코스 레스토랑(Roko's Restaurant)

유러피안, 뉴질랜드 요리
- 위치: Moto'otua, Apia, Samoa
- Tel: +685 20992
- 운영시간: 8:00~23:00(월~토)

Roko's Restaurant

비스트로 타타우(Bistro Tatau)

지중해식 요리. US$ 15~34
- 위치: Rugalei St, Apia, Samoa
- Tel: +685 22727
- 운영시간: 12:00~14:00, 18:30~23:30(월~토)
- 결제수단: Visa, Mastercard, American Express, 현금

Bistro Tatau

패들스 레스토랑(Paddles Restaurant)

이탈리아, 유럽 요리. US$ 6~23
- 위치: Main Beach Road, Apia, Samoa
- Tel: +685 21819
- 운영시간: 17:00~23:00(월~토)

Paddles Restaurant

랑데부(Rendezvous)

미국식 음식
- 위치: Maluafou, Apia, Samoa
- Tel: +685 72 82219
- 운영시간: 10:30~23:00(월~토)
- 결제수단: Visa, Mastercard, American Express, 현금

Rendezvous

투이스 카페(Tui's Cafe)

아침식사 및 브런치 식당
- 위치: 3054 Apia, Matautu, Samoa
- Tel: +685 28884
- 운영시간: 7:30~15:00(월~금)/ 7:30~14:00(토)
- 결제수단: Visa, Mastercard, 현금

Tui's Cafe

르 프티 카페(Le Petit Café)

프랑스식 아침 및 점심 식사
- 위치: Papauta, Apia, Samoa
- Tel: +685 75 12633
- 운영시간: 7:30~15:00(화~금)/
  8:00~14:00(토)

Le Petit Café

퍼시픽 쥬웰스 가든 카페(Pacific Jewell's Garden Cafe)

폴리네시안, 태평양식 아침 및 점심 식사
- 위치: Levili village, Apia, Samoa
- Tel: +685 32888
- 운영시간: 7:30~15:00(월~토)
- 결제수단: Visa, Mastercard, 현금

Pacific Jewell's Garden Cafe

밀라니 카페 사모아(Milani Caffe Samoa)

이탈리아식 카페
- 위치: Convent St, Apia, Samoa
- Tel: +685 20584
- 운영시간: 8:00~15:00(월~일)

Milani Caffe Samoa

마마 제인스(Mama Jane's)

- 위치: Motootua, Apia, Samoa
- Tel: +685 24758
- 운영시간: 7:00~14:00(월~토)

Mama Jane's

사모아 마을 전통팔레 모습(출처: KIOST)

참 고 문 헌

A World Bank Group Flagship Report 13th Edition. Doing Business 2016. Samoa. http://www.doingbusiness.org/data/exploreeconomies/samoa/~/media/giawb/doing%20business/documents/profiles/country/WSM.pdf

ABC Media. People - Siapo - the Samoan cloth made from bark. http://www.abc.net.au/ra/pacific/people/tapa.htm

Accredited Language Services. Polynesian - Polynesian Language. https://www.alsintl.com/resources/languages/Polynesian/

An Account of Samoan History up to 1918 — Myths and Legends of Ancient Samoa. Te'o Tuvale. http://nzetc.victoria.ac.nz/tm/scholarly/tei-TuvAcco-t1-body1-d48.html

Ancienthuna. What is Huna. Advanced Huna. The Hawaiian Gods and Goddesses. http://www.ancienthuna.com/gods_diagram.htm

Anderson Stuart. Pacific Destiny and American Policy in Samoa, 1872-1899. https://evols.library.manoa.hawaii.edu/bitstream/10524/274/2/JL12053.pdf

Ao O Le Malo O Samoa. Head of State of Samoa. http://www.headofstate.ws/?page_id=503

Ao O Le Malo O Samoa. Head of State of Samoa - The Head of State. http://www.head-of-state-samoa.ws/pages

Auckland Museum. Pacific Pathways Education Kit. https://www.aucklandmuseum.com/getmedia/4f0c23f1-e2f7-4b83-9322-bd2774515bf1/auckland-museum-education-pacific-pathways-y1-10

Auckland Museum. The Samoan 'ava ceremony. http://www.aucklandmuseum.com/collections-research/collections/explore-highlights/samoan-ava-ceremony

Australian Government. 2013. Current and Future Climate of Samoa. Pacific Climate Change Science Program, International Climate Change Adaptation Initiative. Samoa Meteorology Divisio n/Ministry of Natural Resources and Environment, Australian Bureau of Meteorology, Commonwe alth Scientific and Industrial Research Organisation(CSIRO). http://www.pacificclimatechangesci ence.org/wp-content/uploads/2013/06/3_PCCSP_Samoa_8pp.pdf

Banknote News. Samoa Issues new series. http://banknotenews.com/files/ede15f43af18e9d8f916 551409dd9f8b-382.php

Barber, Chanel. The art of Pago Pago-Siapo designs. http://cbarber.aiwsites.com/imd110/design.htm

BBC News. Apology to Samoa surprises New Zealand(04 June 2002). http://news.bbc.co.uk/2/hi/as ia-pacific/2025041.stm

Biersack, Aletta. 1982. Tongan exchange structures: beyond descent and alliance. *The Journal of the Polynesian Society* 91(2):181-202

Birkeland, C., Craig, P., Fenner, D., Smith, L., Kiene, W. and Riegl, B. 2007. Geologic setting and ecological functioning of coral reefs in American Samoa. Chap. 20. In, Riegl B., R. Dodge, (Eds). *Coral reefs of the USA.* Springer Publishers. https://www.researchgate.net/publication/228868 035_Geologic_Setting_and_Ecological_Functioning_of_Coral_Reefs_in_American_Samoa

Bloch, Maurice. 2002. Sir Raymond Firth. The Guardian. https://www.theguardian.com/news/2002 /feb/26/guardianobituaries.obituaries

Bright, William. 1992. Polynesian Languages. International Encyclopedia of Linguistics 3:245-251. http://pacific.socsci.uva.nl/besnier/pub/Polynesian_Languages.pdf

Campbell, G.L. 2000. *Compendium of the World's Languages.* Vol. 2. Ladakhi to Zuni. Second edition. First published 1991. Routledge, London and New York

Campbell, I.C. 1999. New Zeland and the Mau in Samoa. *New Zealand Journal of History* 33(1):92-. http://www.nzjh.auckland.ac.nz/docs/1999/NZJH_33_1_06.pdf

Campbell, I.C. 2005. Resistance and colonial government: A comparative study of Samoa. *The Journal of Pacific History* 40(1):45-69. http://sp.rpcs.org/faculty/souserb/SiteAssets/Imperialism/Forms/AllItems/Colonial%20Resistance%20and%20Government%20in%20Samoa.pdf

CIA. The World Factbook - Samoa. https://www.cia.gov/library/publications/the-world-factbook/geos/ws.html

Coins and more. 2014. Currency & coinage of Samoa: Tala(meaning "dollar") and Sene(meaning "cent"). https://exclusivecoins.blogspot.kr/2014/04/137-currency-coinage-of-samoa-tala.html

Convention on Biological Diversity – Samoa's 4th National Report 2009. http://www.cbd.int/doc/world/ws/ws-nr-04-en.pdf

Copper, John F. 2016. *China's Foreign Aid and Investment Diplomacy*, Vol 2: Strategy Beyond Asia and Challenges to the United States and the International Order. Palgrave Macmillan. p. 133~134

Corrin, Jennifer. 2008. Resolving land disputes in Samoa, Commonwealth of Australia

Daily Telegraph. 2009. Searching ruins for reason to live after the tsunami. http://dailytelegraph.com.au/searching-ruins-for-reason-to-live-after-the-tsunami/story-e6frea6u-1225781822624

Delaney, John. Strait Through: Magellan to Cook & the Pacific. Jacob Roggeveen. http://libweb5.princeton.edu/visual_materials/maps/websites/pacific/roggeveen/roggeveen.html

Druett, Joan. Tales true and otherwise about life under sail: Tupaia, Captain Cook's Polynesian Navigator. http://www.joan.druett.gen.nz/tupaia__captain_cook_s_polynesian_navigator_103427.htm

Dubois, Meaghan. The nature of volcanic eruptions. Earth Science 10.2A The Nature of Volcanic Eruptions. Presentation upload from slideplayer. http://slideplayer.com/slide/3836398/

EarthRef.Org. Seamamt Catalog. Bathymetric and topographic data. http://earthref.org/cgi-bin/sc.cgi?id=SMNT-137S-1725W

Encyclopedia of New Zealand. Story - Samoans(Cultures and identity). http://www.teara.govt.nz/en/photograph/1573/pea-tattooing

Fandom(powered by Wikia). Anthropology Theory Project - Edward Burnett Tylor. http://anthrotheory.wikia.com/wiki/Edward_Burnett_Tylor

FAO. Data Collection for the Pacific Region - FAO Workshop. Forest Resources Assessment-WP 51. Edited by Jim Space.

Fifa.Com. Fifa/Coca-Cola World Ranking – Men's Ranking(14 July 2016). http://www.fifa.com/worldranking/rankingtable/

Finney, Joseph C. 1973. The meaning of the name Samoa. *The Journal of the Polynesian society*. 82(3):301-303. https://www.jstor.org/stable/20704935?seq=1#page_scan_tab_contents

Firth, Raymond. 1961. Review on Sahlins, Marshall D. 1958. Social Stratification in Polynesia. The American Ethnological Society, University of Washington Press. Seattle, p. 306. *American Anthropologist* 63(3):610-612. http://onlinelibrary.wiley.com/doi/10.1525/aa.1961.63.3.02a00260/pdf

Flood, B.E. Strong, B. and Flood, W. *Pacific Island Legends – Tales from Micronesia, Melanesia, Polynesia, and Australia*. Chief's Day Ends. The Bess Press. p. 155-159

Flood, B.E. Strong, B. and Flood, W. *Pacific Island Legends – Tales from Micronesia, Melanesia, Polynesia, and Australia*. Rescue with Fruit Bats.. The Bess Press. p. 166-171

Flood, B.E. Strong, B. and Flood, W. *Pacific Island Legends – Tales from Micronesia, Melanesia, Polynesia, and Australia*. Turtle and Shark. The Bess Press. p. 160-165

Ganse, Alexander. History of Samoa. Samoa, 1830~1899. http://www.zum.de/whkmla/region/pacific/samoa183099.html

Gift Canyon. Samoan Gift Giving 101: traditions and etiquette. http://giftcanyon.com/samoan-gift-giving-101/

Global Nonviolent Action Database. Mau opposition to New Zealand rule in Samoa, 1927~1933. http://nvdatabase.swarthmore.edu/content/mau-opposition-new-zealand-rule-samoa-1927~1933

Goldsmith, Michael. 2006. Chapter 6 - The Evolution of Marshall Sahlins. p. 76-86. In, Doug Murino and Brij V. Lal(eds.). *Texts and Contexts - Reflections in Pacific Islands Historiography.* University of Hawaii. p. 264. http://researchcommons.waikato.ac.nz/bitstream/handle/10289/4432/the%20evolution.pdf?sequence=1

Google map - Samoa. https://maps.google.com/

Gratton. F.J.H. 1948. An introduction to Samoan custom. Southern Bookbinding. Tidal Pools: Digitized Texts from Oceania for Samoan and Pacific Studies. Victoria University of Wellington. http://nzetc.victoria.ac.nz/tm/scholarly/tei-GraIntr-c2.html

Hart, S.R., Koppers, A.A., Russell, J.A., Staudigel, H. 2006. New 40Ar/39Ar Ages for Savai'i Island Reinstate Samoa as a Hotspot Trail with a Linear Age Progression. The Smithsonian/NASA Astrophysics Data System. American Geophysical Union, Fall Meeting 2006, abstract #V34B-02. R. https://web.archive.org/web/20040229223216/http://dusk.geo.orst.edu/djl/samoa/vailuluu.pdf

Hioki, Kazuko. 2015. JPN 405 UKY. The processes of making Tapa and Washi. https://jpn405uky.wordpress.com/friley/friley-body/

History Gallery. Rare Books. http://www.historygallery.com/books/1849wilkes/1849wilkes.htm

Hooper, Antony. 2005. *Culture and Sustainable Development in the Pacific.* Asia Pacific Press at the Australian National University Press. Canberra. p. 227

International Monetary Fund. Country Report No. 10/215. Samoa: Selected Issues, 2010. http://www.imf.org/external/pubs/ft/scr/2010/cr10215.pdf

International Monetary Fund. Country Report No. 15/191. Samoa: 2015 Article IV Consultation - Press Release; Staff Report; and statement by the executive director for Samoa. http://www.imf.org/external/pubs/ft/scr/2015/cr15191.pdf

International Business Publications. "Samoa Economic & Development Strategy Handbook", 2013

International Monetary Fund. IMF Country Report No. 12/250. Samoa - 2012 Article IV Consultation. http://www.imf.org/external/pubs/ft/scr/2012/cr12250.pdf

James Schollum Design. Traditional Western - Samoan architecture. http://www.jamesschollum.com/samoan-architecture/

Jane's Oceania Home Page. Oceania Kava Ceremonies. http://www.janeresture.com/oceania_kava/index.htm

Jane's Oceania Home Page. Samoan religion. http://www.janesoceania.com/samoa_religion/index.htm

Jane's Samoa Home Page. Samoa Music. http://www.janeresture.com/samoa_music/index.htm

Jane's Samoa Home Page. Samoa. http://www.janeresture.com/samoahome/

Jane's Samoa Home Page. The original mythology of Samoa - Creation myths. http://www.janeresture.com/samoa_myths1/index.htm

Jekins, Aaron P., Keith, Philippe, Marquet, Gerald, Mailautoka and Koto, Kini. 2008. A Preliminary Survey of Samoan Freshwater Macro-faunal Biodiversity. Wetlands International. p. 32

Jordan, D.S. and Seale, A. 1906. The Fishes of Samoa. Description of the Species found in the Archipelago, with a provisional checklist of the fishes of the Oceania. *Bulletin of the US Bureau of Fisheries* 25:173-488

JPN 405 UKY. Tapa and Washi_The process of making Tapa and Washi. https://jpn405uky.wordpress.com/friley/friley-body/ or https://jpn405uky.files.wordpress.com/2015/11/making-tapa.jpg

Julian Steward(1902~1972). http://anth198.pbworks.com/f/Steward+(1955)+-+Theory+and+Method+of+Cultural+Ecology.pdf

Kaeppler, Adrienne L. 2010. Animal designs on Samoan Siapo and other thoughts on West Polynesian barkcloth design. http://www.jps.auckland.ac.nz/docs/Volume114/jps_v114_no3_2005/1%20Animal%20designs%20on%20Samoan%20Siapo.pdf

Kami, Karin and Miller, Scott E. 1988. Samoan insects and related arthropods: checklist and bibliography. Bishop Museum Technical Report, B:V+121. https://pbs.bishopmuseum.org/pdf/samoan-insects.pdf

Keresoma, Lagi. Candidates for the Council of Deputies discussed by HRPP(2014.01.16.). Talamua online News. http://www.talamua.com/candidates-council-deputies-discussed-hrpp/

Kirch, Patrick, Vinton and Green, Roger C. 1987. History, Phylogeny, and Evolution in Polynesia, *Current Anthropology* 28, August-October

Kirch, Patrick, Vinton and Green, Roger C. 1992. History, Phylogeny and Evolution in Polynesia. *Current Anthropology* 33:161-186

Kirch, Vinton Patrick. 1986. *Island Societies: Archaeological Approaches to Evolution and Transformation.* Cambridge University Press. Cambridge. p. 98

Kirch, Vinton Patrick. 1989. *The Evolution of the Polynesian Chiefdoms.* Cambridge University Press. p. 328. http://catdir.loc.gov/catdir/samples/cam031/84003249.pdf, http://books.google.co.kr/

Kiste, R.C. 1985. The Pacific Islands: Images and Impacts. In, *The Pacific Islands in the Year 2000*, edited by Robert C. Kiste and Richard A. Herr, 1~21. Working Paper Series. Honolulu, Hawaii: Pacific Islands Studies Program, Center for Asian and Pacific Studies, University of Hawaii at Manoa

Knoema. World Investment Report, 2014. FDI inflows - Samoa. 2016. https://knoema.com/WINVR2014/world-investment-report-2014?tsId=1030260

Kohn, George C. 2006. *Dictionary of Wars.* Infobase Publishing. p. 263. http://books.google.co.kr/

Kuper, Adam. 2013. Review of Marshall Sahlins What Kinship Is-And Is Not. *Times Literary Supplement*, 12 July, p. 12-13

Lal, Brij V. and Fortune, Kate. 2000. The Pacific Islands: An encyclopedia. University of Hawai'i Press

Layton, Robert. 1997. *An Introduction to theory in anthropology.* Cambridge University Press.

Lewis, Herbert S. 2012. The Radical Transformation of Anthropology - Herb Lewis' review of dramatic changes in Anthropology(History Seen through the Annual Meetings of the American Anthropological Association, 1955-2005, Project Muse Website)(January 28 2012). In, *Association of Senior Anthropologist* - A selection of the American anthropological Association. http://asa.americananthro.org/index.php/the-radical-transformation-of-anthropology-herb-lewis-review-of-dramatic-changes-in-anthropology/

Lewis, Paul M., Simons, Gary F. and Fennig Charles D(eds.). 2016. *Ethnologue: Languages of the World,* Nineteenth edition. Dallas, Texas: SIL International. Online version: http://www.ethnologue.com

Library of Congress. Margaret Mead. Human Nature and the Power of Culture. https://www.loc.gov/exhibits/mead/field-samoa.html

Lichtenberg, Samantha. 2011. Experiencing Samoa Through Stories: Myths and Legends of a People and Place. Independent Study Project(ISP) collection. Paper 1057. http://digitalcollections.sit.edu/cgi/viewcontent.cgi?article=2085&context=isp_collection

Living on Cloud 9(Blog). A Thing If Love: Samoan gift giving 101. http://www.cloud9living.com/blog/thing-love-samoan-gift-giving-101/

Long, Heather and Chakov, Kelly. 2009. Social Evolutionism. Department of Anthropology. The University of Alabama. http://anthropology.ua.edu/cultures/cultures.php?culture=Social%20Evolutionism

MacDonald, Judith. Chapter 6. The Tilopia and "What Raymond Said". p. 107-123. http://researchcommons.waikato.ac.nz/bitstream/handle/10289/3340/the%20tikopia.pdf?sequence=1

MailOnline. How fat is your country - and which nations have the highest obesity rates? These new maps may surprise you(23 January 2015). http://www.dailymail.co.uk/health/article-2920219/How-fat-country-nations-highest-obesity-rates-new-maps-surprise-you.html

Manuscripts and Pictorial Collection of the Alexander Turnbull Library. Samoa. http://mp.natlib.govt.nz/detail/?id=16861&recordNum=15&f=tapuhigroupref%24PAColl-3062&s=da&l=en

Markowitz, Barry. 1997. Island Images-Royal Talofa(1997.05.05.). Starbulletin.com. http://starbulletin.com/97/05/05/news/wild.gif

McHenry, Mariesa J. The Samoan Way(Rough Draft). http://www.daviddfriedman.com/Academic/Course_Pages/Legal_Systems_Very_Different_13/LegalSysPapers2Discuss13/McHenry_The_Samoan_Way.htm

Mclean, Tamara. 2009. Reasons to live after the tsunami. The Daily Telegraph(Australia). http://www.dailytelegraph.com.au/searching-ruins-for-reason-to-live-after-the-tsunami/story-e6freuy9-1225781822624

MHN - Military History Now. Samoa. http://militaryhistorynow.com/?s=samoa

Michael Field. Black Saturday(Flickr). https://www.flickr.com/photos/michaelfield/4538960473

Ministry of Commerce, Industry & Labour. Welcome to the Samoa Business Registry. https://www.businessregistries.gov.ws/

Ministry of Finance. 2011. "Samoa National Infrastructure Strategic Plan"

Ministry of Finance. 2012. Economic Policy and Planning Division. "Strategy for the Development of Samoa 2012-2016"

Ministry of Foreign Affairs of Japan. Japan-Samoa Relations(Basic Data). VIP Visits. From Japan to Samoa(08 June 2015). http://www.mofa.go.jp/region/asia-paci/samoa/data.html

Ministry of Justice and Courts Administration(MJCA). http://www.mjca.gov.ws/

Ministry of Natural Resources and Environment(MNRE). http://www.mnre.gov.ws/

Ministry of Natural Resources and Environment. Global Environment Facility. Samoa & the GEF. http://www.mnre.gov.ws/index.php/divisions/global-environment-facility

Moses. John A. 1969. The Solf Regime in Western Samoa - Ideal and Reality. ANZAAS conference. Adelaide. http://www.nzjh.auckland.ac.nz/docs/1972/NZJH_06_1_04.pdf

Museum of New Zealand. Topic: Samoan tatau(tattooing). http://collections.tepapa.govt.nz/topic/1560

National Library. Namulau'ulu Lavaki Mamoe and other chiefs, aboard a German worship. http://natlib.gov.nz/records/23156773

National Library. Samoa. http://natlib.govt.nz

National Marine Sanctuaries. State of the Sanctuaries 2006 Accomplishments Report - Humpback whales often calve and breed in Samoan waters(from Paul Brown). http://sanctuaries.noaa.gov/sos2006/fagatelebay.html

National Park Service. The Samoan Creation Legend. http://www.nps.gov/npsa/historyculture/legendpo.htm

National Park Service. Lesson Plan. Siapo: The traditional fabric of the Samoa islands. https://www.nps.gov/npsa/learn/education/siapo-the-traditional-fabric-of-the-samoan-islands.htm

National Park Service. Nafanua, The Guardian. http://www.nps.gov/npsa/historyculture/nafanua.htm

National Park Service. The Samoan Creation Legend. http://www.nps.gov/npsa/historyculture/legendpo.htm

New Zealand Herald. Full text: Helen Clark's apology to Samoa. http://www.nzherald.co.nz/nz/news/article.cfm?c_id=1&objectid=2044857

New Zealand History. 1928. NZ Truth report on Mau resistance in 1928. http://www.nzhistory.net.nz/media/photo/nz-truth-report-mau-resistance-1928

New Zealand History. New Zealand in Samoa. Black Saturday. https://nzhistory.govt.nz/politics/samoa/black-saturday

New Zealand History. New Zealand in Samoa. Colonial administraion. https://nzhistory.govt.nz/politics/samoa/colonial-administration

New Zealand History. New Zealand in Samoa. The rise of the Mau movement. 'Samoa mo Samoa'. http://www.nzhistory.net.nz/politics/samoa/rise-of-mau

New Zealand History. New Zealand in Samoa. Towards independence. http://www.nzhistory.net.nz/politics/samoa/towards-independence

New Zealand History. Tupua Tamasese lying in state. http://www.nzhistory.net.nz/media/photo/tupua-tamasese-lying-state

Nonu Samoa Enterprises Ltd. The juice of life. http://www.truepacific.com/producers/nonu-samoa)

O'Brien, Frederick. 1922. *The Mentor - Full text of Mentor*(1922-02. Crowell). https://archive.org/stream/Mentor_v10n01_1922-02.CrowellDarwin-DREGS/Mentor%20v10n01%20(1922-02.Crowell)(Darwin-DREGS)_djvu.txt

Observatory of Economic Complexity. Samoa. http://atlas.media.mit.edu/en/profile/country/wsm/#Exports

Observatory of Economic Complexity. Samoa. What is the trade balance for Samoa(1995-2014). http://atlas.media.mit.edu/en/visualize/line/hs92/show/wsm/all/all/1995.2014/

Oceandots.Com. Aleipata Island/Apolima Island. https://web.archive.org/web/20101223124700/http://oceandots.com/pacific/samoa/apolima.php

Oceania Tattoo Home Page. Polynesia. Samoa Tattoos. http://www.janeresture.com/oceania_tattoos/index2.htm

OLAC resources in and about the Samoan language. http://www.language-archives.org/language/smo

Omniatlas. League of Nations Mandates. http://omniatlas.com/maps/australasia/19281018

One Samoa. Matai: A complicated system of chiefs. http://1samoana.com/matai-a-complicated-system-of-chiefs/

One Samoa. Matai: The path to becoming a Samoan chief. http://1samoana.com/matai-the-path-to-becoming-a-samoan-chief-part-1/

One Samoana. Samoan Legend: Vaea and Apaula. http://1samoana.com/samoan-legend-vaea-and-apaula/

One Samoana. The Truth about the Samoan Tattoo(Tatau). http://1samoana.com/the-truth-about-the-samoan-tattoo-tatau/

Otago University Research Heritage. The Rev. John Williams, the Martyr of Erromanga, with a Landscape of the Mission House and Grounds of Rarotonga. http://otago.ourheritage.ac.nz/index.php/items/show/5782

Otsuka, Yuko. 2005. History of Polynesian Languages. University of Hawai'i. http://www2.hawaii.edu/~yotsuka/course/PN_history.pdf

Pacific Islands Report. Foreign Aid and Hidden Costs of Corruption(14 March 2014). http://www.pireport.org/articles/2014/03/14/foreign-aid-and-hidden-costs-corruption

Pacific Region Infrastructure Facility(PRIF). Samoa – National Infrastructure Strategic Plan. http://www.theprif.org/components/com_jomcomdev/files/2014/09/39/14-Samoa%20NISP%20Full%20Report.pdf

Paopow. The Samoan Culture - Ava Ceremony. https://paopow24.wordpress.com/2013/12/08/ava-ceremony/

Pasifika. Tatau Samoa Introduction. http://www.pasefika.com/culture/article/15/sa/tatau-samoa-intro

Pawley, Andrew and Ross, Malcolm. 2006. Chapter 3: The prehistory of Oceanic languages: A current view. The Austronesians: Historical and Comparative Perspectives, In, Peter Bellwood, James J. Fox, Darrell Tryon(eds.). Australian National University. p. 367

Pearsall, S.H. and Whistler, W.H. 1991. Terrestrial Ecosystem Mapping for Western Samoa: Summary, Project Report and Proposed National Parks and Reserves Plan. Government of Western Samoa. South Pacific Regional Environment Programme(SPREP); East-West Center, Environment and Policy Institute. http://www.botany.hawaii.edu/basch/uhnpscesu/pdfs/sam/Pearsall1991WS.pdf

Polynesian Cultural Center. Samoan House. http://www.polynesia.com/polynesian_culture/samoa/samoan-houses.html#.WDJAIHmtSUk

Psephos. Adam Carr's Election Archive. Samoa. http://psephos.adam-carr.net/countries/s/samoa/wsmp111.jpg

Revolvy. Malietoa Moli. https://www.revolvy.com/topic/Malietoa%20Moli&uid=1575

Revolvy. Malietoa Talavou Tonumaipe'a. https://www.revolvy.com/main/index.php?s=Malietoa%20Talavou%20Tonumaipe'a&item_type=topic

Richards, Margaret, Mildner, Suzanne and Bell, Lui. 1993. The Shore Ecology of Upolu - Western Samoa. Leigh Laboratory Bulletin Number 31. University of Auckland. http://www.botany.hawaii.edu/basch/uhnpscesu/pdfs/sam/Morton1993WS.pdf

Richmond, Bruce M., Buckley, Mark, Etienne, Samuel, Chague-Goff, Catherine, Clark, Kate, Goff, James, Dominey-Howes, Dale and Strotz, Luke. 2011. Deposits, flow characteristics, and landscape change resulting from the September 2009 South Pacific tsunami in the Samoan islands. *Earth-Science Reviews* 107(1-2):38-51. http://dx.doi.org/10.1016/j.earscirev.2011.03.008

Rick, Torben C., Kirch, Patrick V., Erlandson, Jon M. and Fitzpatrick, Scott M. 2013. *Archeology, deep history, and the human transformation of island ecosystems. Anthropocene* 9(4): http://dx.doi.org/10.1016/j.ancene.2013.08.002. http://anthropology.si.edu/archaeobio/cm/Rick%20et%20al%202013%20Anthropocene.pdf

Safari the Globe - Cultural Information. Architecture of Samoa. http://www.safaritheglobe.com/samoa/culture/architecture/

Sahlins, Marshall D. 1958. Social Stratification in Polynesia, University of Washington Press

Sahlins, Marshall. 2011. What Kinship is, Parts I and II. *Journal of the Royal Anthropological Institute* 17:2-19/227-242

Samoa - Treasured Islands of the South Pacific. Accommodation. http://www.samoa.travel/

Samoa - Treasured Islands of the South Pacific. Where To Eat. http://www.samoa.travel/dir/where-to-eat

Samoa Bureau of Statistics. http://www.sbs.gov.ws/

Samoa Demographic and Health Survey. 2009. http://dhsprogram.com/pubs/pdf/FR240/FR240.pdf

Samoa Demographic and Health Survey. 2014. http://www.sbs.gov.ws/index.php/new-document-library?view=download&fileId=1648

Samoa Government. 2011. Trade, Commerce and Manufacturing(TCM) Sector Plan, First Draft.

Samoa Government. 2016. Investment Guide. Ministry of Commerce, Industry & Labour. Industry Development and Investment Promotion Division. http://www.mcil.gov.ws

Samoa Government. Government Ministries. http://www.samoagovt.ws/directories/government-ministries/

Samoa Government. Ministry of Agriculture and Fisheries(MAF). http://www.maf.gov.ws/

Samoa Government. Minister of Commerce, Industry and Labour(MCIL). http://www.mcil.gov.ws/

Samoa Government. Ministry of Communication and Information Technology(MCIT). http://www.mcit.gov.ws/

Samoa Government. Ministry of Education Sports and Culture(MESC). http://www.mesc.gov.ws/index.php/en/

Samoa Government. Ministry of Finance(MOF). http://www.mof.gov.ws/

Samoa Government. Ministry of Foreign Affairs and Trade Samoa. Connections/Treaties. http://www.mfat.gov.ws/political-international-relations-protocol/connections-treaties/

Samoa Government. Ministry of Foreign Affairs and Trade(MFAT). http://www.mfat.gov.ws/

Samoa Government. Ministry of Foreign Affairs and Trade Samoa. Countries with Established Diplomatic Relations with Samoa. http://www.mfat.gov.ws/embassies/countries-with-established-diplomatic-relations-with-samoa/

Samoa Government. Ministry of Foreign Affairs and Trade Samoa. Embassies. http://www.mfat.gov.ws/EMBASSIES.html

Samoa Government. Ministry of Health(MOH). http://www.health.gov.ws/

Samoa Government. Ministry of Revenue(MOR). http://www.revenue.gov.ws/

Samoa Government. Ministry of the Prime Minister and Cabinet(MPMC). http://www.mpmc.gov.ws/

Samoa Government. Ministry of Women, Community and Social Development(MWCSD). http://www.mwcsd.gov.ws/

Samoa Government. Ministry of Works, Transport and Infrastructure(MWTI). http://www.mwti.gov.ws/

Samoa Government. Samoa Electoral Act 1963. http://www.oec.gov.ws/images/stories/Uploads/ElectoralAct1963.pdf

Samoa Government. Samoa's 5th National Report 2014 to the Convention on Biological Diversity. Ministry of Natural Resources and Environment. Convention on Biological Diversity. https://www.cbd.int/doc/world/ws/ws-nr-05-en.pdf

Samoa Government. Samoa's National Biodiversity Strategy and Action Plan 2015-2020. Ministry of Natural Resources and Environment. Convention on Biological Diversity

Samoa *Morinda citrifolia*(Nonu) Case Study 2009. http://www.fao.org/3/a-an428e.pdf

Samoa Observer. 2016. Top United Nations Officials Visit(2016.05.31.) http://www.samoaobserver.ws/en/31_05_2016/local/6843/Top-United-Nations-officials-visit.htm

Samoa Observer. 2016. The 12 Disciples(2016.03.19.). http://www.sobserver.ws/en/19_03_2016/local/3847/THE-12-DISCIPLES.htm

Samoa Tourism Authority. Age old Samoan tattooing centre stage in Shanghai. http://www.samoa.travel/newsitem/age-old-samoan-tattooing-centre-stage-in-shanghai

Samoa Tourism Authority. Samoa - Treasured Islands of the South Pacific. http://www.samoa.travel/

Samoa Tourism Authority. Samoa - Treasured Islands of the South Pacific. Saleaula Lava Field. http://www.samoa.travel/activity/saleaula-lava-field

Samoa Tourism Authority(Facebook). http://facebook.com/SamoaKorea/photos/

Samoa.Travel. Siva - Samoan dance. http://www.samoa.travel/about/a11/Siva---Dance

Samoa Travel Guide. http://samoa.southpacific.org/samoa/government.html

Samoa's State of the Environment Report. 2013. Government of Samoa

Samoa's 4th National Report. 2009. Convention on Biological Diversity

Savali. Tautua Samoa Party issues Manifesto. http://www.savalinews.com/2011/02/23/tautua-samoa-party-issues-manifesto/

Schuster, Cedric. 2013. Samoa's Biodiversity Strategy and Action Plan. GEF/UNDP. Government of Samoa. https://www.cbd.int/doc/world/ws/ws-nbsap-01-en.pdf

Seibold, Eugene and Beiger, Wolfgang H. 1996. *The Sea Floor: Introduction to Marine Geology.* 3rd Edition. Springer Berlin Heidelberg.

Shaffer, Robert, J. 2011. *Samoa: A Historical Novel*. Ithaka Press

Siapo.Com. About Siapo. http://www.siapo.com/about-siapo.html

Skelton, P.A. and South, G.R. 1999. A preliminary checklist of the benthic marine algae of the Samoan Archipelago. *University of the South Pacific Marine Studies Programme Technical Report* 99/1:1-30

SlidePlayer. Classification. http://slideplayer.com/slide/9149970/

Smithsonian. National Air and Space Museum/National Museum of American History. Time and Navigation. Charles Wilkes. https://timeandnavigation.si.edu/multimedia-asset/charles-wilkes

Solofa, Anama. 2009. Ocean Governance in Samoa, UN

So'o, Asofou. 2008, Democracy and Custom in Samoa: An uneasy Alliance, University of South Pacific

Spoehr, Alexander. 1954. Book Review - The Northern States of Fiji, A.M. HOCART("Occasional Publication", 11). London: Royal Anthropological Institute, 1952. xvi, 304 pp., maps. 15s. *American Anthropologist* 56:1126. http://onlinelibrary.wiley.com/doi/10.1525/aa.1954.56.6.02a00360/pdf

SPREP. Samoa's climate proofed parliament(11 July 2013). http://www.org/climate-change/samoas-climate-proofed-parliament

Stearn, H.T. 1944. Geology of the Samoan Islands. Bull. Geoi. Soc. Arm. 55:1279-1332

Stevenson, Robert Louis. A footnote to history. Eight years of trouble in Samoa. eBooks@Adelaide, The University of Adelaide. https://ebooks.adelaide.edu.au/s/stevenson/robert_louis/s848fh/index.html

Strategy for the Development of Samoa 2012-2016. Economic Policy and Planning Division, Ministry of Finance. http://unstats.un.org/unsd/nationalaccount/workshops/2013/Samoa/Nat_SNA_1.pdf

Suggs, Robert Carl, Kiste, Robert C. and Kahn, Miriam. Polynesian Culture - Cultural region, Pacific Ocean. In, Encyclopedia Britannica. https://www.britannica.com/place/Polynesia

Tapaleao, Vaimoana. Samoa - Legends live amid the lava flows. NZ Herald(09 August 2011). http://www.nzherald.co.nz/travel/news/article.cfm?c_id=7&objectid=10743932

Tcherkezoff, Serge. 2012. More on Polynesian gift-giving. *HAU Journal of Ethnographic Theory* 2(2): 313~324

Te'o Tuvale. 1968. An Account of Samoan History up to 1918. Myths and Legends of Ancient Samoa. Tidal Pools: Digitized Texts from Oceania for Samoan and Pacific Studies. NZ Electronic Text Centre. http://nzetc.victoria.ac.nz/tm/scholarly/tei-TuvAcco-t1-body1-d48.html

Te'o Tuvale. 1968. An Account of Samoan History up to 1918. The Samoan House - O Le Pale Samoa. Tidal Pools: Digitized Texts from Oceania for Samoan and Pacific Studies. NZ Electronic Text Centre. http://nzetc.victoria.ac.nz/tm/scholarly-tei-TuvAcco-t1-body1-d28.html

Te'o Tuvale. 1968. An Account of Samoan History up to 1918. Tidal Pools: Digitized Texts from Oceania for Samoan and Pacific Studies. NZ Electronic Text Centre. http://nzetc.victoria.ac.nz/tm/scholarly/tei-TuvAcco-t1-body1-d48.html

Te'o Tuvale. 1968. An Account of Samoan History up to 1918. Tumua and Pule - Construction and Significance in the Political History of Samoa. Tidal Pools: Digitized Texts from Oceania for Samoan and Pacific Studies. NZ Electronic Text Centre. http://nzetc.victoria.ac.nz/tm/scholarly/tei-TuvAcco-t1-body1-d54.html

The Encyclopedia of New Zealand. Story - Pacific Islands and New Zealand. http://www.teara.govt.nz/en/pacific-islands-and-new-zealand/page-4

The World Bank. Foreign direct investment, net inflows(BoP, current US$). Samoa. http://data.worldbank.org/indicator/BX.KLT.DINV.CD.WD?locations=WS

The World Bank. GDP per capita(current US$). Samoa. http://data.worldbank.org/indicator/NY.GDP.PCAP.CD?locations=WS

The World Bank. World Development Indicators. Samoa Report. http://databank.worldbank.org/data/reports.aspx?source=2&country=WSM&series=&period=

The World Bank. Projects & Operations - Samoa. http://www.worldbank.org/projects/search?lang=en&searchTerm=&countrycode_exact=WS

The World Bank. World Development Indicators. Samoa. http://data.worldbank.org/country/samoa

Tripadvisor. The Penina Golf Club(Faleolo Strip 77, Faleolo, Upolu 0100, Samoa). https://www.tripadvisor.com.au/Attraction_Review-g1120032-d1127724-Reviews-The_Penina_Golf_Club-Faleolo_Upolu.html

Tuimaleali'ifano, A. Morgan. 2006. O Tama A 'Aiga. The Politics of Succession to Samoa's Paramount Titles, University of South Pacific

Tupufia, Lanuola. "Tuimaleali'ifano gets another five years". Samoa Observer(2015.07.16). http://sciencepole.com/tuimalealiifano/

Turtle & Shark Lodge. The legend of the turtle & shark. http://www.turtleandshark.com/the-legend-of-the-turtle-and-shark

UCLA Language Material Project. Samoan. http://www.lmp.ucla.edu/Profile.aspx?menu=004&LangID=96

UIS Statistics in brief: Education profile, UNESCO, 2013

UN. Monitoring Report 2014 - Samoa. http://www.un.org/en/development/desa/policy/cdp/ldc2/2014-cdp-plen-samoa-monitoring.pdf

UNESCO. Office for the Pacific States. The Samoan Fale. http://unesdoc.unesco.org/images/0013/001398/139897eo.pdf

UNESCO. World Heritage Center. Tentative Lists. Manono, Apolima and Nuulopa Cultural Landscape. http://whc.unesco.org/en/tentativelists/5091/

US National Park Service. Circa 2002 - US National Park Service Identical image. http://www.lib.ute xas.edu/maps/australia/samoa_islands_2002.gif. Samoa Islands U.S. National Park Service circa 2002[gif format (15K)], Perry-Castañeda Library Map Collection, University of Texas Libraries

Va'a, Unasa L.F. The rise and fall of the Samoan war god, Le Fe'e. http://samoanstudies.ws/wp-cont ent/uploads/2016/02/4.10-The-rise-and-fall-of-the-Samoan-war-god-Le-Fee-Unasa-L.F.-V.compr essed.pdf

Wass, R.C. 1984. An annotated checklist of the fishes of Samoa. NOAA. Technical Report SSRF-781. Department of Commerce, USA

Weather Forecast. Leulumoega Weather Forecast. http://www.weather-forecast.com/locations/L eulumoega/forecasts/latest

Whistler, A. 1992. *National Biodiversity Review of Western Samoa*. Report for SPREP, Apia. Western Samoa

Wikipedia. A footnote to history - eight years of trouble in Samoa. https://en.wikipedia.org/wiki/A_ Footnote_to_History:_Eight_Years_of_Trouble_in_Samoa

Wikipedia. Aiga. https://en.wikipedia.org/wiki/%E2%80%98aiga

Wikipedia. Aiga-i-le-Tai. https://en.wikipedia.org/wiki/Aiga-i-le-Tai

Wikipedia. Apolima. https://en.wikipedia.org/wiki/Apolima

Wikipedia. Apolima Strait. https://en.wikipedia.org/wiki/Apolima_Strait

Wikipedia. Architecture of Samoa. http://en.wikipedia.org/wiki/Samoan_architecture

Wikipedia. Architecture of Samoa. https://en.wikipedia.org/wiki/Architecture_of_Samoa

Wikipedia. Arthur Maurice Hocart. https://en.wikipedia.org/wiki/Arthur_Maurice_Hocart

Wikipedia. Beach Fale. http://en.wikipedia.org/wiki/Beach_fale

Wikipedia. Coming of Age in Samoa. https://en.wikipedia.org/wiki/Coming_of_Age_in_Samoa

Wikipedia. Economy of Samoa. https://en.wikipedia.org/wiki/Economy_of_Samoa

Wikipedia. Fa'a Samoa. http://en.wikipedia.org/wiki/Fa%27a_Samoa

Wikipedia. Fa'amatai. https://en.wikipedia.org/wiki/Fa%27amatai

Wikipedia. Fagaloa Bay. https://en.wikipedia.org/wiki/Fagaloa_Bay

Wikipepdia. Fa'amatai. https://en.wikipedia.org/wiki/Fa%27amatai

Wikipedia. File: Three Samoan chiefs including two orators - unknown photographer and date. http://en.wikipedia.org/wiki/File:Three_Samoan_chiefs_including_two_orators_-_unknown_photographer_and_date.jpg

Wikipedia. Futuna(Wallis and Futuna). https://en.wikipedia.org/wiki/Futuna_(Wallis_and_Futuna)

Wikipedia. Geography of Samoa. https://en.wikipedia.org/wiki/Geography_of_Samoa

Wikipedia. Herman Melville. https://en.wikipedia.org/wiki/Herman_Melville

Wikipedia. Human Rights Protection Party. https://en.wikipedia.org/wiki/Human_Rights_Protection_Party

Wikipedia. Jacob Roggeveen. https://en.wikipedia.org/wiki/Jacob_Roggeveen

Wikipedia. James A. Michener. https://en.wikipedia.org/wiki/James_A._Michener

Wikipedia. John Williams(missionary). https://en.wikipedia.org/wiki/John_Williams_(missionary)

Wikipedia. Jules Dumont d'urville. https://en.wikipedia.org/wiki/Jules_Dumont_d%27Urville

Wikipedia. Malietoa Laupepa. https://en.wikipedia.org/wiki/Malietoa_Laupepa

Wikipedia. Malietoa Talavou Tonumaipe'a. http://en.wikipedia.org/wiki/Malietoa_Talavou_Tonumaipe%E2%80%99a

Wikipedia. Mangaia. https://en.wikipedia.org/wiki/Mangaia

Wikipedia. Mangareva. https://en.wikipedia.org/wiki/Mangareva

Wikipedia. Manono Island. https://en.wikipedia.org/wiki/Manono_Island

Wikipedia. Marquesas Islands. https://en.wikipedia.org/wiki/Marquesas_Islands

Wikipedia. Marshall Sahlins. https://en.wikipedia.org/wiki/Marshall_Sahlins

Wikipedia. Mata O le Alelo. https://en.wikipedia.org/wiki/Mata_o_le_Alelo

Wikipedia. Mau movement. http://en.wikipedia.org/wiki/Mau_movement

Wikipedia. Mount Matavanu. https://en.wikipedia.org/wiki/Mount_Matavanu

Wikipedia. Neoevolutionism. https://en.wikipedia.org/wiki/Neoevolutionism

Wikipedia. O le Ao o le Malo. https://en.wikipedia.org/wiki/O_le_Ao_o_le_Malo

Wikipedia. Ontong Java Atoll. https://en.wikipedia.org/wiki/Ontong_Java_Atoll

Wikipedia. Paul Gauguin. https://en.wikipedia.org/wiki/Paul_Gauguin

Wikipedia. Pe'a. https://en.wikipedia.org/wiki/Pe'a

Wikipedia. Piula Theological College. https://en.wikipedia.org/wiki/Piula_Theological_College

Wikipedia. Politics of Samoa. https://en.wikipedia.org/wiki/Politics_of_Samoa

Wikipedia. Polynesian languages. https://en.wikipedia.org/wiki/Polynesian_languages

Wikipedia. Puka-puka. https://en.wikipedia.org/wiki/Puka-Puka

Wikipedia. Pukapuka. https://en.wikipedia.org/wiki/Pukapuka

Wikipedia. Raymond Firth. https://en.wikipedia.org/wiki/Raymond_Firth

Wikipedia. Religion in Samoa. http://en.wikipedia.org/wiki/Religion_in_Samoa

Wikipedia. Robert Louis Stevenson. https://en.wikipedia.org/wiki/Robert_Louis_Stevenson

Wikipedia. Samoa 'ava ceremony. http://en.wikipedia.org/wiki/Samoa_%27ava_ceremony

Wikipedia. Samoa constituency borders. https://commons.wikimedia.org/wiki/File:Samoa_Constituency_borders_(labelled_en).png

Wikipedia. Samoa. http://en.wikipedia.org/wiki/Samoa

Wikipedia. Samoan Civil War. https://en.wikipedia.org/wiki/Samoan_Civil_War

Wikipedia. Samoan Culture. https://en.wikipedia.org/wiki/Samoan_culture

Wikipedia. Samoan Dance. https://en.wikipedia.org/wiki/Samoan_dance

Wikipedia. Samoan Islands. https://en.wikipedia.org/wiki/Samoan_Islands

Wikipedia. Samoan Language. http://en.wikipedia.org/wiki/Samoan_language

Wikipedia. Savai'i. https://en.wikipedia.org/wiki/Savai%27i

Wikipedia. Second Samoan Civil War. https://en.wikipedia.org/wiki/Second_Samoan_Civil_War

Wikipedia. Siva Tau. https://en.wikipedia.org/wiki/Siva_Tau

Wikipedia. SS Talune. https://en.wikipedia.org/wiki/SS_Talune

Wikipedia. Systems of social stratification. https://en.wikipedia.org/wiki/Systems_of_social_stratification

Wikipedia. Tapa Cloth. https://en.wikipedia.org/wiki/Tapa_cloth

Wikipedia. Tikopia. https://en.wikipedia.org/wiki/Tikopia

Wikipedia. Tokelau. https://en.wikipedia.org/wiki/Tokelau

Wikipedia. Tripartite Convention. https://en.wikipedia.org/wiki/Tripartite_Convention

Wikipedia. Tu'i Tonga. http://en.wikipedia.org/wiki/Tu%CA%BBi_Tonga.

Wikipedia. Tufuga Efi. https://en.wikipedia.org/wiki/Tufuga_Efi

Wikipedia. Tupaia(Navigator). https://en.wikipedia.org/wiki/Tupaia_(navigator)

Wikipedia. Unilineal Evolution. https://en.wikipedia.org/wiki/Unilineal_evolution#Tylor_.26_Morgan

Wikipedia. Upolu. https://en.wikipedia.org/wiki/Upolu

Wikipedia. Uvea(Wallis and Futuna). https://en.wikipedia.org/wiki/Uvea_(Wallis_and_Futuna)

Wikipedia. Wihelm Solf. https://en.wikipedia.org/wiki/Wilhelm_Solf

Wikitravel. Upolu. http://wikitravel.org/en/Upolu

WikiVisually. Samoa 'Ava ceremony. http://wikivisually.com/wiki/Drinking_in_Samoa/wiki_ph_id_0

WikiVisually. Tufuga Efi. http://wikivisually.com/wiki/Tufuga_Efi

Wood, John, George. 1871. *The Uncivilized Races of Men in All Countries of the World: Being a Comprehensive Account of Their Manners and Customs, and of Their Physical Social, Mental, Moral and Religious Characteristics.* Vol. 2. J.B. Burr and Company Publisher/Brigham Young University. p. 790. https://archive.org/details/uncivilizedraces02wood

World Statesmen.Org. Samoa. http://www.worldstatesmen.org/Samoa.html

Worldatlas. Largest Islands in the Nation of Samoa. http://www.worldatlas.com/articles/largest-islands-in-the-independent-state-of-samoa.html

Atlantic Research & Consulting(ARC). 2012. 사모아 사업현황조사 및 진출방안, 적도태평양연구인프라구축사업(PE98841) 보고서, 한국해양과학기술원

K-stat. 국내통계 – 국가 수출입. 사모아. http://stat.kita.net/stat/kts/ctr/CtrTotalImpExpDetailPopup.screen

김웅진. 2013, 『사모아의 파사모아와 파마타이: 남태평양적 정치질서의 전통적 기반』, 한국외국어대학교

깨비의 폴리머 세상. 사모아. http://blog.naver.com/koreamukkebi/110043041466

네이버지식백과. 한국의 자연지리. 순상화산. http://terms.naver.com/entry.nhn?docId=2351395&cid=51290&categoryId=51290

다음백과. 갬비어 제도. http://100.daum.net/encyclopedia/view/b01g1960a

다음백과. 이스터 섬. http://100.daum.net/encyclopedia/view/b17a3769a

다음블로그. 제8장 권력과 사회통제 - 빅맨과 추장(2007.07.26. 게재)

두피디아(Doopedia). 사바이 섬. http://www.doopedia.co.kr/mo/doopedia/master/master.do?_method=view2&MAS_IDX=101013000845977

마가렛 미드. 2008, 『사모아의 청소년』, 한길사

머니투데이. 사모아엔 올해 30일이 없다(2011.12.29. 기사). http://www.mt.co.kr/view/mtview.php?type=1&no=2011122916598288244&outlink=1

외교부. 국가별 기본정보 - 사모아. https://www.0404.go.kr/dev/country_view.mofa?idx=112

외교부. 국가별 기본정보 - 사모아 여행안전 정보. http://www.0404.go.kr/country/mapView.do?menuNo=2020100&country_code=112&searchKeyword=&pageIndex=2

외교부. 주뉴질랜드대한민국대사관. 사모아. http://nzl.wellington.mofa.go.kr/korean/as/nzl-wellington/legation/plura/samoa/index.jsp

외교부. 주뉴질랜드대한민국대사관. 2014. 사모아 개황

외교통상부. 2011 - 사모아 개황/약황

우경식, 하호경, 강효진, 권이균, 김부근, 김석윤, 손영관, 유동근, 윤석훈, 이경은, 이연규, 조형래, 최경식(역). 2016 *해양지질학* ㈜시그마프레스. p. 238-239

위키백과. Pacific Ocean - Area relief location map. http://ko.wikipedia.org/wiki/%ED%8C%8C%EC%9D%BC:Pacific_Ocean_laea_relief_location_map.jpg

위키백과. 로버트 루이스 스티븐슨. https://ko.wikipedia.org/

위키백과. 사바이 섬. https://ko.wikipedia.org/wiki/%EC%82%AC%EB%B0%94%EC%9D%B4_%EC%84%AC

이태주. 남태평양의 리더십. 한성대학교. http://hansung.ac.kr/web/mana/509643?p_p_id=EXT_BBS&p_p_lifecycle=0&p_p_state=normal&p_p_mode=view&_EXT_BBS_struts_action=%2Fext%2Fbbs%2Fview_message&_EXT_BBS_messageId=260474 (2016.12.29. 게재)

차일용. 1982, 『독일의 사모아 분할과정』, 영남대학교 인문과학연구소

外務省. ODA（政府開発援助）. サモア. 国別データブック(PDF). 表―3 我が国の対サモア援助形態別実績(OECD/DAC 報告基準). http://www.mofa.go.jp/mofaj/gaiko/oda/files/000142140.pdf

外務省. ODA（政府開発援助）. サモア. 国別データブック(PDF). 表―4 主要ドナーの対サモア経済協力実績. http://www.mofa.go.jp/mofaj/gaiko/oda/files/000142140.pdf

外務省. サモア独立国. 基礎データ. 二国間関係. http://www.mofa.go.jp/mofaj/area/samoa/data.html#section5

外務省. 報道発表. JENESYS2015 太平洋島嶼国第3陣の訪日(対象国：フィジー，パプアニューギニア，サモア，ソロモン諸島テーマ：日本語・日本文化，観光政策). http://www.mofa.go.jp/mofaj/press/release/press4_002850.html

外務省. 報道発表. JENESYS2015 太平洋島嶼国第4陣の訪日(対象国：フィジー，キリバス，ミクロネシア，サモア，トンガ，バヌアツ，テーマ：日本語・日本文化，防災). http://www.mofa.go.jp/mofaj/press/release/press4_002861.html

外務省. 駐日外国公館. サモア独立国大使館. http://www.mofa.go.jp/mofaj/link/emblist/pacific.html#12

外務省. 駐日外国公館. 在福島サモア独立国名誉領事館. http://www.mofa.go.jp/mofaj/link/emblist/pacific.html#12

萨摩亚驻华大使馆. 关于大使馆. 联系我们. http://www.samoaembassy.cn/?thread-864-1.html

中华人民共和国驻萨摩亚大使馆. 使馆概况. http://ws.china-embassy.org/chn/zjsg/sggk/

색 인

(O)
O le Ao o le Malo 58, 60, 63, 99

(P)
PALM 7 286

(ㄱ)
가가에마우가(Gaga'emauga) 70, 78, 100, 106, 111, 112
가가이포마우가(Gaga'ifomauga) 70, 100, 106, 112, 113, 114, 116
가토아이텔레(Gatoaitele) 109, 203
검은 토요일(Black Saturday) 192, 193, 194
고데프로이 손(J. C Godeffroy & Sohn) 172
국제통화기금(IMF) 276

(ㄴ)
나무아(Namua) 64
노니(Noni) 주스 54, 160
누(Nu'u) 107, 200, 203
누로파(Nu'ulopa) 64, 88, 89
누사페(Nu'usafe'e) 64
누텔레(Nu'utele) 64

(ㄹ)
라발라바(lavalava) 224, 225
라카와나 협정(Lackawana Agreement) 175
래미지 체제(ramage system) 31, 34, 39, 40, 41, 42, 43
레울루모에가(Leulumoega) 101, 108, 109, 175, 176, 180
레파(Lepa) 79
레푸이아이(Lepuia'i) 89
로버트 로건(Robert Logan) 184
로버트 루이스 스티븐슨(Robert Louis Stevenson) 80
루이 앙투안 드 부갱빌(Louis Antoine de Bougainville) 19

(ㅁ)
마노노(Manono) 50, 64, 67, 84, 86, 87, 88, 89, 90, 101, 109, 111, 115, 174, 176, 203
마누 시바 타우(Manu Siva Tau) 226
마셜 살린스(Marshall Sahlins) 24, 32, 35, 37, 40

마우(Mau) 운동 53, 186, 187, 188, 189, 190, 191, 192, 193, 194, 195
마울루울루(maulu'ulu) 225
마이크로네시아 14, 15, 16, 17, 18, 29, 31, 141, 286, 288
마타바누 산(Mt. Matavanu) 67, 70, 71, 72, 75, 112
마타우에아(Matauea) 165, 166, 250
마타이(Matai) 76, 99, 100, 104, 107, 132, 198, 201, 202, 204, 222, 240, 268
말로피에(malofie) 236
말리에토아 라우페파 173, 174, 175, 181
멜라네시아(Melanesia) 14, 15, 16, 17, 18, 24, 29, 31, 35, 36, 37, 39
물리파누아(Mulifanua) 73, 90, 101, 109
미키 나이트(Mickey Knight) 241

(ㅂ)
바오포노티(Va'a-o-Fonoti) 78, 90, 101, 106, 110
바이 콜로네(Va'ai Kolone) 115
바이시가노(Vaisigano) 70, 100, 106, 115
바일레레 전투(Battle of Vailele) 178
바일리마 빌라(Vailima Villa) 81
버진스 그레이브(the Virgin's Grave) 72
베타마소알리(Vetamasoalii) 109, 203
빌헬름 솔프(Wilhelm Solf) 181, 182, 186

(ㅅ)
사바이(Savai'i) 50, 51, 53, 64, 66, 67, 68, 69, 70, 71, 72, 73, 74, 75, 76, 78, 79, 85, 87, 88, 90, 96, 100, 101, 106, 108, 109, 110, 111, 112, 113, 114, 115, 116, 129, 134, 135, 157, 159, 164, 165, 166, 169, 174, 179, 181, 203, 230, 241, 243, 246, 250, 252, 253, 254, 259
사토푸(Satofu) 116, 165
사투파이테아(Satupa'itea) 70, 100, 106, 115, 116, 176
살라고(Salago) 112
살루아(Salua) 89
생물다양성협약(Convention on Biological Diversity) 93, 97
세계은행(World Bank) 136, 152, 154, 276
소가이미티(Soga'imiti) 240

330
사모아

수아(sua) 234
수이아바(sui'ava) 221
스티븐 앨런(Stephen Allen) 192
시아포(Siapo 또는 Tapa) 211, 212, 213, 214, 215, 216, 235

(ㅇ)
아가이아바('agai'ava) 221
아나(A'ana) 78, 101, 106, 108, 109, 112, 164, 166, 175, 176, 179, 203
아사우(Asau) 92, 100, 115, 156
아우마가('Aumaga) 220
아이가(aiga, 대가족) 86, 107, 200, 202, 234, 240
아이가이레타이(Aiga-i-le-Tai) 78, 89, 90, 101, 106, 109, 111
아투아(Atua) 78, 101, 106, 110, 164, 175, 179, 242, 248
아파(A'fa) 266
아폴라우(afolau, 긴 집) 268
아폴리마(Apolima) 50, 64, 67, 84, 85, 86, 87, 88, 89, 101, 109, 176, 203, 205
아피아 전투(Battle of Apia) 178
아피아(Apia) 47, 50, 53, 67, 77, 78, 79, 81, 82, 90, 91, 92, 108, 120, 156, 157, 173, 176, 177, 178, 189, 191, 192, 194, 228, 229, 231, 232, 278, 282
앨버트 스타인버거(Albert Steinberger) 174
야코프 로게벤(Jacob Roggeveen) 58, 59, 168, 169, 170
에리히 슐츠(Erich Schultz) 182
오스트로네시아 언어 30
올라프 넬슨(Olaf Nelson) 188, 191, 195
우소(uso) 205
우폴루(Upolu) 50, 51, 64, 67, 68, 70, 73, 76, 77, 78, 79, 80, 82, 83, 85, 87, 88, 89, 90, 100, 101, 106, 108, 109, 110, 112, 114, 115, 129, 135, 159, 164, 166, 168, 172, 181, 184, 203, 230, 231, 232, 243, 250, 253, 254, 259
인권보호당(Human Rights Protection Party, HRPP) 103, 115, 117

(ㅈ)
젠킨스(Aaron P. Jenkins) 95
족장제(descent-line system) 31, 34, 35, 37, 38, 40, 41, 99, 100, 103
주 사모아 일본대사관 282, 283
주사모아 중국 대사관 289
주일본 사모아대사관 282
주중국 사모아 대사관 289
쥘 뒤몽 뒤르빌(Jules Dumont d'Urville) 15

(ㅊ)
찰스 윌크스(Charles Wilkes) 172

(ㅋ)
카바 의식('Ava Ceremony) 102, 217, 218, 219, 236

(ㅌ)
타마소알리(Tamasoali'i) 203
타우알루가(taualuga) 225
타우투아 사모아당(Tautua Samoa Party) 117, 118, 120
타우투아바(Tautu'ava) 221, 222, 223
타파우(tāfau) 221
토필라우 에티 알레사나(Tofilau Eti Alesana) 117
투노아(tunoa) 269
투누마(Tunuma) 237
투무아(Tumua) 100, 101, 179, 203
투아가네(tuagane) 205
투아마사가(Tuamasaga) 78, 101, 106, 108, 109, 111, 168, 173, 174, 176, 179
투아파피네(tuafafine) 205
투이 아나(Tui A'ana) 109, 164, 168, 202, 203
투이 아투아(Tui Atua) 109, 110, 164, 168, 203
투이아투아 투푸아 타마세세 에피(Tui Atua Tupua Tamasese Efi) 120
투투아(tutua) 212
투파바(Tufa'ava) 220, 221

(ㅍ)
파누아타푸(Fanuatapu) 64
파마타이(Fa'amatai) 46, 86, 99, 100, 102, 103
파살렐레아가(Fa'asaleleaga) 70, 106, 111
파알로알로가(Fa'aaloaloga) 233
팔라울리(Palauli) 70, 100, 106, 116
팔레 텔레(fale tele) 90, 266, 268, 269
팔레(Fale) 73, 74, 88, 90, 112, 113, 253, 262, 265, 266, 267, 268, 269, 270, 302
팔레오(faleo'o, 작은 집) 268
팔레오(faleo'o) 266, 268
팔레우(Faleu) 89
팔루아바(Palu'ava) 221
페아(Pe'a) 236, 237, 238, 239, 240, 241
포노(fono) 86, 100, 102, 177, 180, 200, 202, 261, 262, 267, 268
풀레(Pule) 76, 100, 101, 179, 203
풀레타시(puletasi) 224

331
참고자료

태평양 도서국 총서 ⑦

사모아

2016년 11월 29일 초판 1쇄 인쇄
2016년 11월 29일 초판 1쇄 발행

저　　자	권문상, 이미진
발 행 처	한국해양과학기술원
	(15627) 경기도 안산시 상록구 해안로 787
제　　작	㈜비전테크시스템즈
	서울특별시 송파구 위례성대로 16길 27 거성빌딩
	02-3432-7132
	admin@visionts.co.kr
출판등록	제2009-000300호

ⓒ 한국해양과학기술원
ISBN 979-11-86184-43-1 04960
ISBN 979-11-950279-2-7 (세트)

값 20,000원

이 책은 저작권법에 의해 보호받는 저작물이므로 무단 전재 및 복제를 금합니다.
이 도서의 국립중앙도서관 출판예정도서목록(CIP)은 서지정보유통지원시스템 홈페이지(http://seoji.nl.go.kr)와 국가자료공동목록시스템(http://www.nl.go.kr/kolisnet)에서 이용하실 수 있습니다. (CIP제어번호 : CIP2016028835)